景宁畲族自治县教育志

（1992—2012）

景宁畲族自治县教育志编纂委员会 编

方志出版社
Publishing House of Local Records

图书在版编目（CIP）数据

景宁畲族自治县教育志 ：1992—2012 / 景宁畲族自治县教育志编纂委员会编. —北京 ：方志出版社，2022.12
ISBN 978-7-5144-5330-0

Ⅰ. ①景… Ⅱ. ①景… Ⅲ. ①地方教育－教育史－景宁畲族自治县－1992-2012 Ⅳ. ①G527.554

中国版本图书馆 CIP 数据核字(2022)第 250154 号

责任编辑：刘方圆
责任校对：刘玉霞
责任印制：梅中英
出 版 者：方志出版社
地　　址：北京市朝阳区潘家园东里 9 号（国家方志馆 4 层）
邮　　编：100021
网　　址：http://www.zgfzcb.cn
发　　行：方志出版社图书营销中心（010-67110500）
印　　刷：丽水市旺盛印刷有限公司
开　　本：889 毫米×1194 毫米　1/16
印　　张：33.5 印张　　插页：2.25 印张
字　　数：543 千字
版　　次：2022 年 12 月第 1 版
印　　次：2022 年 12 月第 1 次印刷
定　　价：230.00 元

《景宁畲族自治县教育志(1992—2012)》
编纂委员会

顾　问　钟利海　刘爱忠

主　任　林建锋

副主任　(按任职先后顺序)

吴广伟　厉希胜　陈战耕　林兴国　叶旭瑛

叶有东　刘小明　马庆强　张日赢　金益华

夏卫锋

委　员　(按姓氏笔画顺序)

毛玉伟　毛锡伟　严家来　何振利　陈小东

陈际春　张勇健　陈海平　夏志光　徐柏林

黄其忠　梅建平　商培荣　龚建林

《景宁畲族自治县教育志(1992—2012)》
编辑部

主　编　叶之舟

副主编　吴建强　陈伯坚

编　辑　(按姓氏笔画顺序)

王　珑　王树明　刘　斌　任惜春　陈一成

高树文　夏培妙　蓝德正　潘德成

2012年景宁畲族自治县学校分布示意图

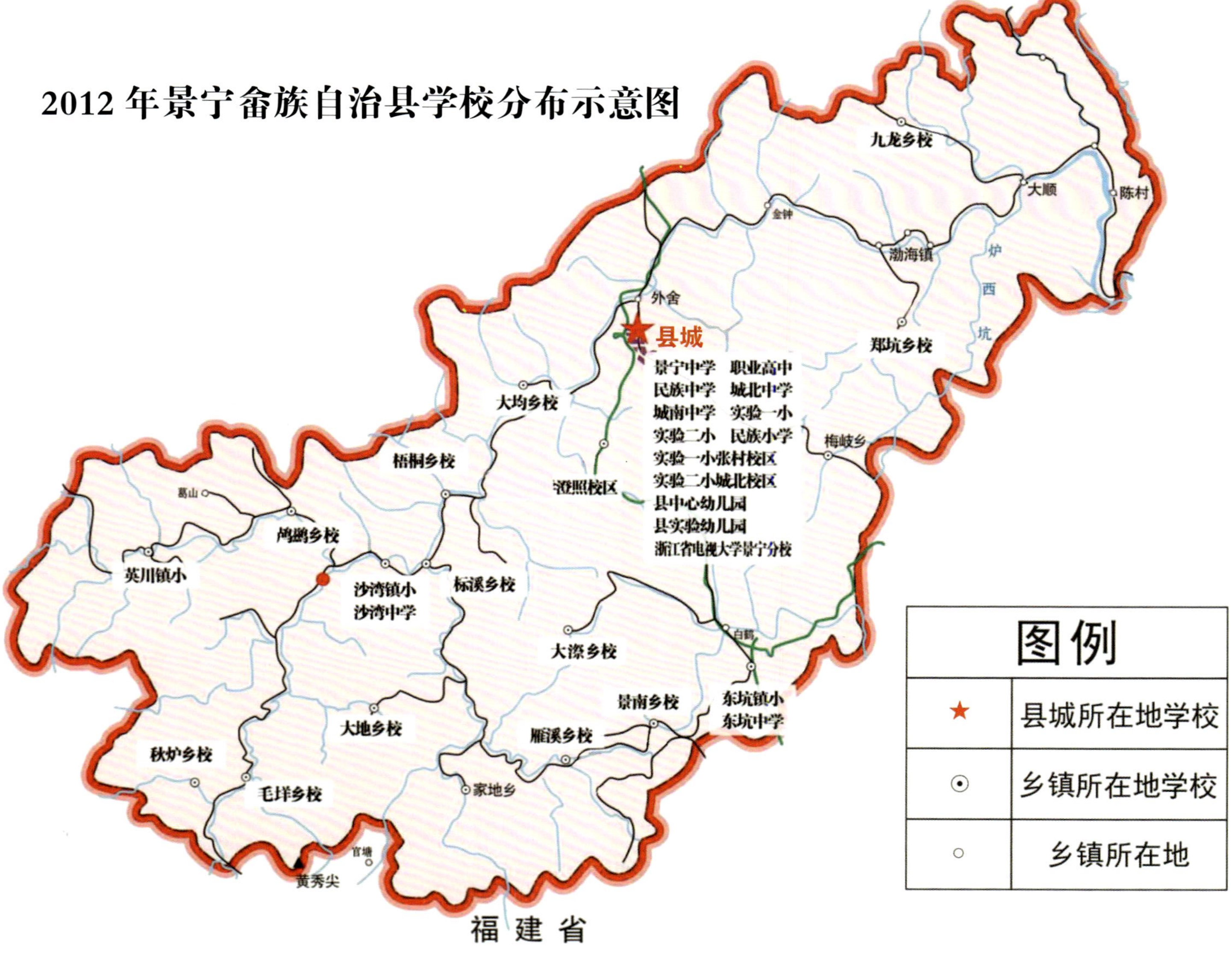

1993年，省政协主席刘枫（左二）、省人大常委会副主任斯大孝（左三）考察景宁中学生物馆

1994年10月，全省市、县人大常委会主任到民族中学调研

1995年12月，省长万学远（左三）到沙湾中学考察

1995年，县委书记陈铁雄（后排中）为民族中学“温景楼”奠基

1997年，省教委主任侯靖方（左一）到景宁中学考察

1998年5月，国家民委副主任陈虹（前左一）到民族中学考察

2001年，副省长鲁松庭（前中）考察实验二小

2004年，省教育厅厅长侯靖方（左五）到英川中学调研

2007年，副省长钟山（前中）考察景宁中学

2007年，省教育工会主席秦素琴（前中）考察实验二小

2008年2月，省教育厅副厅长张绪培（左四）考察民族小学

2009年11月，国家民委教育司司长周明甫（前中）到民族中学调研

2012年5月，省教育厅厅长刘希平（前左三）到职业高中调研

1996年，丽水地区教委主任魏克禄（左二）到景宁中学调研

2001年，丽水地区教委原主任黄尚厚（左三）到景宁中学调研

重大活动

1996年，县教育局举办两基评估验收培训会议

2007年9月，县委、县政府召开创建省级教育强县动员大会

2012年10月，县委、县政府在影城召开全县教育大会

1993年，县教育局局长陈既生（前排左二）到黄湖中心小学指导工作

1997年，县教委主任陈林生（左三）到毛垟初中指导工作

2004年，县教育局局长罗德伟（右一）陪同省科技厅厅长蒋秦维（右二）到实验二小调研

2007年，县教育局局长翁建敏（左二）深入课堂听课

2007年7月，部分县教育局老局长考察景宁中学合影

2012年，县教育局局长钟利海（中）到城北中学指导工作

2005年，景宁中学生物教师指导学生制作标本

2000年，职业高中学生参加酒店服务业实训

2008年3月，民族中学师生表演畲族传统体育项目——摇锅

1997年，城北中学学生大课间活动——篮球操

2012年，实验一小学生“千人口风琴”展演

2011年，民族小学学生参加大课间活动——足球操

2012年，实验幼儿园举办第二届“阳光体育节”

2002年，中心幼儿园举办庆“六一”文艺晚会

2007年，家地乡校举办第四届体育运动会

1999年，景宁中学学生采集植物标本

2007年底，职业高中学生在机床车间实训

2000年，大均乡校寄宿制学生在“路长”带领下回家

1999年，景宁中学师生举行升国旗仪式

2012年，民族小学开展“成长誓言”活动

1998年，东坑镇小学生开展绿化校园活动

20世纪90年代初，民族中学住校生食堂生活

20世纪90年代末，“一乡一校”寄宿制住校生生活

2012年，中心幼儿园幼儿参加亲子活动——编制草鞋

2012年，民族小学学生学习畲族传统项目——织彩带

2005年1月5日，实验二小《球娃梦》节目在北京参加全国第五届校园春节联欢会

2011年，实验幼儿园幼儿表演舞龙灯

2000年，实验一小师生同台演出

1994年，民族中学组织教师开展绿化校园活动

1999年，省劳动模范张彦老师退休后心系生物馆

2002年，东坑镇小举办教师拔河比赛

1996年，民族中学教工铜管乐队彩排演奏

2003年5月，省教研室劳技教研员施致良（中）、市劳技教研员林维山（左一）到景宁指导劳技教学工作

1998年11月，省教研室生物教研员施忆（前左七）组织生物教研员和教师到景宁送教合影

2001年3月，浙江大学刘力教授受邀在影城作“课改”报告会

2002年10月，上海市教研室原副主任张福生受邀作“课程改革”报告

2004年，丽水市教育局副局长蓝献华受邀作教改报告

2003年，丽水市教研室教研员毛时平（中）到景宁作语文教改报告

2002年，丽水市教研室教研员叶坚到景宁作数学学术报告

2008年，省特级教师柳敏敏为教师评课

2004年，
全县幼儿教师
理论培训现场

2003年4月，县教研室组织骨干教师到东坑镇小送教

2003年，东坑镇小与梅岐乡校开展结对交流活动

2001年3月，县教研室教研员上示范课

2000年12月，县教育局举办教师基本功比赛

2000年，英川学区举办教师基本功比赛

2003年，全县教育科研专题培训会议召开

2001年3月，县教研室教研员上示范课

1995年，温岭市第三中学为民族中学捐资现场

2006年，镇海中学领导到扶贫结对校渤海中学指导工作

2008年4月9日，民族中学与台湾屏东来义高级中学结为友好合作学校

2008年11月，希望小学举行挂牌捐赠仪式

2011年6月18日，闽浙边十一县市退休教师协会举行联谊活动，图为参加活动人员合影

2011年10月25日，培智教学点挂牌

2012年12月10日，县教育局机关退休干部参加庆祝党的十八大文艺晚会

2011年5月，县退休教师协会举办第二届“红五月”歌咏比赛暨迎接建党90周年庆祝活动

2011年，电大景宁分校社区学院为退休干部举办养生知识讲座

2010年9月，县退休教师协会军乐队上街宣传教育法规

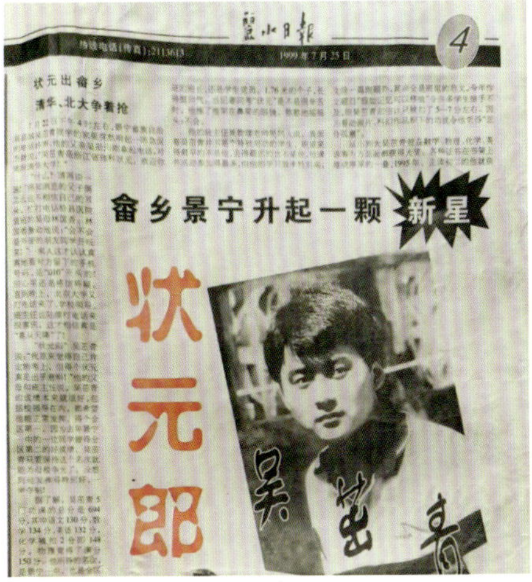

1999年，浙江省高考理科“状元”吴茁青

2012年，职业高中《畲家问茶》节目获全国职业院校技能大赛民族技艺赛一等奖

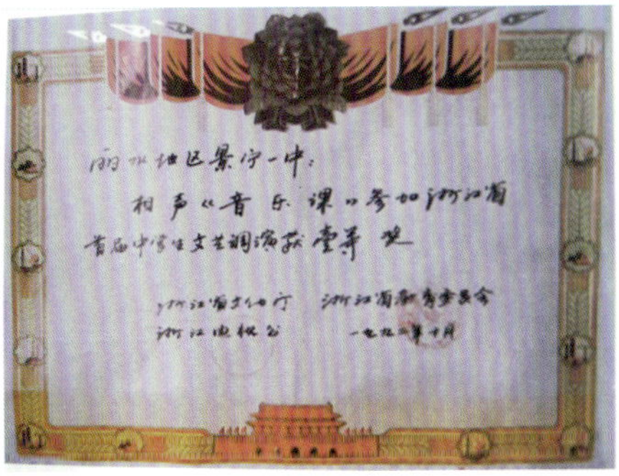

1992年，景宁中学相声《音乐课》获浙江省文化厅、浙江电视台、浙江省教育委员会联合举办的浙江省省首届中学生文艺调演一等奖

1993年，景宁中学男子篮球队获省篮球赛冠军

2001年，县实验一小课题成果《老少边穷地区学校现代化特色发展之路》专著由浙江人民出版社出版

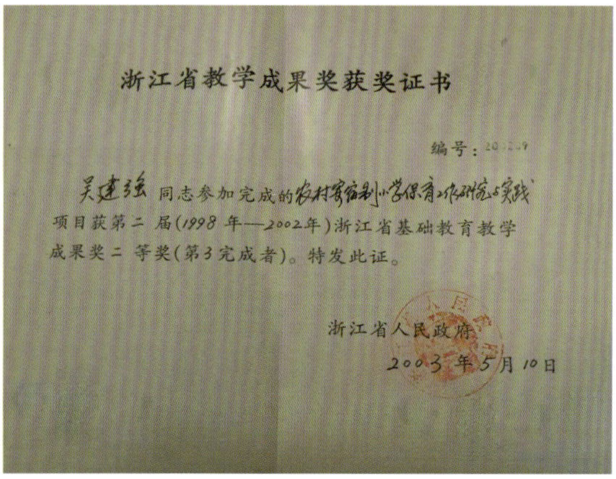

浙江省教学成果奖获奖证书

编号：20…9

吴建强 同志参加完成的农村寄宿制小学保育工作研究与实践 项目获第二届（1998年—2002年）浙江省基础教育教学成果奖二等奖（第3完成者）。特发此证。

浙江省人民政府

2003年5月10日

▲2003年5月10日，县教育局吴建强参加的“农村寄宿制小学保育工作研究与实践”项目获第二届（1998年—2002年）浙江省基础教育教学成果奖二等奖

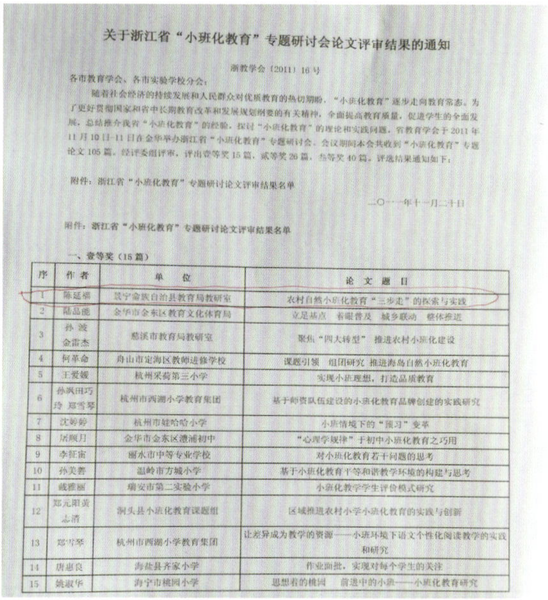

关于浙江省“小班化教育”专题研讨会论文评审结果的通知

浙教学会〔2011〕16号

各市教育学会、各市实验学校分会：

随着社会经济的持续发展和人民群众对优质教育的热切期盼，“小班化教育”逐步走向教育常态。为了更好贯彻国家和省中长期教育改革和发展规划纲要的有关精神，全面提高教育质量，促进学生的全面发展，总结推介我省“小班化教育”的经验，探讨“小班化教育”的理论和实践问题，省教育学会于2011年11月10日-11日在金华举办浙江省“小班化教育”专题研讨会。会议期间本会共收到“小班化教育”专题论文105篇，经评委组评审，评出壹等奖15篇，贰等奖26篇，叁等奖40篇。评选结果通知如下：

附件：浙江省“小班化教育”专题研讨论文评审结果名单

二〇一一年十一月二十日

附件：浙江省“小班化教育”专题研讨论文评审结果名单

一、壹等奖（15篇）

序	作者	单位	论文题目
1	陈延福	景宁畲族自治县教育局教研室	农村自然小班化教育“三步走”的探索与实践
2	陆品能	金华市金东区教育文化体育局	立足基点　着眼普及　城乡联动　整体推进
3	孙波 金雷杰	慈溪市教育局教研室	聚焦“四大转型”　推进农村小班化建设
4	何革命	舟山市定海区教师进修学校	课题引领　组团研究　推进海岛自然小班化教育
5	王爱媛	杭州采荷第三小学	实现小班理想，打造品质教育
6	孙飒田巧玲 郑雪琴	杭州市西湖小学教育集团	基于师资队伍建设的小班化教育品牌创建的实践研究
7	沈婷婷	杭州市娃哈哈小学	小班情境下的“预习”变革
8	屠顺月	金华市金东区澧浦初中	“心理学规律”于初中小班化教育之巧用
9	李征宙	丽水市中等专业学校	对小班化教育若干问题的思考
10	孙美善	温岭市方城小学	基于小班化教育平等和谐教学环境的构建与思考
11	戚雅丽	瑞安市第二实验小学	小班化教学学生评价模式研究
12	郑元阳黄志清	洞头县小班化教育课题组	区域推进农村小学小班化教育的实践与创新
13	郑雪琴	杭州市西湖小学教育集团	让差异成为教学的资源——小班环境下语文个性化阅读教学的实践和研究
14	唐惠良	海盐县齐家小学	作业面批，实现对每个学生的关注
15	姚淑华	海宁市桃园小学	思想着的桃园　前进中的小班——小班化教育研究

▲2011年11月20日，景宁畲族自治县教育局教研室陈延福的论文《农村自然小班化教育“三步走”的探索与实践》获浙江省教育厅“小班化教育”专题研讨会论文评比一等奖

荣誉证书

景宁民族初中民歌队

在“肯德基”杯浙江省红领巾社团文化节活动中表现突出，特授予 家乡戏曲演唱赛优秀表演 二等 奖

民歌《畲乡山歌》

颁发此证，以资鼓励。

◀2003年10月12日，景宁县民族初中民歌队的民歌《畲乡山歌》在团省委、省教育厅、省少工委联办的“肯德基”杯浙江省红领巾社团文化节活动中被授予“家乡戏曲演唱赛优秀表演二等奖”

◀2009年10月，景宁中学学生蓝舒怡代表畲族少年参加“庆祝中华人民共和国成立60周年”典礼

1992年3月，民族中学被国家民委、国家教委评为“全国民族教育先进集体”

1997年，景宁被国家教委评为“普及九年义务教育和扫除青壮年文盲县”

2000年12月，实验一小被教育部评为“全国学校艺术教育工作先进单位”

2001年7月，民族中学被共青团中央评为“全国民族地区青少年爱国主义教育工作先进单位”

2005年5月，县教育局被国务院评为“全国民族团体进步模范集体”

2012年8月，民族小学被全国妇联、教育部、中央文明办评为“全国示范家长学校”

1995年12月，县教育委员会被省教育委员会评为“先进单位”

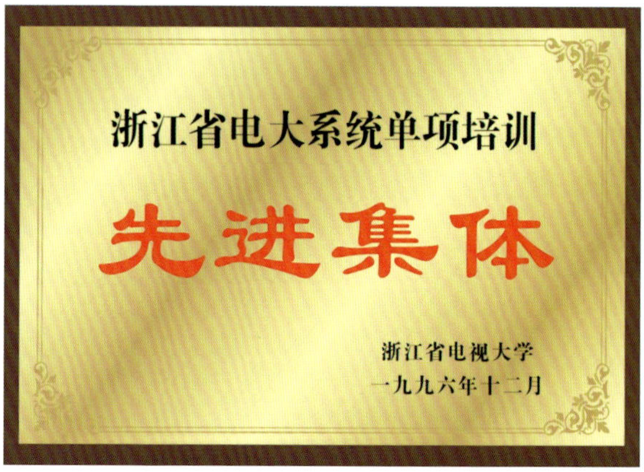

1996年12月，电大景宁分校被评为“浙江省电大系统单项培训先进集体”

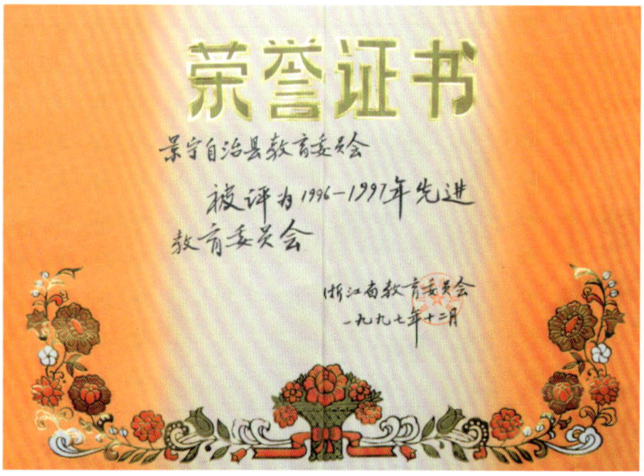

1997年12月，县教育委员会被省教育委员会评为“1996—1997年先进教育委员会”

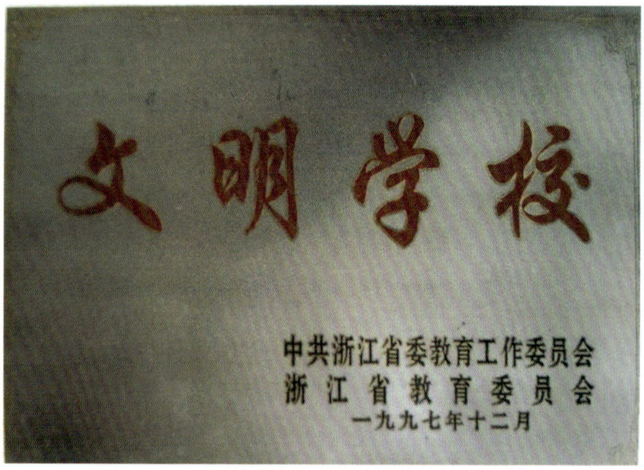

1997年12月，实验一小被省教育工作委员会、省教育委员会评为“文明学校”

1998年12月，县教育局被省教委评为“浙江省中小学实验教学普及县”

2002年5月，县教育局被省教育厅评为“2001—2002年度浙江省重视基础教育科研先进单位”

2002年11月，实验一小被省教育教学研究院评为“浙江省科研兴校200强”单位

2010年5月，民族中学被省文化厅、教育厅评为“浙江省非物质文化遗产传承教学基地”

2010年9月，景宁被省委、省政府评为“浙江省教育强县”

2012年1月，教育局被省教育厅评为“2011年度浙江省教育科学和谐发展业绩考核优秀单位”

2003年，实验一小被省书法研究会评为“浙江省书法教育研究会实验基地”

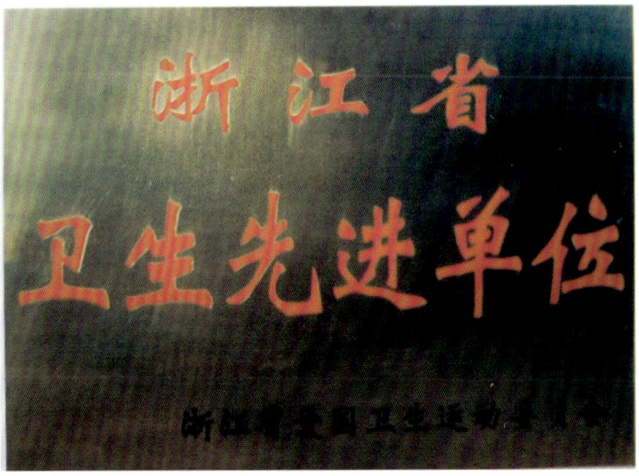

2010年，民族中学被省爱卫会评为“浙江省卫生先进单位”

1938年，简师校舍旧址（学田洪家祠堂）

1994年，湘湖师范旧址（道化）

1945年10月，浙江省立联初劳峰级师生在景宁敬山宫校门口合影留念

1960年6月，景宁中学高一班全体师生在“东风斋”前合影

1960年，景宁中学校舍

1964年，林校旧址

20世纪60年代，鹤溪镇小校舍

20世纪70年代，实验一小校舍

1972年，渤海中学篮球队参加云和县学生篮球赛合影

20世纪70年代，东坑区中心小学校区

1985年5月，大顺中学1984届初三毕业班师生合影

1987年，省委原书记铁瑛为民族中学题词——“民族中学”

2003年，渤海中学校园外景

2006年，民族小学开工现场

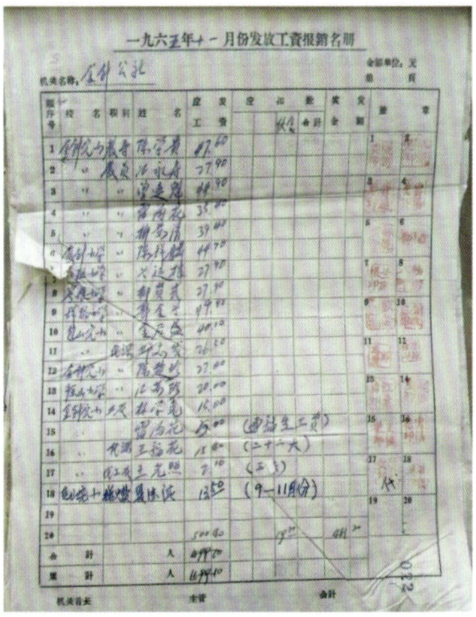

一九六五年十一月份发放工资报销名册

1965年，教师工资报销名册

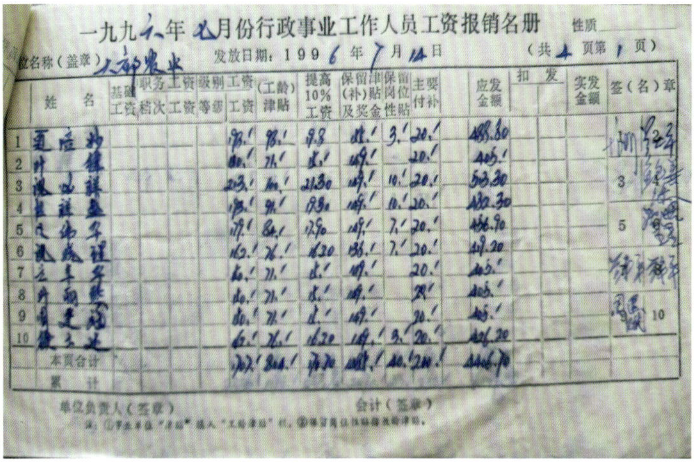

一九九六年七月份行政事业工作人员工资报销名册

发放日期：1996年7月14日　（共4页第1页）

1996年，教师工资报销名册

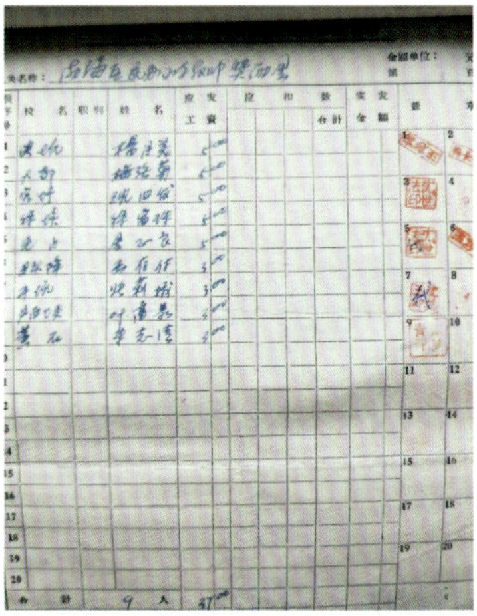

1964年，民办教师奖金

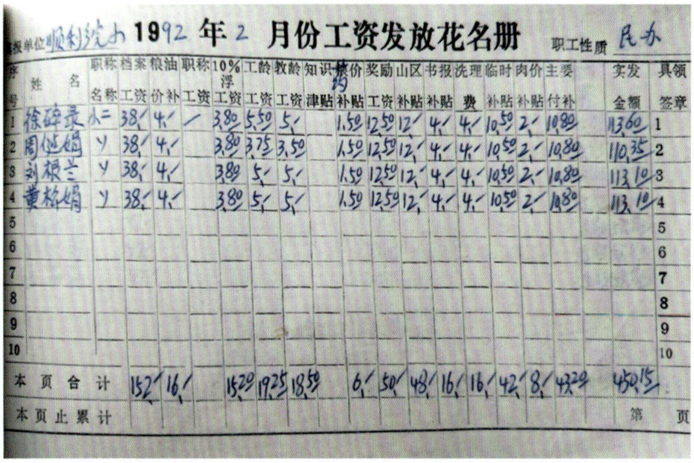

顺利说小 1992 年 2 月份工资发放花名册　职工性质 民办

序号	姓名	职称名称	档案工资	粮油价补	职称工资	10%浮动工资	工龄工资	教龄工资	知识津贴	物价补贴	奖励工资	山区补贴	书报补贴	洗理费	临时补贴	肉价补贴	主要付补	实发金额	具领签章
1	徐碎表	小二	38	4	/	3.80	5.50	5		1.50	12.50	12	4	4	10.50	2	10.80	113.60	1
2	周链娟	y	38	4		3.80	3.75	3.50		1.50	12.50	12	4	4	10.50	2	10.80	110.35	2
3	刘根兰	y	38	4		3.80	5	5		1.50	12.50	12	4	4	10.50	2	10.80	113.10	3
4	黄彬娟	y	38	4		3.80	5	5		1.50	12.50	12	4	4	10.50	2	10.80	113.10	4
本页合计			152	16		15.20	19.25	18.50		6	50	48	16	16	42	8	43.20	450.15	
本页止累计																			第　页

1992年，民办教师工资发放花名册

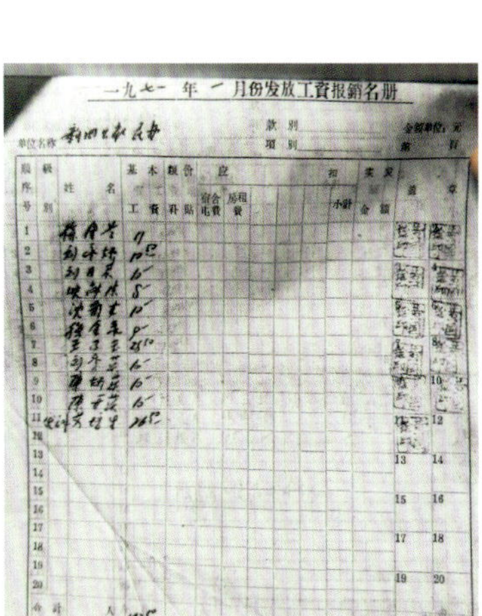

一九七一年一月份发放工资报销名册

1971年，民办教师工资报销名册

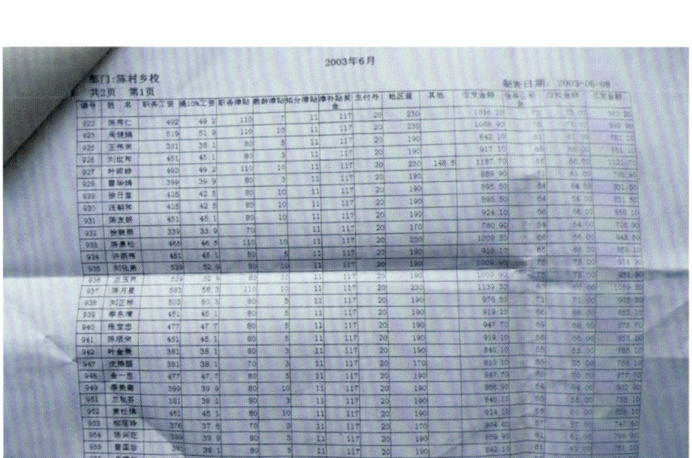

2003年6月

部门：陈村乡校　共2页　第1页

2003年，教师工资单

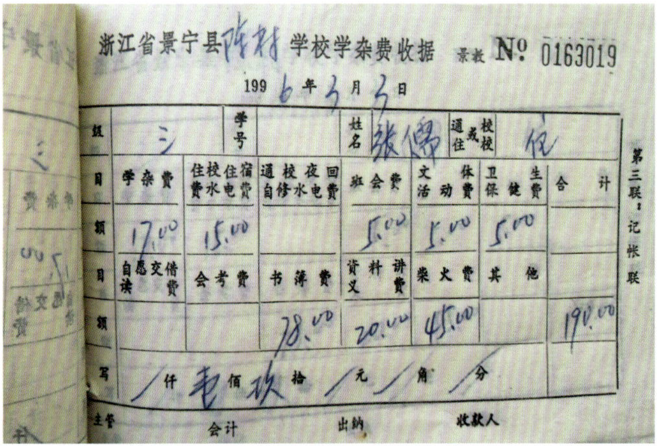

浙江省景宁县陈村学校学杂费收据 景教 № 0163019

1996年3月5日

班级	三	学号		姓名	张佛	通校或住校	住
项目	学杂费	住校住宿费水电费	通校夜自修水电费	班会费	文体活动费	卫生保健费	合计
金额	17.00	15.00		5.00	5.00	5.00	
项目	自愿文借读	会考费	书簿费	资料讲义	柴火费	其他	
金额			78.00	20.00	45.00		190.00
大写	仟 壹佰 玖拾 元 角 分						

主管 会计 出纳 收款人

第三联：记帐联

1996年，小学生学杂费收据

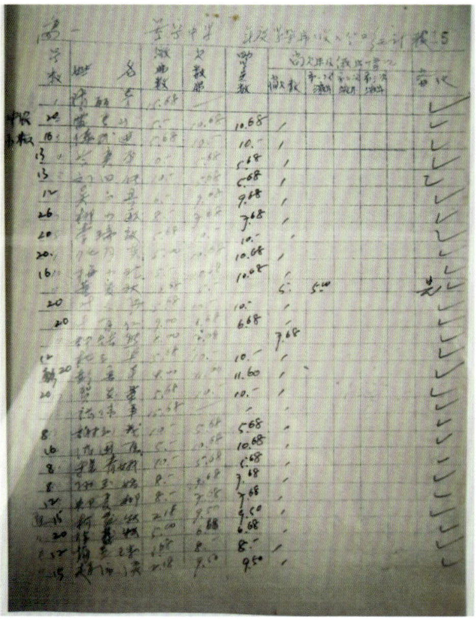

1965年，高中学生学杂费清单

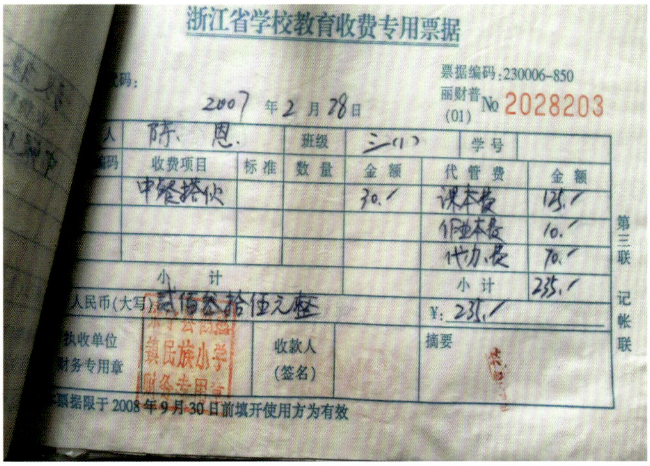

浙江省学校教育收费专用票据

2007年2月28日 票据编码：230006-850 丽财晋(01) № 2028203

交款人	陈恩	班级	三(1)	学号			
编码	收费项目	标准	数量	金额	代管费	金额	
	中餐搭伙			30.-	课本费	125.-	
					作业本费	10.-	
					代办费	70.-	
	小计				小计	235.-	
人民币(大写)	贰佰叁拾伍元整				¥：235.-		
执收单位财务专用章		收款人(签名)			摘要		

本票据限于2008年9月30日前填开使用方为有效

第三联 记帐联

2007年，小学生学杂费票据

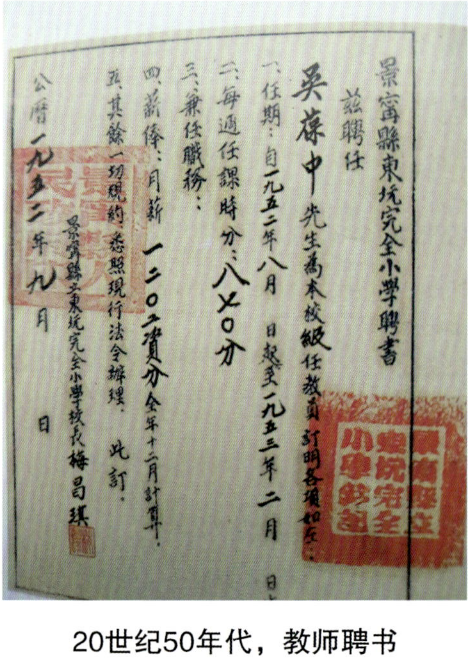

景寧縣東坑完全小學聘書

茲聘任

吳葆中先生爲本校級任教員訂明各項如左：

一、任期：自一九五二年八月 日起至一九五三年二月 日止

二、每週任課時分：八〇〇分

三、兼任職務：

四、薪俸：月薪一二〇工資分全年十二月計算

五、其餘一切規約悉照現行法令辦理。此訂。

景寧縣東坑完全小學校長梅昌琪

公曆一九五二年九月 日

20世纪50年代，教师聘书

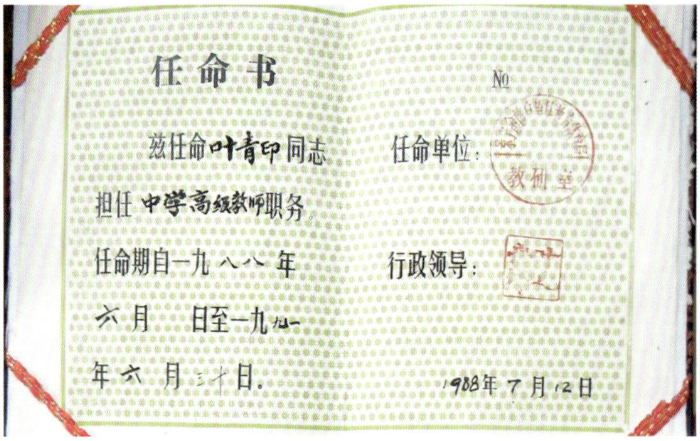

任命书

№

兹任命叶青印同志担任中学高级教师职务。

任命期自一九八八年六月 日至一九九一年六月三十日。

任命单位：

行政领导：

1988年7月12日

20世纪80年代，教师聘书

序

景宁，历史悠久。地域文明发端，可追溯至两千两百多年前的秦汉时代，普遍认为旧儒学到新儒学发展中承前启后的重要人物浮丘伯，是景宁地域文明最早的开创者。时至明景泰三年，即 1452 年，方设立景宁县，隶属处州府；清朝沿袭明朝此建制。辛亥革命，即 1911 年后，景宁县建制与归属，历经诸多波折。至 1984 年 6 月 30 日，在党的民族政策关怀下，国务院批准以原景宁县属地为域境，成立景宁畲族自治县。

全县总人口约 17.31 万人，以汉族人口为主，含畲族、藏族、苗族、彝族、侗族、黎族等多个民族。其中畲族人口约 1.91 万人，约占 11%。

中华民族历来都有传承优良文化、传播优秀思想的教育传统。但千百年来，景宁与其他地方一样，教育基本都以个体或家族自发为主要格局，远远不能满足民众接受教育的愿望。有据可考的官办学校，是 1906 年创办的“雅峰书院”，即景宁县第一实验小学前身。

中华人民共和国成立以后，民众的教育意愿才真正得到了党和国家的重视。初级小学和扫盲班成为乡村各族人民获取知识、获得教育的普遍途径。景宁与其他地方一样，形成了千家万户、爷孙几代同堂听课，共同接受科学文化教育的新风尚。“学校办在家门口”，是广大人民群众的共同愿望。1991 年的年报数据表明，全县拥有小学 462 所，所有乡镇都办了初中。

办学热潮带来显著的社会效益，但学校网点布局分散、教师专业素质偏低等问题比较突出。教育质量不能适应社会发展的需要等一系列问题已逐步凸显。加上计划生育政策的有效推进，各乡镇学龄儿童人数逐年递减，到

20世纪90年代初，以办学资源整合和教学质量提升为根本目的，有计划地启动村级学校网点布局调整工作，并在大均乡率先试行“一乡一校”寄宿制办学模式。

景宁畲族自治县成立以来，惠及景宁县域内民族教育的相应优惠政策逐步诞生或相应生效，主要包括设立民族学校和改善畲族人口密集乡镇的办学条件、降低民族考生录取分数和汉族学生高考加分政策、少数民族学生收费优惠或减免学杂费等三大方面。受惠于党和国家的民族发展政策，景宁城乡教育尤其是畲族人群的基础教育，出现了崭新的局面。特别是20世纪90年代初，包凤、东弄、李卜坑、惠明寺等民族村都相继开办了幼儿园，畲族村办园率和畲族幼儿入园率均达到历史最高水平。跨入21世纪，全县小学学龄儿童入学率、在校生巩固率、小学生毕业率均达到100%；12—15周岁少年初等教育普及率达99.06%。景宁教育发展整体均衡，民族教育氛围和谐，得到了上级的高度肯定。21世纪以来，党和国家对教育的要求也越来越高，对民族教育的支持力度也越来越大，景宁教育逐步迈入现代化的发展轨道。2012年，景宁县委、县政府出台《关于进一步提升新时期畲乡教育质量的若干意见》，并召开全县教育大会，启动“城区教育资源扩容工程”“农村学校改造提升工程”，推进标准化学校、现代化学校、美丽学校、数字校园、智慧校园等建设，全面提升城乡办学条件。农村学校根据班额逐步缩减的实际，量身定制小学保育工作和小班化教育的新模式。经过数年的实践，积累了大量的草根经验，课题《农村寄宿制小学保育工作研究与实践》《农村自然小班化模式的探索与实践》分别获得浙江省基础教育教学成果奖二等奖和一等奖，得到了全省教育界的密切关注，获得了浙江省教育厅领导的高度好评。

本轮《景宁畲族自治县教育志》，时限上起1992年，下讫2012年，正好是两个世纪之交承上启下的历史阶段。

本轮《景宁畲族自治县教育志》编写历时九年。各位编辑同志，不辞劳苦，查阅大量历史档案和资料，走访了许多教育界的老同志。每一个篇章的编写，都本着为历史负责的态度，从不同的侧面，翔实地记录了畲乡大地上教育事业的兴盛与变迁。

百年大计，教育为本。

在全志杀青之时，我们还是用这句话来勉励为畲乡的教育事业作出积极贡献的教育前辈和后来者。春华秋实，继往开来，畲乡大地永远蕴涵着你们的辛劳！

景宁畲族自治县教育局局长　林建锋

2022 年 6 月

凡　例

一、本志以马克思列宁主义、毛泽东思想、邓小平理论、“三个代表”重要思想、科学发展观、习近平新时代中国特色社会主义思想为指导，坚持辩证唯物主义和历史唯物主义的立场、观点和方法，全面系统地记载志书断限时期景宁教育的发展情况。

二、本志为《景宁畲族自治县教育志》续志，记载上限为1992年，下限为2012年，为补苴前志罅漏，记叙事件因果关系，时限适当上溯或后延。

三、本志运用述、记、志、传、图（照）、表、录等综合体裁，按概述、大事记、学前教育、小学教育、初中教育、普高教育、职业教育、成人教育、民族教育、教育实施、师资队伍、经费与设施、管理机构和党群组织、基本普及九年义务教育和基本扫除青壮年文盲、创建浙江省教育强县、人物为序排列。按章、节、目、子目层次，设14章、52节。卷末设附录、后记。

四、大事记以编年体为主，辅以纪事本末体，按时序纵述大事、要事、新事。

五、人物主要收录教育系统全国先进教育工作者、优秀教师、国务院政府津贴者、省级劳动模范、省特级教师、知名教育工作者。

六、本志采用第三人称记述。景宁畲族自治县，简称景宁。景宁畲族自治县教育局，简称县教育局。

七、数字和数据执行《中华人民共和国标准·出版物上数字用法》（GB/T 15835—2011）。

八、本志文体采用规范的现代语体文、记述体。文字一律以国家语言文字委员会1986年10月重新公布的《简化字总表》为准。标点符号执行《中华人民共和国标准·标点符号用法》(GB /T 15834—2011)。

九、学校简介由各校选送，其历史沿革等内容在前志中如已撰写，本志从简。本志收录各类学校的照片中，学校名称由于各种原因与教育主管部门登记的名称不是完全一致。

十、本志资料来自《景宁畲族自治县志》《丽水市教育志》，县档案馆、县教育局档案室、县教育年报统计册、县妇联档案室、有关学校资料室及个人文档、单位专题材料等，经考证后采用，一般不注明出处。

目　录

概　述 ……………………………………………………………………1
大事记 ……………………………………………………………………9

第一章　学前教育

第一节　发展概况 ……………………………………………………45
第二节　幼教管理 ……………………………………………………51
第三节　保教工作 ……………………………………………………53
第四节　幼儿园选介 …………………………………………………58

第二章　小学教育

第一节　发展概况 ……………………………………………………65
第二节　学校管理 ……………………………………………………77
第三节　学校选介 ……………………………………………………82

第三章　初中教育

第一节　发展概况 ……………………………………………………97
第二节　学校管理 …………………………………………………104
第三节　学校选介 …………………………………………………107

第四章　普高教育

第一节　发展概况 …………………………………………………119

第二节　学校管理 ……122
第三节　景宁中学 ……128
第四节　沙湾中学 ……130

第五章　职业教育

第一节　发展概况 ……132
第二节　学校管理 ……136
第三节　教学实施 ……138
第四节　学校简介 ……145

第六章　成人教育

第一节　自考与招考 ……155
第二节　浙江广播电视大学景宁分校 ……161
第三节　教师进修学校 ……168
第四节　成人职业技术培训 ……170

第七章　民族教育

第一节　发展概况 ……173
第二节　优惠政策 ……176
第三节　特色教育 ……181

第八章　教育实施

第一节　德　育 ……186
第二节　智　育 ……205
第三节　体育教育 ……232
第四节　音乐教育 ……239
第五节　美术教育 ……244
第六节　信息技术教育 ……249

第七节　卫生教育 ……251
第八节　安全教育 ……256
第九节　考试与招生 ……267
第十节　教育科研 ……283

第九章　师资队伍

第一节　发展概况 ……294
第二节　师资队伍建设 ……300
第三节　教师资格与职称评定 ……307
第四节　教师待遇 ……321

第十章　经费与设施

第一节　教育经费 ……339
第二节　校　舍 ……343
第三节　教育装备 ……349

第十一章　管理机构和党群组织

第一节　行政机构 ……356
第二节　县政府教育督导室 ……367
第三节　党群　社团组织 ……368
第四节　直属部门 ……373
第五节　荣　誉 ……375

第十二章　基本普及九年义务教育和基本扫除青壮年文盲

第一节　“两基”工作历程 ……379
第二节　基本扫除青壮年文盲评估验收 ……382
第三节　基本普及九年义务教育评估验收 ……384

第十三章　创建浙江省教育强县

第一节　创建教育强县历程 ……387
第二节　创建省教育强县评估验收 ……391

第十四章　人　　物

知名教育工作者 ……403
国务院政府特殊津贴获得者 ……404
全国模范教师、全国优秀教育工作者、全国优秀教师 ……405
浙江省劳动模范 ……406
浙江省特级教师 ……407

附　　录

一、文件选辑 ……408
二、专　记 ……462
三、中小学校(园)长和“省绿叶奖”名单 ……509

后　记 ……523

概　述

景宁畲族自治县位于浙江西南部，丽水市南部。东部和东南部毗邻文成县、泰顺县，南衔寿宁县，西南与庆元县接壤，西与龙泉市相连，北接云和县，东北与莲都区、青田县相邻。县域面积1950平方千米。2012年，全县总人口约17.31万人，其中畲族人口19145人，占11.1%。辖2个街道、4个镇、16个乡。属“老、少、边、穷”地区。县委、县政府始终将教育摆在优先发展战略地位，1992年后，全县教育事业进入快速发展期。

一、重视全民教育，创建教育强县

实施教育优先发展战略，全面提升各类教育，提高国民素质，服务全县经济社会建设。

学前教育：景宁学前教育起步较晚，1992年，学前教育以县中心幼儿园为核心，以社会力量办园为主体，全县幼儿园教育局办1所，社会力量办14所，在园幼儿789人，幼儿入园率36.8%。2004年，县教育局出台学前教育管理的意见，要求各乡镇创办附设幼儿园，并鼓励社会力量办园，全县学前教育事业进入快速发展期。2012年，全县形成以公办幼儿园为示范，乡镇幼儿园为骨干，社会力量办园为补充的学前教育发展格局，全县幼儿园38所，在园幼儿4326人，幼儿入园率92.53%。

义务教育：景宁贯彻落实《中华人民共和国义务教育法》，逐步实现九年义务教育。1992年，全县小学350所，在校学生16117人，入学率99.72%。初中学校30所，在校学生6661人，入学率67.06%。2000年，小学“五年制”改为“六年制”。随着中小学校逐步撤并，到2008年，全县小学实现“一乡一校”办学模式，初中5所。同年，开始探索集团化办学模式，以就近、均衡、区域归类为原则，组建实验一小、实验二小、民族小学三大小学教育集团。2010年，县教育局又出台《关于“强校接管农村学校”和“互助共同体”的实施意见（试行）》，随后组建民族中学和城北中学两大初中教育集团。从此，全县中小学实行集团化办学模式。2012年，全县小学18所，在校生8806人，初中5所，在校生3648人。

普高教育：1992年，全县有景宁一中和沙湾中学2所完全高中，在校生840人。1995年，浙江省教委颁布《关于改革和发展普通高中教育的若干意见》，景宁一中通过了浙江省普通中学合格督导评估。2001年，景宁一中初中部停招，迎接浙江省重点普通高中评估验收，到2007年，景宁中学成为浙江省一级重点普通高中。同年，根据景宁实际情况，复设初中部，招2个班级。2009年，沙湾中学高中部并入景宁中学。2012年，有省一级重点普通高中1所，承担全县普通高中教育，有班级36个，在校生1775人。

职高教育：景宁职业教育始于20世纪50年代，属职业初中，后大都初级农职业中学并到渤海中学，道化农业中学升格为职业高中，并搬迁至县城办学。1992年，全县有职业高级中学1所，在校学生249人。1998年，县职业高中从两年制改为三年制。2010年，县政府拨款3000万元，对职业高中老教学楼、实验楼等进行改造，提升办学条件。2012年，有职业高中1所，承担全县职业高中教育，有在校生1322人，开设专业7个。其中，省级品牌专业2个，市级特色专业1个，创建省级实训示范基地2个。

成人教育：景宁电大、自学考试、成人技校承担全县成人继续教育和实用技术培训。景宁电大，1985年称“景宁电大工作站”，后与教师进修学校合并又分离。2008年，升格为“浙江省广播电视大学景宁分校”，8月，创办“景宁畲族自治县社区学院”。至2012年，分别开设中专专业1个、专科专业16个、本科专业5个，毕业生1965人。景宁自考于1986年设立。1997年始，自学考试向农村延伸。到1999年，设5个自考中心工作站、24个乡镇自考联络点。至2012年，先后开设行政管理、汉语言文学等21个专业，累计报考17421人次、38791科次，898人取得毕业证书。1992年，全县各乡镇均创办了成人文化技术学校，开展各类农村实用技术培训，开设扫盲识字班，为景宁“两基”工作顺利通过评估验收和巩固提高发挥积极作用。

教育强县：1993 年，《中国教育改革和发展纲要》提出，到 20 世纪末在全国 85%人口的地区“基本普及九年义务教育，基本扫除青壮年文盲”（以下简称“两基”），景宁在 1997 年前要通过“两基”验收。1993 年，县政府召开全县教育工作会议，专题部署“两基”工作。1995 年，县政府出台《景宁县关于加强基本普及九年义务教育和基本扫除青壮年文盲工作意见》。经过努力，分别于 1996 年和 1997 年通过“基本扫除青壮年文盲”和“基本普及九年义务教育”评估验收，夯实了发展基础。进入 21 世纪后，随着合格学校、教育强乡镇和实验教学普及县的创建，景宁开始创建浙江省教育强县。2010 年 4 月，通过浙江省教育强县评估验收，成为景宁教育发展史上的一个里程碑。

站在新的起点上，为全面提升景宁教育质量，2012 年 10 月，县委、县政府召开全县教育大会，出台《关于进一步提升新时期畲乡教育质量的若干意见》，规定每年安排 2000 万元用于全面提升教育内涵发展水平，为提振新时期教育质量注入新的动力。

二、立足人口变化，调整学校布局

顺应城镇化推进，人口流动的大势，及时调整学校布局，提高办学质量和效益。

20 世纪 90 年代初，景宁学校布局分散，几乎村村有小学。随着城镇化推进，1992 年，县教育局采取“联、改、减”措施，将农村小学、附设初中和私立初中逐步撤并，462 所小学调整到 350 所，初中学校调整到 30 所。1998 年，县政府出台《关于全县学校布局调整的实施意见》，继续撤、并、改人口少、办学能力低的学校，至 2000 年，小学从 1998 年的 331 所减少到 132 所。2006 年起，由于滩坑电站建设，撤销库区渤海镇小，金钟、大顺、陈村、外舍乡中心学校和顺利完小，新建九龙乡中心学校。至 2008 年，全县乡镇实现“一乡一校”办学模式，结束农村小学“复试教学”历史，提高了办学效率和优质教育资源共享率。

随着人口向县城集聚，学校布局重心移向县城。1997 年 9 月，“扶贫建校”项目在城北中学创办。2007 年开始，县委、县政府在实施教育优先发展战略中，总投入2.6亿元，全面实施“城区教育资源优化整合‘一扩两迁四建’工程”，即扩建城北中学，搬迁职业高中、实验一小，新建景宁中学、民族中学、民族小学、实验幼儿园，县城新增学校建筑面积约11万平方米，与“十五”期末全县学校建筑面积总和相比，总量翻一番。

2012年，全县有普通高中1所、职业高中1所、独立初中4所、景宁中学附设城南中学1所、小学18所。

三、改善办学条件，缩小城乡差别

县委、县政府重视教育，按“三个增长”①要求，增加投入，保障改善办学条件经费的落实，改善办学条件，夯实教育发展基础。

1993年，“希望工程”项目启动，鸬鹚乡校兴建。1995年，省政府把景宁列入“扶贫建校”重点县，至2006年，有“希望工程”项目2个、“扶贫建校”项目49个，累计投入3071.275万元。其中，省“扶贫建校”资金1756.245万元、10万美元。2009年，全县启动“校安工程”，至2012年，累计投入7100.2万元，加固校舍53幢，拆除危旧校舍45幢，改造竣工面积7.3万平方米，全面消除校园D级危房。1992—2012年，通过“希望工程”“扶贫建校”“校安工程”“食宿工程”“改水改厕工程”，迁建学校6所，新建学校3所，置换改造学校3所，全县校容校貌呈现新景象，缩小了城乡差别。1997年，建设园丁新村，为170多名教师解决住房问题。

1993年，全县中小学校配齐“三机一幕”。1997年，启动“教育现代化工程”计划。1998—2001年，全县信息技术装备投入946万元，建成初级校园网络11个、计算机教室13个、多媒体教室28个、校园音响系统2套。2003年，投入信息化建设经费1600万元，为全县24个乡镇中心学校配备计算机房。2006—2012年，累计投入学校信息技术装备3200万元。全县学校音体美卫器材、电教设备、图书配备均达省一类标准。教育城域网覆盖所有学校。建立“畲乡教育信

① 《中华人民共和国教育法》第56条规定：各级人民政府教育财政拨款的增长应高于财政经常性收入的增长，并使按在校学生人数平均的教育费用逐步增长，保证教师工资和学生人均公用经费逐步增长。

息化”网络管理平台系统，实现“无纸化”办公。全县所有中小学配齐计算机教室、多媒体教室，县城中小学所有班级配齐多媒体设备。2008 年，在民族小学建立首个中小学图书配送中心，辐射全县所有学校。至 2012 年，全县中小学生平均每人拥有图书 26.3 册。

四、加强队伍建设，提高教师素质

建设一支素质良好、结构合理的教师队伍，是教育发展的关键。

民办教师、长期代课教师是历史遗留的产物。1992 年，景宁共有教职员工 1321 人。其中，民办、长期代课教师占 30%以上。1996 年 3 月，根据省委、省政府提出在 1997 年前“统筹解决浙江省民办教师的问题”的意见，全县尚未解决的 49 名民办教师全部转为公办教师。至 2001 年，对具备条件的代课教师，选送到师范学校培训转正。至此，解决了历史遗留问题，使教师队伍的结构更为合理。

师德师风建设是师资队伍建设的首要任务。县教育局全面实施教师暑假集中政治学习和师德考核的制度，组织全县教师学习《中华人民共和国教师法》《中小学教师职业道德规范》等内容，对教师进行“师德、师魂、师风、师能”教育，增强教职工的职业荣誉感、崇高使命感、神圣责任感。广大教师安心山区，教书育人。

提高教师专业素质是师资队伍建设的重要任务。县教育局鼓励教师通过自考、函授、进修培训等途径获得合格学历。通过“送出去、请进来”，上挂、辞退、引进、补充、调整等途径提高教师队伍整体素质。2005—2012 年，通过开展教育科研、名师带徒、文化扶助、“领雁工程”，举办省、市、县“名师提升教师素质工程”培训 4500 多人次，校本培训 11000 多人次等，打造专业化、学习型、合作型的教育队伍。至 2012 年，全县有全国优秀教师 4 人、特级教师 3 人、省市教坛新秀 17 人、市级以上学科带头人 12 人、县级以上名师名校长 133 人。

教师任用是师资队伍建设的重要环节。1991 年以来，县教委在抓教师学历教育的同时，还抓教师的教师专业合格证书考试与发证工作。至 2003 年，首次向符合教师资格的教师发放教师资格证书。1987 年，景宁首次实行教师职务评聘制，实施教师职称制度。1993 年，教师进城选调首次推行“双向选择”的教师聘用举措，教师聘用制逐步实行。

五、实施素质教育，提高教育质量

1998 年，县教委出台《景宁县区域性推进素质教育实施意见》，从此，景宁教育开始从“应试教育”转向“素质教育”新阶段，注重培养学生创新精神和实践能力，促进学生全面发展。

坚持把德育摆在素质教育的首位，根据《中学生守则》《小学生守则》和《中小学生日常行为规范》等要求，制订德育工作实施计划，以爱国主义教育为主线，通过开展富有实效的德育活动以及打造积极向上的校园文化，来提高学生爱祖国、爱人民、爱劳动、爱科学、爱社会主义的思想感情、良好品德。各校利用班队课、学生集会等时机对学生进行交通、饮食、防溺水、远离毒品等安全教育，不断提升学生的安全防范意识。1992—2012 年，全县中小学、幼儿园没有发生重大安全事故和青少年违法犯罪事件，“平安校园”创建率 100%。

教学工作是学校的中心工作，各校严格执行教育部和省定的课程计划，开齐开足开好各类规定的课程。2000 年，县教育局出台《景宁县中小学课堂教学改革意见》，倡导“以学生为主体，以教师为主导，以情感为纽带，以训练为主线”的课堂教学思想。2003 年，教育部启动新一轮课程改革，县教育局出台《景宁县基础教育课程改革实施工作指导意见》，改变以往课程实施中重知识轻实践、重结果轻过程、重接受轻体验的现象。针对课堂教学长期处于“老师教、学生听”的“满堂灌”传统教学模式，1992 年始，开展课堂教学改革，研究教法，逐步形成独具特色的“疑轴式”教学法、“四大意识”教学法、“本真化”教学法等，有效提高了教育教学质量，1999 年，景宁中学吴茁青夺得浙江省高考理科“状元”。

学校严格执行省、市、县规定的学生综合素质测评和考试方法。1993 年，全县中小学除美术、音乐、劳技采用考查方式考评成绩，其他学科以期末考试成绩与平时成绩相结合的方式综合考评学生学科成绩。2001 年，推行综合素质测评，文化学科采用“等级+评语”的方法。1993 年始，取消小学升初中统考，初中升学采用“二考合一”办法，并开始加试体育，到 1995 年，改“二考合一”为会考。

县教育局成立教育科学研究领导小组，召开全县教育科研大会，出台《景宁教育科学研究管理办法》《景宁教育科学研究优秀成果奖励办法》，全县各校呈现出“质量立校，科研兴校”的办学局面。2001—2012年，全县18项教科研成果获省级奖项。其中，2000年后，针对“一乡一校”寄宿制办学模式下出现的低龄寄宿生、全县112个教学班学生数在30人以下的情况如何提高农村自然小班化教育质量等问题，县教育局设立“农村寄宿制小学保育工作研究实践”“农村自然小班化模式的探索与实践”课题进行研究，走出了一条符合景宁山区实际的小学保育工作和小班化教学之路，分别获浙江省基础教育教学成果奖二等奖和一等奖，其经验得到省、市推广。县教育局被评为浙江省“重视教育科研先进单位”。实验二小被评为“浙江省教育科研先进集体”，民族中学、实验一小被评为“浙江省教育科研200强”。

六、落实民族政策，彰显特色教育

历届县委、县政府高度重视民族教育工作，依据《景宁畲族自治县自治条例》，通过改善办学条件、出台优惠政策、增加财政投入，促进民族教育快速发展。

改善办学条件。景宁先后创办民族夜校和民族高中班，1986年创办民族中学；2007年，总投资5000多万元，按浙江省一类标准，创办民族小学；2008年，总投资5568多万元，按浙江省一类标准，整体搬迁民族中学；2012年，总投资1703多万元，按浙江省一类标准，创办民族幼儿园。上级党委、政府以及相关部门拨出专款，为畲族村学校修建校舍、购置教学设备。民族教育办学条件日趋完善，并形成了从学前教育到高中教育的民族教育体系。至2012年，全县有中小学学生15551人，其中畲族学生2299人，占14.8%。

招生优惠政策。县委、县政府出台招生优惠政策。景宁中学创办民族预科班，民族中学和高中招收畲族学生适当放宽录取条件。自治条例对高等院校和中等专业技术学校在招收新生时自治县考生享有降分录取的照顾作出了明确规定。2008年，省高招委、省教育厅出台《2008年浙江普通学校招生工作实施意见》，对户籍在景宁县，且在当地完整完成高中阶段教育的汉族学生，可以在其统考成绩总分的基础上加5分投档。

奖励优惠政策。为鼓励畲族学生的学习积极性，培养更多的畲族人才，设立民族教育奖励资金。2000年，县民族宗教事务局出台《关于对少数民族优秀学生实行奖励的规定》：农业户口，小学升初中统考分排全县前10名的少数民族学生，每人一次性奖励300元；农业户口，初中升高中（含中专）统考分排名在全县前10名，非农业户口排前5名的少数民族学生，每人一次性奖励500元；对考取普通高等院校的少数民族学生一次性奖励800元；对考取重点大学的少数民族学生一次性奖励1000元。2011年调整为：景宁户籍，参加当年全国高等院校招生考试，通过高等院校招生被录取并就读的少数民族学生，被重点高校录取并就读，每人一次性奖励5000元；被一般本科高校录取并就读，每人一次性奖励2000元；被高职（专科）院校录取并就读，每人一次性奖励1000元。至2012年，奖学金受惠畲族学生57人，奖励总额10.80万元。

爱心优惠政策。2005年，浙江省全面实施农村中小学爱心营养餐工程，而景宁从2002年开始，部分农村学校就开始尝试开设爱心营养餐。此后，县财政不断加大营养餐资金的投入，从2008年开始，全县义务教育寄宿制学生，每天可以享受至少一餐的爱心营养餐。2012年，营养餐资助标准调整到每生每年960元，学生每餐都能享用到搭配合理、营养较为丰富的爱心营养餐，标志着全县农村中小学寄宿制学生“自备菜”的时代结束。此外，出台为畲族学生减免学费、生活困难补助等优惠政策。

彰显特色教育。县教育局和各校在继承和弘扬民族文化，开展民族特色教育领域积极探究。编写校本教材，开设校本课程，如民族中学编写畲族乡土教材《可爱的畲乡——景宁》。民族学校开设畲语课程，实行“畲语汉语”教学。让畲族文化中的畲族体育项目、畲歌走进校园、走进课堂，渗透到体育、音乐、美术等课程中，逐步形成了“一校一品”民族特色教育，如景宁中学生物馆的“科普教育”、民族中学的“民族体育”、民族小学的“足球操”、大均乡校的“葫芦丝”、郑坑乡校的“畲族剪纸”等。至2012年，民族小学、民族中学等20所中小学成为国家、省、市、县级特色学校。

大　事　记

1992 年

2 月，开始执行《关于全县小学布局调整报告》。当年并改小学 103 所，减少班级 175 个，缩减教师 211 人；校均学生数从上年的 37 人提高到 49 人，师生比从 1∶15 调到 1∶18.6。《丽水日报》《浙江教育报》《人民日报》等作了报道。

3 月，设教育教科室，与教研室合署办公，属事业编制科室，配教科员 2 人。

6 月 15 日，县教育局出台《中小学安全教育管理办法》，有 27 项指标要求。

6 月 27 日，县委出台《关于中小学管理体制调整实施方案》，规定：除县属中小学外，全县 24 个乡镇学校改名为“××乡镇中心学校”（下称“××乡校”“××镇小”）。被撤并乡的学校，由乡镇中心学校改名为“中心完小”；原附设初中班一律改为“××学校初中部”。同时，原中心学校教育辅导区改名为“教育督导组”。各乡镇学校党组织由当地党委管理。

7 月，浙江大学团委与大均乡校，丽水地区建行团委与澄照乡校分别结对扶持。每年资助 5000 元购置教育设备。

12 月 25 日，鸬鹚乡校“希望工程”教学楼举行奠基仪式。共青团浙江省委书记沈跃跃、浙江省青年成才基金会秘书长胡勇跃等出席奠基仪式。

12 月 27 日，宁波籍的县计经委副主任、景宁驻鄞县办事处主任俞慕安在鄞县募捐 52888 元，成立“景宁畲族自治县中兴教育基金会”。

同年，县教育局出台文件，规定从 1993 学年开始，全县初中毕业学生的毕业证书改发浙江省义务教育证书。

1993 年

4 月 5 日，县教育局批准校办企业公司创办“浙南轴承厂景宁分厂”，为全民所有制独立核算单位。

5 月 2 日，县教育局批准鹤溪镇校创办“创新加工厂”，为全民所有制独立核算单位，主营五金电器、塑料文具等。

5 月，地区教育学会幼教专业委员会第二届年会在景宁召开，与会代表120多人。

6 月，县中心小学校歌《金色的摇篮》被收入《全国校歌荟萃》(第一集)。

同月，陈林生任县教育局党委书记、局长。

7 月26—29 日，日本教育界人士城井智子等一行到景宁考察畲族文化风情。

8 月 31 日，县职业高中从道化迁至县城敬山宫，原道化职业高中校址改办沙湾镇初级农职业中学，归沙湾镇管理。

8 月，景宁一中男子篮球队荣获“浙江省中学生篮球赛男子组冠军”。

同月，县教育局出台《1993 年至 1998 年全县教育事业发展规划和工作目标》。

9 月，全县初中、小学起始年级开始使用部编义务教育教材。教育局为此举办新教材培训班，500 多人次受训。

9 月，景宁一中、民族中学、县中心小学、鹤溪镇小四校首次试行“借资办学”，共借资 45 万元，用于兴建新校舍。

9 月，共青团浙江省团委等部门捐资兴建的全省第二所希望小学鸬鹚乡校教学楼竣工并投入使用。

9 月，省教委副主任黄新茂、普教处处长潘行法一行 8 人到景宁调研教育工作。

9 月，县教育局出台《局机关工作人员廉政建设的若干规定》，对学习制度、财务管理、工作考勤、会议制度、岗位责任等方面作出明确要求。

9 月，地区教研室小学组到沙湾镇小、英川镇小进行教学、教科调研，相关学科教研员陪同调研。

10月15日，县教育局成立“景宁县文教联合发行站”。

11月，省教委副主任阮忠训、计财处处长王明元到民族中学调研，赞许民族中学“人穷志不穷”。

11月，沙湾教育督导组《围绕德育中心整体优化教育管理》的实验课题成果，被收入《中国当代小学教育实验》一书。

12月18日，县教育局被财政部授予“会计工作达标单位”称号。

12月，经县委组织部“双推双考”，石正林任县教育局党委委员、副局长。

12年，县教学研究室更名为“教育综合研究室”。

1994年

1月12日，县教育局发文，全县初中学生从1994年起实行学生证制度。

1月17日，省委副书记刘枫、副省长徐志纯、省教委主任陈文韶到民族中学等学校调研。

3月1日，县教育局与县卫生局联合出台《学校卫生工作若干意见》。

3月，县教育局为强化学校教学管理，编制《教导主任职责》《教导主任考核意见》《先进教研组评估量化办法》，并建立年检制度。

4月21日，县教育局出台《学校管理目标责任制》《学校教学质量指标》考核细则。

5月23日，国家民华委副主任伍精华到景宁调研教育工作，深入民族中学等学校指导。

7月，莲川中心完小发生火灾，烧毁校舍416平方米、全部教学仪器和部分办公设备。

8月，县教育局内设成职教股。

8月，地区行署在景宁召开全区九年义务教育工作研讨会。

8月，十七号台风袭击景宁，20多所学校合计损失230多万元。其中，鸬鹚乡校、际头中心完小、莲川中心完小损毁最为严重。

8月，县教育局编写高中、初中、小学《景宁国土教育读本》三册。

9月，县委、县政府召开全县基础教育工作大会。

10月19日，国家民委教育司司长周明甫、省民委主任李绍瑛到民族中学等学校调研指导民族教育工作。

10月22日，省人大常委会领导及全省各市、县人大常委会主任100多人视察民族中学。

10月26日，福建省福鼎县民族工作考察团一行到民族中学考察。

同年，景宁首次争取到国家扶贫项目资金20万元用于教育工作。

同年，县教育局转发省教委《关于实行新工时制对中小学教学计划进行调整的意见》。

1995年

1月14日，县教育局转发县委宣传部《关于开展"读〈生命之歌〉，学英雄精神"读书活动的通知》。全县中小学生开展向刘玲英学习活动，用征文、演讲等形式，学习她"敬业奉献，无私无畏"精神。

2月20日，县教育局根据省教委通知，全县中小学校组织开展校园歌曲、集体舞活动。

2月，省长万学远倡导发动"扶贫建校"工程，景宁被列入重点扶贫县。

3月8日，县教育局批复民族中学成立"景宁畲族自治县竹木工艺制品有限公司"，独立核算，自负盈亏。

3月20日，秋炉创办私立初级中学。

3月，省教委副主任黄新茂一行到景宁调研"普九"工作，分别与县人大、县政府和有关部门领导召开座谈会。

4月5日，国家民委人事司司长李建辉、干部处处长张浙记、办公室主任刘晓峰到景宁调研，深入民族中学等校指导。

4月6日，县教育局转发县委《关于开展爱国主义教育的实施意见》。

4月14日，县教育局转发《关于全省学校施行每周五天工作制意见》。全县中小学、幼儿园从9月1日起执行。

4月15日，华东地区希望小学联合会的江苏、浙江、江西、山东等省60多位希望小学校长和省青年成才基金会负责人到景宁调研。

4月25日，县教育局成立“景宁畲族自治县教育建筑材料服务公司”。

4月，县政府成立“‘两基’工作领导小组”。

5月30日，县教育局出台《局机关干部和学校领导干部廉洁自律十条规定意见(试行)》。

5月，省教委成教办公室主任金建雄到景宁检查指导成人教育学校建设工作。

5月，县教育局创办《“两基”工作简讯》刊，交流“两基”工作。

6月3日，省关工委领导王跃廷到民族中学等校调研指导。

7月，浙江教育学院团委、县教育局、县妇联、团县委联合对全县10个扫盲重点乡镇进行扫盲工作培训。

7月，县政府出台《景宁县关于加强基本普及九年义务教育和基本扫除青壮年文盲工作意见》。

8月8日，县教育局转发省委、省政府《关于加强和改进学校德育工作的意见》。

8月21日，县教育局批复原教育被服厂转为大均乡校承办，明确生产经营权责。

8月30日，县教育局印发开展扫盲宣传月活动通知，从组织、形式、口号等方面提出明确要求。

9月28日，“景宁畲族自治县退(离)休教师协会”成立，并选举产生第一届理事会，傅宗元任会长。

10月11日，县教育局编写的乡土教材《畲乡景宁》，在全县初中、小学三至五年级使用。

10月16日，县教育局转发《关于部分农村教师子女“农转非”的通知》，丽水地区从千分之零点五“农转非”指标中，拨出部分指标用于农村教师子女“农转非”。县城少数教师为了子女“农转非”，自愿到乡镇任教。

10月23日，县政府成立“景宁畲族自治县控制流生领导小组”。

同日，县政府批准鹤溪等五片区督导组更名为“景宁畲族自治县××学区教育办公室”，更名后相应人员职务名称更改为学区教育办公室主任、普教辅导员、成职教辅导员、财务辅导员。

10月，民族中学被吸收为“全国民族中学教育协会理事校”。

12月1日，景宁一中通过浙江省重点中学合格督导评估。

同日，县教育局出台《对全县成职教工作进行全面评估考核方案》。

12月21日，省长万学远、省教委副主任郑祖煌到景宁检查指导“扶贫建校”工作，并为重点扶贫建校工程——城北中学奠基。

12月30日，县教育局出台《关于景宁畲族自治县教育发展“九五”计划和2010年远景规划》。

12月，《景宁畲族自治县教育志》(1995版)正式出版。

同年，县教育局被浙江省教委评为“省级年度先进单位”。

同年，县教育局出台《关于全面贯彻教育方针、减轻中小学学生过重课业负担的意见》，对资料征订量、课外辅导时间、课外作业量、考试次数等作量化要求。

1996年

1月9—11日，地区普通高中教育工作会议在景宁召开，到会代表80多人。

1月，县教育局成立“教育科学研究领导小组”。

2月1日，县政府出台《景宁县扫除青壮年文盲奖励规定》。

2月，县教育局批准景宁一中、沙湾中学、民族中学、英川中学、景宁县小、鹤溪镇小、沙湾镇小7所学校设教科处，并从9月起在编内安排专人负责。

同月，县教育局出台《景宁畲族自治县关于加强义务教育学籍管理及管理目标考核暂行规定》。

3月29日，县教育局建立“两基”工作情况汇报制度。

3月，县教育局使用新编义务教育登记卡，规定学生流动、借读等审批手续。

4月，县教育局发文确定，景宁一中、沙湾中学、民族中学、英川中学、景宁县小、鹤溪镇小、沙湾镇小为县首批电化教育试点学校，探索贫困山区实现教育现代化之路。

同月，县教育局出台《景宁县中小学学生行为规范达标评估细则》。经考评，景宁一中、沙湾中学、民族中学、英川中学、景宁县小、鹤溪镇小、沙湾镇小、英川镇小、东坑镇小、浮丘小学等11所学校被评为全县首批中小学日常行为规范达标学校。

5月31日，县政府出台《景宁县普及八年义务教育奖惩规定》。

5月，县教育局根据《浙江省贯彻教师资格认定的过渡办法的实施意见》和丽水地区教委《关于做好教师资格过渡的通知》要求，在7月底前做好教师资格认定工作。

6月27日，县教育局成立精神文明建设领导小组。

6月，县教育局邀请杭州大学朱作仁教授到景宁作学术报告，250多人参加。

同月，县中心小学更名为“景宁畲族自治县第一实验小学”。

8月，鹤溪镇中心学校更名为“景宁畲族自治县第二实验小学”。

9月20日，县教育局出台《进一步加强校园文化建设优化育人环境的实施意见》，从设施、活动、形式等方面作出规定。

10月25日，景宁通过省政府基本扫除青壮年文盲评估验收。

10月，地区地理学科“教坛新秀”评比活动在景宁举行。

同月，景宁畲族自治县教育局更名为“景宁畲族自治县教育委员会”（下称“县教委”）。

11月16—17日，县教委与县体育局联合举办首届中小学生田径运动会，210多人参加。

11月18日，县教委出台《关于举办义务教育对象文化补课班的规定》，从对象、教材、管理、考试、发证等方面提出要求。

11月，县教委制定《景宁县职业高中目标管理考核细则》，从1996年起，对县职业高级中学进行年度目标管理考核。

同月，县教委出台《关于加强和发展乡镇自学考试联络站的实施意见》，对工作目标、任务、措施等提出要求。

12 月，县教委出台《景宁县教委职能配置、内设机构和人员编制方案》。

同年，县教委转发《浙江省中小学校教职工代表大会工作规程》。

同年，景宁教育系统先进典型人物——陈村乡顺利希望小学校长瞿线花和全地区优秀教师事迹报告团作巡回报告，并在全县范围内开展形式多样的“敬业爱岗”教育活动。

同年，全县有 55 名民办教师转为公办教师，为 58 位在农村任教 15 年以上且具有中级职称的教师家属办理农转非。

同年，景宁一中、民族中学、职业高中、景宁县小、中心幼儿园、鹤溪镇小分别与温岭市的温岭中学、温岭三中、市职技校、方城小学、市中心幼儿园、太平小学结成帮扶对子，并签订长期合作协议。

同年，规划兴建“园丁新村”宿舍 8 幢 170 套，建筑面积 16000 平方米，春节前开工建设。

同年，地区教委开始试行《普通高中开展教育教学管理年度考核》办法。

1997 年

3 月，省教委督导室主任吴国祥一行到景宁督查“普九”工作。

同月，县教委任命省教研室下派干部柯孔标为县教研室副主任，朱新根为沙湾中学副校长，郁君平为职高副校长，张国良为英川中学副校长，彭松波、周黎旭为东坑中学副校长，张勇为毛垟中学副校长，戴东胜任渤海中学副校长。

同月，县教委开展首次“十佳青年教师”评选活动。

4 月 25 日，县教委出台《景宁畲族自治县教职工请销假制度》。

5 月 28 日，县委组织部、县人劳局、县教委联合发文，规定中小学校长持证上岗制度，规定新任命校长实行“先培训，后上岗”，并实行校长职务津贴制。

5 月，省教委主任陈文韶到景宁指导教育工作。

6月13日，县教委批准创办私立“景宁育才学校”。校址设在体育事业局院内。2000年，搬迁到占地面积13400平方米的鸭卵坑新校园。

7月11日，县政府在影城召开全县“普九”迎验动员大会。各乡镇、机关负责人、校长参加会议。

7月16日，省教委组织“绿荫特级（优秀）教师讲师团”到景宁讲学。

8月，根据省编义务教育教材计划要求，由县第二实验小学编写《晨间活动课读本》。9月，在全县小学统一开始使用，每周一课时。

9月30日，县教委转发省教委《关于进一步开展扫盲和扫盲后继续教育工作意见》，于年底进行督查与考核。

10月17日，景宁普及九年义务教育工作通过省政府评估验收。

10月20日，县教委印发国家教委《关于中小学教师职业道德规范》，11月教育工会组织全局干部、中小学教师参加职业道德和党的十五大知识竞赛。

11月13日，首次对全县成职教工作进行年终评估考核，评出先进集体5个，先进个人10人。

11月17日，国家教委督学李仁和、基础教育实施处处长唐淑芬对景宁“两基”工作进行督导检查。

11月，旅居加拿大爱国华侨周三冕捐资5万元，成立“周福土助学基金会”，并制定《周福土助学基金会暂行规定》。

11月，省教研室社会学科名师到景宁送教，全县社会学科老师参加听课学习。

12月15日，民族中学被评为“浙江省中小学图书馆工作先进单位”。

12月16日，景宁畲族自治县被浙江省人民政府授予“‘两基’工作进步奖”。

12月23日，县教委被省体委、省教委认定为“1996年度浙江省学校施行《国家体育锻炼标准化》先进教委”。

12月30日，景宁被国家教委评为“普及九年义务教育和扫除青壮年文盲县”。

12月，省教委主任陈文韶一行在县教委主任陈林生等陪同下赴英川镇扶贫考察，给予英川镇中、英川镇小扶贫资金 170 多万元。陈文韶还为英川镇中心学校题写校名。

同年，县教委出台《关于全县开展行风建设评议活动的实施意见》。

同年，县教委被评为“1996—1997 年度浙江省先进教育委员会”。

同年，省政府划拨景宁第二批“扶贫建校”资金 340 万元，建葛山乡校教学楼、外舍乡校教学楼、英川小学教学楼、莲川小学教学楼、陈村乡校学生宿舍楼 5 个项目。

同年，省教委发起“百校肩并肩结对”活动，杭州外国语学校、湖州中学、鄞州中学、镇海中学、余姚中学分别与英川中学、东坑中学、沙湾中学、渤海中学、城北中学建立长期友好合作关系。

同年，县教委将《学校管理目标责任制》改为《景宁县教育工作目标管理考核方案》，从六个方面对学校进行考核评估。

1998 年

1 月 13 日，渤海中学被省教委评为“师资扶贫面貌变化最大学校”。

2 月 19 日，毛垟乡政府被浙江省考试委员会评为“1997 年乡镇自考联络站建设先进集体”。

3 月 24 日，“景宁畲族自治县人民政府教育督导室（副科级单位）”成立，办公机构设在县教委。

3 月，省教委主任侯靖方到景宁指导教育工作。

3 月，地区教研室教研员一行 8 人到民族中学调研教学工作。

5 月，省政协科教委副主任陈大中一行到景宁调研“两基”工作。

6 月 22 日，毛垟新建垟发生山体滑坡，有 5 名学生失踪。县教委组织抗洪自救，被县委、县政府评为“抗洪抢险先进集体”。

6 月，全县 41 所民办幼儿园，变妇联管理为县教委管理，学前教育被纳入教育常态化管理。

8 月 12 日，县教委出台《关于景宁区域性推进素质教育实施方案》，并确定民族中学、英川中学、鹤溪镇小、沙湾镇小、景南乡校、顺利完小六校为第一批素质教育实验学校。

9 月 1 日，县教委出台《关于中小学校长兼课规定》，大的中学校长兼课 2—4 节，小的中学校长兼课 4—6 节；大的小学校长兼课 4—6 节，小的小学校长兼课 6—8 节。

9 月 2 日，县政府出台《关于全县学校布局调整的实施意见》。同年撤并学校 69 所。

9 月23—24 日，地区教研室小学教研员一行 6 人到英川镇小开展教育教学调研。

10 月 15 日，县教研室评估验收领导小组成立，迎接省级合格教研室评估验收。

10 月 23 日，县教委出台《关于景宁教委机关有关规章制度》，明确教委机关干部学习、劳动、会议、招待、文印、购物等方面的规定。

10 月，县教研室编印《规章制度汇编》，从职责、出勤、会议、工作、财务、资料、年考等方面作出规定。

11 月，地区中小学体育教师基本功比赛在景宁举行，省教研员董玉泉作专题讲座，与会 30 多人。

12 月，景宁一中举办建校 60 周年庆典活动。

同年，县教委被省教委、省体委评为“1998 年度全省学校推行《国家体育锻炼标准化施行办法》先进单位”。

同年，省生物教研员施亿组织生物学科名师到景宁送教。

同年，“园丁新村”120 套房屋交付使用。

同年，大均乡校试行“一乡一校”寄宿制小学办学。

同年，县教委转发教育部《关于颁发〈中小学德育工作规程〉的通知》。

同年，县教委转发《关于贯彻教育部文件精神，在中小学中深入开展以我国政府恢复对澳门行使主权为主题的爱国主义教育活动的通知》，并发放《走向 21 世纪的中国澳门》一书，中小学学生每人一本，高中、初中、小学每周按规定课时开课。

同年，县教委出台《景宁县幼儿园办园基本条件》，对幼儿园的园舍、设备、园长、教师提出要求。

同年，县教委为加强中、小学生思想教育，规定每个学生每学期看电影3—5次。

1999年

1月19日，县教委、人事局、财政局联合发出《整顿、辞退教育系统内临时工的通知》。

1月28日，县政府出台《景宁县中小学普及实验教学实施意见》。

同日，县教委成立行政执法责任制领导小组。5月19日，县政府批准《县教委行政执法责任制实施方案》，明确计财、人事、教育三个科室工作要求。

3月8日，省教研室领导一行7人在市教委副主任徐焕凤的陪同下，对景宁教研室进行评估验收。

3月，县实验一小的《“因人导学，整体激励”的实践与研究》课题获“1998年度浙江省基础教育科研优秀成果一等奖”。

4月13日，省教研室主任王铁一行3人到景宁教研室指导工作。

4月14日，县教委成立科技领导小组。

4月22日，县政府出台《关于做好1999年度多渠道筹措教育经费的意见》，从渠道、办法、管理、使用等方面提出明确要求。

4月，县教委出台《关于加强全县中小学校园文化建设的若干意见》。

4月，省教委职教处处长阮忠训到景宁调研教育和扶贫工作。

5月11日，县政府批准“景宁畲族自治县教师函授辅导站”升格更名为“景宁畲族自治县教师进修学校”。

6月17日，雁溪、景南乡成人技校被省政府认定为省三级乡镇成人文化技术学校。

6月，景宁一中学生吴茁青高考680分，获浙江省理科“状元”。

8月5日，县教委成立民主理财监督小组。

8月19日，县综治委、教委、公安局联合印发《关于整顿学校周边地区治安秩序，创建安全文明校园的实施意见》。

8月25日，县教委、教育工会联合评出县“首届十佳中年教师”。

9月21日，县教委对义务教育阶段民办学校开展办学水平督导评估工作。从办学条件、学校管理、办学水平等方面进行量化考核。

10月，省教委职教处处长王友宝、副处长金辛以及教科院领导到景宁指导职教工作。

同月，丽水地区首届中小学教师学科带头人评选活动举行，全县18人入选首届市级学科带头人。

11月13日，景宁县“浙江省中小学实验教学普及县”工作通过省人民政府评估验收。12月，被省政府认定为“浙江省中小学实验教学普及县”。

12月21日，县政协组织教育系统骨干人员参加寿宁县举办的闽浙毗邻五县政协教育协作会议。

12月26日，县教委召开第二届退休教师协会换届大会。

2000年

1月，省委统战部副部长徐长富一行到景宁进行教育调研，并到陈村乡校、外舍乡校指导。

同月，县教委转发浙江省教育委员会基础教育处《关于减轻中小学生过重课业负担的十项规定》，并出台《关于减轻中小学生课业负担的实施意见》。

3月2—4日，县教委组织中小学教务主任40多人赴缙云县学习课堂教学改革经验。

3月30日，县教委发文规定，初三年级学生从本学期开始，进行音、体、美学科技能测试。

3月，罗德伟任县教委党委书记、教委主任。

4月，县教委出台《关于贯彻执行加强中小学劳动技术教育的若干意见》。

5月20日，邀请地区特级教师、学科带头人、讲师团（鲁有福、胡友仁、周洪)在民族中学报告厅讲学,80 多人参加。

5 月,县教委首次开展全县教导主任、教研组年度考核工作。

6 月,在全县千名干部下基层活动中,县教委主任罗德伟到郑坑乡解决农民实际问题。12 月,县教委干部捐赠 1300 元用于郑坑乡校改善办学条件。

7 月 17 日,县教委出台《关于校长负责制和教职工聘任制的实施意见(试行)》。

7 月 27 日,县教委出台《关于景宁县幼儿教育事业改革和发展的若干意见》,从入园、审批等方面作出规定。

8 月 10 日,县教委出台《景宁县教职工年度考核暂行办法》。

9 月 19 日,县教委组织 30 多位骨干教师赴缙云县学习教改经验。

同月,全县小学教育由“五年制”过渡到“六年制”。一年级同时招收两个学制的学生;六年制学生为 6 周岁,五年制学生为 7 周岁。

同月,全县各校配备法制副校长,加强学校法制教育工作。

同月,县教委开展庆祝全省第十三个老人节活动,480 多人参加。

同月,县教委转发《浙江省义务教育试行教学计划》。

同月,市教研室组织音、体、美、劳教研员到毛垟乡校、沙湾镇小、沙湾中学开展教学工作调研。

10 月 16 日,日本援助景宁一中项目签约仪式在杭州举行。

10 月 30 日,县教委召开课堂教学改革动员大会,1300 多人参加会议。会后,教研员、校长上公开课,发示范教案。

10 月,县教委出台《关于“十五”县城中小学布局和发展规划方案》。

12 月 3—6 日,县教委举办全县中小学教师综合素质大比武活动,包括说课、上课、评课、字画、即兴演讲等比武。

12 月 28 日,全市素质教育工作经验交流会在景宁举行。

12 月,县教委出台《景宁县中学教学质量评估实施意见》。

同年,县教委对社会力量创办的 41 所幼儿园园长进行岗位培训。

同年,景宁 10 个乡实现“一乡一校”办学模式,并在大均乡校设立保育工作试点。

2001年

1月16日，县教委出台《景宁县中小学教职工结构工资制的实施意见（试行）》。

2月28日，县教委出台《景宁县中小学课堂教学改革意见》。

2月，县教委出台《关于适应新形势下进一步加强和改进我县中小学德育工作的实施意见》。

3月2日，县教委组织教研员到云和县学习音、体、美、劳技能考核办法。

3月12日，县教委邀请浙江大学刘力教授作《素质教育与课堂教学改革》讲座，全县教师1200人参加。

4月6日，县教委出台《音乐、美术、体育、劳技学科技能考核方案》。5月，首次进行考核。

4月16日，县教委出台《景宁县普及中小学信息技术教育2001—2005年发展规划》《中小学现代教育技术装备2001—2005年发展规划》。

5月30日，县教委出台《开展“三个代表”重要思想学习教育活动的实施意见》。

7月9日，县政府出台《景宁县“十五”期间学校布局调整的实施意见》。

8月30日，县教委出台《景宁县“十五”期间校舍建设规划》。

9月，“景宁电视大学工作站”和“县教师进修学校”搬迁到原浮丘小学，合署办公。

10月，副省长鲁松庭在丽水市副市长庄志清、县委书记林一的陪同下，到景南乡校、东坑中学、民族中学、景宁一中、城北中学、县实验一小调研。

同月，景宁一中被省教育厅确定为“浙江省三级重点普通高中”。

11月5日，县教委成立“景宁县中小学心理健康教育指导中心”。

11月26—27日，省特级教师协会组织孙迪如等12位特级教师到景宁送教，全县1300多名教师参加听课。

11月，县教委首次公开面向全县招聘小学语文，中学英语、数学、科学四个学科教研员。

12月17日，景宁一中生物馆被省委宣传部、省科技局、省教育厅联合命名为“浙江省科技教育基地”。

12月31日，县教委出台《中小学校现代教育技术装备实施意见》。

同月，景宁畲族自治县教育委员会更名为“景宁畲族自治县教育局”。

同年，全市“二考合一”中考，景宁在五个学科的合格率、优秀率、平均分等15个指标中，取得4个第一、6个第二、4个第三、1个第四的成绩。高中录取分数线跃居全市第三。

同年，县教委研究课题“农村寄宿制小学保育工作研究与实践”被省教科所立项。

同年，县实验一小专著《老少边穷地区学校现代化特色发展之路》，由浙江人民出版社出版发行。

同年，根据《教师聘任制办法》，全县中小学代课教师全部清退。在职教师试聘21人，待聘1人，转岗57人，内退175人。教师工资30%由学校浮动统筹发放。

2002年

1月22日，县教育局成立县教育装备和学具采购领导小组。

1月31日，县教育局出台《景宁县小学保育工作规程（试行）》。小学保育工作开始规范化、科学化。

2月20日，县教育局出台《景宁县小学教学评价改革意见》。

3月1日，县教育局出台《关于开展第一届“名师”评选活动》，评出首批学科名师58人。

3月10日，省教育厅命名景宁实验一小为“浙江省示范性小学”，民族中学为“浙江省示范性中学”。

3月，省政协科教委副主任毛树坚一行到景宁调研“两基”工作。

3月，县教育局出台《景宁畲族自治县学籍管理办法》。

4 月，省教育厅副厅长张绪培、省教育厅基教处处长董惠铭到景宁调研教育工作。

4 月，“中共景宁畲族自治县教育委员会党委和纪律检查委员会”更名为“中共景宁畲族自治县教育局党组和纪检组”。

5 月 23 日，省妇女联合会为东坑镇小捐赠价值 2 万元的图书。

5 月，省教育厅扶贫办公室主任姚建光到景宁调研教育扶贫工作。

5 月，省教育学院教授程胜杜等到景宁开展教育信息技术培训，60 名教师参加。

5 月，邀请省特级教师方方到景宁讲学，300 多名教师参加。

6 月 9 日，农夫山泉“阳光工程”为东坑镇小捐赠价值 1.3 万元的体育器材。

7 月 10 日，组织教师 40 多人赴遂昌参加中国教育改革家冯恩洪报告会。

8 月 3 日，县政府决定将景宁一中民族预科班改由民族中学承办。

8 月 29 日，县教育局出台《景宁县“十五”期间教师继续教育培训规则》。

8 月，省教育厅副厅长蒋胜祥一行到景宁调研教育工作。

9 月 29 日，副县长林美琴陪同日本驻上海总领事馆副总领事森顺子（女）到景宁一中调研日本援建工程进展情况。

9 月，《农村寄宿制小学地方课程〈成长读本〉》与《〈成长读本〉教师用书》定稿，在全县小学试用，并将“农村寄宿制小学保育课程”纳入课程计划。

10 月 19 日，上海市教研室原副主任、特级教师张福生，北京市基础教育研究员商发明受邀到景宁作《关于新课程改革》专题学术报告，全县教师 1200 人参加。

11 月 19 日，丽水市首届中语会年会在景宁召开。

11 月 22—23 日，全县小学教学管理工作会议召开，出台《小学教学管理工作实施意见》。

11 月，县教育局研究课题《农村寄宿制小学保育工作研究与实践》获丽水市第二届基础教育教学成果一等奖。2003 年 5 月获第二届（1998—2002 年）浙江省基础教育教学成果二等奖。

12 月 20 日，全县中学教学管理工作会议召开，出台《中学教学管理工作实施意见》。

12月25日，县第三届退休教师协会换届代表大会召开。

同年，东坑镇被认定为省级教育强镇；英川镇被认定为市级教育强镇。

同年，景宁一中、城北中学、实验二小、中心幼儿园、东坑中学、东坑镇小、景南乡校、大均乡校、大漈乡校被认定为首批“景宁县绿色学校”。

同年，县教育局出台《“十五”期间我县高中段教育和县城教育发展和建设的意见》。

2003年

3月4日，县教育局出台《景宁县基础教育课程改革师资通识培训实施方案》。

3月17日，县教育局出台《加强景宁畲族自治县英语教学改革的意见》《学前教育“十五”到2010年发展规划》《景宁县中学教学管理工作实施意见》。

3月23—25日，县教研室组织教研员、小学校长、教导主任40多人到国家新课程改革实验区江苏无锡取经学习。

4月17日，县教育局成立“非典”防治工作领导小组。

4月19日，省教研室劳技教研员施致良到景宁指导教学工作。

4月24日，县教育局出台《关于进一步做好非典预防与控制工作的指导意见》。

9月，教育局出台《景宁县课程改革实施方案》。

同月，市委副书记焦光华在县委书记林一、县人大常委会主任蓝良兴的陪同下到景宁一中进行教师节慰问。

同月，景宁旅美博士毛小伟应邀到故乡母校毛垟中学作《扬起理想的风帆》专题讲座。

同月，市政府教育督导员邱彦芳等到景宁对第二批省级现代教育技术实验学校进行中期评估。

同月，县委、县政府为全县首届58位县级名师发授证书，并给予每月50

元的政府津贴。

10月27日，县教育局出台《景宁县学校(幼儿园)预防和控制非典型肺炎工作方案》。

10月，市教育系统纪检书记(组长)会议在景宁召开。

10月，市教育局局长江春松在县长雷萍的陪同下，到英川镇中小学调研。

11月6日，省第三届民族教育工作研讨会在景宁举行。省民宗委主任钟小毛和副主任李绍瑛、省教育厅副厅长张绪培及全省五市九县教育局、民宗局、政府分管领导78人参加研讨会。

11月22—24日，县教育局在影城召开课改动员大会，邀请江苏省无锡市课改实验区专家卜相桂作专题讲座，市教育局副局长蓝献华、县政府副县长李炀德及1400多名教师参加会议。随后，相继开展论坛、公开课、评课、教育教学成果展示等系列活动。县教育局出台《基础教育课程改革实施工作指导意见》。

11月27日，县教育局对全县成职教干部进行年度考核。

11月，省电视大学副校长刘曾遂教授带领远程教育教学评估组一行5人，对景宁"人才培养模式改革和现代远程教育试点"进行评估。

12月，省教育厅厅长侯靖方在丽水市教育局长江春松的陪同下，到英川镇中小学调研。

2004年

1月29日，县教育局下发通知，全县贫困学生实行"教育券"制度；低保、五保、烈士子女、特困生免杂费、课本费入学。

2月，省教育厅厅长侯靖方带领帮扶工作组到景宁开展扶贫送温暖活动。

同月，江铃汽车集团领导到景宁联系教育扶贫结对工作。

3月，市教育局副局长刘时根到景宁一中调研指导迁建工作。

同月，省教育厅扶贫办主任姚建光一行到景宁开展教学基地建设调研工作。

4月，省教育学院主任徐焕凤一行到景宁开展教师培训、干部培训工作调研。5月，再度与省师训中心专家到景宁开展"送培训下乡"活动。

5 月 14 日，县教育局出台《关于开展中小学校长、中层干部竞聘试点工作的意见》。8 月，民族中学、实验一小两校开展中层干部竞聘上岗试点工作，鸬鹚乡校开展校长竞聘上岗试点工作。

5 月 27 日，县教育局将全县学校医务室改称为“健康室”。

5 月，省特级教师协会组织部分特级教师到景宁开展送教活动。

6 月，省少工委副主任傅忠道一行到景宁部分学校调研共青团、少先队工作。

7 月，县教育局成立“县教育会计核算中心”，出台《财务集中核算实施办法》，实行学校财务“统一收付，集中核算”。

8 月 27 日，县教育局、财政局、发改局联合发布义务教育阶段学校实行“一费制”办法。

9 月，县委、县政府在影城召开“第二十个教师节庆祝大会”。

同月，县教育局举办首届小学教师课改新理念辩论大赛。

10 月，县委常委、统战部部长雷华英，副县长徐丽东出席鸬鹚乡校华侨捐资助学结对仪式。

11 月 23 日，县教育局出台《做好中小学学籍电子化管理工作》，从 2005 年 1 月起试行。

11 月，省民宗委领导、宗教界人士与县政府举行援建大均乡校爱心楼签约仪式。

同月，岱山县教育考察团到景宁考察职业教育工作。

12 月 7—9 日，市教研室初中组到民族中学进行为期一周的教学调研。

12 月 24 日，县委、县政府提出农村中小学寄宿生试行“营养餐”工程，并于 27 日出台《“爱心营养餐”工程管理办法》。

12 月 28 日，县教研室举办建室二十周年庆典活动，丽水市及各县教研室主任前来祝贺。

12 月 31 日，景宁畲族自治县自然科学学会成立。

12 月，河北省迁西县教育考察团到景宁考察校网布局调整和寄宿制学校建设工作。

12 月，景宁电大教学点“人才培养模式改革和开放教育试点”项目通过中央广播电视大学评估验收，并顺利通过总结性评估验收。

同年，县教育局出台《景宁畲族自治县职业教育“十一五”发展规划》。

2005 年

1 月 5 日，实验二小的《球娃梦》节目在中央教育科学研究所主办的全国校园春节联欢晚会节目征集评选活动中获一等奖，并受邀参加“2005 春晚”节目录制，春节期间在央视播出。

1 月 7 日，温岭市教育局副局长蔡小勇一行 5 人到景宁考察结对工作。

1 月 11 日，县教育局出台《景宁县中小学学籍电子管理系统操作规程》，对入学登记、变更、毕业、结业及学校用户命名、单机版用户作出明确规定。

1 月 14 日，省计划发改委领导到景宁一中调研迁建工程。

2 月 18 日，县教育局出台《关于规范“营养餐工程”管理的有关规定》，要求各校成立领导小组、家长监督小组，每周每生补助 2 元，9 月起增加到 5 元。

2 月 22 日，省教育厅开展春节扶贫慰问活动，在实验一小举行与 19 名贫困生“献爱心、送温暖扶贫助学结对仪式”，并走访了贫困生及英川镇 5 户五保户。

2 月 24 日，遂昌县教育局领导与幼儿园园长到景宁考察交流。

同日，市教育局局长江春松到景宁指导教育工作。

2 月 28 日，县教育局决定在景宁县户籍初中应届毕业生中由景宁一中提前招收一个“理科实验班”。对录取学生免收学杂费且每月补助生活费 100 元。

2 月，县教育局开展“保持共产党员先进性教育活动”，县委督导员曹赤炎及全县中小学校长、局机关干部参加动员大会。

3 月 5 日，县教育局机关全体干部到江西井冈山革命根据地接受红色传统精神教育。

3 月 7 日，副市长庄志清在市教育局副局长蓝献华的陪同下，到外舍乡校、东坑镇小、澄照乡校等学校调研“爱心营养餐”工程。

3 月 27 日，北京师范大学赵希斌博士应邀到景宁作题为《中小学新课程与评价改革》的讲座，县教育局机关干部、学区教办主任及中小学校长、主任、教研组组长出席。

3月28日，全县中小学教导主任、学区教办主任一行40多人到义乌市部分学校考察学习新课改经验。

4月4日，县教育局发布《关于认真贯彻落实〈浙江省教育厅关于减轻中小学过重课业负担若干意见〉的通知》。

4月7日，温岭市政府副市长、市教育局领导到景宁交流教育教学工作。

4月14日，临安市领导在副县长徐丽东的陪同下到景宁考察“营养餐”“放心车”工程。

4月22日，民族小学举办“未来有约”与畲乡民间艺术传承学校挂牌仪式。

5月19日，景宁一中被省教育厅确定为“浙江省二级重点普通高中”。

6月16日，县教育局出台《景宁县中小学防御山洪与地质灾害的应急预防》。

7月22日，县教育局出台《中小学食宿改造工程实施方案》。争取三年后，全县实现生均宿舍3平方米、食堂1平方米的目标。

7月25日，县教育局出台《中小学教师素质提升工程实施方案》。

8月31日，省教育厅副厅长鲍学军在市教育局局长江春松的陪同下到景宁调研职业教育。

9月，电大与教师进修学校分离。县教研室与教师进修学校合并，更名为“景宁畲族自治县教学研究培训中心”。

同月，县教育局批准县教学研究培训中心成立“景宁县青少年假日综合实践活动中心”。

同月，县委书记武昌在县教育局局长罗德伟的陪同下，到顺利完小等学校察看洪水灾情，慰问师生，指导灾后自救工作。

10月，省出版集团和浙江新世纪电子音像发行有限公司向景宁部分特困家庭的中小学生赠送学习用录音机。

11月2日，省教育厅厅长侯靖方到景宁调研教育工作。

12月12日，翁建敏任县教育局党组书记、局长。

12月29—31日，景宁通过省“高标准、高质量”“普九”评估验收。

12月，县教育局出台《景宁县中小学校长工作考核办法》。

同年，景宁电视大学分校通过省教育厅组织的“中央广播电视大学人才培养模式改革和开放教育试点”项目总结性评估验收。

2006 年

1 月 24 日，省教育厅领导到景宁指导基础教育工作。

2 月 14 日，温岭市教育局领导到景宁指导教育工作。

3 月 1 日，云和县教育局领导带领部分学校校长到景宁考察教科研工作。

3 月 9 日，县教育局印发《关于进一步规范义务教育学校办学行为，提高教育教学质量》通知。严格执行课程标准、作息时间、作业数量，禁止有偿家教和体罚学生。

4 月 8 日，省中小学教育培训中心、陶行知研究会小教专业委员会在景宁开展小学语文示范课展示活动。其间，全国著名语文教育专家汪潮教授作专题讲座。

4 月 15 日，被评为 2005 年浙江省教育强镇乡的沙湾镇、大均乡、鸬鹚乡和被评为丽水市教育强镇乡的梅岐乡、大漈乡、雁溪乡在全县教育工作会议上受到表彰。

4 月 21 日，同济大学团校与鹤溪镇民族小学（张春小学）“爱心助学”社会实践活动启动仪式在鹤溪镇民族小学举行。

5 月 23 日，市教育局关工委主任黄尚厚到景宁调研关工委工作。

6 月 10 日，省小学数学学科名师教学观摩活动在景宁举行。

6 月 16 日，县教育局出台《教育系统治理商业贿赂工作实施意见》，并成立领导小组。

7 月 3 日，县教育局出台《关于组织幼儿骨干教师开展帮扶活动的实施方案》。

8 月 24 日，县编办同意设立九龙乡中心学校，总投资 500 多万元，于 9 月 1 日开学。县教育局发文撤销大顺、陈村、外舍、顺利 4 所乡中心学校。

8 月，全国民族教育年会批准民族中学为“全国民族中学协会常务理事校”，校长蓝延中被聘为全国民族中学协会常务理事。

9月,景宁一中升格为正科级事业单位。

同月,县教研室与教师进修学校分设独立办公。

10月12日,县教育局出台《景宁县教育系统法制宣传教育第五个五年规划》。

同日,庆元县教育局党组书记夏富财带领有关科室负责人到景宁考察基础教育发展情况。

10月16日,省教育厅领导到景宁指导工作,并赴九龙乡校、英川镇校调研。

11月7日,省"四项工程"检查组(洞头教育检查组)到景宁对口检查。

11月,县政府批准景宁一中恢复"景宁中学"校名。

12月7日,海宁市委、市教育局领导到景宁考察教育工作,并在澄照乡校举行捐赠仪式。

12月27日,市教育局教育工会考核组到景宁考核工会工作。

同年,县职改办批准25位民办幼儿园教师参加职称评定,享受与公办教师同等待遇。

同年,景宁电视大学工作站升格为副科级事业单位。

同年,县政府出台《周末放心车工程实施意见》,于9月施行,共开通放心车路线31条80多班次。

2007年

1月2日,副省长钟山到民族小学考察新建工程建设情况。

1月8日,县教育局领导到鄞州、北仑、海宁看望挂职锻炼的干部和教师。

1月12日,丽水市副市长沈仁康到景宁调研景宁中学与民族小学新建工程。

同日,景宁中学被省教育厅确定为"浙江省一级重点普通高中"。

1月,县职业高中举行"国家星火计划农民科技培训星火学校"授牌仪式。

1月,市委书记楼阳生在县委书记武昌、县长钟昌明的陪同下到景宁中学调研。

3月1日,县教育局出台《景宁县现代媒体设备和教育资源的管理使用实施意见(试行)》。

3月7日，省教育厅领导到景宁调研人才工程与学生资助工作。

3月14日，县教育局出台《关于进一步加强中小学学科教研组建设的若干意见》。

3月24日，杭州市余杭区政府向鹤溪镇民族小学百万爱心捐赠仪式举行。

4月11日，省教育工会主席秦素琴到景宁调研教育工会工作。

4月16日，县教育局出台《中小学教师师德考核细则(试行)》。

4月24日，省教研室在景宁召开"浙江省农村小学新课程'携手行动'品德课堂教学展示活动"会议，全县100多名教师参加。

4月25日，省特级教师协会副秘书长、省小语教研员滕春友一行到景宁作专题讲学。

5月14日，县教育局出台《关于中小学班主任培训的实施方案》，明确培训目标与任务、对象与分类、内容与形式以及组织领导与保障措施。

5月16日，丽水市市长陈荣高，市委组织部部长林天宁，副市长庄志清在县委书记武昌，县长钟昌明，副县长张晓强、胡晓红的陪同下到景宁中学调研。

5月17日，县教育局出台《"十一五"教育发展规划》，明确到2010年学校布局、装备、标准化建设、幼儿教育、职业教育、师资培训等发展目标。

7月，中国少年先锋队景宁畲族自治县第二届代表大会在县政府五楼召开。团市委副书记、市少工委主任张小强，县委书记武昌，邻县少工委代表，全县各中小学少先队员辅导员100多人参加会议。

8月13日，县教育局开展感动畲乡"师德标兵"展评活动。

8月21日，省教育厅副厅长褚子育到景宁调研。

9月13日，浙江智通公司与大地乡校举行结对仪式。

9月14日，县教育局召开全县教育质量提升工作动员大会，出台《基础教育质量提升行动指导意见》。

9月28日，全县中小学校长到上海交通大学培训。

9月，民族小学新校区落成开学。

11月14日，杭州市余杭区教研室一行5人到景宁开展教学工作交流。

11月28日，县政府出台《景宁县创建浙江省教育强县实施方案》。

12月7日，宁波市鄞州区与景宁举行第二轮教育对口支援签约仪式。

12月18日，县教育局举办全县校长论坛，并赴江西省临川一中和二中考察学习。

12月20日，福建省柘荣县政协及教育局领导到景宁考察农村寄宿制学校工作。

12月26日，省初中语文青年教师研究小组送教景宁暨初中语文有效教学研讨会在民族中学举行。

同年，为落实省教育厅提出的“转变工作作风年”意见，县教育局出台《在全县开展以“爱我畲乡，兴我畲乡”为主题的师德师风建设活动实施方案》。

同年，县教育局邀请省特级教师到景宁展示英语、语文、数学课堂教学艺术，听课教师800多人。

2008年

1月9日，省教育厅厅长刘希平到景宁调研，到英川镇校慰问，给11名结对生每人1000元助学金，71名贫困生每人一条棉被，全校老师每人300元的春节慰问金，英川镇校5套多媒体设备。同时，考察民族中学等迁建工程。

2月19日，县委组织部批复同意，县教育局教育科科长、督导室副主任、招生自考办副主任、教学研究室副主任等中层干部实行竞聘上岗。

3月13日，县教育局出台《初中毕业生综合素材评价办法》。

同年春季起，义务教育阶段学生除了收取住校生住校费外，不再收取任何费用，初中每生560元，小学每生400元，由县财政转移支付。

4月18日，省高招委、省教育厅出台高考景宁汉族考生加5分的政策。

4月24日，民进杭州市委会一行到景宁开展送教活动。

4月25日，省人事厅、财政厅、教育厅出台《关于实行农村教师任教津贴》，每人每月最高补贴400元，特级教师每人每月补贴500元。

同日，县教研室组织全县50多位校长、教师到莲都区教研室、莲都区太平小学、莲都外国语学校联谊研讨农村学校小班化教学课题。

5月16日，省委、省政府出台《关于扶持景宁加快发展的若干意见》。意见指出："加快发展教育事业，进一步提高省民族教育专项资金总量和用于景宁的比例；加大对景宁教育基础设施建设的支持力度，重点支持景宁优化中小学教育布局，加快改建新建民族中学、民族小学等学校；积极帮助景宁发展职业教育，继续实施职业教育行动计划。"

5月22日，省中小学教师培训中心组织上城区名师4人到景宁送教。

5月28日，县退(离)休教师协会举行第四届换届选举大会。

6月10日，省教育厅"树新形象，创新业绩"教育送服务下乡活动在实验二小举行启动仪式。省教育厅厅长刘希平出席并讲话，与会名师、专家分别到5个教学点送教。

6月25日，浙江电视大学批准省电大景宁工作站更名为"浙江广播电视大学景宁分校"。8月10日，县政府批复同意依托电大创办"景宁畲族自治县社区学院"。12月30日，举行揭牌仪式。

7月2日，县教育局出台《中小学教师双向交流实施意见》。

7月3日，国家民委副主任杜鹃到民族中学调研迁建项目。

8月18—22日，城北中学陈军同学被推选为北京奥运会观摩团代表。

8月31日，宁波北仑区教育局领导带领老师到景宁支教，并捐赠校服1000套。

9月8日，省教育厅领导到景宁检查"营养餐"工作。

9月11日，县教育局出台《关于推进农村学校小班化教学的实施意见》。

9月12日，县教育局出台《景宁县中小学"养成教育"主题德育工作实施方案》。

9月25日，省新课程改革"携手行动"初中数学课堂教学展示活动在城北中学举行，全省各地级市、县市区200多人参加会议。

9月26日，市教研室数学教研员到东坑中学进行教学调研。

9月，民族中学新校园正式投入使用。占地53360平方米，建筑面积27879平方米，设计规模36个教学班。

9月，沙湾中学高中部高一新生停招。2009年高中部停办。

10月7日，县退(离)休教育工作者活动中心启用仪式在敬山宫举行，县教育局、人事局领导参加。

10月10日，丽水市小学信息技术教学研讨会在实验二小举行，全市各县市区40多人参加会议。

10月27日，县教育局转发《浙江省教育厅关于进一步规范中小学办学行为的通知》。

10月，省教育厅计财处副处长陈于杰带领省三所高校领导与县职业高中进行对口支助签约。

11月18日，县教育局聘请浙江智通集团董事长程江鸿为大地希望小学名誉校长。

11月22日，景宁中学举办建校70周年庆典。

12月2日，县教育局出台《景宁县学校财务管理规定》。

12月，丽水市各县市区教育局局长会议在景宁召开。

同年，县教育局在民族小学建立首个图书配送中心。投入100万元购置图书，使全县生均图书达到23.8册，初中达省三类标准，小学达省二类标准。

同年，县编委首次对全县幼儿园教师进行编制核定，确定幼儿教师编制164人。其中，中心幼儿园73人，实验幼儿园和乡镇中心附属幼儿园91人。

2009年

1月8日，松阳县教育局12人到景宁考察标准化创建工作。

1月19日，省教育厅工委委员张建勇一行到英川镇校等学校调研。

1月，县名师工作室在民族小学挂牌成立。

2月18日，县发改局批复《关于景宁畲族自治县城南(蓝天)民办幼儿园初步设计方案的请示》。

2月23—24日，省教研室16人到景宁中学教学调研。

2月27日，副省长龚正到民族中学调研。

3月3日，民族中学与台湾屏东县立来义高级中学签约为友好交流学校，屏东县立来义高级中学校长高正雄到民族中学参加签约仪式。

3 月 14 日，省教育厅副厅长张绪培、督导处处长叶向群到景宁调研教育创强和教育督导工作。

3 月 23 日，县民宗局委托民族中学编撰的《景宁畲族语言简本》举行首发式。

3 月，省委常委、公安厅厅长王辉忠在县委书记武昌的陪同下到景宁中学调研。

4 月，丽水市督导工作会议在景宁召开，各县市区督导室主任参加会议。

5 月 9 日，全国人大民族委员会副主任委员牟本理在县委副书记、县长钟昌明和县人大常委会主任蓝良兴的陪同下考察景宁中学。

5 月 19 日，省政协主席周国富调研景宁教育，并走访民族小学等学校。

6 月 8 日，中国宝兔集团向大漈乡校捐资 100 万元，县长钟昌明等领导出席捐赠仪式。

6 月，县教育局出台《景宁县中小学幼儿园食堂财务管理办法》。

7 月 4 日，县教育局聘任许朱平为英川镇校名誉校长，其个人捐资 15 万元。

7 月 16 日，副省长郑继伟、省人大常委会副主任陈永昊到景宁调研教育工作。

8 月，县政府以 1197 万元收购育才学校全部资产。

10 月 1 日，景宁中学学生蓝舒怡代表畲族少年到北京参加“庆祝中华人民共和国成立 60 周年庆典”。

10 月 30—31 日，丽水市校长论坛第九届年会在景宁举行，各县教研室主任、校长 60 多人参加。

11 月 1 日，国家民委副主任周明甫一行调研民族中学等校的民族教育工作。

11 月 12 日，龙泉市教育局领导、教研员与部分小学校长到景宁考察小班化教学工作。

11 月 18 日，平湖市副市长顾玉峰、平湖市教育局领导一行到景宁开展扶困助学活动。

12 月 22 日，吉利集团副总裁陈文明一行到景宁开展捐资助学活动。

同年，县政府出台《创建省级教育强县实施意见》。

同年，县教育局出台《校长绩效考核办法》。

同年，县教育局出台《景宁中小学防控甲型 H1N1 流感应急预案》。

同年，县教育局出台《景宁县中小学校食堂管理办法》，规定食堂不对外承包。

2010 年

1 月 21 日，省教育厅副巡视员夏建勇到英川镇学校慰问教师。

1 月，丽水市各县教科所所长工作会议在景宁召开。

3 月 4 日，省委副书记夏宝龙在县委书记武昌的陪同下到景宁中学调研。

3 月 9 日，县编办批准县教育局增加行政审批科，增加编制，可在县行政审批中心设办事窗口。

3 月 16 日，浙江保险行业协会吴勉坚一行向鹤溪镇民族小学捐赠 60 万元。县委副书记、县长钟昌明等参加捐赠仪式。

3 月 22 日，中西部初中校舍改造工程专项审计组到景宁民族中学专项审计中央预算内投资的 100 万元使用情况。

3 月 29 日，省委书记赵洪祝、省委秘书长李强在市委书记陈荣高、县委书记武昌的陪同下考察景宁中学。

4 月 13 日，浙江大学编制丽水市“十二五”教育规划调研组到景宁调研，县教育局领导与部分校长参加座谈会。

4 月 20 日，省督学、省教育报总社社长、总编董惠铭带领评估组到景宁对创建教育强县工作评估验收。

4 月 29 日，景宁首届教育科研大会召开，全县中小学校长、教科主任、教研骨干教师 160 多人参加会议。

5 月 18 日，云和县政协学前教育考察团到景宁考察学前教育工作。

5 月，县政府出台《景宁畲族自治县校园及周边环境安全工作实施意见》。全县中小学和幼儿园配备保安 21 人、保安器械 210 套，总投资 11 万元。

6 月 18 日，吉利集团资助景宁教育签约仪式举行，省人大常委会副主任孔祥有、吉利集团副总裁李书福出席。

7月9日，丽水市委常委、组织部部长林天宁到景宁调研建设服务型基层党组织暨“创先争优”工作。

7月16日，浙江大学教授刘力等专家规划组一行到景宁与县教育局签订景宁县“十二五”教育改革与发展规划委托设计项目协议。

8月11日，全省各市装备中心主任会议在景宁召开，副县长胡晓红出席会议。

9月2日，县教育局出台《农村学校小班化教育常规20条(试行)》。

9月7日，县教师进修学校从县教育局搬迁至民族小学东区办公。

9月17日，丽景职业教育联盟成立，在县职业高中举行签约仪式，市教育局领导、丽水职业学校校长，县政府办、教育局、县职高等相关领导出席。

同日，省委、省政府授予景宁畲族自治县“浙江省教育强县”称号。

9月25日，省教育厅、财政厅认定职业高级中学“小水电设备安装和维护”专业为中等职业学校示范专业，“餐旅服务实训基地”为浙江省中等职业学校示范实训基地。

9月30日，县教育局转发省教育厅《关于切实减轻义务教育阶段中小学过重课业负担的通知》，并要求各校严格落实。

10月18日，县集团化办学揭牌仪式在民族小学集团澄照校区举行。初中学校设城北中学教育集团和民族中学教育集团2个教育集团。小学设实验一小教育集团、实验二小教育集团和民族小学教育集团3个教育集团。实现理念、资源、成果共享，优势互补，谋求城乡教育均衡发展。

11月5日，省教育厅职成教处处长徐伟标到职业高级中学调研。

11月6日，省特级教师、萧山区教研室主任徐和平到景宁作《建立教学新常规》讲座，全县700多名教师和教研员参加。

11月11日，宁波市鄞州区区长薛维海一行到实验幼儿园指导教育工作，县委书记、县长等领导陪同。

12月21日，省考试院院长葛为民到景宁开展扶贫助学工作。

同年，县政府出台《关于促进学前教育发展提升学前教育质量的实施意见》。

同年，县教育局出台《景宁县中小学生课外文体活动工程实施方案(试行)》，推进体艺"2+1"工程的实施。

同年,县政府出台《景宁畲族自治县人民政府关于推进义务教育均衡发展的若干意见》。

同年,县教育局出台《"强校接管农村学校"和"互助共同体"的实施意见(试行)》。

2011 年

1 月 9 日,丽水市小学教育工作会议在景宁召开,市政协副主席、市教育局局长戚永远,各县教育局局长、分管副局长、基教科科长、教研室主任、督导室负责人及全市所有乡镇中心小学、城区小学校长 300 多人参加会议。

1 月 18 日,实验二小《畲族健身操》获浙江省少先队"党的教导牢记心间,人人争当四好少年"主题教育系列活动奖。

3 月 9 日,省委常委、省纪委书记任泽民在县委书记武昌的陪同下到景宁中学调研。

5 月 31 日,县教育局转发省教育厅办公室《浙江省学校食品安全十必须》。

6 月 15 日,省教育厅副厅长何杏仁、师范处处长庄华洁、人事处处长陈钦林一行到景宁调研教师队伍建设,副县长胡晓红陪同。

6 月 18 日,县退休教师协会承办浙闽两省十一县退教协联谊会,县教育局领导班子、市教育局原局长黄尚厚、县政协原副主席曹赤炎等应邀出席会议。

6 月 29 日,省"红十字会"专职副会长高翔一行到景宁开展"红十字会老区行"活动,向东坑镇校捐赠 50 万元塑胶操场跑道建设援助资金和价值 10 万元的文体用品。县委副书记严轶华、副县长胡晓红、县教育局局长翁建敏等参加活动。

7 月 8 日,省委书记赵洪祝考察民族小学,肯定民族小学办学成绩,并提出"五个示范"新希望。

7 月 22 日,县编委办批准设立县教育研究培训中心,为教育局下属股级公益一类事业单位,并将函授站编制 5 人、教研室编制 18 人划入教育研究培训中心，编制共23人，股级领导职数3人。

8月26日，县教研室与教师进修学校合并办公，名为“教育研究培训中心”。

9月13日，民族中学“摇锅队”代表浙江省参加在贵州召开的全国少数民族传统体育运动会表演。

9月23日，省教育厅副厅长韩平一行到景宁检查指导工作，市政协副主席、市教育局局长戚永远、副县长胡晓红陪同。

10月10日，嘉兴市秀洲区教体局党委书记倪顺荣一行到景宁考察学校食堂管理工作。

10月19日，县政府出台《景宁畲族自治县学前教育三年行动计划(2011—2013年)》。

10月25日，景宁首个培智教学点成立，县残联、县教育局领导参加挂牌仪式。

10月27日，县教育局特邀杭州西湖区“郭丽璟导师工作室”专家到景宁指导。全县170多名幼儿教师参加。

10月30日，丽水市师德师风建设先进事迹巡回报告会在影城举行，县教育局全体干部、县城学校全体教师、乡镇学校校长等900多人参加。

11月10日，省“小班化教育”专题研讨会在金华市金东区实验小学召开，县教育研训中心副主任陈延福代表丽水市作题为《景宁县农村小班化教育“三步走”的探索与实践》的经验交流。

11月11日，省教育厅“百人千场”小学语文名师送教下乡活动在实验二小举行。

11月15日，共青团景宁县委、县教育局、少工委联合出台《关于建立少先队队长学校，进一步加强少先队干部队伍建设的通知》。

11月24日，省教师培训中心选派小学语文教师到景宁开展“百人千场”送教下乡活动。

11月25日，省特级教师、杭州市下城区幼教教研员俞春晓到中心幼儿园指导学前教育工作。

12月10日，省教育厅外籍专家送教活动在实验二小举行，全县英语教师参加培训活动。

12月29日，以省教育厅体育卫生与艺术教育处处长王志泉为组长的浙江省中小学生课外文体活动工程示范区验收组，到景宁检查验收浙江省中小学生课外文体活动工程示范区创建工作。

同年，县教育局出台《教育系统深化作风建设活动实施意见》，并定期组织党员收看“廉政警示”电教片。

同年，县教育局出台《景宁县幼儿园一日活动常规细则》。

同年，县教育局出台《景宁县中小学食堂管理办法》《学校食堂财务报销操作有关规定》。

同年，县职业高中与浙江旅游职业学院、吉利汽车工业学校、吉利汽车技师学院和浙江外国语学院联合办学，开设“3+2”和“2+2”模式直升班。

同年，县教育局出台《关于落实“一岗双责”，完善学校安全工作责任制的意见》，推进校园安全的精细化管理。

2012年

3月2日，大均乡校、民族小学、沙湾中学、英川镇校、民族中学5所学校被认定为浙江省义务教育标准化学校。

4月20日，桐乡市、宁波市、丽水市专家与领导参加民族小学校庆五周年学术周活动。

同日，全县农村小班化“教育提升·常规提质”推进会在标溪乡校举行，云和县部分教研员和农村学校校长参加活动。

4月27—28日，丽水市义务教育阶段“轻负高质”经验交流会在民族中学举行。

4月，钟利海任县教育局党组书记、局长。

4月，丽水市少工委二届六次全委（扩大）会议在景宁召开。

5月22日，省教育厅师范处调研员周晓英、省师干训中心师训部主任姚安娣、省师干训中心项目部教授肖远军、舟山市普陀区教师进修学校校长潘旭东等专家组对县教师进修学校省级备案进行评估检查。

5 月，东坑镇中心小学举行塑胶操场援建项目竣工揭牌启用仪式。省红十字会专职副会长高翔、建行浙江省分行公共关系与企业文化部总经理屠耕夫、市红十字会专职副会长项金平、县政协领导出席揭牌启用仪式。

5 月，省委教育工会书记、省教育厅厅长刘希平带领省教育考试院、省教育技术中心、省教育厅相关处室负责人，在副市长梁细弟，市政协副主席、市教育局局长戚永远的陪同下到景宁调研教育工作。

6 月 18 日，县教育局出台《关于规范家长学校建设，加强家庭教育工作的指导意见》，加强家长学校管理。

6 月，“小包裹、大爱心”半月选读杂志社爱心包裹捐赠仪式在民族小学举行。捐赠爱心包裹 1200 多个，总价值 12 万元。

9 月 24 日，由省教育厅教研室主办，县教育研训中心承办，县民族中学协办的浙江省“携手行动”初中历史与社会送教下乡活动在民族中学举行。丽水市各县市区初中历史与社会教研员及历史与社会教研员工作室成员、景宁全县初中历史与社会·思想品德教师参加活动。

9 月 27 日，丽水市 2012 年小学语文课堂教学评比活动在县民族小学举行。全市各县市区 70 多名骨干教师和全县 200 多名教师参加活动。

9 月，省政协副主席徐辉，省委教育工委副书记、省教育厅副厅长蒋胜祥，市政协副主席何赤峰到景宁调研民族教育工作。

10 月 23 日，县政府在影城召开全县教育工作大会。12 月 3 日，县委、县政府出台《关于进一步提升新时期畲乡教育质量的若干意见》。明确每年财政安排 2000 万元，用于全面提升内涵发展水平，增强教育工作者信心的奖励。

10 月 25 日，韩国全罗南道顺天金堂高等学校校长尹汪烈到职高访问交流，县教育局局长钟利海参加交流座谈会。

11 月 12 日，县教育局成立退（离）休教育工作者服务管理工作领导小组，出台《教育系统退（离）休教育工作者管理办法》。

11 月 19 日，县教育局出台《提升教育质量五年行动计划暨“一二四五”教育发展战略》。

同日，县教育局出台《“局会校开”工作实施方案》。

11 月，浙江省第三轮教育对口支援工作座谈会召开，宁波市鄞州区教育局局长陆利明一行到景宁落实结对扶贫工作。

12 月 11 日，省人大常委会副主任程渭山到景宁中学调研。

12 月 25 日，县教育局出台《景宁县创建浙江省教育现代化县规划》。

12 月，县教育局组团赴浙江师范大学和吉林省长春市参加高师院校 2013 届毕业生专场招聘会，首次直接招聘教师。

12 月，丽水市教育局副局长吴燕带领市检查组一行到景宁对学前教育示范乡镇、现代化学校达标校、书香校园示范校、校园文化示范（达标）校等“四项”创建工作进行评估验收。

12 月，宁海县教育局与县教育局第三轮对口支援工作签约仪式举行。

12 月，省义务教育标准化学校复查组到景宁复查，县教育局局长钟利海陪同。

第一章　学前教育

景宁学前教育起步较晚。1992年，全县只有1所公办幼儿园、14所社会力量办的幼儿园。1998年起，学前教育统一由县教委管理，逐步走上了规范化发展之路，形成了以两大幼儿教育集团为主体，公办和民办互补的办园模式，涌现出一批省二级、三级幼儿园，学前三年幼儿入园率从2001年的54.03%上升到2012年的92.53%。

第一节　发展概况

管理体制

1992年，全县幼儿园除教育局办的1所外，其余14所均为个体、企业、单位所办。社会力量办的幼儿园，开办手续由妇联审批，办学条件、安全措施、课程等日常管理也由妇联负责，教学业务由县教研室指导。

1998年，浙江省人民政府颁布《关于进一步明确我省幼儿教育管理体制的通知》，全县社会力量办的幼儿园40所，改县妇联管理为县教委管理，并登记备案，幼儿教育从此纳入教育管理。

2009年，为创建省二级、三级幼儿园，15所乡镇学校附设幼儿园与乡镇学校脱钩，独立办园，经费、师资等独立配备。

2012年，景宁已初步实现“示范园+民办园”的集团化办学模式，成立县中心幼儿园和实验幼儿园两大幼儿教育集团。教育集团发挥示范园的辐射作用，开展集团内教师继续教育培训，实现公办园和民办园的交流合作、资源共享。

同时以“走出去学习”和“请进来指导”相结合的方式，加强园长和骨干教师培训力度。通过开展教研、技能比赛及名师下乡送教、骨干教师下乡支教等各种活动，促进教师教育水平的提高。采用“以奖代补”的形式适当向民办幼儿园倾斜，委派公办编制园长或教师加以扶持，加大对民办园的扶持力度，促进均衡发展。同时严管严控，消除无证幼儿园。

2012年景宁两大幼儿教育集团一览表

表1-1-1

幼儿教育集团名称	成员园名
中心幼儿园集团	东坑镇小幼儿园、大漈乡校幼儿园、景南乡校幼儿园、澄照乡校幼儿园、大均乡校幼儿园、实验一小幼儿园、郑坑乡校幼儿园、九龙乡校幼儿园
实验幼儿园集团	民族小学幼儿园、实验二小幼儿园、沙湾镇小幼儿园、梧桐乡校幼儿园、标溪乡校幼儿园、大地乡校幼儿园、毛垟乡校幼儿园、秋炉乡校幼儿园、英川镇小幼儿园、鸬鹚乡校幼儿园

入园情况

1992年，全县幼儿园共15所。其中，教育部门所办幼儿园1所，其他部门联办幼儿园5所，民办幼儿园9所。全县在园幼儿989人。其中，0—3岁儿童1169人，入园198人，入园率16.9%；4—6岁儿童2144人，入园789人，入园率36.8%。县小、鹤溪镇小于秋季各创办一个学前班，班额40人，只招收满6周岁的学前儿童。

1998年，县教委从妇联接管社会力量办的幼儿园40所，在园幼儿908人，至此，全县幼儿园41所，在园幼儿1249人。

2004年，县教育局贯彻执行《中华人民共和国民办教育促进法》《关于实施教育部幼儿园教育指导纲要（试行）方案》，制定《切实加强学前教育管理的意见》，鼓励和依靠社会力量发展学前教育，并将学校布局调整后的农村学校空闲校舍无偿提供给社会力量办的幼儿园使用，要求各乡镇创办附设幼儿园。县财政首次划出10万元教育经费用于补助社会力量办农村幼儿园的教育经费。此后，县财政每年都设专项资金扶持农村办园和奖励民办幼儿园，在这一系列政策支持下，全县学前教育事业快速发展，幼儿园达到108所，在园幼儿4576

人，为 1992 年以来办园数量最多一年。

2007 年，根据 2002 年试行的《景宁县幼儿园教育工作评估考核细则》注销考核不合格的幼儿园，保留幼儿园 63 所，161 个班级，在园幼儿 3948 人。

2012 年 12 月，全县幼儿园 38 所，在园幼儿 4326 人。其中，教育部门办 18 所，在园幼儿 2634 人；社会力量办 20 所，在园幼儿 1692 人。创建学前教育示范乡镇 6 个。全县学前三年入园率达 92.53%，省三级以上幼儿园覆盖率达 67.2%。全县形成了“公办幼儿园为骨干和示范、民办为主体，公办、民办共同发展”的格局。

2001—2012 年景宁 3—5 岁幼儿入园率情况表

表 1-1-2　　单位:%

年份	入园率	年份	入园率
2001	54.03	2007	85.99
2002	57.46	2008	86.19
2003	58.14	2009	91.84
2004	76.65	2010	92.15
2005	85.56	2011	92.22
2006	81.83	2012	92.53

幼教队伍

1992 年，全县幼儿教师 56 人。其中，幼师中专文化程度 20 人，高中文化 38 人，初中及小学学历 8 人，师资学历结构不够合理。

2006 年，在幼教队伍建设上，县教育局出台《关于组织幼教骨干教师帮扶活动的实施意见》，开展园校结对、师徒结对、园长资格培训、幼师岗位培训、保育员培训、下乡送教等活动，县人事部门首次批准 25 名民办幼儿园教师参加职称评审。

2008 年，县编委办首次为学前教育保教人员核定编制数 164 人。2008—2012 年，公开招聘专业幼师 55 人，补充到乡镇幼儿园。同年，县编委办批准全县 104 名民办幼儿园教师参加职称评审。

2012年,教育局组建"省特级教师俞春晓人才工作室",聘任俞春晓为培训班指导师,工作室招收景宁幼儿园骨干教师17人,一年面授两次。通过理论学习、实践操作、分析点评、互动交流等培训方式,全县幼教师资队伍不断成长。同年12月,全县幼儿园教职工数441人。其中,专任教师249人,专任教师学历合格率100%,大专以上学历人数达70%;持有教师资格证272人(公办188人、民办84人),持证率62%。

2012年景宁幼儿园情况一览表

表1-1-3

园名	班数(个)	幼儿数(人)	教职工数(人)	园名	班数(个)	幼儿数(人)	教职工数(人)
中心幼儿园	18	665	45	景英幼儿园	4	62	6
实验幼儿园	18	593	44	澄照村幼儿园	4	71	5
实验一小幼儿园	7	293	19	际头幼儿园	1	15	3
福娃幼儿园	3	70	5	澄照民族幼儿园	1	10	1
城北幼儿园	7	329	23	九龙幼儿园	2	54	2
佳佳幼儿园	3	54	5	东坑镇幼儿园	3	121	6
摇篮幼儿园	7	190	17	大漈幼儿园	3	68	5
小叮当幼儿园	3	30	5	景南幼儿园	3	40	4
华侨幼儿园	3	41	4	上标幼儿园	1	19	1
开心幼儿园	4	115	10	英川幼儿园	2	27	2
新世纪幼儿园	5	113	10	鸬鹚幼儿园	2	58	4
小天使幼儿园	3	62	7	沙湾幼儿园	5	146	6
城南幼儿园	4	130	8	梧桐村幼儿园	2	25	2
启明星幼儿园	4	82	6	梧桐幼儿园	2	61	3
蓝天幼儿园	10	202	39	标溪幼儿园	2	15	2
大风车幼儿园	3	70	5	毛垟幼儿园	2	31	3
张村民族幼儿园	4	91	9	秋炉幼儿园	2	8	1
小天鹅幼儿园	4	94	7	大均幼儿园	2	24	2
商业幼儿园	4	110	7	郑坑幼儿园	2	26	2

园舍建设

1992年，县内幼儿园以民办为主，除教育部门办的一所幼儿园有专门的园舍外，其他都是租用或借用空余民房、企业场地为主。

景宁重视幼儿园园舍设施建设。1991年，县中心幼儿园迁入新园区。2000年，县中心幼儿园新建综合楼，建筑面积1022平方米，投资70万元。

2008年，按省一级幼儿园标准新建实验幼儿园，占地面积8727平方米，建筑面积6710平方米，总投资1700万元。2009年，按省一级园标准新建蓝天民办幼儿园，占地面积4028平方米，建筑面积2890平方米，总投资1100万元。同年，投入210万元启动8个乡镇附属幼儿园改造工程，投入110万元用于装备建设，乡镇幼儿园均达到省二级或省三级幼儿园标准。15个乡镇学校附属园过渡到独立办园。

2010年，县政府制定了《关于促进学前教育发展提升学前教育质量的实施意见》，从布局规划、完善体制、强化职责、增加投入、落实政策、规范管理等方面提出指导性意见，设立学前教育发展资金，每年县财政安排学前教育发展专项资金150万元。

2011年，县财政局、教育局联合发文《景宁畲族自治县学前教育资金管理办法》，规定资金主要用于幼儿园升等级、新(改)建民办幼儿园奖励；公办园自聘教师和上等级民办幼儿园合格教师保障，农村幼儿园营养餐补助，家庭经济困难儿童入园资助；学前教育发展突出贡献集体和个人奖励等。同年，县教育局奖励民办园蓝天幼儿园教学用房建设资金98万元。按省一级标准新建九龙乡幼儿园和大漈乡幼儿园。其中，九龙乡幼儿园规模为3个幼儿教学班，占地面积2200平方米，建筑面积为1828平方米，总投资445万元；大漈幼儿园占地面积1500平方米，规模为3个幼儿教学班，总投资136万元。2012年，按省一级园标准新建民族幼儿园，占地面积4754平方米，建筑面积4679平方米，总投资1703万元。

2012年，全县幼儿园园舍占地面积42906平方米，建筑面积31068平方米。

1992—2012年景宁幼儿园发展情况一览表

表1-1-4

年份	园数(所)			班级(个)	幼儿数(人)	畲族(人)	教职工(人)	畲族(人)	园舍	
	合计	其中							占地面积(平方米)	建筑面积(平方米)
		教育部门	集体或民办							
1992	15	1	14	34	989	—	66	1	2667	1542
1993	21	1	20	35	973	—	73	2	2667	1721
1994	21	1	20	34	949	—	75	2	2667	1721
1995	19	1	18	30	943	—	30	2	2294	1485
1996	11	1	10	18	460	—	30	2	2294	1485
1997	31	1	30	53	1442	—	34	3	2294	1688
1998	41	1	40	59	1249	—	33	5	2294	1688
1999	42	1	41	81	2323	110	165	12	2294	1688
2000	—	—	—	—	—	—	—	—	—	—
2001	41	1	40	118	2506	258	87	3	17544	12888
2002	38	1	37	140	3072	—	—	—	—	—
2003	46	1	45	162	3313	323	93	3	20000	17325
2004	70 (108)	1	69	192	4038	404	122	4	23216	17468
2005	65	4	61	191	4062	429	120	7	23348	20171
2006	64	16	48	173	4031	408	128	8	26949	22031
2007	63	20	33	161	3948	485	309	8	25739	20929
2008	53	17	36	151	3957	475	300	8	27837	20786
2009	47	19	28	153	4241	563	317	10	27244	21102
2010	39	18	21	166	4532	604	352	12	37582	33476
2011	40	19	21	176	4589	683	445	26	38920	30587
2012	38	19	19	158	4326	659	441	39	42906	31068

说明:1. 2001—2003年数据只含具有大、中、小班规模的幼儿园;2. 1992—1999年园舍面积只统计县城公办;3. 2000年数据不详

第二节 幼教管理

园长负责制

1992 年开始，全县幼儿园内部管理均采用任命园长和举办者领导下的园长负责制，行政、业务、后勤均由园长全面负责，必要时设副园长。

景宁重视幼儿园园长的培训工作。1998 年，县中心幼儿园、鹤溪镇中心幼儿园园长参加丽水市首期园长岗位培训学习，获结业证书。

2000 年，县教委对社会力量办的 41 所幼儿园园长进行岗位培训。县中心幼儿园配设法制副园长。2006 年，县教育局对全县幼儿园 59 名未取得园长、负责人资格证的园长进行岗位培训，并以此作为任用园长的依据。

2011 年，县教育局组织全县 40 名园长赴宁波考察学习，进行园长业务管理培训和交流。

评估考核

对幼教管理工作的评估考核，立足于规范幼教内部管理和办学水平的提升，是幼教管理的重要抓手。

1995 年，县中心幼儿园在丽水地区首次全区幼儿园考核评估工作中被评为“地区一级幼儿园”。

1999 年，县教委下发《关于对全县社会力量举办幼儿园、学前班进行等级考核评估的通知》，对县城幼儿园的园舍、设备、工作人员、园务管理等进行评估考核。

2001 年，县教委对全县所有幼儿园首次实行年度检查考评，撤销不具备办园条件的幼儿园 9 所。同年，县教委、县妇保所联合组织对全县托幼机构卫生保健工作进行考核，有 23 所幼儿园合格，由县妇保所颁发合格证书。2002 年评出县中心幼儿园等 5 所幼儿园为 2001 年度托幼机构卫生保健工作先进单位。

2002年，县教育局出台《景宁县幼儿园教育工作评估考核细则》《社会力量办的幼儿园（班）等级考核细则》，每年对全县幼儿园进行年度考评。同年，蓝天幼儿园被浙江省民办学校协会评为“浙江省2002年度优秀民办幼儿园”。县中心幼儿园被确认为县首批“绿色学校”。2003年，县教育局出台《关于进一步加强对景宁县学前教育管理的指导意见》，进一步规范年检制度。通过考核注销了金童等10所幼儿园的办学资格。2004年，县教育局制定《乡镇学前教育专项督查量化考核细则》，进一步完善乡镇幼儿园考核标准。2005年，对社会力量办的幼儿园进行年度考核评估，评出县城一级幼儿园3所、二级幼儿园4所；农村一级幼儿园9所，分别给予奖励。

2007年，经考核评估，注销了34所不符合基本办园条件的幼儿园许可证，整改后合格的幼儿园更换新启用的国家级办学许可证。2008年，县教育局贯彻浙江省教育厅《关于开展幼儿园等级评定和对民办幼儿园重新审核的通知》精神，实行对民办幼儿园年审制度。对辖区内所有民办幼儿园的办学资格和办学条件进行全面审查，重新核发浙江省幼儿园办学许可证。

2008年，县中心幼儿园被认定为“浙江省二级幼儿园”。2011年，县教育局出台《景宁县幼儿园一日活动常规细则（试行）》，进一步规范幼儿园常规工作，推进幼儿园教育改革。同年，毛垟乡、英川镇、梧桐乡、鸬鹚乡被确认为丽水市首批“学前教育示范乡镇”。

2012年，大漈乡中心幼儿园被认定为省二级幼儿园，澄照乡、大漈乡中心幼儿园被评为市学前教育示范乡镇幼儿园。

2008—2012年景宁省等级幼儿园一览表

表1-2-1

等级	幼儿园名称	认定时间	等级	幼儿园名称	认定时间
浙江省二级幼儿园	中心幼儿园	2008年	浙江省三级幼儿园	鸬鹚乡中心幼儿园	2009年
	蓝天幼儿园	2011年		沙湾镇中心幼儿园	2009年
	毛垟乡中心幼儿园	2011年		梧桐乡中心幼儿园	2009年
	大漈乡中心幼儿园	2012年		大均乡中心幼儿园	2009年

续表 1-2-1

等级	幼儿园名称	认定时间	等级	幼儿园名称	认定时间
浙江省三级幼儿园	实验一小附属幼儿园	2009 年	浙江省三级幼儿园	英川镇中心幼儿园	2010 年
	东坑镇中心幼儿园	2009 年		澄照乡中心幼儿园	2010 年
	景南乡中心幼儿园	2009 年		秋炉乡中心幼儿园	2010 年
	城北幼儿园	2011 年		摇篮幼儿园	2012 年
	阳光幼儿园	2011 年		城南幼儿园	2012 年
	九龙乡中心幼儿园	2012 年			

第三节　保教工作

目标与任务

1992 年，景宁继续执行国家教委 1989 年颁布的《幼儿园工作规程》，各幼儿园实行保育与教育相结合，以体、美、智、德全面发展为原则，促进幼儿身体正常发育和心理机能的协调发展，养成良好的生活习惯和卫生习惯。

2001 年，教育部颁发《幼儿园教育指导纲要（试行）》。纲要重申：“幼儿园教育是基础教育的重要组成部分，是我国学校教育和终身教育的奠基阶段。”县教委下发通知，要求全县城乡各类幼儿园都要认真学习纲要，从实际出发，因地制宜地实施素质教育，为幼儿的一生发展打好基础，做到以游戏为基本活动，保教并重，关注个体差异，促进每个幼儿富有个性的发展。

2006 年，县教育局要求各幼儿园根据市教育局《关于加快我市幼儿教育事业改革和发展的意见》，全面提高保教质量，促进幼儿德、智、体、美全面和谐发展。

2008 年，浙江省颁发《浙江省学前教育保教管理指南》，县教育局要求全县幼儿园关注教学活动的组织形式，倡导以游戏为幼儿的基本活动，把游戏、参观、实践、探索、操作等作为幼儿学习的主要方式，克服教育形式和内容上的“成人化”和“知识化”倾向。

2011年，县教育局出台《关于加快普及学前教育的实施意见》，明确指出各幼儿园应当贯彻保育与教育相结合的原则，创设与幼儿教育和发展相适应的和谐环境，引导幼儿个性的健康发展，保障幼儿的身体健康，培养良好的生活、卫生习惯，促进幼儿的智力发展，培养幼儿热爱祖国的情感。将品德教育和环保教育渗透到每日的教育教学活动之中。同年，县政府出台《学前教育三年行动计划(2011—2013)》，提出学前教育三年发展目标，从资源整合、布局调整、园舍建设、资金投入、师资队伍建设、幼儿入园率等方面按年度分解为具体目标，采取和落实具体措施，实现学前教育发展目标。

课程与教材

1992年，全县各托幼园所补充了热爱家乡、热爱祖国的教学内容。1992—1996年间，大部分幼儿园能根据《幼儿教育纲要(试行草案)》规定的教学内容和要求，开设卫生习惯、体育运动、思想品德、语言、常识、计算、音乐和美术八科课程，并根据幼儿年龄分大、中、小三班段，按规定要求进行教学。能够运用剪纸、拼图、木制玩具等直观教具，培养幼儿观察、思维、动手能力，发展幼儿语言。全县幼儿园一直沿用此纲要安排的课程计划。1992—2001年，统一使用新时代出版社出版的幼儿园系列教材。

1994年，县妇联下发《关于加强托幼园所管理问题的通知》，明确规定托、幼园所注册登记制度，统一教材、统一收费标准及保教人员的要求。指定由业务部门教育局教研室承担全县幼儿教师的业务培训工作。

2004年，全县幼儿教材统一委托县新华书店发行，征订、核发工作由教育局办理。2007年，县中心幼儿园编写了乡土教材《畲乡幼儿本土活动课程》。

2011年，幼儿园统一使用规范的幼儿教材，各幼儿园根据实际，开展有利于幼儿身心健康的多种活动。同时，提倡根据《幼儿园教育指导纲要(试行)》精神，结合幼儿园实际，编写符合幼儿年龄特点的园本教材，克服幼儿教育“小学化”倾向。

保育与教养

1996年起，县教育局加强对幼儿园的管理，幼儿园办园行为逐步规范，幼儿教育小学化态势逐步改变。2002年，开始全面实施《幼儿园教育指导纲要（试行）》，教学内容着力构建“目标教学”模式，教材选择呈多元化走向，并开展多元化教育的探索和尝试。

2004年，县教育局出台《关于切实加强学前教育管理的意见》，意见规定：学前班的保教活动应以游戏为主，采取全班活动、小组活动及个人活动相结合的组织形式，不能给幼儿布置家庭作业，不允许进行任何形式的检测和考试。

2008年，全县各幼儿园根据《浙江省学前教育保教管理指南》的要求，采取以主题（单元）活动的方式组织和实施教学，综合利用一日生活的各个环节实施教育，达成课程目标。把游戏、参观、实践、操作等作为幼儿学习的主要方式。各托幼园所办学条件得到改善，实现绿化、美化、净化、儿童化。县中心幼儿园配设了校园广播系统，大型多功能厅、幼儿阅览室和美工创意室、科学探索室、生活操作室等专业教室；活动室内配有钢琴、电子琴、图书角；设有区角活动区；有多媒体教学设备；室外有较大的活动场地，有30米塑胶跑道，配有大中型玩具；还有种植园、饲养角，为幼儿多样化的学习环境提供保障。

2009年，贯彻落实《浙江省学前教育保教管理指南》对教育环境创设的要求，各托幼园所根据本班幼儿的年龄特点、活动需求以及教室空间布局等实际情况，在师幼互动中创建个性化班级小环境，使环境成为幼儿展示创意、与人交往、获得认同的重要场所。利用畲族元素、家长资源、生活资源，创设适合本班幼儿自主活动的区域环境，将区域环境与教学主题有机融合。这一保育与教养指南意见一直沿用到2012年。

卫生与保健

1992年，执行国家教委颁布的《幼儿园工作规程》。县中心幼儿园坚持做到一人一巾一杯，养成幼儿勤洗手、勤换衣、勤剪指甲、不乱扔果皮纸屑的习惯；为幼儿提供合理膳食，编制营养平衡的幼儿食谱；保证供给幼儿饮水；建立卫生消毒制度。

1993年，全县各托幼园所根据省教委有关文件要求，全县开始配设专（兼）职卫生保健员，实行幼儿入园体检制度。开展幼儿入园晨检工作，做到“一摸、二看、三问、四查”，发现问题及时处理。园所工作人员（包括老师、保育员、炊事员等）需经县妇保所体检后持证上岗。县卫生局、教育局、妇联、总工会联合颁发《关于成立县托、幼儿卫生保健工作指导组的通知》，明确规定指导组负责全县托幼园所定期进行卫生保健工作的检查、指导、考评工作。

1995 年，县中心幼儿园按要求配备保健员。

2000 年开始，全县公办幼儿园和规模较大的民办幼儿园均设专职或兼职保健医师 1 名。定期开展幼儿健康检查，做好晨间检查和全日观察，完成计划免疫工作，建立儿童健康档案；建立体弱儿童管理制度、卫生消毒制度、营养管理制度、病儿隔离制度、工作人员健康管理制度、幼儿接送制度等。公办幼儿园建立儿童健康档案、预防接种登记、传染病登记、膳食调查记录表、常见疾病登记、晨间检查及出勤登记、体弱儿管理记录表、缺点矫治记录表、事故登记、工作人员健康及健康状况登记、家园联系登记表等各项统计资料档案。

2001 年，县卫生局出台《幼儿园、托儿所儿童入园、入托、教职工上岗体检》，各托幼园因地制宜，开展形式多样、内容丰富多彩的体育活动，保证幼儿每天户外活动时间不少于 2 小时；用紫外线按时消毒幼儿活动室和午睡室，消毒清洗幼儿玩具，每日消毒清洗幼儿卫生间。

2003 年，落实防治“非典”措施，各幼儿园每日给入园的幼儿测体温并落实登记制度。

2004 年，贯彻执行省教育厅颁发的《浙江省学前儿童入园管理办法（试行）》，学前儿童入园前须进行体格检查，学前教育机构要求其父母或其他监护人提供入园儿童经县级卫生医疗机构体检的有效证明。

2006 年，县中心幼儿园安装紫外线消毒灯，按时对园舍进行消毒。

2008 年，景宁幼儿教师重视幼儿良好生活习惯的培养，通过各种幼儿趣味形式培养幼儿初步的生活自理能力。另外，还规定各幼儿园不能进行写字教学，不准布置有书写要求的家庭作业。要求落实在正常情况下，每天确保有不少于 2 小时户外活动时间。其中，1 小时的户外体育锻炼时间，1 小时的自由活动时间，教师组织的游戏活动不少于 2 个，每周开展区域活动或创造性游戏不少于2次，每次1小时左右。

2010年，县教育局出台《关于进一步加强民办幼儿园保卫工作的指导意见》，各幼儿园开始配备保安人员，部分幼儿园安装监控系统和网络系统。

2011年，县实验幼儿园通过浙江省食堂管理验收专家组“浙江省A级食堂”创建评估验收。

2012年，全县各幼儿园都配齐保安员与监控设施。以县实验幼儿园为示范，开展创建“省A级食堂”评估工作。

技能竞赛

1992年，县妇女联合会组织庆“六一”少儿呼啦圈比赛。此后，县教育局教研室为提高幼教质量，组织幼儿教师演讲、课堂教学、课外活动等各种技能竞赛。

1994—2001年，县教育局教研室连续七年组织全县幼儿开展迎“六一”绘画比赛，并组织优胜者参加全地区比赛。

2003年，县教研室组织全县幼儿园师生举行综合素质大赛，促进了幼儿教师专业素质的提高，培养了幼儿的广泛兴趣。2004年，县教研室组织全县“幼儿园教师专业合格证书”文化知识考试，进一步夯实幼儿园教师专业理论基础。2007年，县教研室组织全县幼儿教师基本功比赛，激励幼儿教师重视和坚持基本功练习，全面提高学前教育的保教质量。

2009年，丽水市教育局举行“第三届幼儿教师基本功比赛”，景宁参赛代表潘景芬获“五项全能”一等奖。为加强学前早期阅读研究，引导幼儿园科学开展早期阅读活动,更好地促进幼儿阅读能力的提高。

2011年，县教研室举行全县幼儿教师“早期阅读”优质课评比活动。本次比赛参与面广，参赛人员多，达到了预期目的。

2012年，县教研室举行全县幼儿教师专项技能比赛活动，以赛促训，实现全县幼儿教师专业技能的提高。

科研成果

1998年，丽水地区教科所开展了首届幼儿教育科研课题申报、立项工作，由县中心幼儿园园长朱云燕负责的“幼儿听读游戏识字研究”课题被立项。2000年,县中心幼儿园参加丽水市“婴幼儿科学汉字教学实验”课题研究。

2006年,县中心幼儿园副园长陈海燕论文《民族艺术教育从娃娃抓起——畲族幼儿艺术教育初探》代表丽水市在浙江省教育厅教研室组织的学前教育会议上交流,将该园在畲乡幼儿艺术的教育实践、畲族德育资源开发和利用、畲乡风土人情与畲族民间游戏的开发与利用等方面的探索与研究对外展示。2006—2007年,在市、县教育局组织的幼教教研会上,展示大班艺术活动米酒飘香、设计彩带,体育活动玩篾球、婚俗表演——婚嫁等园本教材公开课。

2011年,县中心幼儿园被确定为丽水市“经典诵读暨中华传统美德教育试点幼儿园”。

第四节　幼儿园选介

县中心幼儿园

县中心幼儿园坐落在鹤溪镇新华路22号。前身为1956年创办的鹤溪小学附属幼儿园,园址在鹤溪镇百岁门。1959年搬至上桥头民主弄12号,并更名为“鹤溪镇机关幼儿园”。1984年11月,体制归属县教育局,更名为“县教育幼儿园”。

县中心幼儿园外景

1989年12月与县机关幼儿园合并,更名为“县中心幼儿园”。1991年2月迁入新园舍(现址),园所占地2234平方米,建筑面积2089平方米,布局合理,环境优美,设备齐全。2003年9月合并景宁金童幼儿园(民办),设立金童园区,实行

“一园两址”的办园模式。

2010 年，有 20 个班，在园幼儿 880 余人，在职教职工 87 人。其中，本科学历 11 人，专科学历 39 人；高级教师 17 人，一级教师 6 人；市教坛新秀 4 人，市教坛新苗 1 人，市优秀教师 2 人，市优秀教育工作者 2 人。

幼儿园秉承“让每个孩子拥有一个快乐且有意义的童年”的办园宗旨，确立了“以爱治园、文化立园、质量强园、特色扬园”的办园思路，逐步形成了“四求”(求和、求真、求实、求新)、“四善”(善学、善思、善保、善教)的园训园风。以《幼儿园教育指导纲要》为引导，以改革创新为动力，以强化管理为手段，以教育科研为抓手，倾力打造让畲乡人民满意的优质学前教育。在教育实践中，积极探索“畲族文化”的教育办园特色，在畲族幼儿艺术的教育实践、畲族德育资源开发和利用、畲族风土人情与畲族民间游戏的开发与利用等方面的研究颇有成效，并构建了一系列具有本园、本土特色的园本课程。2010 年后，致力于“以人为本，生活为源”的“回归本源”教育实践研究，积极构建“节日体验课程”。

1991 年，被评为丽水地区先进幼儿园；1995 年，被认定为丽水地区首批一级幼儿园；1996 年，被评为省卫生工作先进单位；2000 年，被省政府评为省级文明单位；2005 年，被评为省巾帼文明示范岗；2007 年，被评为市师德师风达标学校；2008 年，被评为省二级幼儿园、市园本教研示范幼儿园、市级绿色学校。

实验幼儿园

实验幼儿园创办于 2010 年 9 月，位于鹤溪镇团结东路 48 号。按省一级幼儿园标准建造，总投资 2000 万元。其中，土建投入 1200 万元，内部设施投入 800 万元。占地面积 8728 平方米，总建筑占地面积 2169.47 平方米，建筑面积 6701.18 平方米，绿化面积 2871.72 平方米，绿化率 32.9%。园内环境优雅，布局合理，设施齐全，拥有符合标准的园舍设备，完善的、现代化的教育教学及生活设施：每个班配备钢琴、电脑、空调、电视、空气消毒机等，室外有安全、舒适的大、中型玩具。幼儿园结合园本课程建设，创设了教师书吧、美术室、幼

实验幼儿园一角

儿书吧、棋乐吧、建构室、科学探索室、感觉统合训练室等专用活动室，是浙江省一级幼儿园。

2012 年，实验幼儿园有大、中、小 18 个班级，在园幼儿 600 人，在岗教职工 77 人。

建园来，实验幼儿园确立并坚持“为孩子一生幸福快乐启蒙”的办园理念，以“靠近孩子，聆听童声，用心感悟”为教育理念，围绕“关爱、尊重、温暖、快乐”的教风和“务实、敬业、和谐、创新”的园风，以“体育运动”为发展特色，致力于培养“阳光、健康、快乐、自信”的畲乡孩子。幼儿园作为畲乡幼教的窗口，经常接待各级单位、领导和各地同行“姐妹园”前来参观、交流，多次承办省、市各类中大型活动。实验幼儿园是丽水学院教师教育实践基地，为学院的学前教育专业学生提供教育见习、实习指导和培训工作。幼儿园获得浙江省绿色学校、浙江省巾帼文明岗、浙江省 A 级食堂单位、浙江省首批餐饮服务食品安全示范单位、浙江省首批体育示范园、丽水市安全教育与演练示范学校等荣誉称号。

蓝天幼儿园

蓝天幼儿园创办于 1994 年 8 月，1996 年搬迁至原县青少年宫办学，1998 年租用县商贸城二楼、三楼 3000 余平方米场地办学，2010 年 3 月，搬迁至环城东路 17 号办学，新园址占地面积 4028 平方米，建筑面积 2890 平方米，总投资 1100 多万元。

2012 年，有 11 个班级，在园幼儿 400 多人，教职员工 52 人，学历合格率 100%。

蓝天幼儿园谱写了园歌《飞向蓝天》，并创办了园报《蓝天娃》，截至 2012 年已编 19 期。

蓝天幼儿园以“发展孩子、服务家长、成就教师”为办园宗旨，秉承“承中求新、爱中求融、做中求精、乐中求进”的园训和“学会生活、学会学习、学会创造、学会交往”的教育理念。

蓝天幼儿园外景

蓝天幼儿园在 20 多年的办园过程中，先后被评为全国优秀民办幼儿园、浙江省优秀民办幼儿园、浙江省二级幼儿园、丽水市“三八”红旗集体、丽水市巾帼文明示范岗、丽水市卫生先进单位。获省、市级课题、论文 20 多项。

2002 年景宁幼儿园教育工作评估考核细则情况表

表 1-4-1

考核内容			评分标准	分值	检查形式	得分
教学管理（20 分）	课程设置		严格按纲要要求开设课程，开设非幼儿园规定课程需上报业务主管部门审核批准	3 分	查资料	
	领导兼课		领导班子高度重视对教育教学工作的管理与指导。园长每学期跟班观摩及指导教育活动不少于 20 次，业务副园长不少于 60 次	8 分	看资料调研	
	师资培养		认真完成上级业务主管部门安排的学习、培训等任务，有效组织各种有利于提高教师专业水平和业务能力的学习、交流、研讨活动，有师资培养计划，措施得力	4 分	查资料 听汇报	
	业务竞赛		积极参加业务主管部门举行的各项竞赛，每次活动参赛率达50%以上	5 分	查资料 教研室提供	
保教工作（50 分）	教学活动	活动设计	教学理念先进，目标明确，内容、方法符合幼儿身心发展规律和学习特点。动静交替	5 分	教学调研	
		活动形式	以游戏为基本活动，激发幼儿的学习兴趣，引导幼儿主动学习，师生关系平等、融洽	5 分		
		教学效果	师幼互动好。让每个幼儿都能在原有水平上有所提高	5 分		

续表 1-4-1

考核内容		评分标准	分值	检查形式	得分
保教工作	作息制度	建立、执行科学的一日作息制度。每日户外活动时间不少于 2 小时，体育活动时间不少于 1 小时	5 分	查资料 听汇报	
	备课本	认真钻研教材，设计适合幼儿的活动方案。注重教学反思。教龄 5 年以下教师要写详案	5 分	抽查	
	教学笔记或反思	每两周一篇以上，反思解决教学中存在的问题，对自己有提高作用，少一篇扣 0.5 分	5 分	抽查	
	听课本	每位教师一学期听课 10 节以上，每节课有课后感，少一节扣 0.5 分	5 分	抽查	
	教研活动	教研活动内容要联系新纲要精神，结合本园实际，有针对性、有实效地开展。每学期至少开展 5 次。少一次扣 1 分	5 分	听汇报 查资料	
	幼儿习惯养成	教职工工作细心，培养幼儿良好的学习、生活、礼貌、卫生等习惯，及时发现并纠正幼儿的偏异行为	2 分	实地察看	
	环境布置	幼儿园和班级的环境美观，富有童趣，有教育意义；能结合教育教学内容及时更新；重视幼儿参与环境布置，幼儿参与度较高	2 分	实地察看	
	传染病防治	建立定期的消毒制度，积极做好免疫和疾病防治的隔离工作，无传染病蔓延。如有传染病蔓延的每次扣 1 分	2 分	听汇报 查资料	
	幼儿伙食	严格执行《中华人民共和国食品卫生法》，为幼儿提供合理的膳食，色、香、味俱全	2 分	听汇报、访谈、实地察看	
	幼儿体检	幼儿每年体检一次，新生要进行入园体检，体检率达 100%	2 分	查资料	
其他工作（10 分）	安全工作	全方位做好安全工作，出现重大责任事故，本学年不予评为全面先进单位	3 分	听汇报 查资料	
	家长工作	家长工作全面细致，利用家长联系栏、家长会、家长开放日等形式做好家长工作，全园性家长开放日一年一次以上。未举行扣 1 分	2 分	听汇报 查资料	

续表 1-4-1

考核内容		评分标准	分值	检查形式	得分
其他工作	辅导乡镇幼儿园工作	通过各种途径和形式为各类幼儿园提供指导。每学期送教下乡 2 次以上。每学年举行县级以上教育教学观摩活动 1 次以上。对具体的辅导片区有专人负责指导职责明确；建立辅导制度，有计划，有记录	5 分	听汇报 查资料	

2004 年景宁乡镇幼儿园教育工作评估考核细则情况表

表 1-4-2

考核内容		评分标准	分值	检查形式	得分
教学管理（26 分）	课程设置	严格按纲要要求开设课程，开设非幼儿园规定课程需上报业务主管部门审核批准。特别要避免幼儿园课程小学化	5 分	查阅资料 教学调研	
	教学常规	严格按照“浙江省学前教育保教管理指南”进行教学常规管理。科学、合理安排幼儿一日活动。有一日活动时间安排表和一周教学计划安排表。周计划表必须体现出一日活动各环节的内容	8 分	查阅资料 教学调研	
	师资培养	认真完成上级业务主管部门安排的学习、培训等任务。有效开展校内教学检查和评估活动，有计划和记录。领导要定期进入幼儿园，关心幼儿教育的发展和幼儿教师的成长	8 分	查阅资料 教学调研	
	业务竞赛	积极参加业务主管部门举行的各项竞赛，每次活动参赛率达 50%以上	5 分	查资料 教研室提供	
保教工作（44 分）	教学活动	活动设计（教学理念先进，目标明确，内容、方法符合幼儿身心发展规律和学习特点。动静交替）	3 分	教学调研	
		活动形式（以游戏为基本活动，激发幼儿的学习兴趣，引导幼儿主动学习，师生关系平等、融洽）	3 分		
		教学效果（师幼互动好，让每个幼儿都能在原有水平上有所提高）	4 分		
	作息制度	建立、执行科学的一日作息制度。每日户外活动时间不少于 2 小时，体育活动时间不少于 1 小时	2 分	查阅资料 教学调研	

续表 1-4-2

考核内容		评分标准	分值	检查形式	得分
保教工作	备课本	备课要以幼儿一日活动的各个环节为内容。认真钻研教材，根据幼儿的年龄特点选择适合幼儿的活动内容。注重教学反思，要求每天至少有反思	5 分	抽查	
	教养笔记	养成随时记录、积累教养经验的习惯，每月至少撰写一篇教养笔记。教养笔记必须具有真实性和亲历性	5 分	抽查	
	听课本	每位教师一学期听课 10 节以上，每节课有课后感，少一节扣 0.5 分	2 分	抽查	
	教研活动	教研活动内容要联系新纲要精神，结合本园实际，有针对性、有实效地开展。每学期至少开展 5 次。少一次扣 1 分	5 分	听汇报 查资料	
	幼儿习惯养成	教职工工作细心，培养幼儿良好的学习、生活、礼貌、卫生等习惯，及时发现并纠正幼儿的偏异行为	5 分	实地察看	
	环境布置	环境布置利用废旧材料，幼儿参与的成分明显。环境创设美观，童趣符合幼儿年龄特点。环境的创设要随教学主题的变化而变化，具有教育意义	4 分	实地察看	
	传染病防治	建立定期的消毒制度，积极做好免疫和疾病防治的隔离工作，无传染病蔓延。如有传染病蔓延的每次扣 1 分	2 分	听汇报 查资料	
	幼儿伙食	严格执行《中华人民共和国食品卫生法》，为幼儿提供合理的膳食，色、香、味俱全	2 分	听汇报、访谈、实地察看	
	幼儿体检	幼儿每年体检一次，新生要进行入园体检，体检率达100%	2 分	查资料	
其他工作（10 分）	安全工作	全方位做好安全工作，出现重大责任事故，本学年不予评为全面先进单位	4 分	听汇报 查资料	
	家长工作	家长工作全面细致，利用家长联系栏、家长会、家长开放日等形式做好家长工作，全园性家长开放日一年一次以上。未举行扣1分	3 分	听汇报 查资料	
	辅导乡村幼儿园工作	积极起示范、辐射作用，开展多种形式辅导活动。每学期至少开展一次面对村级幼儿教师的教研活动。未开展一次扣 1 分	3 分	听汇报 查资料	

第二章　小学教育

景宁小学按照一次规划、分步实施的学校布局调整工作思路，全县小学布局调整走过了从20世纪90年代初的小而散，到90年代末出现一乡一校办学，到21世纪初，全县一乡一校办学，到2010年实现三大教育集团的办学之路。小学办学效益和教育质量稳步提升，民族教育特色明显，从基本普及九年义务教育，实现了高质量、高标准普及九年义务教育，尤其是小学保育工程和小班化教学，走在全省前列，并走向全国。

第一节　发展概况

布局调整

20世纪90年代初，景宁学校布局分散，几乎村村有小学。1991年，随着城镇化建设推进，农村人口逐步向城镇集聚，导致一些山村小学生源不足。县政府从县情实际出发，出台《关于全县学校布局调整的实施意见》。

1992年，县教育局依照县政府文件精神，采取"联、改、减"措施，小学由1991年的462所调整到1992年的350所，有665个教学班，其中复式教学班417个。

2000年，民办育才学校由鹤溪镇学田村搬迁至鹤溪镇鸭卵坑，面向全县招生，主要解决县城流动人口孩子的入学问题。

2006年，为扩大县城小学办学规模，将职高原校址办成实验一小一年级分部，招收一年级新生8个班346人。将原民办育才学校改办成实验二小分部（城北校区），招收外舍等库区移民子女一至六年级11个教学班，380名学生。

两个分部的创建，减轻了实验一小、实验二小的入学压力，同时让更多农村孩子进入县城小学就读。在县城就读的小学生约占全县小学生的60%。

2007年，新建成的民族小学启用，占地约53360平方米，规模36个班。

2010年，根据集团化办学需要，鹤溪镇民族小学划为第一实验小学分部，澄照乡校隶属民族小学分部。第一实验小学分部搬至实验一小原校址办学。2011年2月，实验二小城北校区搬至实验一小原校址办学。将实验一小原校园分成两个区块，一半给实验一小张春校区办学，一半给实验二小城北校区办学。

2012年，全县有小学18所，附属校区3所。同年，鹤溪小学迁建工程启动，项目占地面积28257平方米，建筑面积18784.3平方米，总投资5920万元。规划36个班级。

1992年景宁小学网点一览表

表2-1-1

乡镇名称	学校数（所）	班级数（个）	学生数（人）	分布小学的村名
县属小学	1	20	1061	县中心小学
鹤溪镇	13	36	1110	鹤溪、张村、浮丘、余山、新华、王木坑、石垟、岸岗、惠明寺、三枝树、东弄、粗滩、赤木山
外舍乡	13	21	412	外舍、白岸、王金垟、岭北、金村、坑山后、坳丘降、石龙、官山、岚头、新华、汇田、降石（简易小学：大坪、大常）
大均乡	6	11	269	大均、新亭、张寮、李宝、伏叶、叶坑（简易小学：派庄、田寮、大赤坑、白锄、跃坑头）
澄照乡	11	22	491	澄照、坦垟、际头、金丘、朱排、朱坑、梅坑、小东岱、下泥、仙山、东岱
梅岐乡	10	16	344	梅岐、岳崇、张山、挂远、横坪、竹山、古楼、李山头、石门、窑降（简易小学：山前）
渤海镇	24	42	973	渤海、大都、门潭、东山、安亭、梅坑、石塘山、东畔梅源、石塘口、竹山、桥头、鲍山头、马里赛、垟潭、沈坑、渤海坑、上寮、乌坦、湖坑、驮圩、后砻、鳗段、林圩、外湾（简易小学：西山、干抗、张坑、石木底）
金钟乡	17	28	69	金钟、垟坑、杨山、大畈、上斜、徐山、李坑、半垟、黄石、甲头降、小粗、陶州、大吴山、古传、吴山降、陈源头、龙须坦

续表 2-1-1

乡镇名称	学校数（所）	班级数（个）	学生数（人）	分布小学的村名
郑坑乡	6	10	267	坑下、柳山、柳山、半岭、吴布、羊角降（简易小学：叶山头村、齐坑村、通天岙村）
大顺乡	14	31	759	大顺、新四、岭里、徐垟、田坑、高沈、圭根、坑口、炉西峡、半岭、高岩、长汀、后斜、毛山（简易小学：翁坑、朱岭下、叶山垟、朱岭头、朱山、垟佑、西丰坑、高燕）
陈村乡	20	34	839	陈村、顺利、金田、黄寮、后坪、塘堡、井边、岳口、上山岭、李坑、徐岙、松团、金山、库坪、罗埠垟、下朱、外山、朱山、鲍岸、萍田（简易小学：东寮、五布底、杨梅隆、菊花井、高斜、满头垒、坪盘、朱岭头、坦头、坭翁、横坑、沙坑）
英川镇	37	73	1560	英川、梅颂、底垟、坑垟、董川、金林、新村、叶坪头、隆川、隆上、若辽、凤垟、张川、寨后、黄万、毛坑头、大湾、白坦、黄垟口、陈坑、黄湖、木耳口、温堆、茶园、黄谢圩、湖后、后坑、柳八际、洪源、梨树突、木岱根、周占、鲍岱、石崇、外处岙、五架、半岭（简易小学：黄吾岱、上村垟、上标坑、岩湖、黄麻岭、毛西坑、大突、际下）
葛山乡	11	22	423	葛山、印章、岭头、粗砻、降头、西山、岙根、金岱、湖处、林茆、岱头（简易小学：上户、驮坪、半岭）
鸬鹚乡	13	25	495	鸬鹚、夏山头、仁字坑、南坑下、茶亭、山下、黄桑南、楹枫、油坑湾、吴山、徐崇、驮戥、罗坑头（简易小学：外弄、企岩头、塔后、黄弄）
沙湾镇	38	72	1766	沙湾、叶桥、莲川、林坑、水井、严坑、仙姑、道化、张庄、季庄、坑头、旺水、徐山、七里、七里坳、林斜、鳗段塆、新庄、陈司坑、岱头垟、古楼、后塘、蔡湖、蔡湖垟、小地、赤岩、本岱、上处垟、流坑、东堡、后村、李处、何处、陈田、林谢、水碓垟、鸬鹚口、坑头源（简易小学：毛山头、鸬电）
标溪乡	12	20	430	标溪、何庄、枫林口、处基、东车、马地垟、叶谢、马山、日要、张山、角坦、回坪
梧桐乡	11	21	480	梧桐、角耳湾、高远、山前、林山、梧桐坑、金兰、王山头、坦坑、东元、马兰坦（简易小学：坑底垟、张司洞、茶树岗、李庄、梅坦头、吴太山）
大地乡	18	29	640	大地、垟头、驮垟、柳山头、垟白岱、叶坑、净水、桃垟、张坑、水溪、余公岱、郑公垟、西坑、察放、安俸、黄坑、东岭、曲坑

续表 2-1-1

乡镇名称	学校数（所）	班级数（个）	学生数（人）	分布小学的村名
家地乡	8	11	288	家地、穹岱、平坑、上际坑、下际坑、石壁、谢坑、梅山头（简易小学：深度）
毛垟乡	9	20	495	毛垟、库头、炉西、上坑头、陈坪、燕安、底垟、库下、上沙湾（简易小学：大支、本岱、章丹坪、牛岱、库头岭、谷坞）
秋炉乡	13	29	632	秋炉、半山、一坑、后坑、新塘垟、山头、湖后、下圩、伏岩、风口、坑口、梅花岗、四坑（简易小学：万岱坑）
东坑镇	18	33	805	东坑、章坑、白鹤、北溪、罗山、何村、林山、竹埠、徐砻、北山、杨斜、桃源、际垟、叶原垟、黄山头、吴山头、大张坑、茗源（简易小学：周杉、孙山）
大漈乡	5	10	263	大漈、小佐、林源排、半山、彭村（简易小学：小林坑）
景南乡	9	15	385	景南、上渔、东塘、石立、程田、缪坑、上标垟、岭头、中屋
雁溪乡	10	14	319	雁溪、东山、黄桐、潘亭垟、石梯、高宅、梅坞、拓湾、岙头、石柱（简易小学：全坦、半溪、西山寮）

说明：表格中第一地名学校为乡镇中心小学，其后为村小，加“（）”为简易小学

1992 年景宁小学复式班情况一览表

表 2-1-2

学区片名	小学总班数（个）	复式班数（个）			复式班级占总班数（%）	在校生总数（人）	各年级人数（人）					复式班学生占学生总人数（%）
		二复式（个）	三复式（个）	四复式以上（个）			一年级（人）	二年级（人）	三年级（人）	四年级（人）	五年级（人）	
合计	665	193	210	14	62.7	7802	1803	2071	2185	1220	523	48.4
鹤溪片	106	28	26	1	51.9	817	217	254	230	105	11	30.0
渤海片	145	35	58	1	64.8	1924	416	561	590	238	119	55.9
沙湾片	202	73	60	6	68.8	2795	691	669	752	507	176	59.1
英川片	120	42	45	—	72.5	1529	288	333	406	285	217	61.7
东坑片	72	15	21	6	58.3	737	191	254	207	85	—	41.6

1992—2012 年景宁撤并学校一览表

表 2-1-3

年份	学校数（所）	减少数（所）	撤并学校
1992	350	12	不详
1993	349	1	不详
1994	345	4	外舍乡：坳丘降小学、官山小学 渤海镇：鳗段小学、林圩小学
1995	337	8	外舍乡：新华小学 澄照乡：梅坑小学、下泥山小学 梅岐乡：桂远小学 金钟乡：垟坑小学、黄石小学 标溪乡：马地垟小学 家地乡：深度小学
1996	333	4	梅岐乡：窑降小学 澄照乡：东岱小学 标溪乡：回圩小学
1997	331	2	渤海镇：竹山小学 郑坑乡：际下小学
1998	262	69	鹤溪镇：新华小学、石垟小学、旱岗小学 外舍乡：金村小学、坑山后小学、汇田小学、降石小学 大均乡：新亭小学、张寮小学、伏坑小学、叶坑小学、梅山小学、李卜坑小学 澄照乡：朱排小学、小东贷小学 梅岐乡：张山小学、古楼小学、石闩小学 渤海镇：垟潭小学、沈坑小学、湖坑小学、渤海坑小学 金钟乡：大畈小学、徐山小学、古传小学、大吴山小学 郑坑乡：柳山小学、张坑下小学 大顺乡：后斜小学 陈村乡：李坑小学、下朱小学 沙湾镇：新庄小学、后村小学、大地桥小学 梧桐乡：东源小学 秋炉乡：后坑小学 大地乡：垟头小学、西坑小学、曲坑小学 家地乡：石碧小学、梅山头小学、上际坑小学

续表 2-1-3

年份	学校数（所）	减少数（所）	撤并学校
1998	262	69	英川镇：大湾小学、湖后小学、鲍岱小学、半岭小学、毛坑头小学、梨树突小学 鸬鹚乡：温枫小学、油坑小学、罗坑头小学 葛山乡：岱头小学 东坑镇：何村小学、林山小学、北山小学、桃源小学、茗源小学、大张坑小学、叶源垟小学 雁溪乡：石柱小学、岙头小学、浮亭岗小学 大漈乡：琴山小学、彭山小学、林源排小学 景南乡：东塘小学、石立小学、程田小学、缪坑小学
1999	188	76	鹤溪镇：三支树小学、东弄小学、赤木山小学 外舍乡：岭北小学、石龙小学、岚头小学 澄照乡：朱坑小学、仙山小学 渤海镇：梅坑小学、梅源小学、石塘口小学、鲍山头小学、乌坦小学 金钟乡：杨山小学、上斜小学、李坑小学、半坑垟小学、甲头降小学、陶州小学 大顺乡：圭根小学、坑口小学、半岭小学、高岩小学、长汀小学 陈村乡：上山岭小学、松团小学、罗埠垟小学、外山小学、朱山小学、鲍岸小学 郑坑乡：吴布小学、羊角降小学、半岭小学 东坑镇：罗山小学、竹埠小学、徐砻小学、扬斜小学、深垟小学、黄山头小学、吴山头小学 大漈乡：小佐小学 景南乡：上标垟小学 雁溪乡：东山小学、高宅小学、梅坞小学 沙湾镇：七里岙小学、贷头垟小学、后塘小学、蔡湖垟小学、麻竹蝆小学、黄水坑小学 梧桐乡：山前小学、梧桐坑小学、马兰坦小学 标溪乡：处基小学、若要小学、黄山头小学、角坦小学 秋炉乡：下圩小学、梅花岗小学 大地乡：粗垟小学、东岭小学 家地乡：平坑小学、谢坑小学 英川镇：金林小学、叶坪头小学、白坦小学、陈坑小学、茶园小学、后坑小学、柳八际小学、木岱根小学 、周占小学 鸬鹚乡： 夏山头小学、吴山小学 葛山乡：岙根小学

续表 2-1-3

年份	学校数（所）	减少数（所）	撤并学校
2000	132	56	鹤溪镇：浮丘小学、余山小学、王木坑小学、惠明寺小学、粗滩小学 外舍乡：白岸小学、王金垟小学 澄照乡：坦洋小学、际头小学、金秋小学： 梅岐乡：岳崇小学、横坪小学、竹山小学、李山头小学 渤海镇：门潭小学、东山小学、石塘山小学、东畔小学、桥头小学、上寮小学、驮圩小学、后垄小学、外湾小学、张坑小学 金钟乡：金钟小学、小粗小学
2001	75	57	大顺乡：田坑小学、高沈小学、毛山小学、炉西峡小学 陈村乡：金田小学、黄寮小学、后坪小学、塘堡小学、井边小学、徐岙小学、金山小学、库坪小学、萍田小学 东坑镇：张坑小学、白鹤小学 景南乡：岭头小学、中屋小学 雁溪乡：高宅小学、梅坞小学 沙湾镇：林坑小学、水井小学、仙姑小学、徐山小学、七里小学、林斜小学、鳗段湾小学、陈司坑小学、古楼小学、察湖小学、赤岩小学、木岱小学、上处垟小学、流坑小学、李处小学、陈田小学、东堡小学 梧桐乡：林山小学、王山头小学、坦坑小学 标溪乡：何庄小学、枫林口小学、东车小学、叶榭小学、马山小学、张山小学、于章小学 毛垟乡：库头小学、炉溪小学、上坑头小学、陈坪小学、燕安小学、底垟小学、库下小学、上沙湾小学 秋炉乡：第一坑小学、山头小学、第四坑小学 大地乡：柳八际小学、叶坑下小学、净水小学、桃垟小学、水溪小学、余公岱小学、察放小学、安俸小学、黄坑小学 家地乡：穹岱小学 英川镇：隆上小学、梅崇小学、黄万小学、若辽小学、张川小学、寨后小学、石崇小学、温堆小学、木耳口小学、五架小学 黄湖中心小学、外处岙小学 鸬鹚乡：仁字坑小学、黄山南小学、驮戥小学 葛山乡：降头小学、金岱小学、湖处小学、林茆小学、半岭小学

续表 2-1-3

年份	学校数（所）	减少数（所）	撤并学校
2002	55	20	金钟乡：岭根小学 英川镇：坑垟小学、新村小学、底垟小学、风垟小学、茶园小学 葛山乡：西山小学、粗砻小学 鸬鹚乡：南坑下小学、茶亭小学、山下小学、徐崇小学 沙湾镇：道化小学、坑头小学、小地小学 梧桐乡：角耳湾小学 秋炉乡：新塘垟小学、伏岩小学 大地乡：郑公垟小学、张坑小学
2003	38	17	渤海镇：安亭小学 金钟乡：包山小学 大顺乡：新四小学、岭里小学 英川镇：黄垟口小学、董川小学 葛山乡：印章小学 沙湾镇：季庄小学、严坑小学、张庄小学、旺水小学、何处小学 陈村乡：岳口小学 梧桐乡：高演小学 秋炉乡：半山小学、湖后小学 大地乡：驮垟小学
2004	31	7	渤海镇：大都小学 大顺乡：徐垟小学 东坑镇：北溪小学 英川镇：洪源小学、后坑小学、黄谢圩小学 葛山乡：岭头小学
2005	28	3	景南乡：上渔小学 英川镇：英川镇第二中心小学 沙湾镇：莲川小学
2006	25	4	陈村乡：陈村乡校、顺利小学 大顺乡：大顺乡校 沙湾镇：叶桥小学 外舍乡：外舍乡校 九龙乡：九龙乡小(创办)
2007	23	1	渤海镇：渤海镇镇小、金钟乡校、民族小学(创办)

续表 2-1-3

年份	学校数（所）	减少数（所）	撤并学校
2008	21	2	葛山乡：葛山乡校 梅岐乡：梅岐乡校
2009	20	1	家地乡：家地乡校
2010	18	2	张春小学（校区统计）、澄照乡校（校区统计）
2011	18	0	—
2012	18	0	—

1992—2012 年景宁小学发展情况一览表

表 2-1-4

年份	学校数（个）	班级数（个）	学生数（人）	年份	学校数（个）	班级数（个）	学生数（人）
1992	350	665	16117	2003	38	280	8910
1993	349	676	15050	2004	31	262	8865
1994	347	680	14247	2005	28	258	8812
1995	337	663	13866	2006	24	256	8652
1996	333	666	13436	2007	23	248	8197
1997	331	668	12610	2008	21	243	8111
1998	262	573	10919	2009	21	240	8231
1999	188	480	9392	2010	18	241	8409
2000	132	—	9950	2011	18	246	8645
2001	75	336	9322	2012	18	246	8806
2002	55	305	8876	—	—	—	—

2012 年景宁小学情况一览表

表 2-1-5

学校名称	班级数（个）	学生数（人）	创办时间	学校名称	班级数（个）	学生数（人）	创办时间
实验一小	47	2187	1906 年	大地乡校	6	70	1956 年

续表 2-1-5

学校名称	班级数（个）	学生数（人）	创办时间	学校名称	班级数（个）	学生数（人）	创办时间
实验二小	52	2406	1958 年	大漈乡校	6	97	1914 年
民族小学	48	2101	2007 年	郑坑乡校	6	106	1902 年
沙湾镇小	12	306	1908 年	梧桐乡校	6	158	1953 年
英川镇小	6	109	1915 年	毛垟乡校	6	81	1914 年
东坑镇小	9	234	1913 年	鸬鹚乡校	6	100	1914 年
大均乡校	6	83	1904 年	雁溪乡校	4	15	不详
标溪乡校	6	77	不详	景南乡校	6	107	1945 年
秋炉乡校	4	27	1947 年	九龙乡校	7	145	2005 年

说明：张春小学属实验一小校区，城北校区属实验二小校区，澄照乡校属民族小学校区

1992—2012 年景宁学龄儿童入学率、巩固率一览表

表 2-1-6

年份	学校数（所）	班级数（个）	毕业生数（人）	招生数（人）	在校生数（人）	女生数（人）	学龄儿童入学率（%）	巩固率（%）
1992	350	665	3640	2783	16117	7586	99.72	98.89
1993	349	676	3198	2453	15050	7237	99.84	98.0
1994	347	680	3432	2720	14247	6853	99.79	99.40
1995	337	663	3116	2413	13866	6418	99.2	100
1996	333	666	2920	2312	13436	6511	99.94	99.94
1997	331	668	2948	1920	12610	6063	99.75	99.97
1998	262	573	2498	1415	10919	5277	99.96	98.32
1999	188	480	2693	1288	9392	4528	99.95	99.91
2000	132	—	2463	3021	9950	4761	—	—
2001	75	341	2309	1825	9322	4514	99.91	99.97
2002	55	310	1889	1662	8876	4323	99.91	99.97
2003	38	286	1513	1626	8910	3424	99.92	99.97
2004	31	269	1352	1500	8865	4320	99.98	99.97

续表 2-1-6

年份	学校数（所）	班级数（个）	毕业生数（人）	招生数（人）	在校生数（人）	女生数（人）	学龄儿童入学率（%）	巩固率（%）
2005	28	264	1230	1463	8812	4301	99.98	100
2006	24	256	1210	1526	8652	4209	99.98	100
2007	23	248	1483	1425	8197	3998	99.99	100
2008	21	243	1405	1389	8111	3954	99.99	100
2009	20	240	1380	1405	8231	4018	100	100
2010	18	241	1297	1516	8409	4072	100	100
2011	18	246	1277	1568	8645	4216	100	100
2012	18	246	1385	1578	8806	4313	100	100

校名变更

1992 年，对全县 24 个乡镇小学（除县属小学外）进行重新命名，区中心小学统一命名为“镇中心学校”，乡中心小学统一命名为“乡中心完小”。1995 年，原学区片督导组改为“学区教育办公室”。1996 年，县中心小学更名为“景宁畲族自治县第一实验小学”；鹤溪镇中心学校更名为“景宁畲族自治县第二实验小学”。2001 年，原隆川中心完小更名为“英川镇第二中心小学”；原张春小学更名为“鹤溪镇民族小学”；英川镇中心小学和英川镇中学合并成九年一贯制学校，校名为“英川镇中心学校”。2007 年，浙江智通科技工程有限公司与大地乡校形成长期结对关系，设立助学资金，校名由景宁畲族自治县大地乡中心学校更名为“浙江智通大地希望小学”。

“一乡一校”办学

1998 年，县政府颁布《关于全县学校布局调整的实施意见》，全县撤、并、改乡镇级以下村级小学 69 所，大均乡试行“一乡一校”寄宿制办学模式。1999 年，全县撤、并、改小学 78 所。到 2000 年，小学从 1998 年的 331 所减少到 132 所。

2001 年，根据《丽水市 2001—2005 年中小学布局调整规划》提出的逐步实行“城乡一体化”和“小学向中心镇和中心村集聚”要求原则，景宁继续统筹规划调整小学网点布局。2002年，全县小学55所，校均学生数161人。全县24个乡镇有12个乡实现“一乡一校”制办学模式，提高了办学效率和优质教育资源共享率。2006年，因滩坑库区建设移民，撤并顺利完小、陈村乡校等6所小学。2006年9月，新增九龙乡小学，学生数142人。2007年9月，新增县民族小学，教学班16个，学生数726人。

2008年，全县实现“一乡一校”办学模式，结束农村学校复式教学形式。停办葛山乡校、梅岐乡校高年级，小规模学校撤并工作总体平稳，并启动学生数不足100人的学校的撤并工作。2009年，根据《景宁畲族自治县教育事业发展“十一五”规划》，坚持“小学向中心乡镇聚集，初中向县城聚集，高中完全集中在县城”的布局调整思路，按照“成熟一所撤并一所”的原则，继续进行农村学校网点布局调整工作，撤并家地乡校和英川镇校初中部。

2012年，通过联、改、撤、并及库区移民，全县小学从1992年的350所665个班级调整为18所246个班级。

集团化办学

2008年，以就近、均衡、区域归类为原则，组建实验一小教育集团、实验二小教育集团、民族小学教育集团。2010年，县教育局出台《关于“强校接管农村学校”和“互助共同体”的实施意见(试行)》，全县中小学实行集团化办学模式，确定三大小学教育集团接管农村学校。

2010年景宁小学集团化办学强校接管农村学校一览表

表2-1-7

集团总校	强校接管点	城乡互助共同体学校
实验一小	张春校区	大均乡校、东坑镇小、大漈乡校、景南乡校、雁溪乡校
实验二小	城北校区	梧桐乡校、九龙乡校、郑坑乡校、英川镇小、鸬鹚乡校
民族小学	澄照校区	沙湾镇小、标溪乡校、毛垟乡校、秋炉乡校、大地乡校

2011年，县教育局在全面铺开集团化办学的制度建设、教师业务提升和校园文化建设等工作以外，出台相关规定，重点是人才资源共享工作，采取“走

教”“支教”的形式，各教育集团内流动教师人数都必须达到分校区教师数的1/3以上，构建了优秀教师“区域所有”，乃至“全县所有”的人才使用模式，集团化办学工作有了实质性进展。

特殊教育

1993年，在县中心小学和渤海镇小开设两个智力障碍儿童随班跟读试点班级。1995年停办，规定“三残学龄儿童”由就近学校随班就读和跟读，保证接受平等的教育。

2011年，县教育局根据相关文件精神，要求各校做好本学区特殊适龄儿童的调查摸底工作，动员特殊儿童入学，实行零拒绝制度。同年10月“景宁畲族自治县培智教学点”正式挂牌。分设各年龄段特殊教育“辅读教学点”，幼儿在县中心幼儿园设立教学点，小学在县实验一小分部（张春校区）设立教学点，初中在民族中学设立教学点。全县有48名特殊儿童接受教育。其中，33人在县学校接受教育，15人在外县特殊学校就读。

2012年，根据《浙江省教育厅关于进一步加强轻度残障儿童少年随班就读工作的若干意见》《丽水市教育局关于加强残障儿童少年随班就读工作的实施意见》文件精神，县教育局出台《景宁县教育局关于加强残障儿童少年随班就读工作的实施意见》《景宁县教育局关于加强残障儿童少年上门送教的实施意见》，成立“景宁畲族自治县特殊教育指导中心”“景宁畲族自治县培智学校”。

第二节 学校管理

校长负责制

1992年，根据《中共中央关于教育体制改革的决定》，实行校长负责制，规定乡镇以上学校校长由教育局任免。为提高校长素质，委托龙泉师范对35名小学校长和教学骨干进行3个月岗位培训。同时为适应撤区扩镇并乡需要，县委批转县教育局《关于中小学管理体制调整实施方案的报告》要求，将乡镇学校党组织划入当地党委管理。1994年，小学校长通过上岗培训，达标率为98.8%。

2000年，县教委出台《景宁县校长负责制和教职工聘任制实施意见（试行）》《景宁县校长年度工作考核办法》，确保实施和推行校长负责制和教职工聘任制。2004年5月，县教育局为了优化学校干部素质，提升学校干部管理水平，出台《关于开展中小学校长、中层干部竞聘试点工作的意见》。同年8月，实验一小实行中层干部竞聘上岗，鸬鹚乡校开展校长竞聘试点工作。

2010年，县教育局出台《中小学中层干部竞聘上岗暂行规定》，对竞聘人员录取范围、条件、程序作出明确规定，竞聘上岗制逐步走上规范化。

保育工程

1998年，大均乡校出现“一乡一校”办学模式，农村寄宿制小学出现，小学一至三年级和学前教育低龄寄宿生数量急剧增加。如何让农村寄宿制小学成为寄宿生的“家”，对低龄寄宿生进行生活指导、安全教育，丰富课余活动内容，使寄宿生安心，家长放心，如何安排“一乡一校”后富余教师，如何确定师生比，如何安排生活指导师，等等，是学校管理的新问题，基础教育面临的新课题。

2000年，为破解这一新问题，县政府教育督导室专题对大均乡校进行调研。首次提出农村寄宿制小学需增加保育工作，开设保育课程的命题，向县政府提交实施方案。同时，县教育局组建《农村寄宿制小学保育工作的研究和实践》课题组开展研究。2002年9月，县教育局出台《景宁县小学保育工作规程》，将“农村寄宿制小学保育课程”纳入地方课程，规定全县中心完小以上学校，每15—30名三年级以下寄宿生配备1名保育教师。围绕寄宿生保育工作“吃、穿、住、行、育”五个方面，编纂出版《农村寄宿制小学地方课程（成长读本）》教材1—3册，和配套的《农村寄宿制小学地方课程（成长读本）》教师用书1—3册，在全县农村寄宿制小学试用。11月，县教育局研究课题《农村寄宿制小学保育工作的研究和实践》获丽水市第二届基础教育教学成果一等奖；2003年5月，获省第二届（1998—2002年）基础教育教学成果二等奖。在全省乃至全国率先破解“一乡一校”办学模式。为解决农村小学低龄寄宿生的管理走出了新路子。

小班化教育教学

2006年，全县小学24所。其中，农村小学18所，159个教学班中有112个教学班的学生数在30人以下，并呈现逐年减少的趋势。这样，如何解决自然出现的小班教育教学问题，又是一个新课题。针对如何让自然小班教育环境下走出一条农村小班化教育教学的路径，县教研室和小学教研员反复研究，确定设立“农村自然小班化教育教学模式的探索与实践”课题开展研究。从课堂教学入手，进行试点研究，下设6个试点学校，由课题研究主责部门县教研室设计方案，开展探索小班教学理念和模式。经过近两年的实践，于2008年形成《农村小班化课堂教学策略研究》实验总结报告，获市重点课题一等奖。

2009年11月，在东坑镇小举行18所学校教务主任论坛，分别介绍各校备课、上课、作业、辅导、评价等环节经验，深化小班化教学模式，会后形成“小班化课堂教学20条新常规”。

2010年9月后，小班化教学研究继续深化提升、彰显特色、总结提炼出“以小促化、全面个性”特色下的农村小班化教学新模式。《农村自然小班化教育教学“三步走”的探索与实践》论文获省教育学会“小班化教育”专题研讨会论文评比一等奖。2011年11月，浙江省教育厅在金华市金东区实验小学召开“小班化教育”研讨会，县研训中心副主任陈延福代表丽水市作专题经验交流，得到与会同行的肯定。

2012年起，随着农村学校学生数量的进一步减少，又开始研究“微班”教育教学模式，探索农村微班教学“三味四互课堂模式”，并于当年底修正教学常规为15条。

规划自2015年起，待“微班”教育教学研究取得一定成效后进行总结、推广，并将农村小班化教育教学研究升级为“新乡村教育”研究，计划将成果在市、省、全国推广。

小班化教育教学研究是景宁教育的需要，更是时代的需要，它的研究成果为全市、全省乃至全国起到了引领作用。

组织机构

1992年，县教育局为了规范管理，对全县小学内部机构设置统一作了规定，并给予人员编制的核定，还制定了相关处室的职责。规模偏小学校另行处理。

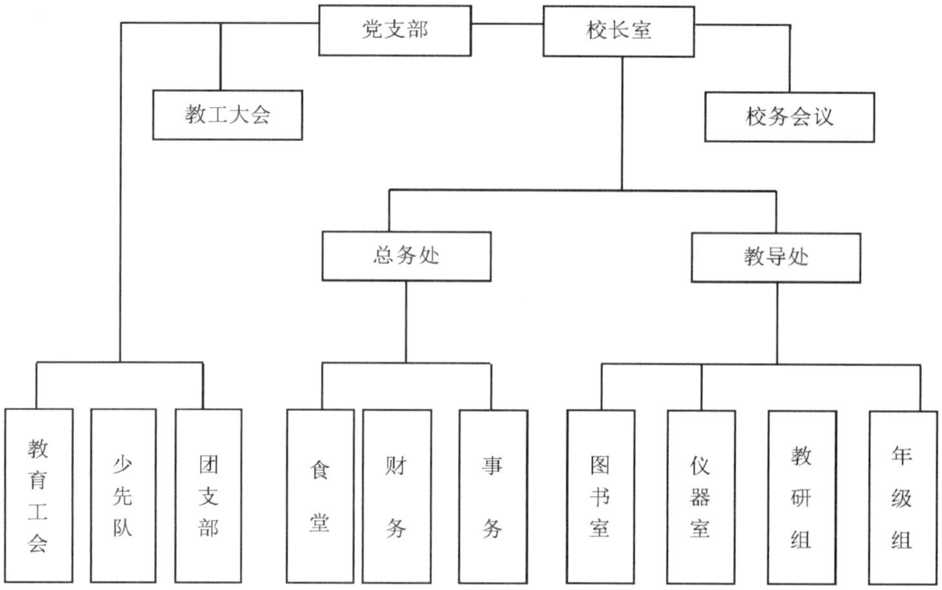

图 2-2-1　**1992年景宁小学管理系统示意图**

学籍管理

1992年，沿用20世纪80年代浙江省统一实施的义务教育登记卡制度，作为学生升学的依据，一年级入学建档，逐年填写，初中毕业后义务教育登记卡返回户籍所在地乡镇中心学校存放。

1994年，县教育局继续建立和完善义务教育登记卡、义务教育证书及学生休、复学制度，杜绝变相留级，堵塞流生漏洞，巩固义务教育成果。

2000年，实现“两制”（小学五年制、六年制）并轨，全县招收6周岁六年制一年级学生1824人。

2001年，全县继续贯彻《中华人民共和国义务教育法》，实施《景宁畲族自治县学籍管理办法》，推行“一证、一卡、一号”的学籍管理制度，严格控制流生。2002年，县教育局出台《景宁畲族自治县学籍管理办法》，对城镇初中、小学的招生计划、招生范围、学区划分等实行公开。

2004年，依照《浙江省全日制普通中小学学籍管理办法》，建成全县电子学籍管理系统。加强中小学生学籍管理，规范学生转学，严格控制辍学。

2005年，按照《浙江省中小学学籍管理系统技术规范》操作，对全县中小学生学籍变动实行监控。同年，教育局成立滩坑库区移民工作领导小组，根据《景宁畲族自治县教育局移民干部管理办法》落实相关责任，为移民子女开通转学绿色通道，做好学籍对接工作。

2006年，浙江省中小学生电子学籍系统开始使用（县内各校联网），全省实行电子管理和义务教育登记卡同步使用。

2010—2012年，浙江省中小学电子学籍系统实行全省联网，全面实行网上电子学籍管理，同时取消义务教育登记卡。

督导评估

1991年，县教育局成立督导室，对学校开展督导评估工作。1992年，县教育局督导室制定《学校目标管理考核办法》，对各类学校进行考核。1994年，督导室修订和完善了考核方案，形成各类学校的系列《学校目标管理责任制》考核方案。1997年进一步完善《学校目标管理责任制》，形成《景宁县教育工作目标管理考核方案》，方案包括六个方面。每学年统一时间分类别对各校进行督导评估，规范学校办学行为，提高办学效益，并将评估结果作为学校评先的依据。

1997年，全省实现“两基”后，巩固“两基”成果，提高“两基”水平，全省先后启动各类创建活动。1997年，启动“全省中小学实验教学普及县”计划；2000年始，创建省、市级合格学校；2002年始，创建省、市级示范学校、绿色学校、标准化学校工作；2003年始，实施“浙江省万校标准化建设工程”；2010年，创建教育强县。督导室根据《景宁县中小学实验教学实施意见》《丽水地区中小学合格督导评估方案》《景宁县九年制义务教育标准化学校检查评定办法》《景宁畲族自治县创建浙江省教育强县实施方案》等，开展督导评估，夯实验收基础，促进办学水平提高，助力各类创建活动通过验收。

2009年，督导室根据省教育厅文件精神，把“常规性督导评估”升格为“发展性督导评估”。2010年起，对学校的督导评估方案用《景宁畲族自治县集团化办学专项督导考核细则》和《景宁畲族自治县学校办学水平发展性评价规范性评估指标考核细则》。

2012年底，县教育局出台创建省级教育现代化县规划；同时，启动创建省级教育现代化县自考自评办法。

第三节　学校选介

景宁畲族自治县第一实验小学

学校创于清光绪三十二年(1906年)，位于鹤溪镇人民南路298号，占地面积14000平方米，建筑面积9900平方米。

学校源起鸦峰书院，时称官立务本学堂，1930年改称景宁县立第一小学；中华人民共和国成立后，该校与景宁县简易师范附小、私立桐琴小学合并，迁至鹤溪镇百岁门56号，称景宁县鹤溪小学；1958年改称景宁县城郊区小；1963年起分别改称云和县鹤溪小学、云和县鹤溪“五七”学校、云和县红星区中心小学；1981年称景宁城郊区小；1984年改称景宁畲族自治县中心小学；1996年改为景宁畲族自治县第一实验小学，三次迁址(原址鸦峰书院，迁至现职业高中校址；中华人民共和国成立后迁至鹤溪镇百岁门56号；2009年4月迁至原县民族中学校址)。2010年改为景宁畲族自治县实验一小教育集团总校(接管鹤溪镇民族小学)，下辖5个子校。

2012年，在校学生2395人，在职教职工159人，专任教师145人，党员教师51名。

景宁畲族自治县第一实验小学校门

学校先后被评为全国艺术教育先进单位、浙江省示范性小学、浙江省文明学校、浙江省教育科研200强学校、浙江省艺术教育(口风琴)特色学校、浙江省体育(田径)特色学校。

景宁畲族自治县第二实验小学

学校创建于1958年9月,占地面积1万多平方米,校舍建筑面积9000多平方米。三改校名,初建时称鹤溪学田小学;1984年下半年改为鹤溪镇中心学校;1996年更名为景宁畲族自治县第二实验小学。2006年接管城北校区,2010年改为景宁畲族自治县实验二小教育集团总校,下辖1个校区与5个子校。

2012年,有50个教学班,在校学生2355人,有教职员工168人,专任教师122人。

学校先后被评为全国校园文化工作先进单位、浙江省示范小学、浙江省文明学校、浙江省校本教研示范校、浙江省舞蹈特色学校、浙江省现代教育实验学校、浙江省依法治校示范校、浙江省群众体育先进集体、浙江省国防教育先进单位、浙江省教育科研先进集体、浙江省课外导读先进集体、丽水市首批素质教育实验学校、丽水市首批舞蹈艺术教育特色学校、自主性发展全面先进学校、合格学校、行为规范达标学校、市城镇示范小学、丽水市绿色学校、丽水市文明单位等。

景宁畲族自治县第二实验小学一角

景宁畲族自治县民族小学

学校创办于2007年9月,位于鹤溪镇石印路298号,占地约53026.5平方米,建筑面积25799平方米。2010年改为景宁畲族自治县民族小学教育集团总校,下辖1个校区(原澄照乡校)与5个子校。

2012年,学校有48个教学班,在校学生2471人,教职工135人。

景宁畲族自治县民族小学校门

学校先后被评为浙江省绿色学校、浙江省青少年体育俱乐部、丽水市先进基层党组织、丽水市教育科研先进集体、丽水市语言文字工作示范校、丽水市第三批廉政文化示范单位、丽水市创先争优先进单位、丽水市足球特色学校。

沙湾镇中心学校

学校创办于1908年，位于沙湾村中心。原名沙溪小学，后来更名为沙湾区小学、沙湾镇中心小学。学校占地5264平方米，建筑面积4120平方米。

2012年，有12个教学班，学生280人。有镇小附属幼儿园1所，4个班级，幼儿115人，教职工62人。其中，畲族教师4人，大专33人，中师29人，教师学历合格率100%。

学校先后获省教育强镇、省级先进学校、市雏鹰红旗大队、市教育现代化达标学校、市校园文化建设示范学校、市书香校园建设示范学校、市级先进集体、市级教科研先进集体、市级示范学校、市级达标学校等荣誉称号。

学校遵从"三为本"的办学理念，即学校以教师发展为本，教师以学生发展为本，学生以能力提高与素养提升为本，坚持"质量立校，科研强校"的办学思想，紧抓"课改"中心和"校本"实体，用全体教师的智慧推进学校的发展。学校正朝着"营造一个优良的校园环境，创建一套完整的管理体制，培养一

沙湾镇中心学校门口

支优秀的教师队伍，呈现一个优良的学生群体"的发展目标迈进。"昂首阔步，再创佳绩"，这是时代的要求，是祖国的需要，更是"沙小人"面向新世纪发出的庄重誓言。

渤海镇中心学校

创办于民国3年（1914），时称第二区立渤海初级小学，校址设在渤海村陈氏祠堂，有学生39人。1938年，学校改称渤海乡立初级小学。1941年，学校改称渤海乡中心国民学校。1952年学校改称渤海区中心小学，占地面积810平方米。1990年9月搬迁至隔坑田（处后田坪）。1992年渤海置镇，学校改称为渤海镇中心学校。2006年，有6个班级、在校生265人。

渤海镇中心学校校门

2007年7月，滩坑库区建设，学校撤并，学生及教师分流到县城实验二小和民族小学等。

东坑镇中心学校

创办于民国2年（1913）3月，位于东坑镇东坑村。时称第五区立东坑初级小学，有学生29人。1938年，学校改称东坑初级小学。1941年学校改称东坑乡中心国民小学。1952年，改称东坑小学。1958年，改称东坑公社

东坑镇中心学校校门

中心小学。1982年，改称东坑区中心小学。1992年，东坑置镇，东坑区中心小学改称东坑镇中心学校。1999年9月从原来的老校址迁到东坑镇一弄2号新校址。2002年9月东坑镇小设立附属幼儿园。

2012年，学校有教职工35人，教学班10个，在校学生256人。

英川镇中心学校

学校创办于民国4年(1915)8月，位于英川镇英川中路80号。时称第三区立小学，校址在英川普明阁。1938年，学校改称联立英川小学；1941年，学校改称英川乡中心国民学校。1952年，改称英川小学。1958年，改称英川公社中心小学，同年创办附设初中。1962年春，附设初中并入沙溪初级中学。1967年5月，英川公社附设初中恢复招生。1982年，改称英川区中心小学，英川公社附设初中改为英川区初级中学。1992年，英川置镇，英川区中心小学改称英川镇中心学校，英川区初级中学改为英川中学。2001年，为优化教育资源配置，初中与小学合并为九年一贯制学校，并创办了附属幼儿园。同年，因英川库区移民，英川镇黄湖中心完小并入。2005年，英川镇隆川中心完小并入。2009年8月，中学部停办。

英川镇中心学校门口

2012年，学校有6个教学班，1个附属幼儿园，在校学生61人，幼儿22人；在岗教职工30人，大专学历以上17人，小学高级教师22人。

大漈乡中心学校

创办于民国3年(1914)，称大漈民国初级小学，有学生75人，校址在时思寺；1938年，梅莹牵头增设了五、六年级，并改名为景崇高等小学，1939年停办。后由西岸底村梅福祯牵头，大漈七堡负担谷米，学校恢复，并改名大漈国民高等小学。中华人民共和国成立后改称大漈区中心小学。1989年，校址迁到时思寺北侧的新校舍。2011年，迁至吉利幼儿园与幼儿园同址。2012年，迁至宫垟边新校舍。学校占地面积8039平方米，建筑面积3079平方米。

1937年，抗日战争全面爆发，12月23日杭州沦陷，1942年，杭高、杭初、杭师、杭女中、杭州民众教育实验学校、嘉兴中学和湖州中学等7所学校部分师生迁至大漈，成立“浙江省临时联合中学”，简称“联合中学”，地址在时思寺。1958年大办公社，改称为大漈公社中心学校，增设“农中”，地址在彭村一农民家中，两年后停办。后在1964年恢复，校址在护关桥旁。1970年，校名改为“大漈公社中心小学”，且创办初中班。1983年改名“大漈乡中心学校”。1999年，大漈初中被撤并至东坑中学。大漈乡校与初中班学生数最多时达560多人，教师24人。

大漈乡中心学校外貌

2012年，全校有6个班，学生107人，教职工18人。

1986年，创办大漈乡中心学校附属幼儿园。2005年，改名为“大漈乡中心幼儿园”。2012年，改名为“吉利幼儿园”。在园幼儿60人，教师6人。

毛垟乡中心学校

学校创办于民国3年(1914)，校址在毛氏祠堂。当时在毛垟族长毛凤镳和清贡生毛梦池(毛春昇)的倡议下，周围数十里内的村董一起捐租捐银，筹集了办学资金。毛梦池为首任校长，毛凤镳为名誉校长。

毛垟小学第一届毕业生有30人。抗战时期，师生共有200多人。中华人民共和国成立初，学生人数不到100人。1951年，杜位臣为校长。1969年，创办附设初中班。1980年，学校搬至新校舍。1984年，中学6个班，小学6个班，约500

毛垟乡中心学校外景

名学生，20多名教师。1985年9月，云和县教育局决定中小学分开管理，毛大健为首任初中校长，徐益平为小学校长。1992年，在校学生517人，教师31人。2005年搬至现校址（原毛垟中学），毛垟村西河北巷11号。占地面积2800平方米，建筑面积2998.37平方米。

2001年，创办了毛垟乡中心学校附属幼儿园。2005年撤初中部，并入沙湾中学。

2012年，小学学生81人，教师19人；幼儿36人，教师2人。

浙江智通大地希望小学

学校创办于民国4年（1915），校址设在毛氏祠堂，有学生27人。

学校办学历史悠久，历经几代人的努力，积淀了良好的校园育人文化环境，教育教学质量被大地百姓认可，为大地乡经济建设培养了大批人才，尤其是1985年考上清华大学的大地乡优秀学子严振瑞与2016年考上浙江大学博士研究生的叶灵鹏，都是接受过大地乡小学段基础教育的优秀学子。

浙江智通大地希望小学校门口

2007年4月，接受浙江智通科技工程有限公司资助，每年给予学生营养餐、学生校服等经费资助。同年9月，学校更名为“浙江智通大地希望小学”，是一所全寄宿全免费食宿制学校。

学校有藏书 2500 册、计算机 17 台、学生机 10 台，音、体、美设施齐全。2008 年通过省标准化验收，多次获县级先进荣誉。大地乡校人一直沿着“小班教学、阳光体育、书香校园、德育品牌”办学特色前行。

2012 年，全校有 6 个班级，学生 64 人，教职工 15 人。

郑坑乡中心学校

学校创办于清光绪二十八年（1902 年），原校址为郑坑村马湾村的陈姓祠堂。1951 年迁至郑坑村底末底处。1954 年搬迁至郑坑村老管理处。1958 年搬迁至郑坑村马湾。1963 年搬回郑坑村老管理处。1990—1992 年，分批搬迁至现校址塘丘垒。1997 年建成框架结构的三层新教学楼，建筑面积 536 平方米。2000 年撤并所有村校，实现“一乡一校”办学。学校占地面积 920 平方米，校舍面积 984 平方米。

郑坑乡中心学校

2012 年，有学生 102 人、教师 18 人。

学校充分挖掘地方民族特色文化，推行“五会”，即剪纸、畲歌、畲舞、畲武和传统体育项目。学校被授予丽水市“小学教学质量管理效益奖”，多次被评为全县“办学水平进步学校”。

陈村乡中心学校

创办于民国 3 年（1914），校址设在陈氏祠堂。初办校名为区立陈村初级小学。据考证，首届学生有 27 人。1935 年，改名为“景宁县渤海区陈村中心国民学校”。邻近大顺、炉西坑、岭里、小顺、金田、黄寮、后坪、景边等村都有人送儿女到此读书，是附近村中最大的一所学校。

1962 年，建造第一幢教学楼。1971 年建造第二幢教学楼。1972 年，拆除陈氏祠堂第二、三进，建造第三幢教学楼。

陈村乡中心学校门口

1976 年前后是陈村学校最兴盛时期，有两年制的初中 4 个班（初一、初二各 2 个班），小学段 6 个班，学生 400 多人，教职工 30 多人。学校建有标准篮球场，拥有理化生演示实验仪器、风琴、乒乓球桌及众多教具。

2005 年，随着滩坑电站建设，不少村民外移，全校只有 5 个年级，学生 62 人。

2006 年，滩坑水电站建成，这所有 90 多年历史的乡校便成为水下故园。9 月，所有学生并入九龙乡校就读。

大顺乡中心学校

学校创办于民国 11 年（1922），原址在大顺街戏台后（三关殿），为私塾，当时有学生 27 人、教师 1 人。1953 年，校址搬至村头新店。后校址再迁大顺圩梁步贞家。1957 年，在梁步贞家旁新建教学楼，命名为“大顺完全小学”。1961 年，创设大顺初中部，1962 年停办。1970 年又创办初中部。1995 年间为办学兴盛时期，学生最多达 207 人，有教师 15 人。因各种原因，1999 年，撤初中部。

2006 年，滩坑电站建成，大顺乡校撤并到九龙乡校。

金钟乡中心学校

学校前身是绿草小学，创办于民国 5 年（1916）。1957 年，原金钟公社五所小学合并成一所小学，校址在金钟。1958 年，全公社一所小学分成 7 所。1960

年，校址迁至东岸村，为完全小学，在校学生120多人，教师8人。1961年，校址迁回绿草。20世纪60年代后，响应上级部门“把学校办到家门口”的号召，每个自然村都办学校，学龄儿童入学率有极大的提升。2003年，实行“一乡一校”办学。

金钟乡中心学校教学楼

2007年，由于滩坑电站建立，金钟乡属移民区域，学校撤并，学生到景宁民族小学就读。

外舍乡中心学校

创办于民国9年（1920），校址设在外舍街头“五香殿”中，学生21人。后发展到1—4年级各1个班，共4个班，在校学生60多人。1957年，学校搬至吴兴差的住宅。1958年，实行大并校，学校设4个班，在校学生127人。同时，办有农业中学，至1960年撤并。1964年，又搬至村中心“戏台后”，称外舍公社完全小学，设6个班级。1968年与1970年，各新建学校教学楼一幢。1970年秋，创办外舍完全小学附设初中班，首届招生102人，2个教学班。1989年，学校在原址上扩建。20世纪90年代是学校兴盛时期，1996年学生数最多，达580人。其中，小学352人，初中228人。1999年秋初中部停办。

外舍乡中心学校鸟瞰图

2006年，由于滩坑电站建成，外舍被水淹没，学校撤并。

梅岐乡中心学校

创办于民国8年(1919),其前身为私塾,校址位于马仙宫,学生39人。后迁至李志康家楼上,学生约20人。民国32年(1943),学校搬至马佛殿,更名为“梅岐国民小学”,其间学校办得较好,邻近文成县下垟、石枧、桂竹、半坑的学生都来此就学。1953年只有1个班。1955年,在村头建了新校舍,拥有3个班级。1958年,曾办过一年“农业中学”。1969年,创办附设初中班,首届学生8人。20世纪70年代初,学生数达300多人。其中,住校生100多人。70年代中期,校址搬至半岭。1982年,撤初中部。1987年,重设初中部。1999年,撤初中部。2004年,由“扶贫建校”项目资金新建校园,2005年秋迁入校园。在梅岐乡中心学校的办学历史中,1997年学生数最多,有290人,其中小学205人、初中85人,教师23人。

梅岐乡中心学校一角

2008年,学校停办。

家地乡中心学校

学校前身是私塾。校址设在“下处”私人家里。1946年创办了国民学校,校址位于水尾“关帝殿”,当时有学生约20人。1948—1951年间,学校停办。1952年恢复办学,学校迁往地主家“新仓”处。1966年,学校迁到“店后降”。1968年,创办初中部。1969—1971年,小学、初中一同迁到庙前。1976—1977年,迁到小汇。1995年11月,上海南东信用社赞助20万元新建了教学楼。

2009年,学校撤并。

秋炉乡中心学校

学校始创于民国36年(1947),坐落于村口庵堂。中华人民共和国成立后,搬到陈氏祠堂。1958年“大跃进”时，全乡各村校并入秋炉，教室分散在上处3座民房。1966年，于桥头处盖起新教学楼，教师宿舍设在地主被没收的房子里。1982年，随着学校规模的扩大，在曲窑增设8个教室、8个教师宿舍和1个厨房。1994年，学校整体搬迁至秋炉村村尾（秋炉村中心街53号），占地面积3481平方米，建筑面积1800平方米。2004年9月，由“希望工程”出资，浙江大学设计院设计，新建的教学楼和师生宿舍楼以及学生餐厅投入使用。

秋炉乡中心学校鸟瞰图

1992年，有学生621人、教师37人。2012年，有学生18人、教师8人。

葛山乡中心学校

学校创办于民国31年（1942），校址设于葛山村祠堂。1945年，“景宁县鸬鹚乡国民中心学校”校牌挂在葛山学校，两校合并。1951年，正式确定校名为“葛山乡中心学校”，当时在校学生80多人，教师数5人。1990年，有6个班，在校生148人。2000年，有7个班，在校生159人，教职工15人。2007年，有5个班，在校生34人。2008年，改为教学点，有1个班，在校生4人。

葛山乡中心学校教学楼

2008年秋，学校撤并。

2010学年景宁集团化办学专项督导考核细则表

表2-3-1

一级指标	二级指标	考核内容与标准	检测点	考核办法	权值	自评	得分
A1学校发展性评价(15分)	B1规划管理	1.将校区发展纳入总校发展规划 2.指导子校做好发展规划	规划科学可行	查资料	5分		
	B2过程管理	3.认真实施发展规划,及时跟踪、总结学年度目标达成情况 4.认真组织规划实施工作调研,及时指导	过程管理记录	查资料	5分		
	B3自我评估	5.对本校年度目标达成情况进行自我评估 6.指导子校做好年度目标达成情况自我评估	达成度评估材料	查资料	5分		
A2办学管理(25分)	B4规范教育管理	7.在课程设置、教学进度的把握、教学过程的管理、教学质量的检测等方面制定统一的制度,实施统一的管理	制度措施效果	查资料 看记录	5分		
	B5优化办学条件	8.在基础设施建设、办学条件改善和现代教育技术装备的计划制订、预算安排、维护和建设等方面加强统筹安排和管理 9.通过多种方式改善办学条件,提升装备水平	制度措施效果	查资料 看记录 查使用	5分		
	B6学生活动	10.以集团为单位组织开展各项学生活动,每学期3次以上	次数效果	查资料 看记录	5分		
	B7校园文化建设	11.根据校区的具体特点、地方特色和实际情况,加强校区的“校园文化”建设规划和管理 12.子校将总校先进的学校文化逐步内化,努力构建富有本校特色的校园文化	规划措施效果	查资料 走访 察看	5分		
	B8校长指导	13.总校校长每周到校区蹲点指导一天,每月到各子校指导一次以上	落实情况	查记录 走访	5分		

续表 2-3-1

一级指标	二级指标	考核内容与标准	检测点	考核办法	权值	自评	得分
A3 教学管理（30 分）	B9 教学常规	14. 指导子校落实小班化教学 20 条常规，每学年集团内开展一次交流活动	“六小”	查资料 进课堂	10 分		
	B10 教学研究	15.是深化课程改革，建立统一的教科研活动制度。每学年开展集团教研活动一次以上 16.每学年向子校送教活动一次以上	指导课例研讨	查资料 看报道	15 分		
	B11 教学评价	17.每学期召开集团教学质量分析会一次	树典型查问题	查资料	5 分		
A4 师资管理（20 分）	B12 规划计划	18.有集团教师专业发展规划或计划，集团校本培训有计划。建立统一的师资交流、校本研训制度，促进农村学校教师的专业发展，培养一批农村学校教学骨干	规划工作计划	查资料	5 分		
	B13 培训工作	19.总校每学期都安排优秀教育人才“结对带教”校区或子校教师，并为结对教师来总校学习培训创造条件。有效开展集团培训，记录真实	措施效果	查资料 访谈	10 分		
	B14 支教交流	20.总校每学期派出 2 名以上学科骨干教师常驻校区任教，近距离的校区，学科教师由总校统一安排课时，实行校区“走教”，校区每学年至少三分之一教师与总校交流，总校到校区任教的教师至少 1 年，鼓励到校区多年任教	措施效果	查资料 访谈	5 分		

续表 2-3-1

一级指标	二级指标	考核内容与标准	检测点	考核办法	权值	自评	得分
A5 教育装备管理与使用（10 分）	B15 装备管理	21.有领导分管，有部门牵头。有各类仪器设备管理人员、计划、总结、管理制度 22.能用教育装备管理软件进行管理。有使用、出借、归还、报损登记册。保持设备整洁	软件制度登记册	查软件 查资料 查看	5 分		
	B16 装备使用	23.体育器材向学生开放；学生计算机房多媒体使用：有管理人员、有使用登记；有机房向学生开放时间安排和记录 24.图书管理：有管理人员、图书上架情况；图书借阅情况：图书借阅登记册，开放阅览室登记册。乡镇小学每学年到图书中心借书 4 次，中学及县城学校每生每学期借阅图书 16 册以上 25.实验开出：有教师演示实验和学生实验预约单、开出登记册	使用情况	查资料 查看 访谈	5 分		
合计							

第三章　初中教育

20 世纪 70 年代，在“读高中不出公社，读初中不出大队，读小学不出村”的方针引导下，许多小学都办起初中班，初中学校猛增。80 年代中后期，先后兴办 5 所民办初中，为缓解普及初中教育的压力，发挥了一定作用。到 90 年代，根据“调整、改革、整顿、提高”方针，农村小学附设初中班逐步撤并，创办单独设立的农村初级中学。2010 年，形成了以民族中学和城北中学为龙头的教育集团，全县初中教育步入布局合理，民族教育等特色教育明显，高质量、高标准普及九年义务教育阶段。

第一节　发展概况

网点布局

1992 年，县教育局对全县中小学管理体制进行调整，除县属中小学外，全县 24 个乡镇学校改名为乡镇中心学校，原附设初中班一律改为乡镇中心学校初中部。初中学校 30 所，144 个班级，专任教师 311 人，在校学生 6661 人。其中，完中初中部 2 所（景宁一中、沙湾中学）；独立初中 5 所（景宁民族中学、渤海镇初级中学、东坑镇初级中学、英川镇初级中学、毛垟乡初级中学），职业初中 1 所（大都农业中学），乡镇中心学校附设初中部 17 所，民办初中 5 所。

1995 年，扶贫建校重点工程城北中学奠基。1997 年 9 月，新建的城北中学开学招生。

1998年，撤大都初级农职业中学，并入渤海中学，道化初级农职业中学改为道化初级中学。1999年，独立初中7所，乡镇学校初中5所，民办初中3所。2001年，英川镇中心学校改成九年一贯制学校；景宁中学为迎接省重点普通高中评估验收，初中部停办。2003年，撤道化中学，并入沙湾中学。2004年，毛垟中学停止招生，于次年并入沙湾中学。2007年，因滩坑库区建设，撤渤海中学，并入城北中学；景宁中学面向全县招收初中小班2个班，80人；同年，县教育局出台《关于全县中小学规划办学规模的核定意见》，对三所中学的办学规模进行重新核定：民族中学36个班，城北中学30个班，沙湾中学12个班。

2008年，沙湾中学高中部并入景宁中学，沙湾中学成为初级中学；撤英川镇中心学校初中部，并入沙湾中学；民族中学从敕木山路38号迁入县城吾弄湾鹤川路1号，2009年，景宁中学初中部改称城南中学。

2012年，全县有独立初中4所，景宁中学附设城南中学1所，共84个班级，在校生3648人，专任教师256人。

社会力量办学

民办学校即个人或群众团体出资创办的学校，20世纪80年代后统称为社会力量办学。80年代初，一批民办幼儿园和文化补习学校率先面世。80年代中后期，出现个人出资创办的民办普通中小学。1992年，景宁社会力量创办的民办初中有5所，分别是私立育才初级中学、私立树人初级中学、私立求知初级中学、渤海民办初级中学、陈村民办初级中学。民办中学也曾一时红火。其中，育才和渤海民办初中规模达6个班，学生300人以上，为义务教育做出了贡献。1993年，由于条件简陋，师资力量不足，私立树人初级中学、私立求知初级中学停办。1999年，县教委制订《景宁县义务教育阶段民办学校办学水平督导评估方案》，其评估结果作为确认办学能力和条件的依据。同时执行公办教师委派至民办初中学校进行业务扶持（民办公助）政策，育才初中、渤海民办初中就得到公立初中教师的援教。2002年，《中华人民共和国民办教育促进法》颁布后，社会力量办学统称民办教育，社会力量创办的学校称民办学校。因设施、师资、经费等因素制约，至 2006 年，景宁民办初中全部自然停办，结束民办办学历史。

1992 年景宁初中学校分布情况表

表 3-1-1

学区片	所在乡镇	独立初中(含初中部)	民办初中	附设初中
鹤溪学区片	鹤溪镇	景宁一中(初中部)	育才中学	学田初中
		民族中学	—	张春初中
	外舍乡	—	—	外舍初中
	澄照乡	—	—	澄照初中
		—	—	际头初中
	梅岐乡	—	—	梅岐初中
	大均乡	—	—	大均初中
沙湾学区片	沙湾镇	沙湾中学(初中部)	—	七里初中
		—	—	叶桥初中
	梧桐乡	—	—	梧桐初中
	标溪乡	—	—	标溪初中
	大地乡	—	—	大地初中
	毛垟乡	毛垟中学	—	—
	秋炉乡	—	树人民办初级中学	—
渤海学区片	渤海镇	渤海中学	渤海民办初级中学	—
		大都农业中学	—	—
	大顺乡	—	—	大顺初中
	陈村乡	—	陈村民办初级中学	—
东坑学区片	东坑镇	东坑中学	—	—
	大漈乡	—	—	大漈初中
	景南乡	—	—	景南初中
	雁溪乡	—	求知民办初级中学	—
英川学区片	英川镇	英川中学	—	隆川初中
	鸬鹚乡	—	—	鸬鹚初中

1993—2012年景宁初中学校布局调整一览表

表3-1-2

年份	被撤学校所在乡镇	被撤并学校	并入学校	新增学校
1993	鹤溪镇	鹤溪初中	民族中学	—
	澄照乡	际头初中	澄照初中	—
	景南乡	景南(东塘)初中	东坑中学	—
	沙湾镇	叶桥初中	沙湾中学、道化职中	道化职中
1996	家地乡	—	—	家地初中
1997	鹤溪镇	—	—	城北中学
	沙湾镇	七里初中	沙湾中学	—
1998	渤海镇	大都农中	渤海中学	—
	英川镇	隆川初中	英川中学	—
1999	大漈乡	大漈初中	东坑中学	—
	大顺乡	大顺初中	渤海中学	—
	大均乡	大均初中	城北中学	—
	鹤溪镇	张春初中	民族中学	—
	外舍乡	外舍初中	城北中学	—
	澄照乡	澄照初中	民族中学	—
	梅岐乡	梅岐初中	民族中学	—
2000	标溪乡	标溪初中	沙湾中学	—
	家地乡	家地初中	沙湾中学	—
2001	大地乡	大地初中	沙湾中学	—
	陈村乡	陈村民办初中	渤海中学	—
2003	沙湾镇	道化中学	沙湾中学	—
	梧桐乡	梧桐初中	沙湾中学、城北中学	—
	渤海镇	渤海民办初中	景宁育才民办初中	—
2004	毛垟乡	毛垟中学	沙湾中学	—
	鸬鹚乡	鸬鹚初中	沙湾中学、英川中学	—

续表 3-1-2

年份	被撤学校所在乡镇	被撤并学校	并入学校	新增学校
	鹤溪镇	育才民办初中	民族中学、城北中学	—
	渤海镇	渤海中学	城北中学	—
2009	英川镇	英川中学	沙湾中学	—
	沙湾镇	—	—	沙湾中学(原沙湾中学初中部)
	鹤溪镇	—	—	城南中学(原景宁中学初中部)

说明:2009 年沙湾中学撤高中部,即统计为初中学校

1992—2012 景宁初级中学情况一览表

表 3-1-3

年份	学校数(所)						班级数(个)	招生数(人)	毕业生数(人)	在校学生数(人)
	合计	完中初中部	独立中学	小学附设初中部	职业初中	民办初中				
1992	30	2	5	17	1	5	144	2344	1909	6661
1993	27	2	5	13	2	5	140	2365	1962	6255
1994	26	2	5	13	2	4	138	2355	1894	6117
1995	26	2	5	13	2	4	138	2755	1752	6719
1996	27	2	5	14	2	4	152	2758	1687	7552
1997	25	2	6	13	2	2	158	2585	2271	7835
1998	24	2	7	12	—	3	165	2453	2523	7654
1999	17	2	7	5	—	3	180	2596	2554	7224
2000	15	2	7	3	—	3	146	2450	2326	6984
2001	12	1	7	2	—	2	134	2286	2091	6917
2002	12	1	7	2	—	2	123	1841	2230	6262
2003	9	1	6	1	—	1	110	1499	2227	5425
2004	7	1	5	—	—	1	138	1314	2117	4480
2005	7	1	5	—	—	1	129	1144	1717	3728

续表 3-1-3

年份	学校数(所)						班级数(个)	招生数(人)	毕业生数(人)	在校学生数(人)
	合计	完中初中部	独立中学	小学附设初中部	职业初中	民办初中				
2006	6	1	5	—	—	—	74	1115	1382	3323
2007	6	2	4	—	—	—	74	1354	1157	3435
2008	5	1	4	—	—	—	74	1354	1157	3435
2009	5	0	5	—	—	—	80	1366	1077	4092
2010	5	0	5	—	—	—	80	1231	1364	3912
2011	5	0	5	—	—	—	81	1203	1320	3733
2012	5	0	5	—	—	—	84	1254	1314	3648

2012 年景宁初中学校情况一览表

表 3-1-4

学校名称	班级数(个)	学生数(人)				教职工数(人)
		初一年级	初二年级	初三年级	合计	
民族中学	36	567	548	538	1653	134
城北中学	30	492	441	385	1318	112
东坑中学	5	34	44	41	119	26
沙湾中学	7	84	80	138	302	43
城南中学	6	77	85	94	256	—

集团化办学

2008 年，景宁举办“集团化校本培训”现场研讨会，提出以集团化校本培训为主要载体，充分发挥县城“龙头”学校的优质教育资源的影响力，进一步扩大优质教育资源，提高优质教育资源共享率，努力促进教育均衡，推进景宁教育事业又好又快发展。

2010 年，景宁开始实施教学资源共享和教学集团互助共同体，县教育局制定《景宁畲族自治县教育局关于“强校接管农村学校”和“互助共同体”的实施意见（试行）》，将全县义务教育阶段初中学校组成民族中学教育集团和城北中学教育集团。“强校接管式”总校与校区实现“六统筹”，即统筹优化办学条件、统筹优质教育资源管理机制、统筹经费管理使用、统筹师资队伍建设、统筹开展学生活动、统筹构建校园文化。“互助共同体式”总校与分校实现“四统筹”，即统筹规范教育管理、统筹师资队伍建设、统筹开展学生活动、统筹构建校园文化。县教育局按时开展督查。

2011 年，县教育局制定《关于景宁畲族自治县集团化办学教师流动若干规定（试行）》，对走教对象、人数、形式、职责、待遇、管理、考核等作出规定。

2012 年，县教育局出台《义务教育阶段集团化办学专项资金管理办法》，实行量入为出和专项资金补助原则。每年县财政按预算指标 15 万元下达，预拨 13 万元到各教育集团总校开展工作，剩余 2 万元年终经教育局考核评估合格后再予以下拨各教育集团总校。

2010 年景宁初中两大教育集团一览表

表 3-1-5

集团总校	城乡互助共同体学校
民族中学	东坑中学
城北中学	沙湾中学

对口支援

1996 年，景宁教委与浙江温岭市教委建立长期合作关系，民族中学与温岭市第三中学建立双方互访制度、业务合作关系。温岭市第三中学校领导班子成员首次来访、察看学校后，决定赠送图书一千册，给教职工配价值 2.5 万元的钢管乐器一套。1997 年，温岭市政府资助 65 万元，建民族中学“温景楼”一幢。1997 年，浙江省教委发起“百校肩并肩结对”活动，浙江省重点中学与景宁县五所初中结成对子，即省外国语学校与英川中学、湖州中学与东坑中学、鄞县中学与沙湾中学、镇海中学与渤海中学、余姚中学与城北中学结对。五所省重点中学相继派出骨干教师到景宁结对学校开展助教活动，传授先进教育管理经验。

第二节　学校管理

校长负责制

1992年，县教育局出台《关于核定景宁畲族自治县各中学教职工编制数额（暂定）的通知》，核编后，学校的教职工队伍的管理、教育教学质量提升、经费使用、学生安全等均由校长负责。

1994年，开始推行校长负责制，明确校长职责。沙湾中学推行校长助理制。民族中学开始试行《教职工日常工作考核及奖惩办法》。

2000年，全面推行中小学校校长任期制、教职工聘任制和教职工结构工资制等“三制”改革。2001年，推进人事制度改革，校长实行任期制，出台《景宁县校长学年考核办法》，对校长进行考核。交流校长8人，提拔正、副校长16人、免去校长职务11人。与校长负责制对应的，一是全县实施教师考核聘任制，通过《景宁县教职工聘任制实施意见》，对一些考核不合格的教师实行试聘；对一些不能胜任一线教学的教师进行转岗，让其担任保育员；对一些年老体弱多病的教师实行内部退养。同年，全县试聘教师21人，待聘1人，转岗57人，内部退养175人，全部清退了中小学代课教师。二是对全县中小学教师30%的结构工资实行学校统筹；根据《景宁县教职工工作考核办法》考核结果、工作量和出勤情况进行发放。

2004年，县教育局出台《景宁县学区教育办公室教育管理工作考核办法》和《景宁县中小学校长工作考核办法》，推进教育改革和校长队伍建设。县教育局制定《开展中小学校长、中层干部竞聘试点的意见》，民族中学为中层干部竞聘试点，竞聘办公室主任、教务主任、学生处主任、总务处主任各1人。

2008年，县教育局出台《关于开展义务教育阶段城乡中小学教师“双向交流”的实施意见》，凡中学一级晋升中学高级，小一晋升小高未在乡镇任教过的教师必须下乡交流任教。

2009年，县委组织部出台《关于加强教职工队伍稳定和管理的意见》，对新招聘的、外地引进的、被派往省市培训的、当地培养的名师、学科带头人、拔尖人才在未满服务期五年的一律不得外调、转行。对新聘用教师在县城学校锻炼一年后再分配到农村学校任教。

2010年，根据县教育局《中小学中层干部竞聘上岗暂行规定》，对竞聘人员录取范围、条件、程序上岗制进一步规范。同时，根据县教育局《关于2009年新教师试用期工作考核的通知》，对试用期满的新教师进行考核，不合格者解除聘用资格。此考核办法一直沿用到2012年。

组织机构

景宁民族中学、城北中学、东坑中学、沙湾中学四所初中的内部管理机构和领导职数均按县教育局的设置规定配齐。

2010年景宁初中学校机构设置及领导职数一览表

表3-2-1

学校名称	学生数（人）	班级数（个）	教职工数（人）	校级领导（人）	科室设置与职数				
					办公室（人）	教务处（人）	教科处（人）	政教处（人）	总务处（人）
民族中学	1653	36	134	5	1	1	1	2	2
城北中学	1241	24	92	5	1	3	1	3	1
沙湾中学	302	7	43	1	0	1	1	1	1
东坑中学	119	5	26	1	0	1	0	1	1
城南中学	256	6	属景宁一中附属学校，故不单独设置行政机构						

四所初中内部管理制度健全，如民族中学有《年度考核制度》《教师请销假制度》《绩效发放制度》《教科研制度》《教学常规检查制度》《学籍管理制度》《教研组管理制度》《校产管理制度》《学校交通安全制度》等学校管理制度。

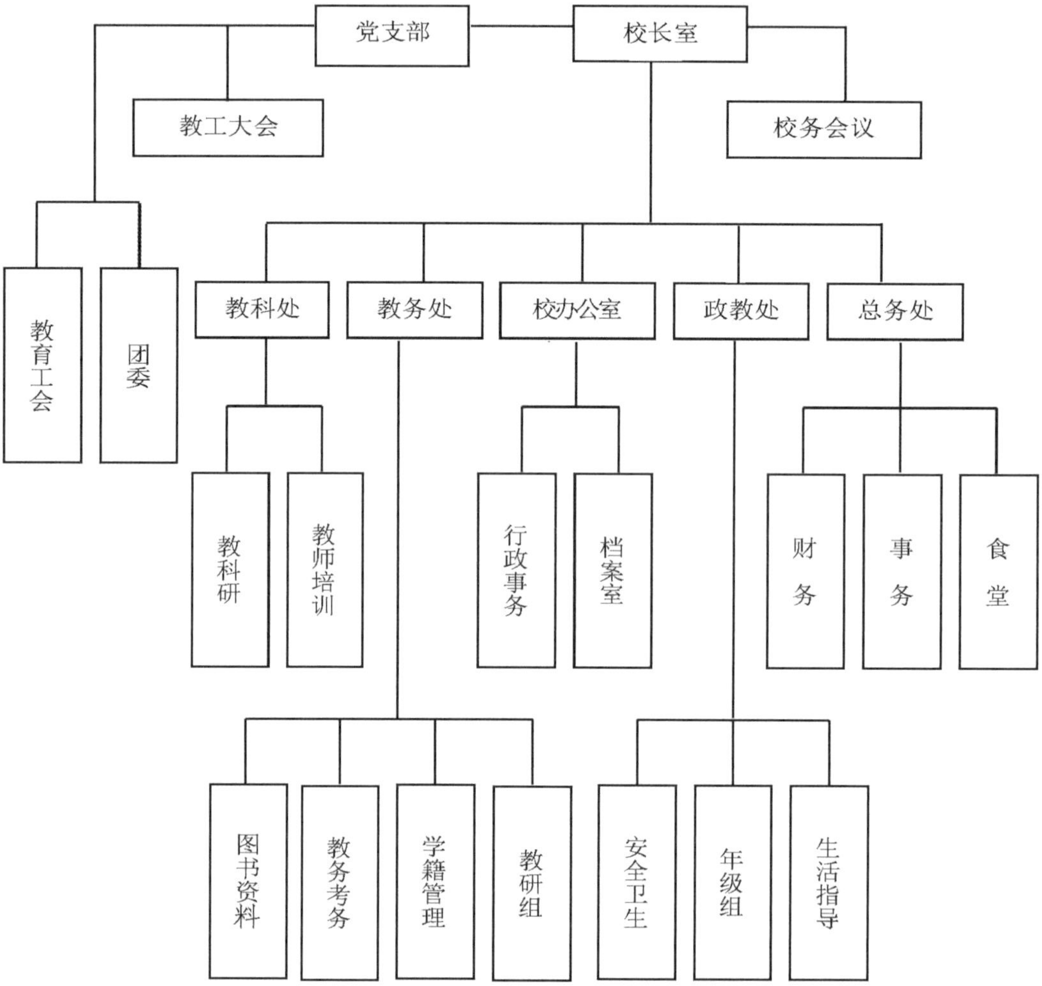

图 3-2-1　**2012 年民族中学学校管理机构结构图**

学籍管理

1993 年，县教育局贯彻执行《浙江省全日制中小学生学籍管理暂行办法》和《关于加强初中学生学籍、考籍管理的通知》。杜绝初中学生留级和变相留级；全日制普通中学、农职业中学、社会其他组织一律不得举办中专复习班和任何形式变相初中复习班；凡在复习班或变相初中复习班就读的学生，次年不得报考初中中专、中师；已入学的，一经查明，立即责令退学。

1994 年，建立并完善义务教育登记卡、义务教育证书。严格学生休学、复学制度，杜绝变相留级、流生漏洞，巩固义务教育成果。

2004年，浙江省全日制普通中小学学籍管理办法开始实施，学籍实行网络化管理。景宁各校学籍管理由专人负责，并制定岗位责任制度，做到责任到人。任何人不得擅自更改数据库中的数据。全县所有学校学生信息从2005年开始在网上完成。

2012年，县教育局印发《关于进一步加强学生学籍管理的通知》，规定学籍管理工作实行校长负责、全员参与管理模式，学校教务主任、学籍管理员具体负责操作指导。

督导评估

县教育局督导室负责制定对各校教育工作目标管理考核细则，1994年4月，教育局出台《学校考核评估方案》。1997年改为《景宁县教育工作目标管理考核方案》，考核内容分六个方面。2010年，又设集团化办学专项考核办法。每年都组织相关人员到各中学考核，规范学校办学行为，促进教育质量的提升。同时将考核分作为评比先进的重要依据。

第三节 学校选介

民族中学

创办于1986年，是浙江省第一所民族中学，肩负着发展和提高畲族教育的重任，也担负着鹤溪镇实施九年制义务教育的任务。学校办学初期的1986年和1987年招收初一新生两个班和高中职业班两个班。从1988年起，停招高中职业班。学校原址在景宁县城鹤溪镇敕木山路38号。2008年，搬迁至县城吾弄湾新校园内（景宁鹤溪街道鹤川路1号），校园占地面积52327平方米，校舍建筑面积27879平方米。

20世纪90年代初开始，学校坚持既抓教育教学质量，又抓音乐、体育、美术的特色教育。1992年，学校开始开发民族传统与现代气息的校本课程教材——《可爱的畲乡——景宁》，在初一年级开课。又以音乐、体育、美术、劳技教育为载体，每年“三月三”（农历）举办畲族风情活动，提升特色办学水平。师生创作的畲族山歌——《敬酒歌》、畲族舞蹈——《采茶舞》《水卜舞》、民族体育节目——《操石磉》《操杠》《赶野猪》、畲族美术——《畲族彩带》《畲族工艺》《畲族壁挂》等民族文体项目，历年来代表县里参加全国少数民族大型文体活动表演与竞赛，并获得优异成绩。尤其是音乐、体育、美术等特色学科的中考成绩在丽水市中独占鳌头，当年松阳师范的音、体、美特招生中，来自民族中学的学生最多。

1992—1996 年民族中学历年音体美特招学科上线人数一览表

表 3-3-1　　单位：人

年份	音乐	体育	美术	合计
1992	—	5	—	5
1993	5	7	—	12
1994	3	7	2	12
1995	4	13	10	27
1996	6	10	18	34
合计	18	42	30	90

学校办学设施齐全，达省一类初级中学标准，教育教学质量居县前列。学校先后被授予“全国民族教育先进集体”“全国民族中学示范校”“全国体育达标先进集体”“全国青少年爱国主义教育先进集体”“全国贯彻《学校体育工作条例》优秀学校”“省依法治校示范校”“省卫生先进单位”“省校本教研示范校”等荣誉称号。

2012 年，学校有 36 个班级，学生 1806 人，畲族学生 373 人，教职工 131 人。

民族中学校园一角

城北中学

城北中学校门

创建于1997年，位于景宁畲族自治县鹤溪镇团结东路71号，是一所公办全日制初级中学。该校是浙江省扶贫建校的成果。学校的发展经历了三个时期："创建期"，主要解决"有书读"的问题；"扩建期"，主要解决"读好书"的问题；"集团期"，主要解决"优质资源共享"的问题。

学校占地面积28421.95平方米，建筑面积12505.03平方米。2012年，全校共30个教学班，在校生1318人，寄宿生440人；教职工105人，专任教师91人，中学高级教师20人，中学一级教师43人。

学校先后被评为"省示范初中""省篮球传统项目学校""省现代信息技术实验学校""省活动课程实验基地""省青年志愿者服务杰出集体""省绿色学校""市文明单位""市首批文明学校""市师德师风创优先进单位""市卫生先进单位"。

沙湾中学

沙湾中学校园一角

创办于1958年，坐落在距县城30千米的沙湾镇，学校原称丽水县沙溪初级中学，是一所公办学校。建校初期学校只有一栋土木结构教学楼兼宿舍，初中为3个班级，教职工11人，正式教师7人。1961年，第一届毕业生为22人。1963年，学校更名为“云和县沙溪初级中学”。1971年，春季开始创办高中部并开始招收学生。1984年，分县后更名为“景宁畲族自治县沙湾中学”。

1995年，学校共24个班。同年，学校征地1400平方米，建教学综合楼。1996年，建学生宿舍1840平方米。1999年，因规模所限，初一4个班迁到道化中学，初二时再转回。2003年，学校新建了运动场，面积为10425平方米。2004年，全校共有28个班，初、高中各14个班级，学生1400人。2009年高中部停办。2011年年底，学校最古老的教学楼被拆除，改建为教师宿舍。

21世纪初，随着教育资源的整合，学校以“求索”为校训；以“创建乡村绿色和谐校园，办好学区人民放心教育”为办学愿景；向“精细德育、精致教学、精心服务”办学方向迈进。

2012年，学校共有教职工43人。其中，专任教师29人中有26人具有本科及以上学历；中学高级教师3人、中学一级教师13人。

学校先后被评为“浙江省绿色学校”“浙江省义务教育标准化学校”“丽水市示范性学校”“丽水市师德师风建设达标学校”“丽水市法制教育宣传先进集体”“丽水市教育科研先进集体”。

渤海镇初级中学

渤海镇初级中学坐落在景宁县城东北28千米的渤海镇渤海村，学校占地面积8002平方米，校舍建筑面积7089平方米，创办于1958年9月，时称渤海中心小学附设初中，招收40名新生。1959年上半年，大顺中心小学附设初中并入渤海附设初中。1963年渤海附设初中停办；1965年，渤海附设初中恢复；1970年，渤海初级中学单

渤海镇初级中学校门

独建制。

1972年渤海初级中学增设高中部，改称渤海区中学；1979年，渤海区中学高中部停办。20世纪80年代初，教学质量居云和县前列。

1992年“撤区并乡扩镇”后，学校改为渤海镇初级中学。1994年后学校先后新建教学大楼、综合楼、学生宿舍等基础设施。1997年开始，学校先后与宁波镇海中学、浙江宏发能源开发有限公司、宁波咸祥中学、宁波联合实验中学结对，得到赞助和扶持。1998年7月，大都农中并入渤海镇初级中学。90年代后期是最兴盛时期，1999年，有18个班级，学生858人。2001年8月，陈村民办初中并入渤海镇初级中学。2007年8月，因滩坑电站建设停办，并入景宁城北中学。

英川镇中心学校

英川镇中心学校校门

1958年9月，英川人民公社中心小学创办附设初中。学校位于英川村，占地面积4889平方米，校舍建筑面积7428平方米。1962年春，附设初中并入沙溪初级中学；1967年5月，英川公社附设初中恢复招生。1982年，英川置区，英川公社附设初中改为英川区初级中学。1988年9月，学校在黄湖乡校附设教学点。1992年，英川置镇，英川区初级中学改为英川镇初级中学。1998年，隆川中心完小附设初中并入英川中学时规模最大，达17个班级，教师60人，在校学生772人。

2001年，为优化教育资源配置，初中与小学合并为九年一贯制学校，并创办了附属幼儿园，学校改为英川镇中心学校。

2009年，撤去英川镇中心学校中学部，并入沙湾中学。

东坑镇初级中学

东坑镇初级中学校门

创办于1958年，位于东坑镇环城西路一号，校址在东坑下村，时称东坑农业初级中学。1963年，曾并入景宁中学，1968年，恢复招生，改称东坑初级中学。1976年，开设高中部更名东坑区中学，并单独建制。1979年，东坑区中学高中部停办，1983年又重设高中班，1985年停办。1993年，景南中学撤并入东坑中学。1996年，撤区设镇后更名为东坑镇初级中学至今。1999年，大漈中学也撤并入该校。

学校占地面积16487平方米，建筑面积7047平方米，图书8000余册。学校规模最大时有19个班级，在校生940人，专任教师40人。2012年为4个班级，在校生为125人，专任教师26人。

学校被评为“丽水市绿色学校”“丽水市合格学校”“市文明单位”。2004年，获“浙江省平安校园奖”。

澄照乡初中

澄照乡初中校园一角

1970年2月，在澄照乡中心学校创办附设两年制初中班，首次招收学生15人，1979年开始改学制为三年。

1993年前后，邻近乡镇东坑、大漈、梅岐、张春、梧桐都有学生前来就读，规模扩大到每段开设3个班。当年毕业生达 140 多人。

1997 年 9 月，因县城北中学创办，学生流入县城，初一停止招生，至 1999 年 7 月，最后一届学生毕业后，初中部停办。先后为澄照乡培养了 1700 多名毕业生。

澄照初中自 1970 年创办以来，获“县中学生行为规范达标校”等称号。

鸬鹚乡中心学校

鸬鹚乡中心学校校园一角

1971 年 3 月，开始筹建鸬鹚公社完小附设初中，通过各大队献工献料，于 1972 年 6月在公社完小（原吴家祠堂）后面落成。同年 9 月正式招收首届学生 23 人，到 1980 年仍是两个班的规模。1983 年 7 月，扩增到 4 个班级。1991 年，扩大到九个班，1997 年，“两基”验收后，鸬鹚乡中心学校办成九年一贯制学校。1997—2003 年是鸬鹚初中的鼎盛时期，这期间，英川区域的其他乡镇、龙泉市、云和县都有不少学子前来就读，最多学生达 500 多人。

2004 年，开始停止招生。2006 年 6 月，送走了最后一批学生。

渤海民办初级中学

1986 年上半年，经县教育局批准，开始招生，创办人为林川金。当时校舍是租用县二轻局下属手工业社老厂房（地址在渤海村），其占地面积约 400 平方米，建筑面积 1020 平方米。1989 年下半年，在校学生 308 人，三个年级共 6 个班级，有教职工 15 人。由于厂房老旧，1996 年筹集资金 35 万多元，在渤海下湖村新建一幢水泥、砖混结构的校舍。建筑面积 1110 平方米，有教室 6 个、寝室 12 个。学校历时 17 年，分担渤海学区“普及初中”教育的任务，为社会培养了1000多名初中毕业生。2003年下半年，因滩坑水电站建设并入景宁育才初中。

陈村民办初级中学

创办于1991年8月，原校名为顺利民办中学，由当地知识青年陈茂华和陈康宁倡议兴办，陈茂华任校长。办学初期校址在顺利乡顺利村，面向景宁县陈村乡、顺利乡、大顺乡，青田县、文成县部分乡村招生，当年招收新生108人。后因顺利乡撤并，学校随之迁到陈村乡人民政府所在地陈村村办学，学校更名为陈村民办初级中学，租用民房为校舍，后于1997年搬入陈村原粮管所，学校最大规模达到5个班级，在校生240多人，教工13人。2001年，学校并入渤海中学。该校办学10年，在义务教育的普及阶段为1000余名山区孩子提供初中就学机会。

育才学校

学校前身是景宁武术学校，创办于1993年，投资创办人为陈一杰。1997年6月，经县教委批准，为解决在县城流动人员子女入学困难，应社会发展之需要，学校转型为一所集小学、初中、武术于一体的封闭式管理全日制学校，称“育才学校”，面向全县招生。2000年，由于办学规模不断扩大，搬迁到鸭卵坑，学校占地面积16675平方米，建筑面积约5000平方米。学校内教学楼、多媒体教室、食堂、演武厅、运动场、学生宿舍等基础设施齐全。小学有10个教学班，初中有6个教学班，在校学生总数最多达到680人，教职工42人。任职教师中多数是退休教师，其中高级教师占8%，相继聘用了大、中专毕业生30多人。

2001年，县教委授予育才学校“学生行为规范达标学校”称号。获县人民政府“精神文明奖”（奖励2万元）等。自创办以来，学校多次受邀参加省、市级各类文艺表演及武术、散手比赛，并在浙江省第十二届运动会中取得较好成绩。

学校为景宁县普及九年义务教育缓解压力，起到了不可低估的作用，也为社会培养了一大批优秀人才。

2006年8月，育才学校停办。

2010学年景宁学校办学水平发展性评价指标考核细则表

表3-3-2

评估指标	评估要素	评估要求	分值	自评情况	考核得分
体制与机制	1.民主管理	①实行民主决策程序 ②充分发挥教代会作用	* *		
	2.岗位责任制	①建立职责，聘任、考核，奖惩制度 ②制度落实	* 4		
校园管理	3.环境育人氛围	校训、校风、名人画像、走廊、板报等布置形成健康向上的校园文化氛围	1		
	4.室外环境卫生	环境卫生整洁；包干制落实，无死角；绿化、美化有成效	2		
	5.室内环境卫生	保洁、保安制度落实；物件安置有序；室内文明建设好	2		
	6.饮食卫生	食堂整洁；卫生制度落实；饮水、饮用奶等消毒保洁措施到位	1		
	7.厕所卫生	无臭味、污垢	1		
师资队伍管理	8.师德建设	教师无体罚、变相体罚学生现象；无违法犯罪情况。无损害教师形象、影响学校和教育形象的违规违纪行为（以教育局接到举报或查处为准）	*		
	9.任职条件	①按计划完成在职培训 ②学历达标符合局文件规定	* *		
德育管理	10.内容要求	分学龄阶段计划、实施；落实时政形势教育；学生行为规范训练有效	3		
	11.社会实践	课时落实，注重教育效果	2		
	12. 班集体建设	有促进班集体建设的运行机制；培养学生自主管理班级的情况较好	3		
	13. 学生干部培养	措施落实；有成效	2		
	14. 三位一体教育	积极开发、利用社区教育资源，家访和家庭教育指导制度落实，有成效	3		
	15.管理绩效	学校学生处考核结果折计10分	10		

续表 3-3-2

评估指标	评估要素	评估要求	分值	自评情况	考核得分
教学管理	16.校长教学	①校领导兼课、听课符合教育局相关考核要求 ②校长至少深入一个教研组作为指导教学的点	1 1		
	17.课程实施	①建立课程实施情况监督检查制度，规范课程管理，严格执行上级规定的课程计划；不利用课余时间大面积补课 ②按规定开齐、开足、开好各类课程，不随意调课、变换或异化课程计划中规定的科目，不随意增减课时 ③合理开发实施校本课程；教师演示实验和学生实验开设率达 100%	⊙ * 1		
	18.教学常规与教研	①加强校本教研管理，研、训、教结合有效 ②建立学校教学调研和教学检查制度，指导教学工作，校长有阶段性的教学情况讲评 ③建立学生学习管理制度，培养学习习惯，培优辅差工作有成效	2 2		
	19.质量监控	①建立教学质量责任制，有效实施教学工作奖励机制 ②建立教学质量分析制度和课堂教学监控机制，效果好 ③探索改进学生学习评价机制，轻负高效提质有成效	1 3 1		
	20.管理绩效	学校教务处考核结果折计 10 分	10		
后勤财务管理	21.财务管理	①有财务管理和民主理财制度，能严格执行 ②收费合法，不擅自立收费项目、定收费标准。杜绝“小金库” ③公用经费使用到位，图书经费达省颁要求，图书按规定配齐、更新	** ** 2		
	22.资金管理	①预算外资金按规定管理 ②预算外收入 70%用于改善办学条件	3 1		

续表 3-3-2

评估指标	评估要素	评估要求	分值	自评情况	考核得分
后勤财务管理	23.装备管理	①教育装备配置有计划，每年有维护经费投入，能保障装备正常运行 ②库房管理有序，物品的申购、领用、出借、赔偿、报损、报废都有制度，执行情况有记录；账账相符，账物相符 ③重视实验员等各类专业管理人员队伍建设，工作量合理，待遇落实 ④教育装备管理软件使用正常，装备管理使用有制度，除用好本校装备设施外按期到图书配送中心借阅图书，教育装备使用有成效	1 2 1 2		
	24.校产管理	①有专用室；有防盗、防火、防潮、防霉、防蛀设施。安全措施落实 ②资料齐全；归档及时；立档正确；装订规范	1 *		
	25.管理绩效	学校总务处考核结果折计 10 分	10		
教育质量管理	26.普及程度	①入学率达 100% ②巩固率城市 100%，农村 99%以上 ③毕业率小学 100%，初中 95%	* * 2		
	27. 优生培养（附加分）	当年质量监控总分（随机从小学段和初中段各抽取一个年级的数据）县属学校全县前 150 名入围人数较上年增减 3 人，学校加减 1 分；按年级学生人数在 100 人—199 人、30 人—99 人和 30 人以下的学校全县前 500 名入围人数较上年增减 3 人、2 人和 1 人，学校加减 1 分，没有变化的减 0.5 分；在此基础上每增减 1 人，学校加减 0.2 分。本项满分 6 分	6		
	28.关注率	当年质量监控关注率（临时随机从小学和初中各抽取一个年级的数据）较上年下降幅度排名，在所有学校中排名没有变化的学校减 0.2 分，每升降一位学校加减 0.2 分。本项满分 4 分	4		

续表 3-3-2

评估指标	评估要素	评估要求	分值	自评情况	考核得分
教育质量管理	29.体育课	体育成绩合格率≥95%，体育达标率≥90%合格，体质“三项”抽测合格率≥95%（注二）	2		
	30.近视率	近视率新发病率<5%	1		
	31.艺、科、体活动	①深入开展体艺“2+1”活动，100%的学生参加艺、科、体活动； ②学校积极参加县级及以上艺、科、体活动或竞赛	3 2		
	32.治安、安全	①学生案发率为零 ②学校无安全责任事故	*		
	33.社会评价	满意度较好（对社会影响的程度）	**		
总分			100		

说明：1.带*要求的评分办法：做到的不记分，做不到的倒扣 1 分；2.带**要求的评分办法：做到的不记分，做不到的倒扣 2 分；3.带⊙要求的评分办法：做到的不记分，做不到的按总分评定的等级降低一级；“三项”指体质测试的跑、跳、掷三项成绩

第四章　普高教育

景宁高中教育起步于20世纪50年代，在历届县委、县政府的重视下，高中教育发展迅速。2006年，景宁一中整体搬迁，实现高中教育集中县城办学目标；办学水平从普通完中，逐步升格为省一级重点普通高级中学；教学质量和高考上线率稳步提升，培养出多名区(市)和省高考“状元”；音、体、美教育成果丰硕；特色教育——景宁中学生物馆，是华东地区目前规模较大的生物馆，是全国青少年科普教育基地。

第一节　发展概况

发展沿革

20世纪90年代，根据“调整、改革、整顿、提高”方针，撤去渤海区、东坑区高中。

1992年，全县有景宁一中、沙湾中学2所完全中学，共18个班级，专任教师60人，在校学生756人。1998年，景宁一中高一年级扩招为6个班，全校16个班级，在校生844人。

1995年，景宁一中通过浙江省重点中学合格督导评估。

2001年，景宁一中升格为省三级重点普通高级中学，有24个班级，在校生1214人；初中部停办。沙湾中学为县完全中学，高中部有6个班级。同年，全县高中专任教师共103人。

2005年，景宁一中通过“浙江省二级重点普通高级中学”评估验收。

2006年，景宁一中从鹤溪镇文化路8号迁入鹤溪镇人民南路1099号下张村，恢复“景宁中学”校名，升格为正科级事业单位。2007年，景宁中学被确认为浙江省一级重点普通高级中学，为了留住生源，恢复招收初一学生2个班级，80人。2008年，景宁中学生物馆落成并投入使用，新馆建筑面积1245平方米。

2009年，沙湾中学高中部并入景宁中学，全县有省一级重点普通中学1所，班级数32个，在校生1611人，专任教师125人。

2012年，全县普高1所，在校生1775人，专任教师145人。其中，研究生毕业1人，学历合格率100%。高中校园占地面积93300平方米，建筑面积47852平方米。

1992—2012年景宁普通高中发展情况表

表4-1-1

年份	学校数	班级数(个)	招生数(人)	毕业生数(人)	在校学生数(人)
1992	2	18	284	314	840
1993	2	18	226	277	756
1994	2	16	232	255	690
1995	2	16	322	247	728
1996	2	17	243	197	734
1997	2	18	363	172	914
1998	2	19	400	309	981
1999	2	24	414	241	1105
2000	2	26	522	325	1254
2001	2	30	634	351	1494
2002	2	36	760	367	1837
2003	2	41	768	468	2101
2004	2	44	878	607	2286
2005	2	44	670	708	2118
2006	2	42	584	658	1951
2007	2	37	571	734	1729
2008	2	37	571	734	1729

续表 4-1-1

年份	学校数	班级数(个)	招生数(人)	毕业生数(人)	在校学生数(人)
2009	1	32	544	520	1611
2010	1	33	605	548	1650
2011	1	35	593	510	1725
2012	1	36	602	534	1775

说明:景宁中学属完全中学,2001 年 9 月撤初中部;沙湾中学属完全中学,2008 年 9 月撤高中部

帮扶发展

20 世纪 90 年代始,省教委、扶贫结对的温岭市和宁波市鄞县及北仑区教委、杭州高级中学帮扶景宁教育的发展。

1996 年始,开展学校间结对帮扶。1996 年景宁一中与温岭市温岭中学结对。

1997 年 3 月,省教委抽调省教研室及省属部门组成下派扶贫助教团,到县教研室及部分中学任职帮扶两年。柯孔标任教研室副主任,朱新根任沙湾中学副校长,郁君平任职业高中副校长,戴东胜任渤海中学副校长,张国良任英川中学副校长,彭松波和周黎旭任东坑中学副校长,张勇任毛垟中学副校长。

2002 年与宁波北仑中学结对,2007 年与宁波鄞州中学结对,2008 年与杭州高级中学结对。

结对帮扶学校每年派骨干教师到景宁送教、听课、评课,为景年教师把脉诊断,指导景宁教师不断提高课堂教学效率;景宁分期派骨干教师和中层干部到结对学校挂职跟班学习和共同研讨教学,不断提高景宁教师整体素质;结对学校定期为景宁提供教育、教学、高考信息和高考模拟试卷等有关资料,做到资源共享;结对学校学生与景宁学生开展"手拉手,结对子"活动,加强学生之间的交流;同时,2007 年起,温岭中学、北仑中学、鄞州中学每年分别无偿为景宁培养 10 名优秀学生。

鄞县中学还为沙湾中学提供资金和物质帮扶。1997 年,资助 45 万元,建造建筑面积 688 平方米的"厨房餐厅"。1998 年,资助 6 万元用于改建厕所,捐赠复印

机一台和价值6000余元的学生校服。1999年,赠送学生课桌椅及学习、生活用品。

汉族考生高考加分政策

2007年,依据《浙江省景宁畲族自治县自治条例》第36条,县政协秘书长吴建强撰写《关于落实景宁畲族自治县考生在高考录取中依法享有降分录取政策的建议》,由省政协民情热线办公室专报省委、省政府,得到落实。2008年4月18日,浙江省高招委、省教育厅出台《2008年浙江普通学校招生工作实施意见》第50条:"根据省人大审议批准的《浙江省景宁畲族自治县自治条例》有关规定,对户籍在景宁畲族自治县,且在当地完整完成高中阶段教育的汉族学生,可以在其统考成绩总分的基础上加5分投档,由高校审查决定是否录取。"4月28日,浙江省教育厅《关于对景宁畲族自治县高考考生有关录取政策的复函》送达省政府民情热线办公室。同年,高考因有5分优惠加分,景宁中学应届毕业生高考第一批上线人数比上年提高11.76%,达19人;有23名考生分数批次分别上移,本科率达56.2%,上线率达98.8%,其中,张荣剑同学加5分后,总分为669分,超过清华大学投档分数线2分,成为当年丽水市唯一一名被清华大学录取的学子。

第二节　学校管理

校长负责制

1993年,景宁一中试行岗位结构工资制度。2004年,修订实施的《景宁一中教职工结构工资方案》,结构工资由效益工资、出勤考核奖和奖励工资三部分组成。同年,出台《景宁一中教育教学成果奖励办法》,激励教师多出成绩、出好成绩。景宁一中每年都制定并下发《毕业班高考指标及奖励办法》。

1995年,景宁一中率先成为教师聘任制试点学校。

1996年,沙湾中学出台《教学奖优方案》《结构工资分配管理条例》。其中,设置高中会考奖和高中升学奖。2000年,沙湾中学出台《教职工聘任办法》,学校成立教职工考核聘任领导小组，聘任范围除学校支部书记、正副校长外的全体正式教职工，聘任率为97%。2003年，沙湾中学实行半封闭管理。

同年，景宁一中出台新的《奖学金制度》《助学金、困难补助金制度》。根据《奖学金制度》，每学期安排6万多元奖金，奖励全校18%的在学业上取得优异成绩且品德优秀的学生。根据《助学金、困难补助金制度》，每学期安排14万元补助家庭特困学生，受惠面达25%。

同年，景宁一中开展以"养师德，铸师魂，扬师威"为重点的"师德师风建设创优"活动，制定《景宁一中"师德师风建设创优"实施方案》，下发《景宁一中师德建设"十字诀"及"八条禁令"》，要求全体教师努力做到十个字："忠、德、学、勤、严、调、改、活、爱、同。"

2005年，根据《关于实行景宁一中教师交流的通知》文件精神，对少数工作责任心不强、教育教学能力弱、学生不满意的教师实行岗位合理流动。教师岗位管理考核结果提出交流教师名单，被确定为交流的教师由本人在全县范围内自行寻聘。

2008年，制定《班子成员与高三班级结对制度》。2010年，制定《景宁中学学生管理手册》。其中，包括学生一日常规、学生考勤制度、学生安全制度、学生寝室管理条例、学生就餐行为规范、优胜班级考核细则等24个方面的规章制度。

2012年，根据《浙江省教育厅关于深化普通高中课程改革方案的通知》文件精神，出台《景宁中学新课改实施方案》，推进普通高中课程改革工作。

景宁中学、沙湾中学总结多年办学经验，形成并不断完善一系列管理制度，包括学校领导、教师、学生干部值周制度，班主任到班制度，升国旗制度，教学检查制度，班级竞赛制度，高三"学生一日常规，高三德育专题计划"等。在管理过程中遵照相关制度进行管理。景宁高中教育管理进入了规范化、科学化时代。

"四线四段"管理

"四线"即教育、教学、科研、后勤四条线，分别由三位副校长主管；"四段"即高一段，高二段，高三段和初中段，校长和副校长各联系一段，年级段长负责具体管理。

组织机构

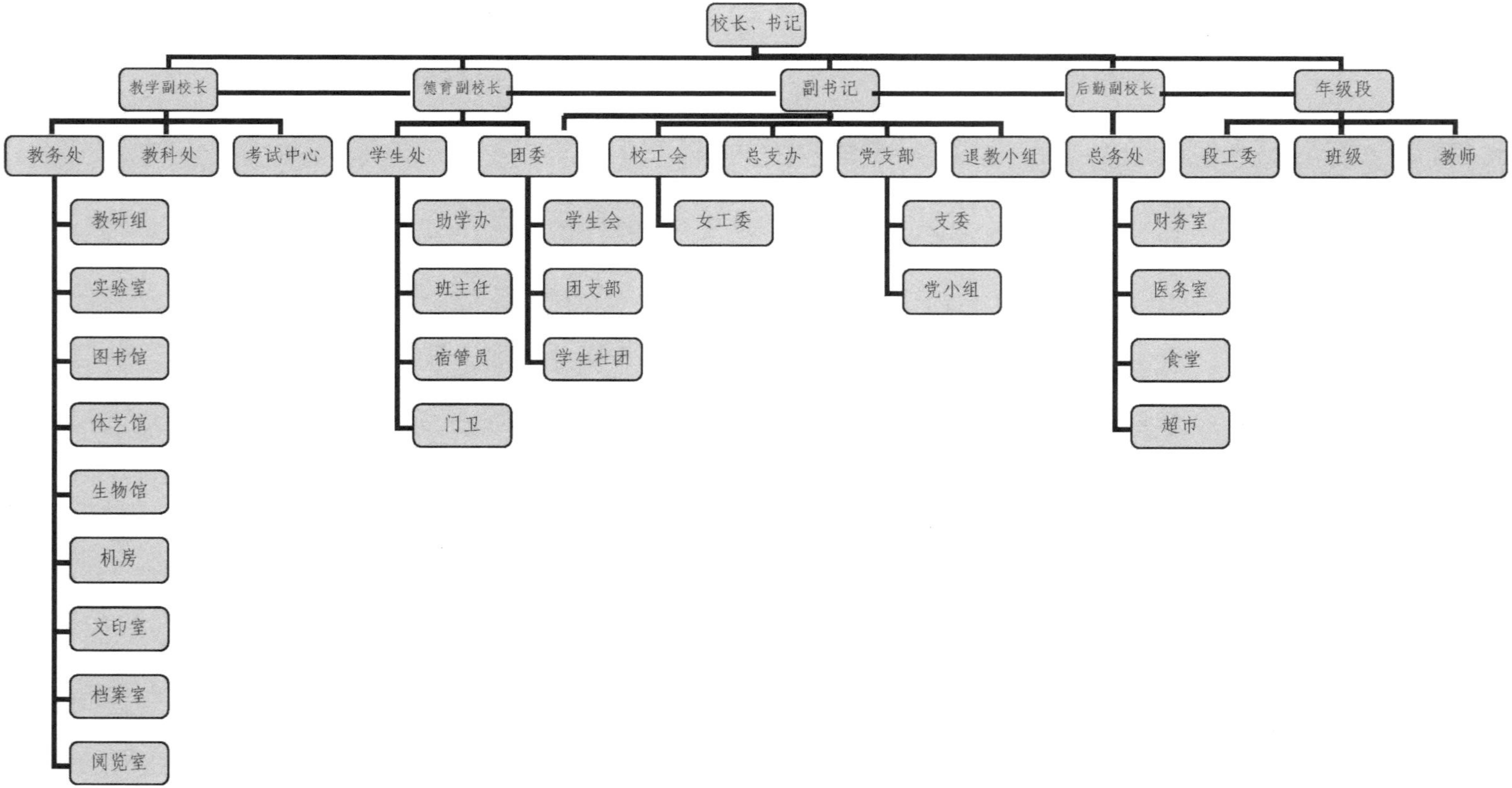

图 4-2-1　景宁中学管理工作网络图

“四线”主要负责学校的教育、教学、科研、后勤工作的领导、指导、过程监控和服务工作，在贯彻学校的整体发展计划和工作目标的同时，对年级段实施学校计划提出指导性意见，并对年级段落实整体计划的过程和效果进行跟踪检测，及时提出反馈意见。

“四段”就是以年级段为管理主体，对该年级段的教育教学科研等活动进行全面管理。

年级段的职责：一是明确工作目标。即根据学校的总目标，分解出本年级段的目标，并将其细化为阶段目标。二是加强年级段自身的建设，促进工作程序的规范化。三是强化教育工作。包括班级和教师的管理工作、班集体建设、学生行为习惯的养成教育等。四是抓好教学工作。包括教学常规管理的检查、教科研活动的开展、教学质量的把关等。五是各年级段按照学校制订的整体工作计划，安排本年级段日常的教育教学科研工作，组织开展各项教育教学科研活动，进行期中和期末工作总结，负责本年级段的各项评先评优及考核活动。

“四线四段”管理模式是在学校党支部、校长室统一领导下的分工负责制。既保证了学校工作的整体性、连贯性，又考虑到不同年级段管理的差异性；既体现了统一领导，又做到条块结合、分工负责，充分调动各方面工作的积极性。

学籍管理

1992 年，根据丽水地区教委颁布的《加强普通高中学籍管理的通知》，景宁一中、沙湾中学从 1991 年入学的高一新生开始，将新生的资格审查、新生档案、学籍变更手续、学生名册等上报丽水地区教委普教处。

1993 年，浙江省教委下发《浙江省普通高（完）中合格督导评估方案（试行）》，对全省所有普通高（完）中（含社会力量举办的普通高中）进行一次合格督导评估。景宁高中属非重点中学，于 1994 年通过督查。同年，按照省教委《浙江省高级中学学生品德考核暂行办法》的规定，景宁一中、沙湾中学将学生思想品德考核分为“优秀、良好、及格、不及格”四个等级，即作为高考、高中中专招生录取工作中德育考核的依据。

1994 年，省教委出台《关于推进普通高中分流教育的意见》，景宁两所普通高中开始实行分流教育，抓高中毕业班学生升学和就业指导。

1995年，根据省教委《关于改革和发展我省普通高中教育的若干意见》，县教委要求景宁一中沙湾中学按省教委意见做好高中后职业技能培训工作，改变过去单一的升学教育模式。

2002年，全县高中执行丽水市教育局颁发的《丽水市普通高中学生学籍管理实施意见(试行)》，普通高中招生由市教育局统一组织招生考试，原则上面向本县招生；高中一年级新生名册于每年9月底前上报丽水市教育局备案，取得学籍号；学生成绩考核，包括学业和操行两个方面，操行考核实行等级制，即优秀、良好、及格、不及格，每学期一次，每学年一次总评，毕业时等级鉴定，学业成绩考核每学期一次。普通高中学生凡操行等第及格，体育与综合实践达到合格标准，经参加普通高中证书会考(包括补课)思想政治成绩及格，其他考试考查科目不及格(E级)不超过一门者，可取得普通高中毕业证书。毕业证书由省教育厅监制，丽水市教育行政部门验印，学校颁发。

2004年，根据《浙江省人民政府关于加强基础教育改革与发展的决定》文件精神，景宁一中首次推出招收“保送生”制度。

县教育局根据省、市教育行政部门《关于普通高中学生学籍管理的文件精神》，对高中学生的入学与注册、评价，升级、跳级、留级、休学、复学，转学、退学，毕业、结业，奖励、处分等作出具体的规定。景宁一中、沙湾中学按规定执行学籍管理。

同年，市教育局修订《丽水市普通高中学生学籍管理实施办法(试行)》，照此办法规定，景宁普通高中毕业证书，由县教育局负责验印。

2006年，县教育局出台《关于严禁私下收旁听生的通知》。同年，编印的《学生文明礼仪规范手册》分发到全体学生的手中。

2007年起，根据《浙江省教育厅关于印发普通高中学生综合素质评价实施指导意见的通知》，景宁一中、沙湾中学开展高中学生综合素质评价。评价过程坚持终结性评价与过程性评价结合。评价方法采用学生自评、同伴互评、教师评价、定量评价、定性评价、等级评价、描述性评语等互相补充、有机结合的方式。A等严格控制，不超过25%，E等不超过5%。测评工作中的“综合评语”每学期写一次，“探究与实践”“审美与艺术”“运动与技能”每学年进行一次测评。对评定结果获得 A 等的学生，在全校张榜公布。

督导评估

1994 年，按县教育局出台《学校考核评估方案》考评。

1997 年始，依据丽水教委制定《丽水地区普通高中学校 1996 学年教育教学管理年度考核表(试行)》要求，景宁县教委对两所高中进行教育教学管理专项年度考核。

2011 年，根据省教育厅《浙江省普通高中特色示范学校建设标准(试行)》文件精神，景宁中学决定以创建课程特色为主要内容，开展省普通高中特色示范学校创建工作，加快普通高中多样化、特色化发展和学生全面而有个性的发展。

教学成绩

高考成绩　景宁的普通高中教学质量因设县迟，各种办学条件制约，质量相对偏低。然而，县委、县政府重视教育，教育人辛勤耕耘，全社会尊师重教，教育质量提高快。高考上线率稳步提高，1992 年上线率为 20.78%；2012 年，景宁中学第一批上线 85 人(含音、体、美)，上专科线以上人数达 494 人，上线率达 79.17%。

1992—2012 年景宁高考情况表

表 4-2-1

年份	报考人数（人）	上线人数（人）	上线率（%）	年份	报考人数（人）	上线人数（人）	上线率（%）
1992	539	112	20.78	2000	364	251	68.96
1993	418	146	34.93	2001	517	332	64.22
1994	313	150	47.92	2002	465	408	87.74
1995	302	181	59.93	2003	599	459	76.63
1996	255	109	42.75	2004	757	547	72.26
1997	231	109	47.19	2005	856	572	66.82
1998	346	118	34.10	2006	878	670	76.31
1999	323	184	56.97	2007	856	567	66.24

续表 4-2-1

年份	报考人数（人）	上线人数（人）	上线率（%）	年份	报考人数（人）	上线人数（人）	上线率（%）
2008	750	581	77.47	2011	588	489	83.16
2009	633	505	79.78	2012	624	494	79.17
2010	615	555	90.24	—	—	—	—

省、地（市）高考“状元”（含补录）

1982 年，理科考生任力伟获丽水地区高考理科“状元”。

1989 年，文科考生周斐获丽水地区高考文科“状元”。

1995 年，文科考生蒋莎琳获丽水地区高考文科“状元”。

1996 年，文科考生洪叶获丽水地区高考文科“状元”。

1999 年，理科考生吴茁青获浙江省高考理科“状元”。

2008 年，理科考生张荣剑获丽水市高考理科“状元”。

中学生男子篮球赛连获省、地冠军（含补录）

1991 年，获丽水地区中学生男子篮球锦标赛冠军。

1992 年 8 月，获丽水地区中学生男子篮球锦标赛冠军。

1993 年 8 月，获丽水地区中学生男子篮球赛冠军。

1993 年 8 月，获浙江省传统学校中学生男子篮球赛冠军。

1994 年 3 月，获丽水地区中学生男子篮球赛冠军。

1995 年 11 月，获丽水地区中学生男子篮球赛冠军。

1997 年 10 月，获丽水地区中学生男子篮球赛冠军。

第三节　景宁中学

创建于民国 27 年（1938 年），学校前身为“景宁县立师范讲习所”。草创之初，学校无固定校址，先后借用学田洪家祠堂和孔庙上课。学生仅 1 个班，44 人。民国 29 年（1940 年）年初，第一期学生毕业，学校停办。民国 32 年（1943 年）9 月，学校在城郊敬山宫再度复办，更名为“景宁县立简易师范”。至中华人民共和国成立初，共办6届，培养学生269人。其间，1945年举办过一期一年制国民教育师资培训班，学员50人。1947年和1948年，又连续招收附设初中3个班，共有学生125人。

1949年5月，景宁县城解放。同年8月，景宁县首任县长刘斌发聘请在外地任教的原景宁简师校长柳泽萃回景宁筹建景宁县立初级中学。9月，初中新生一个班，加上学业未满的简师生，在校生共计200余人。学校也由城郊敬山宫迁入县城鹤溪镇文化路8号。1950年，简师部全部毕业。

1958年，学校开办高中部，改名为“景宁中学”。初中部13个班，学生378人；高中部1个班，学生29人。1959年，学校开展勤工俭学，师生们用业余时间，砍柴烧瓦制砖，自力更生，陆续建成学生宿舍“东风斋”和6座平房教室，计18个教室，一直使用到20世纪末。

1960年冬，景宁撤县并入丽水县，学校更名为“丽水县景宁中学”。同年，学校兼办师范部、农职班和工业班，办学规模扩大。邻县的学生也慕名前来就读，在校师生计1000余人。因办学颇具特色，同年6月，学校被评为全国先进集体，教导处副主任梁瑞连代表学校赴京参加文、教、卫、体先进集体和先进工作者代表大会。

1962年4月，景宁归属云和县，学校随之改名为云和县景宁中学。1964年高考取得突破，有14人升入大专院校深造。

经历几度易名，其间学校初、高中学制分别在1978年和1984年由两年改为三年。

1984年设立景宁畲族自治县，改名为“景宁畲族自治县景宁中学”，1985年，学校经省教育厅核准为省重点中学，学校改名为“景宁畲族自治县第一中学”，共24个班（高、初中各12个班）其中有民族高中班3个。

21世纪初，随着教师与学生往发达地区外流。其间，使高考上重点线人数逐年下降。

2001年7月，根据省级重点中学评估的要求，学校最后一届初中学生毕业，初、高中分离。10月，学校通过省三级重点普通高中评估验收。

2005年5月，通过省二级重点普通高中的评估。

2006年9月，学校迁入鹤溪镇人民南路1099号新址，学校占地面积103385平方米，建筑面积42314平方米。学校由副科级升格为正科级事业单位。11月，县人民政府批准学校恢复“景宁中学”校名。迁入新校后，学校努力提高教育教学质量，2007年高考上线率达到94.5%。同时，学校申报省一级重点普通高中，1月12日被正式确认。

2012年12月，通过全体师生的共同努力，毕业生升学率有了新突破，上一本线提高到42.6%，创下历史新高。

景宁中学先后获全国德育科研先进学校、浙江省卫生先进单位、浙江省绿色学校、全国青少年科普教育基地、斯巴鲁生态文明学校等荣誉。

浙江景宁中学

第四节 沙湾中学

沙湾中学创办于1958年，坐落于沙湾镇沙湾村，原校名为景宁县沙溪初级中学，学校附设在沙溪区中心小学。1959年，迁往七里村。1963年，学校迁回沙湾街尾新校区。因云和、丽水分县，又称云和县沙溪初级中学。1971年，春季创办高中。1982年，改名“沙湾中学”。1984年，更名为“景宁畲族自治县沙湾中学”。景宁畲族自治县沙湾中学为沙湾片培养了大批人才，自1988年以来，为沙湾片输送高中毕业生1428人。

1995年，学校有24个班级，由于学校规模所限，1999年9月，初一4个班迁到道化中学，初二再转入景宁畲族自治县沙湾中学就读。2003年道化中学并入景宁畲族自治县沙湾中学。2004年，学校有28个班。其中，初、高中各14

沙湾中学

个班。在校生 1400 人，教职工 128人。2009 年，撤高中部，成单设初级中学。学校占地 16759平方米，建筑面积 9212 平方米。共有 7 个班级，在校生 302 人，教职工 43 人。其中，专任教师 29 人，中学高级教师 3 人、中学一级教师 13 人。

景宁畲族自治县沙湾中学办校以来得到各界领导关心，1987 年 1 月 20 日，副省长李德葆曾到校考察，1995 年，省长万学远到校考察指导。景宁畲族自治县沙湾中学在 30 多年的办学历程中，不懈努力，为沙湾地域输送了大批优秀学生和经济建设人才，得到社会的肯定，也多次获得“先进单位”荣誉。

第五章　职业教育

景宁职业教育，始于20世纪50年代，均属职业初中，后大都农职业初中撤并到渤海中学，道化农业中学升格为职业高中，并搬迁至县城办学。县职高办学水平稳步提高，创建了省级示范基地2个，开设了省级品牌专业2个、市级特色专业1个，培训中心为当地经济社会建设培养了一大批有一技之长的人才，每年招生人数与普高相比，比重逐年提高，到2012年占82.7%，接近普职招生1:1的比例，高考升学人数有较大突破；已成为集职业高中、职业技能培训于一体的综合性中等职业技术学校。

第一节　发展概况

职业初中

1992年，景宁职业初中只有大都农业中学1所。共6个班，在校学生249人。

1993年，道化职业高中搬迁至县城，原道化职业高中校址改办沙湾初级农职业中学，隶属沙湾镇人民政府管理。同年，全县职业初中2所。1994年共10个班，在校学生386人。此时正值普及九年义务教育高峰，两所学校教学以文化课为主，在完成三年教学任务的同时，对学生进行一定的职业教育思想和劳动技能培训。

1998年，大都农业中学停办，并入渤海中学，沙湾镇农职业中学改为沙湾镇道化初级中学。全县自此结束了初级职业中学办学历史。

1992—1998年景宁职业初中情况一览表

表5-1-1

年份	学校数（个）	班级数（个）	招生数（人）	毕业生数（人）	在校学生数（人）
1992	1	6	97	72	249
1993	2	8	205	65	370
1994	2	10	164	65	386
1995	2	10	155	88	367
1996	2	10	99	93	383
1997	2	12	81	161	306
1998	大都农业中学撤并到渤海中学 道化职业初中改名道化初级中学			142	—

职业高中

1992年，全县有职业高级中学1所，位于县城西南36千米的沙湾区道化村。同年，共3个班，在校学生125人。

1993年，县职业高中从道化搬迁至县城城南路118号，并与县委党校联办培训中心，直至1997年分离。

1996年，温岭市职业技术学校与县职高帮扶结对。同年起，按专业要求开设缝纫、糕点、计算机、家电维修、文秘、旅游等专业职业班。实行普通职高班与专业职高班同步。

1999年，与县旅游局联办旅游职业中专班，招生30人，由省教委颁发浙江省职业中专毕业证书。随后分别与浙江吉利汽车工业学校、浙江旅游职业学院、丽水职业技术学院、浙江机电职业技术学院联办“3+2”大专直升班。

2001年，实行高一文理分班、高二分专业、高三再分流的教学模式。同年，8名学生参加高职院校升学考试，全部上线。

2006年，县职业高中从城南路118号迁至红星街道文化路8号（原景宁一中校址）办学。

2007年，恢复招生部分普通高中班。

2010年，与吉利集团建立“资金+特色教育”的全新教育扶贫模式，开展合作办学。同年，吉利捐资300万元，用于县职业高中建校舍，购置教学设备。

2011年，县政府拨款3000万元，对老教学楼、实验楼、男女生宿舍、操场进行重建或改造。

2012年，全校共31个班，在校生1322人。开设专业7个。其中，省级品牌专业2个、市级特色专业1个，创建省级实训示范基地2个。在当年的高考升学中成绩优秀，获县政府教学成果奖金68万元。

1992—2012年景宁职业高中情况一览表

表5-1-2

年份	班级数(个)	招生数(人)	毕业生数(人)	在校学生数(人)
1992	3	43	62	125
1993	4	83	33	116
1994	7	137	33	247
1995	6	97	110	255
1996	4	64	158	121
1997	5	131	57	181
1998	7	150	50	245
1999	8	85	95	208
2000	11	145	30	258
2001	11	179	66	309
2002	9	213	45	434
2003	11	267	83	544
2004	11	212	131	550
2005	12	253	144	624
2006	14	413	199	794
2007	19	369	196	1014

续表 5-1-2

年份	班级数(个)	招生数(人)	毕业生数(人)	在校学生数(人)
2008	20	351	240	1020
2009	19	286	348	874
2010	20	518	307	924
2011	24	509	205	1400
2012	31	498	175	1322

职业培训

1993 年,职业高中从道化村搬迁至县城后,办学条件得到改善,并发挥职业高中优势,与县委党校联合创办培训中心,对全县在职行政和事业中层干部进行岗位培训。

2004 年,县职业高中被科技部确认为全国首批"星火计划"农民科技培训星火学校,面向社会为企业职工、新型务工人员进行职业技能培训。

2005 年,职业高中电子电工专业毕业生 43 人,在完成学业后,还接受了就业前技能培训,有 7 人获初级技能证书,36 人获中级技能证书。2006 年,电子电工专业毕业生 51 人,46 人获中级技能证书。

2009 年,县职业高中被丽水市教育局确认为"丽水市成人'双证制'教育培训基地"。至 2010 年共举办培训 2526 期。

2012 年,县职业高中贯彻落实《关于加强职业培训促进就业的实施意见》和浙江省教育厅的《关于进一步加强中职学校社会培训工作的若干意见》,县职业高中进一步实施浙江省"千万农村劳动力素质培训工程",不断扩大培训规模,面向社会开展职工岗位培训、安全生产培训、新技术培训、"双证制"教育培训、农村预备劳动力培训等多种形式的学历、技能证书培训。县职业高中贯彻落实《中共中央国务院关于进一步加强和改进未成年人思想道德建设的若干意见》,坚持"德育为先,技能第一"的培养目标,开展培训工作。

第二节　学校管理

组织管理

1992 年开始，以校长负责制为核心的学校内部管理体制逐步得到完善，形成“校长负责，党支部政治保证和组织监督，教代会民主管理”的学校管理体制。

1993 年，与县委党校联办培训中心，中心主任由县委副书记兼任。

1996 年，县教育局出台《关于调整县职业高级中学内部机构设置的批复》，将原教务处和政教处合并为教导处，协助校长管理学校教学和学生政治思想教育等工作。建立生产实习处，协助校长管理学生生产实习、短期培训、毕业就业等工作。

2001 年，省教育厅职成教处下发《关于改进我省中等职业学校招生工作的通知》，明确要求中等职业教育招生数占高中段招生的比例需保持在 50%以上。同年，县职业高中招生 179 人，普通高中招生 634 人，招生比例不足，只占 28.2%。

2012 年，县职业高中努力提升办学质量。一是贯彻落实《浙江省中等职业教育现代化建设工程实施方案》，以实施中等职业教育专业结构调整推进工程、教师队伍素质提升工程、课程改革工程、学生素质提升工程、服务产业发展工程、成人继续教育推进工程、现代化示范学校工程为重要抓手，努力提升景宁中等职业教育质量。二是贯彻落实省政府《关于大力推进职业教育改革与发展的意见》《关于加强职业培训促进就业的实施意见》和省教育厅《关于进一步加强中职学校社会培训工作的若干意见》，全力实施“千万农村劳动力素质培训工程”，不断扩大培训规模，面向社会开展职工岗位培训、安全生产培训、新技术培训、“双证制”教育培训、农村预备劳动力培训等多种形式的学历、技能证书培训。三是贯彻落实《中共中央国务院关于进一步加强和改进未成年人思想道德建设的若干意见》，坚持“德育为先，技能第一”的培养目标，开展形式多样的德育活动。

在县委、县政府的重视下，县职业高中发展迅速，当年招生 498 人，而普通高中招生 602 人，占 82.7%，与 2001 年比，提高了 54.5 个百分点，接近普职招生 1:1 比例的要求。

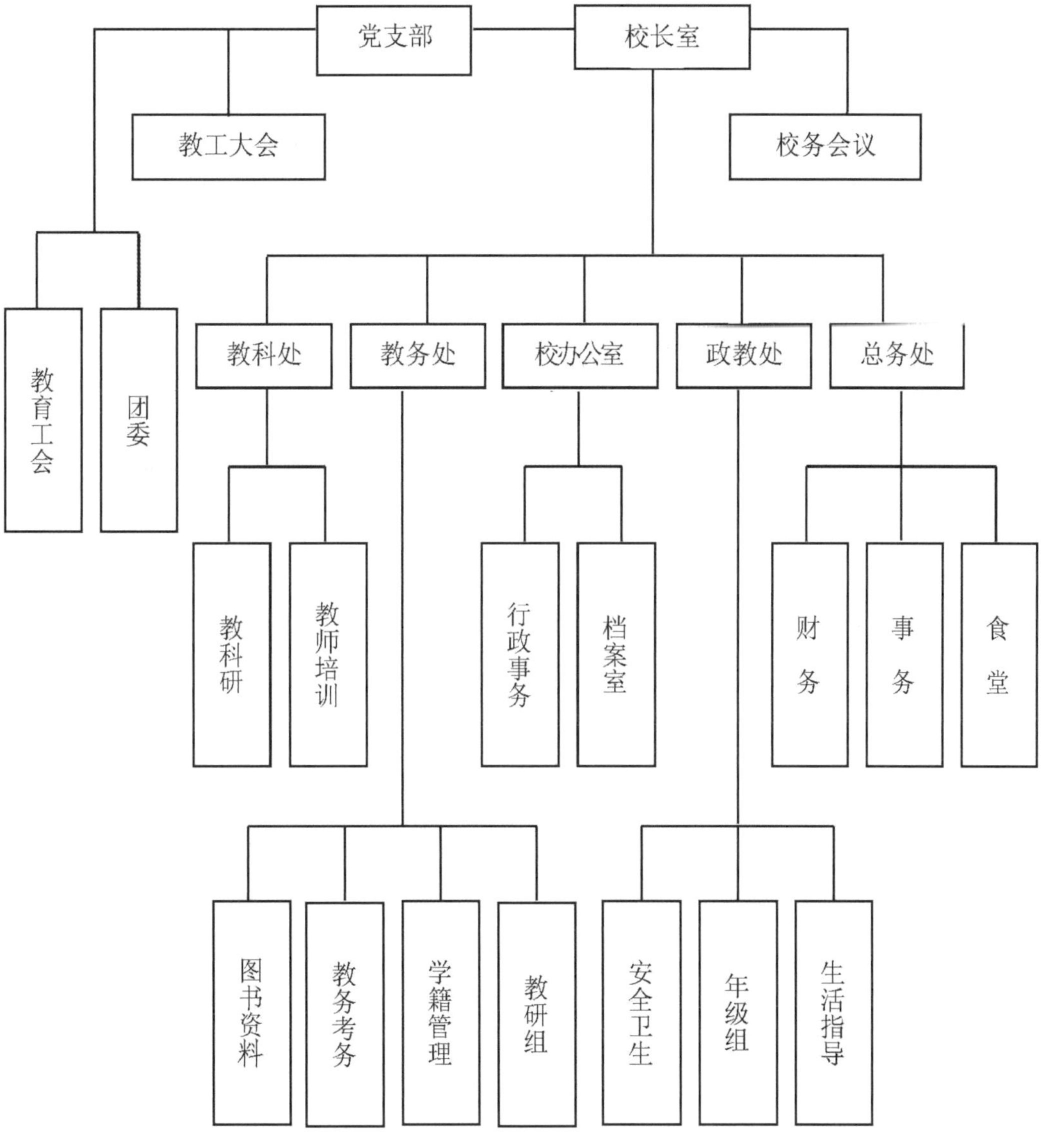

图 5-2-1　**2012 年县职业高中管理网络图**

学籍管理

1995 年，县职业高中贯彻执行国家教委《职业高级中学学生学籍管理暂行规定》，开始实施职业高中毕业证书统一由丽水地区教委验印的制度。招生录取按考生志愿和择优录取原则，单独划线录取，公费生录取后张榜公布，接受社会监督。

1999 年，为保证生源与质量，县教委下达县职业高中招生指标，县属中学按年报毕业生数的 10%，镇中学按年报毕业生数的 8%，其他初中按年报毕业生数的 6%的比例报考县职高，并规定将输送县职业高中生源指标的完成情况，列入县教育局对各中学学校教育工作目标管理考核内容。

2000 年，贯彻执行丽水市教委《职业高中学生学籍管理补充意见》，县职业高中从秋季招收新生开始试行“双证制”，学生须先取得专业技术等级证书或上岗证，然后再领取学历毕业证书。

2006 年，实行县内电子学籍系统网管理。

2012 年，按浙江省 2010 年电子学籍系统管理规定管理。

督导评估

1992 年，实行用普通中学的《学校目标管理考核办法》方案进行考核。

1996 年 11 月，县教委提出要把县职业高中办成地区示范性职业高中，单独出台《景宁县职业高中目标考核细则》，当年就开始实行。

2000 年，执行《丽水地区中小学合格督导评估方案》。

2012 年，按《景宁县职业高中综合督导评估方案(试行)》考核。

第三节　教学实施

目标与任务

1992 年，按照 1990 年教育部颁发的《关于制定职业高级中学(三年制)教学计划的意见》，职业高中的办学目标与任务是“培养中级技术工人、具有中级技术水平的农民、中等管理人员、技术人员和其他从业人员”。

2000 年，教育部下发《关于全面推进素质教育，深化中等职业教学改革的意见》，职业中学的办学目标为培养具有社会主义觉悟、有相应的文化程度、掌握一定专业基础知识和生产技能、德智体全面发展的劳动后备力量和初、中级技术管理人员。新时期中等职业教育培养目标的落脚点是“在第一线工作的高素质劳动者和中、初级专门人才”，既要为生产、服务和管理的第一线培养实用性人才，又要为高一级学校特别是高等职业学校输送合格新生，但其主要任务是为就业服务。开始“双证制”教学。

2002 年，国务院颁发《关于大力推进职业教育改革与发展的决定》，指出“职业教育要认真贯彻党的教育方针，全面实施素质教育。要加强‘爱岗敬业、诚实守信、办事公道、服务群众、奉献社会’的职业道德教育和身心健康教育，注重培养受教育者的专业技能、钻研精神、务实精神、创业精神和创业能力，培养一大批生产、服务第一线的高素质劳动者和实用人才”。这是职业高中办学的目标与任务。

2012 年，县职业高中认真执行国家规定的办学目标与任务，为高一级职业技术学院输送新生，又为当地经济建设培养专业人才。

1995—2012 年职业高中高考录取情况表

表 5-3-1　　　　单位:人

年份	专科人数	本科人数	总人数
1995	—	—	—
1996	—	—	—
1997	—	—	—
1998	—	—	—
1999	—	—	—
2000	—	—	—
2001	8	—	8
2002	21	—	21
2003	36	—	36
2004	43	—	43

续表 5-3-1

年份	专科人数	本科人数	总人数
2005	47	1	48
2006	58	—	58
2007	5	—	5
2008	16	—	16
2009	9	2	11
2010	39	—	39
2011	47	—	47
2012	37	—	37

学制与课程

1992年,县职业高中贯彻1990年12月教育部颁发的《关于制定职业高级中学(三年制)教学计划的意见》,在校学习时间为两年,第三年以实(见)习为主。开设课程分为政治课、文化课、专业课和实习四类。学生在校总周数150周。其中,教学时间105—111周,复习考试时间12周,寒暑假14—17周,机动3—6周。在教学时间中,理论教学工农医类60—70周,文科类70—80周,要求技能较强的专业、工种50—60周,其余为实习周数。理论教学每周上课时数28—32学时,工农医类总数1800—2100学时,文科类总时数为2100—2400学时,技能较强的专业、工种总数1500—1800学时。生产实习每周36—48学时。

1993年,根据丽水地区教育局意见,专业课开设电脑操作技术、公共关系学、行政公文写作等课程,毕业班增设应用法规课。选修课开设实用英语、摄影技术、烹饪、家政等课程。1994年,县职业高中贯彻执行教育部颁布的《中等职业技术学校职业道德教学大纲》和《关于中等职业技术学校政治课程设置的意见》,开设职业道德课,统一采用教育部新编教材。

1996年,国家颁发实施《中华人民共和国职业教育法》。全地区中等职校包括县级职业高中均将外语和计算机列为必修课,体育课使用浙江省教委组织编写的体育教材，政治课、专业课和实习课等三类课程的比例定为3:3:4。专业班的学籍与课程按专业设置而定。

1998年，县职业高中从两年制过渡到三年制，当年招收三年制一年级新生118人。

2006年，省级骨干专业旅游服务与管理专业把畲歌、畲语、畲族传统体育项目、畲乡景点讲解列入旅游专业学生的特色必修课程，先后聘请了国家级、省级畲族非物质文化传承人授课。

2012年，县职业高中专业课程开设5个专业：一是旅游管理（畲族表演）专业，分设基础课程、核心课程、选修课程三大类共26门课程。二是水电厂机电设备安装与运行专业，其中开设公共课程、专门课两大类31门课程。三是计算机网络技术专业中物联网技术应用开设理论教学和实践教学（技术、技能训练及其他），理论教学开设公共课12门、职业技术课18门、选修课6门，实践教学职业技能课13门，计算机高考班开设文化基础课和专业课程。四是数控技术应用专业，开设文化基础课8门，专业主干课程12门。五是汽车运用与维修专业，开设文化基础课8门，专业主干课程9门。同年，县职业高中与丽水职业技术学院签订“3+2”五年制高职合作办学协议，当年招收旅游管理（畲族艺术表演方向）专业新生35名。

专业设置

1992年，县职业高中开设果树、家电、食用菌、中药材等专业课。但没有专业班。

1996年开始，县职业高中开设缝纫（1998年停招）、食用菌（1999年停招）、预备役军人班（1997年停招）、糕点（1997年停招）、计算机应用（2012年改为计算机网络技术）、家电维修（2004年改为电子电工）、文秘（2005年停招）、旅游服务与管理等专业班。

1998年，县职业高中与县旅游局联办旅游中专班。

2000年，县教委与县风景旅游局联合下发《关于联合举办旅游专业职业高招班的通知》指出，由职业高中承办，学制3年。开设导游学、餐饮服务、客房服务、前厅服务、旅游地理学、旅游心理学、演讲与口才、礼貌礼节、形体训练、畲族舞蹈、畲族语言与歌曲、粤语、旅游英语、计算机应用和有偿实习专业课程，并明确实习时间安排在第三年。

2004 年，县职业高中创设汽车专业（1+2）模式，第一年在县职业高中就读，第二、三年在金华汽车职业技术学校就读；2005 年，新增机械加工、数控技术应用、汽车运用与维修专业；

2005 年，县职业高中与浙江吉利汽车工业学校实行“2+1”办学形式，招收“吉利班”高一新生 42 名。

2008 年，县职业高中与浙江旅游职业学院签订对口帮扶工作协议书，由旅游职业学院帮助建设旅游与餐饮服务特色专业。

2009 年，县职业高中与浙江机电职业学院签订“对口帮扶协议”，机械加工、数控技术应用专业得到加强。同年，增设学前教育专业，2011 年停招。

实训基地

1992—1993 年，职业教育学校开设食用菌、果树、家电、中药材等专业。拥有 500 亩林业基地、7 亩柑橘园的实训基地。学员通过课堂理论学习后，每周安排时间在基地种植油茶、杨梅、板栗、柑橘、中药材，从栽培、施肥、治虫、剪枝各个环节得到系统性实践。食用菌专业学员动手试制香菇、灵芝菌种，主要利用校园内房前屋后及其他合适空地，种植香菇和灵芝。

1994 年，县职业高中创设了旅游与餐饮专业，校内实训设备逐趋完善。从一厅一房（模拟中餐厅、计算机房）发展到拥有西餐厅、酒吧、前厅、商务中心等 4 个实训室。

2004 年，县职业高中与浙江吉利技师学院、吉利汽车工业学校建立合作关系，推行“1+2”“2+3”办学模式。“1+2”模式，即在县职业高中汽车班读完一年理论课程后，进入吉利汽车工业学校继续学习两年技能培训；“2+3”模式，即在县职业高中汽车班完成两年的理论课程后，进入吉利技师学院学习技能及操作实训。

2006 年，县职业高中电子电工专业实验基地为县变电所和景宁南方科技有限公司;文化专业实习基地为县档案馆,计算机应用专业实习基地为景宁天翔计算机有限公司。机械加工专业,校内实训只有钳工设备基本满足操作技能训练的要求,车工、数控的实训设备不足。校外教学实习基地为县内的浙江省景宁洁净钢管有限公司、景宁通用机械配件厂和轴承厂等。同年,开设农业种植专业,其基础课程是惠明茶的种植与加工,该专业校外教学实习基地,为县域内的惠明茶公司、大自然食品公司、惠明茶茶场和余山茶场。

同年,县职业高中迁入新校址(原景宁一中)后,围绕实训和就业"做实、做大、做特"开展工作,制定《景宁县职业高级中学学生实习管理规定》,学校的实习教学工作进一步规范化、制度化。实训处开展实训基地建设研究,多次赴遂昌县职业高中、丽水职业高中、余姚成职教中心学校、吉利汽车学校等对口单位进行实地考察,结合景宁实际情况,开展职业教育实训基地建设项目申报工作。

2012 年,县职业高中校内实训基地拥有实验楼、计算机房、电子电工实验室、机械数控实训中心、餐饮实训室、音乐舞蹈房、美术写生室、多媒体教室等。

合作办学

县职业高中走联合高校、企业集团和职教联盟的办学之路,开创"校企联合""定单培养"等综合性、灵活性、适应性较强的办学模式,特别是在实行工学结合、学生顶岗实习、工学交替和定单培养方面进行实践和探索,进行"将企业引进校园,将课堂办到企业"的研究。采取"请进来"和"走出去"的方式,让企业师傅与学校教师交替授课,吸引联合企业加强课程专业建设、师资队伍建设和实训基地建设,提高工学结合、校企合作水平。

为给学生创造更多的实习和就业岗位,县职业高中的旅游主体专业与 16 家企业建立长期合作关系。其中,县域内企业,如鸿宾大酒店、大均畲乡之窗景区等 9 家;外地企业 7 家,如丽水华侨开元名都大酒店、杭州新桥饭店、义乌香山酒店等。水电厂机电设备安装、运行专业与 6 家企业建立长期合作关系。其他合作企业有国企中石化加油站、中石化物流调配中心等。

2012年县职业高中校企合作专业、实训基地情况一览表

表5-3-2

<table>
<tr><th>专业</th><th>校企合作“定单式”培养合作单位</th><th>校企合作校外实训基地</th><th>校企合作企业</th></tr>
<tr><td rowspan="4">旅游类</td><td>景宁畲乡旅行社</td><td rowspan="4">景宁畲乡旅行社</td><td>景宁旅行社</td></tr>
<tr><td>义乌香山国际酒店</td><td>景宁鸿宾大酒店</td></tr>
<tr><td>义乌伊美广场大酒店</td><td>景宁惠明茶叶有限公司</td></tr>
<tr><td></td><td>景宁香雨有机茶有限公司</td></tr>
<tr><td rowspan="2">机械类</td><td rowspan="2">浙江洁净钢管有限公司</td><td rowspan="2">浙江洁净钢管有限公司</td><td>浙江洁净钢管有限公司</td></tr>
<tr><td>景宁通用机械配件厂</td></tr>
<tr><td rowspan="6">电子电工类</td><td>景宁张春水电开发有限公司</td><td rowspan="6">景宁张春水电开发有限公司</td><td>景宁景民水电发展有限公司</td></tr>
<tr><td>景宁恒发能源开发有限公司</td><td>景宁巨星照明电气有限公司</td></tr>
<tr><td>景宁景龙水力发电有限公司</td><td>景宁张春水电开发有限公司</td></tr>
<tr><td>浙江正明水电集团有限公司</td><td>景宁恒发能源开发有限公司</td></tr>
<tr><td></td><td>景宁景龙水力发电有限公司</td></tr>
<tr><td></td><td>浙江正明水电集团有限公司</td></tr>
<tr><td rowspan="4">计算机类</td><td>景宁天翔计算机有限公司</td><td rowspan="4">景宁天翔计算机有限公司</td><td>景宁天翔计算机有限公司</td></tr>
<tr><td>金华浙中人力资源开发有限公司</td><td>金华浙中人力资源开发有限公司</td></tr>
<tr><td>中石化浙江石油易捷杭州配送中心</td><td>浙江高速石油发展有限公司分公司</td></tr>
<tr><td></td><td>中石化浙江石油易捷杭州配送中心</td></tr>
<tr><td rowspan="2">汽车维修类</td><td rowspan="2">景宁利达汽车维修厂</td><td rowspan="2">景宁利达汽车维修厂</td><td>景宁利达汽车维修厂</td></tr>
<tr><td>景宁长运修理厂</td></tr>
<tr><td>茶叶加工与营销</td><td>奇尔公司</td><td>惠明寺茶叶加工基地</td><td>奇尔茶叶有限公司</td></tr>
<tr><td>水电厂设备安装与运行</td><td>县变电所</td><td>—</td><td>—</td></tr>
</table>

第四节　学校简介

职业高级中学

1956年创办，学校前身称“云和县道化农业中学”，校址在道化村外交见圩，设1个班，不久停办。1958年恢复，称景宁县道化农林中学。1966年，校址从交见圩迁到道化村，设3个班，在校生127人。1969年夏，学校停办。1976年秋，沙溪中学在道化村原农业中学校址设立沙溪中学道化分校，恢复办学，招收初中毕业生，执行普通高中教学计划。1978年，改称“五·七中学”。1980年更名为“云和县道化中学”。1984年改为“景宁畲族自治县道化林业中学”，执行高中教学计划，适当开设劳动课。1988年正式命名为“景宁畲族自治县高级职业中学”。

县职业高级中学校园一角

1993年9月，从沙湾镇道化村搬迁到县城鹤溪镇城南路118号办学。学校占地1362.7平方米，建筑面积2121.3平方米，并与县委党校合办县培训中心。1996年，开始开设专业班，自此步入名副其实的职业高中行列。1997年，与党校分离。2006年，县委、县政府重视职业教育，将景宁一中老校区文化路8号置换给职业高中。同年8月搬入，当年设16个班，有学生794人。

2010年，县政府投资3000万元用于校舍安全工程修建与改造。

办学以来，先后开设文秘、家电、食用菌栽培、计算机网络信息技术、机械加工、数控技术应用、汽车运用与维修、水电厂设备安装与运行、餐饮服务、旅游导游等专业。2007年，又成立培训中心。到2012年，学校为当地培养了2500多名有一技之长的毕业生。2009年至2012年，为农村、企业进行职业技能培训

5890多人次，取得合格证书人员4839人。

县职业高中先后荣获浙江省德育工作先进集体称号2项，省级文明风采竞赛奖7个，市级先进荣誉10项、县级奖项5个；获评市级德育课题2个。

沙湾镇初级农职业中学

1993年，道化职业高中搬迁后，原校址改办沙湾镇农职业中学，同时为沙湾镇普及九年义务教育服务，当年招收2个班，学生82人。1998年，改为沙湾镇道化初级中学，从此，景宁结束了初级职业中学的办学历史。同年，在校学生142人。2003年，道化初级中学撤并入沙湾中学。

沙湾镇初级农职业中学

大都初级农职业中学

创办于1964年7月，时称大都农业中学，学校坐落于渤海镇大都宽阔圩。校园占地面积1325平方米，拥有山林630亩、梯田10亩。1971年，划区管理。1976年后，除开设全日制课程外，每周安排一天生产劳动。1988年，普及初等教育和扫盲验收后，又担负起渤海学区普及初中教育的任务。1992年，学校共6个班，学生249人，有2名（畜牧畜医、果树栽培）专职教师，开设养殖、畜牧、果树栽培等专业课，每天安排两节专业

大都初级农职业中学

课和半天的劳动实践课。1994年，学校以“抓普教、求生存；抓职教、显特色”为办学方向，为渤海片普及九年义务教育服务。当年学校就地开发100亩板栗基地。1997年，学校和县营林公司签署协议，合作开发银杏厚朴基地。1998年8月，并入渤海镇初级中学。

2010年景宁职业高中综合督导评估方案(试行)

表5-4-1

一级指标(A)	二级指标(B)	三级指标及标准(C)	评估得分	
			自评	复评
A1 办学方向 (24分)	B1 贯彻方针 (16分)	C1 办学思想(3分) 根据党的教育方针和本校实际，有明确的办学思想和办学目标，有明确的校风、学风、教风；有明确的素质教育目标，重视学生整体素质的全面提高；试行学分制和弹性学制，积极为学生发展个性特长创造条件，努力培养学生的创新意识和实践能力		
		C2 依法办学(3分) 坚持依法治校，有工作机构和工作网络，制订《学校章程》；无体罚和变相体罚学生，以及随便让学生停课的现象，学校无违反招生政策行为；实施校内师生申诉制度，校内审诉委员会机构健全，办案准确；认真执行《语言文字法》，师生用普通话交流，校园用字规范		
		C3 专业建设(10分) 根据地方产业调整和经济发展对人才的需求设置专业，各专业根据国家职业分类和职业等级，制定明确而可行的培养目标；加强骨干专业建设，已形成2—3个省级重点建设专业(一般职业学校有自己的重点建设专业)；骨干专业在教学内容、师资配备、教学手段、实习设备、教学效果等方面具有领先水平；毕业生受到用人单位的欢迎		
	B2 办学模式 (8分)	C4 办学形式(3分) 办学形式灵活多样，学制以长为主，长短结合，学历与非学历教育结合；积极开展为社会、企业职业培训，形成多功能办学实体		
		C5 产教研结合(5分) 产业部门积极参与办学，教学中实行教育与生产、技术应用、经营服务紧密结合；学校有产、教、研结合的项目，项目实施有成效；利用专业优势开展社会服务		

续表 5-4-1

一级指标（A）	二级指标（B）	三级指标及标准(C)	评估得分	
			自评	复评
A2 学校管理 (28分)	B3 管理体制 (6分)	C6 校长负责制(2分) 学校实行校长负责制，并有效运行，校长法人代表地位落实；实行教师聘任制、岗位责任制，有中层竞聘、劳动分配等制度改革方案，并得到落实		
		C7 管理与监督(4分) 党支部的政治核心和监督保证作用突出；教代会制度健全，教职工参与学校管理，校务公开工作规范，能听取民主党派人士的意见；学校有近期和中长期发展规划，并能有计划实施；学校党、政、工每学期或年度均有工作计划和总结；学校有一整套符合学校实际、行之有效的规章制度		
	B4 领导班子 (6分)	C8 人员结构(2分) 学校管理班子优化组合，年龄、学历、专业搭配合理，分工明确，团结协作；都具有本科学历或中级以上职称，校级领导均经过岗位培训		
		C9 政治和业务素质(4分) 能按《全国中小学校长任职条件和岗位要求》加强自身建设；学校管理班子的政治学习、民主生活、勤政廉政制度健全并得到落实；以身作则、敬业勤政、作风民主，具有教育创新精神，掌握并运用先进的管理方法和管理手段，治校有方，有威信；坚持上课、听课，参与和指导教科研工作，重视培养后备干部		
	B5 机构管理 (16分)	C10 机构设置和制度(2分) 行政管理机构设置合理、科学，职责明确，运行良好；各部门、组室每学期均有计划和总结，各岗位职责和规章制度健全、可行，并得到落实		
		C11 档案管理(2分) 有专职的档案员，有符合要求的档案室，档案齐全，管理规范，查阅方便；用现代化手段做好信息资料收集、统计、分析和反馈指导工作，注意收集、整理教育教学方面的资料并提供良好的服务；严格执行《江苏省职业中学学籍管理规定》，办理转学、休学、复学、毕（修、肄）业等手续，操作规范，材料齐全，立卷存档		

续表 5-4-1

一级指标（A）	二级指标（B）	三级指标及标准（C）	评估得分	
			自评	复评
A2 学校管理（28分）	B5 机构管理（16分）	C12 后勤管理（6分） 各项管理制度健全，并认真贯彻实施；严格按规定做好财务管理和监督工作，执行收费项目和收费标准，并按期结算、公布；合理使用经费，有计划更新设备，维修校舍，做好教学用品的采购、管理和供应，严格执行政府采购制度，无违反财务制度现象；师生对后勤工作满意率达 85%以上		
		C13 管理实效（6分） 校风、教风、学风建设成效显著，师生积极进取，教育教学秩序井然，学生讲文明，有礼貌；校园文化氛围浓厚，环境优美，置物有序，做到绿化、美化、净化；宿舍、食堂整洁、卫生，安全保卫措施落实，无责任事故发生；事业稳定发展，规模效益好，有明显的办学特色		
A3 办学条件（28分）	B6 教育经费（8分）	C14 经费保障（2分） 学校经费有稳定的来源，逐步增长；年生均经费较高；公用经费占学校教育事业费的 30%以上；生产、经营、实习经费有保障		
		C15 基建设备投资（6分） 学校基建设备投资有计划，且自筹资金投资比例较高		
	B7 校园校舍（4分）	C16 校园及建筑面积（2分） 校园面积生均达 25 平方米，校舍建筑面积生均达 12.5 平方米；教学、实习用房占校舍总面积的 60%；有与办学规模相适应的学生宿舍、食堂、浴室、厕所等		
		C17 规划和建设（2分） 有科学、合理、可行、适应事业规模的校园总体规划，并积极组织实施；校园布局合理，建设符合规范；无危房		
	B8 教育装备（16分）	C18 实验设施设备（4分） 有与专业相配套的实验室、电化教室、语音室、微机室、多媒体室和电子阅览室；实验室等专用设备管理制度健全，管理规范；学生分组实验做到 2 人一组，实验开出率，文化课不低于 95%，专业课不低于 85%；按规定积极推进信息化建设，建成校园网，配备 1—3 名专（兼）职网络管理员，并持证上岗		

续表 5-4-1

一级指标(A)	二级指标(B)	三级指标及标准(C)	评估得分	
			自评	复评
A3 办学条件(28分)	B8 教育装备(16分)	C19 图书、阅览室(4分) 有1000平方米以上的专用图书馆(室),阅览室教师座位率达25%,学生座位率达15%;藏书生均达45册(其中专业图书10册),并有计划逐年添置,订阅报刊130种以上,建有电子阅览室,有一定数量的电子读物;图书馆(室)定期向学生开放,阅览室全天开放,图书流通率达年20册/生,图书馆(室)实行计算机管理		
		C20 体卫设施设备(4分) 有与学校规模相适应的运动场地,体育器材按规定配齐;有专职的校医,有专用卫生室,卫生室设备常用药品按规定配齐;体育器械、卫生室器械、药品等管理使用制度齐全,且有台账		
		C21 实习基地(4分) 有与专业对口的校内实习场所(骨干专业必备),基本能满足一个班(40人)2人一个工位的实习要求;各专业有稳定的校外实习基地,设备及指导能力能保证学生完成本专业的实习任务;切实管好校外实习基地,做到制度落实,专人负责,管理到位		
A4 师资队伍(20分)	B9 教师配备(6分)	C22 编制职数(2分) 师生比符合省定标准;文化、专业、实习指导三类教师比例与课程课时比基本一致,无缺门教师		
		C23 师资结构(4分) 专任教师(文化课、专业课)本科占80%以上,高级职称占15%以上,中级职称占45%以上;主要学科和骨干专业都有市(县)、区以上学科带头人、教学能手,总数达到当地职业学校的平均数		
	B10 教师管理(14分)	C24 师德建设(4分) 教职工政治学习有制度、有计划,学习时间有保证,学习形式多样,学习出勤有记录;师德建设有规划、有措施,经常进行职业道德教育,教师中无违法犯罪现象;教师党、团活动正常,有计划有总结,党、团员模范带头作用好		

续表 5-4-1

一级指标（A）	二级指标（B）	三级指标及标准（C）	评估得分	
			自评	复评
A4 师资队伍（20分）	B10 教师管理（14分）	C25 素质培养（6分） 在政治上、思想上关心教职工，有计划地发展中青年教师入党，执行《教师法》和知识分子政策，为教职工解决后顾之忧；教师进修、培训有计划、有措施，教师继续教育证书制度得到落实，教师学历达标率逐年提高；学科带头人、骨干教师、青年教师培养、现代信息技术培训等工作有计划、有成效；有计划地组织专业教师到企业实践锻炼；教师教学水平逐步提高，能普遍运用现代化教学手段和先进的教学方法		
		C26 考核任用（4分） 教职工岗位职责明确，有考核实施细则，并定期考核、奖惩，激励作用显著；对学科带头人、中青年骨干教师有考核标准，并定期考核；实行中层干部竞聘上岗制度，大胆起用德才兼备的青年教师；合理配备教师和班主任，充分发挥老中青教师积极性，教师对所任工作满意率达80%以上		
A5 教育教学（88分）	B11 德育工作（28分）	C27 组织网络（7分） 德育队伍组织健全，校长负责，形成了由党支部、政教处、共青团、学生会、年级组、班主任、政治课教师组成的德育工作队伍和学校、家庭、社会三结合的教育网络，岗位职责明确；班主任队伍建设有措施、有成效；建立了家长委员会，开办家长学校，有家长会、家访、家长接待日等制度，建有校外德育基地和社会实践基地		
		C28 德育实施（13分） 学校政教处、共青团组织有学期或学年工作计划，且目标明确、重点突出、操作性强，能认真组织实施，学期或学年有总结；学科教学能有机渗透德育；班、团活动和德育基地、社会实践活动有安排；学校能根据学生实际，有计划、分层次对学生进行爱国主义、集体主义、社会主义、社会公德、民主法制、行为规范和心理健康教育，开展丰富多彩的节庆教育活动；严格学校升降国旗制度，升降仪式规范，国旗下讲话有计划性、针对性、知识性、教育性；班集体建设有目标、有措施、有成效，能充分体现并发挥学生主体、自主作用，坚持开展"争创文明班级"等活动		

续表 5-4-1

一级指标(A)	二级指标(B)	三级指标及标准(C)	评估得分	
			自评	复评
A5 教育教学(88分)	B11 德育工作(28分)	C29 德育实效(8分) 学校风气好,文明创建活动有成效,学生精神面貌良好,违纪现象少,近三年犯罪率为零;学生集体观念强,积极参加各项活动,遵守社会公德,有上进心,心理健康,耐挫力强,在各项活动中表现积极,成效显著		
	B12 教学工作(36分)	C30 计划管理(6分) 结合学校实际制订教学管理规范实施细则;各科教学计划、教学大纲(授课纲要)齐全,审批手续完备,并能严格执行;教务处每学期有工作计划,目标明确,措施得力,并认真实施,期末有质量较高的总结;授课计划的制订和审批符合要求,考试、考查有规定;作息时间表、课程表、课外活动安排表、校历、班级日志齐全		
		C31 过程管理(20分) 认真执行"教学基本规范",有检查考核制度,教师按"五认真"要求进行教学,积极改革课堂教学,组织评教活动,努力提高教学质量;好课与较好课率达75%以上;建立了学生学习规范,对预习、复习、上课、作业、考试有具体要求,并不定期进行检查;做好毕业班学生的升学、就业、创业辅导,有毕业生跟踪调查记录		
		C32 教学质量(10分) 课堂教学秩序良好,学生有良好的学习习惯,主体意识强,能积极参与教学活动,敢于质疑问难;学生巩固率、毕业率达90%以上;学生会考、统考及格率达90%以上;毕业生素质好,用人单位比较满意		
	B13 实训工作(16分)	C33 计划制度(3分) 实训处工作有计划,目标明确,措施有力,并能切实组织实施,期末有总结;有切实可行的实习教学管理制度,实习教学管理有序。		
		C34 实训措施(8分) 教学实习、毕业实习有计划、有项目、有指导要求、有措施;有实习指导教师,指导程序完善;安全教育、安全措施落实;实习项目开出率达90%以上,时间保证率达100%		

续表 5-4-1

一级指标(A)	二级指标(B)	三级指标及标准(C)	评估得分 自评	评估得分 复评
A5 教育教学(88分)	B13 实训工作(16分)	C35 技能考核(5分) 各专业有专业技能等级或职业资格考核标准;教学实习和毕业实习有考核,学生实习结束有小结;认真组织学生参加职业技能和技术等级考核,相应专业参考率达100%,参加考核的学生95%以上获得中级技术等级证书		
	B14 体艺卫生工作(8分)	C36 体艺工作(4分) 认真贯彻执行《学校体育工作条例》和《学生体质健康标准》,体育课开出率100%,每周2次体育活动有保证(实习期间除外);经常开展小型体育竞赛,每年举行一次校运动会或体育节;学生体质健康达标率在90%以上;在县级以上运动会团体总分超过当地平均水平,有突出的单项成绩;积极组织学生开展形式多样的文艺活动,每年举行一次文艺会演或艺术节;在县级以上文艺会演或文艺单项比赛中取得较好成绩		
		C37 卫生工作(4分) 认真贯彻《学校卫生工作条例》,卫生工作制度健全,工作计划切实可行,措施得力;积极开展健康教育,培养学生良好的卫生习惯;每天两次眼保健操有保证,近视新发病率得到控制;定期为学生体检,学生健康卡齐全、完整,传染病、常见病得到控制;毒品预防和性健康教育与预防艾滋病教育正常开展,重视学生心理健康,开展心理咨询工作;宿舍、食堂卫生工作有制度、有考核,无食物中毒事故发生		
A6 教育科研(12分)	B15 教育科研工作(12分)	C38 机构网络(4分) 教研组织和科研机构健全,校级领导分管教科研工作;形成教科研网络,教科室、教研组、备课组有工作计划,有阶段安排,有管理制度,有奖励办法;形成了教科研骨干队伍,参与课题研究的人员占专任教师的30%以上		
		C39 课题研究(4分) 组织教科研理论学习研讨活动;各级课题有立项申请、评审书和批准立项批文;课题研究按计划认真实施,有过程资料和阶段研究报告;有课题研究专项经费;每学年举行一次全校性教研、科研、教改成果交流活动		

续表 5-4-1

一级指标（A）	二级指标（B）	三级指标及标准（C）	评估得分	
			自评	复评
A6 教育科研（12 分）	B15 教育科研工作（12 分）	C40 科研成果（4 分） 教职工在各级报刊发表的科研论文较多，在各级教育系统举办的论文评选活动中获奖；课题研究结束，经上级教科研管理机构同意结题，科研成果经专家鉴定，形成课题成果鉴定书；科研成果被介绍、推广、应用，在校内外、市内外、省内外产生影响		
200 分	200 分	合　　计		

第六章　成人教育

景宁教育基础薄弱，干部、群众学历普遍偏低。因此，20 世纪 90 年代兴起的自学考试、电大函授、进修三大成人教育形式相当红火。自 2003 年省教育厅和农业厅下发《关于组织开展农民双证教育培训工作的通知》、省教育厅与劳动和社会保障厅下发《关于组织开展企业百万职工双证教育培训工作的意见》后，成人的职业技术培训也成了热门。经过努力，至 2012 年，成人教育整体水平跨入全市中上等行列。

第一节　自考与招考

自学考试

1992 年，县委、县政府为鼓励自学考试学员，县委组织部、县人事局、县财政局、县教育局联合发文，出台自学考试奖励制度：毕业成绩在同届毕业生中前两名者，奖励 30 元；毕业成绩在 75 分以上者，授予自学成才优秀奖，并奖励 80 元；单科成绩获全省第一名者，奖励 20 元；畲族考生每取得一门及格成绩者，奖励 10 元；单科成绩在 75 分以上者，奖励 10 元。

1993 年，根据《浙江省中学教师进修高师专科自学考试暂行办法》，到 1992 年底止，男 53 周岁、女 48 周岁以下，尚未取得专科学历又没有成人专科系统学历进修的本省公办和在编民办中学教师，均须参加高师自学考试，并编入各助学点辅导班学习（以函授形式组班学习）的规定。景宁自考点首次开设高师自考，共开 10 个专业，105 名初中教师参加，并开设中文专业教学班，以函授形式组班辅导学习。同年，自学考试大学专科学历毕业 25 人。

同年，县教育局出台《关于建立自学考试乡（镇）联合站的通知》，自学考试向农村延伸，6 月起，各督导组、各乡镇学校成立自学考试联络站。联络站工作分别由各督导组、各乡镇学校的成教干部负责，业务上接受县自考办的指导；自考联络站工作被列入对成教干部的年终考核内容。

1995 年，澄照乡朱坑村农民朱少华成为景宁第一位农民自学法律专业考试毕业生。同年 6 月，景宁首批高等教育自学考试本科毕业 2 人。

1999 年，全县 5 个区教办（原称督导组）设立自学考试中心工作站，全县各乡设立自学考试联络站。

2000 年，省政府下发《关于加强自学考试工作的通知》，省教育厅、自考委、发展计划委、人事厅、公安厅、粮食厅联合颁发《关于做好浙江省高等教育自学考试及其他高等教育学历毕业生就业工作的通知》，省公安厅、教育厅、自考委联合颁发《关于我省高等教育自学考试及国家学历文凭考试毕业生办理"农转非"手续的通知》，文件规定自考毕业生在就业、工资、户籍管理上享受普通高校毕业生同等待遇。系列政策激励了大家报考自学考试的积极性。同年，自学报考人数 1791 人，报考科次 3616 人次，首次开设心理健康教育（本科和专科）、教育学（本科）专业。

2001 年起，高等教育自学考试由每年 2 次增至每年 4 次，本年全县 101 人取得毕业证书，为历年来自考毕业人数最多的一年。

2002 年，高等教育自学考试毕业证书实行电子注册管理。同年开始，第一批高等教育自学考试毕业的本科生可报学士学位。

2004 年，开设小学教育（本科）专业和教育技术（本科）自考专业。

2005 年，试行全国计算机等级考试和全国公共英语等级考试，有许多中学生报考，是全县参加高等教育自学考试的高峰时期。2006 年起，随着全日制高等院校招生人数的增多，报考自学人数日趋减少，同年报考 705 人，科次 1326 人次。

2009 年，教育部下发《国家教育考试违规处理办法》，每次考前考生都签订《考生诚信考试承诺书》。考场周边采用手机信号屏蔽和"监考大师"监测措施。

2010年，根据《浙江省自学考试监考工作操作程序》，规定监考人员在考前必看学习各考试时段的监考内容与要求，并签订《监考管理工作目标责任书》。保证自学考试质量。

至2012年，自学考试先后开设行政管理、汉语言文学、法律、会计、金融、计算机应用、电子技术、文秘、市场营销、经济管理、企业管理、公安管理、刑事侦察、中医、建筑与管理、国际经贸、小学教育、体育教育、音乐教育、心理学和计算机、英语等级证书考试21个专业。取得毕业证书900多人。

1992—2012年景宁高等教育自学考试情况表

表6-1-1

年份	报名(人次)	报考(科次)	毕业(人)	年份	报名(人次)	报考(科次)	毕业(人)
1992	405	1420	75	2003	2589	5217	89
1993	406	—	25	2004	1904	3686	95
1994	—	1574	27	2005	1232	2300	58
1995	—	2446	30	2006	705	1326	46
1996	—	2111	25	2007	521	1010	48
1997	—	1228	5	2008	370	750	15
1998	—	—	31	2009	274	537	8
1999	—	—	34	2010	223	448	20
2000	1791	3616	58	2011	182	382	8
2001	1712	1876	101	2012	137	261	15
2002	2513	4723	85	—	—	—	—

招生考试

1992年开始，成人高校“专升本”招生考试由省统一组织命题、评卷和录取。参加“专升本”考试的考生均集中地区应考。同年，景宁参加大专成人考试94人，中专37人。

1993年，成人高校高职班招生采取“3+2”考试方式。当年西医类（不含药学）专业开考，考试科目为政治、语文、数学（理工类）、生理学、人体解剖学。次年，中医药类专业开考，考试科目为政治、语文、数学、中医基础学、中药学。同年5月始，丽水师范专科学校举办第二专业（专科）学历教育，凡持有国家正式承认的大专毕业证书，并属本地区在职中学教师和教育行政干部以及企事业单位在职从业人员，经任职单位同意均可报考。学员修完全部课程，成绩合格，学校发给经省教委验印的第二专科毕业证书，其学历视为成人本科学历。同年5月，景宁推荐物理专业5人，政史专业5人参加第二专业学历教育。

同年7月1日起，根据《关于浙江省成人高等教育毕业证书审核验印工作的若干规定》，经国家教委批准备案的所有在浙成人高校（含普通高等学校举办的成人高等教育）本、专科毕业生，均颁发国家教委统一印制的成人高等教育毕业证书，即验盖"国家教育委员会成人高等教育证书专用章"（钢印）后，毕业证书方为有效，国家予以承认。各成人高等学校按学籍管理有关规定颁发的结业证书和肄业证书，由学校印制和颁发。同年，景宁一中考点通过省招办合格验收，县招办试卷保密室通过县保密局合格验收。

1995年，根据国家教委要求《严肃成人高等学校招生全国统一考试》，丽水地区教委与景宁招生委签订《全国统一考试管理责任书》，县教委与考点签订责任书。同年始，景宁考点每次考试都由县纪检、监察部门派员协助招生部门维护考风考纪。

2000年，市、地级以上政府和国务院各部委及省厅（局）系统授予的劳动模范、先进生产（工作）者、科技进步（成果）奖获得者，省级以上工、青、妇组织授予的"五一劳动奖章""新长征突击手""三八红旗手"称号获得者，人民解放军、武警部队、公安警察荣立三等功以上者，运动健将和武术项目武英级运动员称号获得者，可在分数线以下50分以内（专升本科班为30分）照顾录取。对烈士子女及配偶，归侨、归侨子女、华侨子女及中国台湾籍考生，少数民族考生，年满25周岁以上人员，一级运动员称号获得者，录取时可照顾30分（专升本科班为20分）。同年始，成人高校招生实行计算机网上录取，允许普通高中应届毕业生报考成人高校。

2001 年，专升本招生考试分师范类和非师范类。考试科目，设两门公共课、一门专业基础课、一门专业课。公共课和专业基础课实行全国统考，专业课由省招生委员会自行命题，学校组织考试。同年报考人数创历年新高，达 599 人。

2001 年景宁成人高校专升本统考科目分类一览表

表 6-1-2

师范类		非师范类	
考试科类	统考科目	考试科类	统考科目
文史类	外语、教育理论、大学语文	理工类	政治、外语、高等数学（一）
艺术类	外语、教育理论、艺术概论	经济管理类	政治、外语、高等数学（二）
理工类（一）	外语、教育理论、高等数学（一）	文史、中医类	政治、外语、大学语文
理工类（二）	外语、教育理论、高等数学（二）	法学类	政治、外语、民法
—	—	教师类	外语、教育理论、高等数学（二）

2002 年起，景宁籍高中、中专、技校应届毕业生允许报考成人高校，成人中专停止招生。

2003 年，因发生“非典”疫情，全国成人高校招生考试由原定的 5 月 10—11 日推迟到 11 月 15—16 日。同年，语文学科考试首次实行网上阅卷。

2004 年始，景宁同步实施全国成人高校招生“秋季考试、第二年春季入学”制度；成人高校招生全国统一考试调整到每年 10 月的第三个星期六、日进行。因应届毕业生可报考成人高校，全县成人报考人数明显减少。全县报考人数仅 34 人。

2007 年，成人高校招生考试按招生考试部门规定全面实行网上阅卷、网上填报志愿。

2008 年，《浙江省成人高校招生工作实施办法》出台，规定成人高等学历教育分为专科起点本科，高中起点专科和专科（高职）三种。学习形式以业余（包括半脱产、夜大学）或函授为主，兼有全日制脱产。同年起，加大成人高等教育结构进行调整，普通高等学校停止招收成人脱产班。

2009年起，按照教育部规定，参加“选聘高校毕业生到村任职”“三支一扶”“大学生志愿服务西部计划”“农村义务教育阶段学校教师特设岗位计划”等项目服务期满并考核合格者，以及应征入伍服义务兵役退役的普通高职（专科）毕业生，凭身份证、普通高职（专科）毕业证、士兵退役证或相关项目考核合格者，可免试就读本省的成人高校本科专业。

至2012年，全县报考成人高等学校3049人，录取1523人。

1992—2012年景宁成人高校、中专报考、录取一览表

表6-1-3　　单位：人

年份	成人高校		成人中专	
	报考人数	录取人数	报考人数	录取人数
1992	94	50	37	22
1993	43	26	9	4
1994	33	19	2	1
1995	100	54	20	16
1996	131	40	52	50
1997	118	75	28	20
1998	156	36	11	11
1999	232	120	73	68
2000	475	214	57	57
2001	599	206	23	23
2002	396	213	停招	—
2003	159	79	停招	—
2004	34	32	停招	—
2005	122	111	停招	—
2006	54	35	停招	—

续表 6-1-3

年份	成人高校		成人中专	
	报考人数	录取人数	报考人数	录取人数
2007	58	36	停招	—
2008	64	45	停招	—
2009	48	28	停招	—
2010	83	64	停招	—
2011	28	22	停招	—
2012	22	18	停招	—

第二节　浙江广播电视大学景宁分校

沿革与发展

1985 年 1 月，浙江广播电视大学景宁分校创建，开始称景宁电大工作站，在县教育局内设办公室，县教育局局长兼任工作站站长。1994 年，开办广播电视远程教学。1995 年，浙江省教育委员会批复，景宁电大工作站设立注册试听生试点单位。2001 年 9 月，电大工作站开设远程教学模式后，成为“人才培养模式改革和现代远程开放教育教学试点单位”，开设 8 个大专业，学员 268 人。

浙江广播电视大学景宁分校

2001 年 9 月，电大工作站迁址至鹤溪镇叶府前原浮垢小学与景宁教师进修学校合署办公，并实行一套班子、两块牌子，配有辅导教学室 2

个。2005 年 9 月，电大工作站与进修学校分离，电大工作站经费独立核算。2005 年 9 月始，开设本科专业。2006 年，电大工作站升格为副科级事业单位。

2007 年，电大工作站从原浮垢小学搬迁到原职高（城南路 118 号）办学。2008 年 6 月 25 日，景宁电大工作站升格为“浙江省广播电视大学景宁分校”。8 月 10 日，经县政府批准，依托景宁电大创办“景宁畲族自治县社区学院”，12 月 30 日，举行揭牌仪式。同年，成立电大党支部。

至 2012 年，电大景宁分校共开设本科专业 5 个，专科专业 16 个，中专专业 1 个。1996—2012 年，共招收学生 2768 人。其中，本科 844 人，专科 1924人。

1992—2012 年电视大学景宁分校历任校(站)长一览表

表 6-2-1

姓名	职务	任职时间	籍贯
吴兆林	副站长(主持)	1992 年 8 月—1996 年 1 月	景宁
吴兆林	站长	1996 年 2 月—2001 年 6 月	景宁
姜荣伟	站长	2001 年 7 月—2008 年 12 月	丽水
姜荣伟	分校校长	2008 年 12 月—2012 年 8 月	丽水
吴光亮	分校校长	2012 年 9 月—	景宁

学历教育

浙江广播电视大学景宁分校教学坚持“以开放教育为主体，以网络教育为补充，以函授教育为延伸”的学历教育格局。

1995 年，工作站新设了电视中专景宁分校，扩大办学规模，在校生 156 人。

1996 年 3 月，省委组织部与省教委决定，举办乡镇经济管理专业中专班，培训乡村基层干部(18—45 周岁)，学制分脱产 3 年、业余 3 年，景宁共招收该专业新生 56 人。

2005 年 9 月，开始开设本科专业，招收法律本科新生 22 人。

2009 年 8 月，景宁分校根据教育部“一村一名大学生培养计划”的意见，面向全县农村招收农村干部、优秀青年专科生 100 人。开设农村行政管理、茶叶生产加工技术、观光农业、林业技术专业。

景宁分校自2005年设立本科生招生计划后，先后与中国政法大学、天津大学、中国医科大学、东北农业大学、福建师范大学建立合作办学关系。采用合作办学高校相应学科课程计划及他们的教材，按规定每学期参加3次面授课（一般48课时），完成规定的作业，完成开卷考试或网络考试或书面考试，并规定在考完所有学分后，进行为期三周（21天）的社会实践，按计划完成社会实践和论文写作，方可办理相应大学毕业证书。

景宁电大本科、专科相关专业的课程教学辅导，一般由本校教师担任，专业课程教学辅导和毕业生论文辅导及答辩，一般聘请省电大、市电大以及专业技术人员（专家）担任。

电大挂牌实践基地有县人民法院、中国银行、奇尔茶叶有限公司、县会计核算中心、景宁农业综合开发有限公司、景宁中学、县中心幼儿园等。

1992—2012年，电大共培养本科毕业生276人、专科毕业生1689人。

1992—2012年景宁电大招生、毕业生一览表

表6-2-2　　单位：人

<table>
<tr><th>年份</th><th>专　　业</th><th>招生数</th><th>合计</th><th>毕业生数</th><th>合计</th></tr>
<tr><td>1992</td><td>汉语言文学、法律、金融</td><td>62</td><td>62</td><td>6</td><td>6</td></tr>
<tr><td>1994</td><td>金融</td><td>21</td><td>21</td><td>18</td><td>18</td></tr>
<tr><td rowspan="3">1995</td><td>金融</td><td>33</td><td rowspan="2">48</td><td>13</td><td rowspan="3">62</td></tr>
<tr><td>汉语言文学</td><td>15</td><td>35</td></tr>
<tr><td>财会、法律专业，注册试听生</td><td>52</td><td>52</td><td>14</td></tr>
<tr><td rowspan="4">1996</td><td>金融</td><td>40</td><td rowspan="4">197</td><td>21</td><td rowspan="4">36</td></tr>
<tr><td>汉语言文学</td><td>35</td><td>15</td></tr>
<tr><td>乡镇经济管理（中专）</td><td>56</td><td>—</td></tr>
<tr><td>注册试听生</td><td>66</td><td>—</td></tr>
<tr><td rowspan="3">1997</td><td>财务会计</td><td>2</td><td rowspan="3">59</td><td>—</td><td rowspan="3">21</td></tr>
<tr><td>金融</td><td>8</td><td>21</td></tr>
<tr><td>汉语言文学</td><td>49</td><td>—</td></tr>
</table>

续表 6-2-2

年份	专　　业	招生数	合计	毕业生数	合计
1998	财务会计	10	38	—	48
	金融	6		33	
	汉语言文学	11		15	
	计算机应用工程	11		—	
1999	汉语言文学	21	49	35	131
	金融	10		40	
	财务会计	18		—	
	乡镇经济管理(中专)	—		56	
2000	汉语言文学	13	67	49	59
	法律	40		—	
	财务会计	7		2	
	金融	7		8	
2001	汉语言文学	9	69	11	38
	法律	39		—	
	财务会计	15		10	
	金融	—		6	
	计算机应用工程	6		11	
2002	汉语言文学	85	252	27	69
	金融	38		12	
	财务会计	45		23	
	法律	56		1	
	计算机	22		4	
	幼师	2		2	
	文秘	4		—	
2003	汉语言文学	36	110	13	67
	法律	34		40	
	财务会计	16		7	
	金融	15		7	
	计算机	9		—	

续表 6-2-2

年份	专　　业	招生数	合计	毕业生数	合计
2004	汉语言文学	28	127	9	69
	法律	16		39	
	财务会计	15		15	
	金融	14		—	
	计算机应用工程	12		6	
	行政管理	30		—	
	教育管理	11		—	
	工商管理	2		—	
2005	法律（本）	22	122	—	196
	法律（专）	33		85	
	财务会计	52		45	
	行政管理	15		—	
	金融	—		38	
	幼师	—		2	
	文秘	—		4	
	计算机	—		22	
2006	法学（本）	44	195	—	87
	法律	67		31	
	财务会计（本）	34		—	
	财务会计	48		14	
	汉语言文学	2		—	
	行政管理	—		29	
	计算机	—		2	
	教育管理	—		11	
2007	法学（本）	46	193	19	115
	财务会计（本）	26		27	
	法律	55		33	
	财务会计	52		21	
	行政管理	14		15	

续表 6-2-2

年份	专　业	招生数	合计	毕业生数	合计
2008	法学(本)	50	204	44	195
	财务会计(本)	26		34	
	法学	79		67	
	财务会计	39		48	
	学前教育	10		—	
	汉语言文学	—		2	
2009	法学(本)	106	393	46	193
	财务会计(本)	19		26	
	汉语言文学(本)	39		—	
	土木工程(本)	15		—	
	法学	98		55	
	财务会计	55		52	
	一村一名大学生	17		—	
	水利水电	5		—	
	学前教育	9		—	
	行政管理	30		14	
2010	法学(本)	102	405	50	204
	财务会计(本)	41		26	
	汉语言文学(本)	9		—	
	土木工程(本)	12		—	
	学前教育(本)	4		—	
	法学	80		79	
	财务会计	47		39	
	行政管理	9		—	
	学前教育	32		10	
	农村行政管理	49		—	
	一村一名大学生	20		—	

续表 6-2-2

年份	专业	招生数	合计	毕业生数	合计
2011	法律(本)	77	330	106	393
	财务会计(本)	35		19	
	汉语言文学(本)	1		39	
	土木工程(本)	8		15	
	学前教育(本)	4		—	
	法学	104		98	
	财务会计	33		55	
	一村一名大学生	20		17	
	学前教育	7		9	
	农村行政管理	30		30	
	水利水电	—		5	
	奥鹏合作院校	11		—	
2012	法学(本)	75	252	47	227
	财务会计(本)	35		13	
	汉语言文学(本)	1		9	
	土木工程(本)	4		9	
	学前教育(本)	5		—	
	行政管理(本)	4		—	
	法学	45		40	
	财务会计	33		17	
	一村一名大学生	20		20	
	行政管理	2		9	
	学前教育	1		14	
	农村行政管理	—		49	
	奥鹏合作院校	27		—	

非学历教育

2008 年，创办社区学院后，实行“两块牌子，一套班子，资源共享”的办学模式。根据景宁农村产业需要，举办种植业、养殖业、食用菌、旅游业、计算机、法律常识等非学历教育。以本校教师为主，专业课外聘教师授课。

至 2012 年，举办社区新农村干部培训班 48 期，培训 2100 人次。

第三节　教师进修学校

沿革与发展

1985 年，教师进修学校成立，其前身为教师进修函授辅导站。

1996 年 6 月，丽水行署批准，更名为“景宁畲族自治县教师进修学校”。

2001 年 8 月，从县教委搬至原浮坵小学办学，与电大工作站合署办公。2005 年 9 月，与教研室合并，更名为“景宁畲族自治县教学研究培训中心”。

2006 年 9 月始，教学研究培训中心独立办学。2010 年，搬至县民族小学校园内办学。2011 年 8 月，与教研教科合并，称“景宁畲族自治县教学研究培训中心”。

2012 年 6 月 4 日，省教育厅同意景宁畲族自治县教师进修学校备案。

1991—2011 年历任教师进修学校校（站）长一览表

表 6-3-1

姓　名	职　务	任职时间	籍　贯
雷土发	站　长	1991 年 8 月—1995 年 8 月	景　宁
潘　清	副站长	1991 年 8 月—1995 年 8 月	景　宁
潘　清	站　长	1995 年 8 月—1998 年 8 月	景　宁
梅振存	校　长	1998 年 8 月—2005 年 3 月	景　宁
姜荣伟	副校长	2001 年 3 月—2003 年 3 月	丽　水
姜荣伟	校　长	2003 年 3 月—2005 年 8 月	丽　水
李人慧	校　长	2005 年 8 月—2011 年 8 月	景　宁

校长培训

1992年，根据国家教委《关于加强全国中小学校长培训工作的意见》，开展了第一轮全县小学（幼儿园）校长培训。

1995年年底，受地区教委委托，举办“八五”小学校长岗位培训扫尾班。自此后，凡新上任校长，均需接受为期一年时间的上岗前培训。

1999年，开始举办全县小学校长提高培训班。

2004年、2006年、2008年，举办后备干部培训班，共培训后备干部50人。

2008—2012年，选派97位骨干校长、骨干教师参加省市级农村中小学教师“领雁工程”培训。组织多批校长赴省教育学院、浙江师范大学、杭州师范大学、上海交通大学接受教育管理培训。

至2012年，培训全县中小学、幼儿园校（园）长、中层干部1700多人次。

教师培训

1994年始，根据省教委《关于开展中师毕业生一年见习期教育的通知》，每年对全县小学新教师开设的教师职业道德、教育教学常规、专业规范等7门课程进行上岗培训，并规定培训后，要进行考核合格方可转正定级，同时发给浙江省小学教师岗位培训合格证书。根据《浙江省教育厅中小学教师专业发展培训工作实施意见》规定，开展每位教师每年必须完成的48课时继续教育培训。

1995年始，全县初中新教师也被列入培训与考核对象。

1996年秋始，幼儿园、高中、职业高中的新教师全部被纳入培训与考核范围。

2001年始，对晋升职称的教师，进行教育心理学、计算机能力、普通话水平等级培训。要求计算机使用能力达一级水平，普通话文科教师必须达到二级甲等水平，其他类教师要达到二级乙等水平方为合格。教师取得合格证后，才具备晋升职称资格。

2003年始，按省教育厅要求，全县中小学教师用省教育厅编写的《心理健康教育手册》教材，分期分批组织培训，提高其心理健康水平和心理健康教育的能力。

2004 年，全国实施新课程改革，全县中小学起始年级教师都统一进行新课程通识培训。

至 2012 年，为教师上岗，继续教育培训 15000 多人次，专业培训 150 多场。

学历培训

1985 年，建立教师函授站后，受龙泉师范委托，还开办函授学历培训班，函授毕业 9 批毕业生 271 人。由龙泉师范发给毕业证书。1997 年，还受丽水师专委托，函授高师中文专业毕业生 65 人。

1985—1997 年教师进修学校学历函授毕业生一览表(含补录)

表 6-3-2

毕业时间	1985 年		1987 年	1988 年	1989 年	1994 年	1995 年	1996 年		1997 年
	上	下						上	下	
毕业生数(人)	37	38	13	3	100	56	14	7	3	65
学历等级	中师		中师	中师	中师	中师	中师	中师		高师(中文)

说明："上"指上半年，"下"指下半年

第四节　成人职业技术培训

成人文化技术学校

1992 年，依照国家教委《关于大力发展乡、镇、村农民文化技术学校的意见》，全县 24 个乡镇都创办了"成人文化技术学校"，由乡镇成教干部负责，开展各类农村实用技术培训，并结合农民实际，开设识字班。

1993 年，国务院修订颁布《扫除文盲条例》，明确农民要认识 1500 个汉字，城镇居民要认识2000个汉字，能看懂报刊，记简单的账目，能写农村应用文。自此，全县各乡镇农民文化技术学校转向以补农民文化知识为主的培训学习班。为尽快使农民达成识字1500个的标准，采用《安子介现代千字文》教材，利用雨天、晚上组织农民上课、辅导。

1995年，县政府出台《景宁县关于加强基本普及九年义务教育和基本扫除青壮年文盲工作意见》，全县各乡镇成人文化技术学校重点做好本乡镇青壮年的脱盲工作。为景宁"两基"工作顺利通过省政府评估验收发挥作用。

2002年，省人民政府提出各县在巩固"两基"水平基础上，要完成"两高普九"目标任务。各乡镇成人文化技术学校仍为巩固提高"两基"成果发挥作用。

成人职业技术培训

2003年，省教育厅和农业厅出台《关于组织开展农民双证制教育培训工作的意见》，县职业高中成立"景宁畲族自治县职业高级中学培训中心"，对全县企业人员与外出务工人员开设电工维修、餐饮服务、计算机应用、现场急救、面点加工、食用菌栽培、茶叶加工、茭白种植、超市管理、导游等职业技术培训。2009—2012年，共培训5912人次，取得合格证书5439人。

2009—2012年景宁成人职业技术培训情况表

表6-4-1　　　　单位：人

时间	专业名称	参加人数	合格人数
2009年	计算机4期	260	193
	电工维修3期	199	159
	导游	53	51
	茭白种植	56	56
	绿色食品认证	56	56
	超市经营	60	60
	面点加工	63	59
	合计	747	634

续表 6-4-1

时间	专业名称	参加人数	合格人数
2010 年	计算机五期	375	308
	数控车工	184	158
	导游	51	51
	维修电工 3 期	181	139
	电焊工	66	50
	面点加工	65	55
	超市经营人才	80	80
	合计	1002	841
2011 年	导游	96	82
	百合栽培	82	82
	计算机应用 6 期	464	382
	起重机操作	89	86
	电焊工	55	52
	电工维修 2 期	122	103
	超市经营	50	50
	面点加工	279	270
	茶艺师	44	44
	评茶员	39	32
	急救员培训	600	600
	合计	1920	1785
2012 年	食用菌栽培技能	401	376
	导游员	115	101
	计算机操作员	91	86
	驾驶员现场救护	792	792
	茶农	824	824
	合计	2243	2179

第七章　民族教育

景宁历届县委、县政府重视民族教育工作，创办民族学校，出台优惠政策，增加财政投入，促进民族教育的发展。县教育局和各校积极探索民族教育事业发展的新路子，编写校本教材，开设校本课程，将畲族语言，畲族体育、音乐、美术等列入教学计划，并在实践中不断研究提升，逐步形成具有景宁特色的“一校一品”民族教育。

第一节　发展概况

创办民族学校

1984年，景宁畲族自治县设立后，县委、县政府就把民族教育列入教育发展的议事日程，先后创办县民族幼儿园、民族小学、民族中学、民族夜校和民族高中班。

民族幼儿园　1992年，金丘、王金垟、季庄、双后岗、桃源、深垟等民族村开办民族学前班和幼儿园，入园幼儿200多人。

1993年，包凤、东弄、四格、大张坑、石门楼、金岱垟、驮戥、山前、坦垟、坦坑、吴村、半岭、叶山头、上寮、黄山头、吴山头、何村、水碓垟、李卜坑、惠明寺等民族村幼儿园相继开班，畲族村办园率和畲族幼儿入园率都达到历史最高水平。

双后岗幼儿园，在园幼儿稳定保持30多人。每个幼儿每月入园费为1元，其余费用由村委会负责，幼儿园教师工资待遇与公办教师持平。该园开设学话（普通话）、识字、唱歌、游戏、剪纸劳作等课程，是当时一所典型的畲族村幼儿园，曾得到上级有关部门的表彰。省妇联赠予价值2000多元的录音机等教学用具，县妇联也赠送风琴一架。

1998年，全县民族幼儿园由县妇联管理改县教委管理。

2012年，按省一级园标准，在上张村新建民族幼儿园，占地面积4754平方米，建筑面积4679平方米，投资1703万元。规划12个班级。

民族小学　中华人民共和国成立后，民族教育得到党和政府重视。包凤、东弄、四格、大张坑、石门楼、金岱垟、驮戥、季庄、山前、坦垟、坦坑、吴村、半岭、叶山头、上寮、黄山头、吴山头、何村、金丘、水碓垟、李卜坑、惠明寺等民族村开办公办或公办与民办相结合的小学。1984年，景宁畲族自治县成立，民族教育进一步被重视。

1992年，全县有民族小学21所，畲族在校生2383人。

1994年，澄照乡际头中心小学荣获"浙江省民族教育先进集体"称号。

2007年，创办县民族小学，学校占地52669平方米，建筑面积23802平方米，总投资5000多万元，规划48个班。2010年12月，县民族小学被省教育厅命名为"绿色学校"。

2012年，全县小学在校生8806人。其中，畲族学生1073人，占12.18%。

民族初中　1986年，创办民族中学。同年9月，招收了两个初中班和两个职高班。1987年，招生情况同1986年。1988年职高班停招。

2008年，将民族中学迁到吾弄湾。新校区占地52327平方米，建筑面积27879平方米，总投资8481万元，按省一类学校标准建设，36个班的规模，可容纳1800个学生。新校园分教学区、生活区、运动区。教学区主要包括普通教学楼2幢、专业教学楼1幢、办公图书楼1幢，生活区包括学生宿舍2幢、教工宿舍1幢、师生食堂，运动区包括体艺馆1座和300米标准的运动场等。

2012年，全县初中在校生3648人。其中，畲族学生525人，占14.39%。同年，浙江省教育厅、省体育局公布第五批浙江体育特色学校，县民族中学以畲族传统体育特色名列其中。

民族高中班　1985年，景宁一中民族高中班开始招生。同年，招生34人，与汉族学生混合编班，同堂上课。

1995年，民族高中班改招预科班，每年招生50人，学制延长一年。

2002年，县教育局颁发《关于县高中民族预科班改办到县民族中学的通知》，民族预科班改办到民族中学，招生名额50人，学制为4年，第二年直接升入景宁一中。2005年后停招。

1992—2012年景宁中小学畲族生占比情况表

表7-1-1

年份	在校小学生（人）		畲族生占比（%）	在校初中生（人）		畲族生占比（%）	普高在校生（人）		畲族生占比（%）
	总数	畲族生		总数	畲族生		总数	畲族生	
1992	16117	1874	11.63	6661	786	11.80	587	32	5.5
1993	15050	1755	11.66	6255	648	10.36	—	31	—
1994	14247	1668	11.71	6117	774	12.65	515	50	9.7
1995	13866	1558	11.24	6719	676	10.06	597	34	5.7
1996	13436	1406	10.46	7552	783	10.37	653	39	6
1997	12610	1306	10.36	7835	784	10.01	808	52	6.4
1998	10919	1136	10.40	7654	878	11.47	844	76	9
1999	9392	996	10.60	7224	853	11.81	987	88	8.9
2000	9950	1055	10.60	7105	721	10.15	—	—	—
2001	9322	995	10.67	6917	671	9.70	1214	87	7.2
2002	8876	1051	11.84	6262	603	9.63	1432	137	9.6
2003	8910	1075	12.07	5425	513	9.46	1606	193	12
2004	8865	1133	12.78	4480	442	9.87	1622	172	10.1
2005	8812	1214	13.78	3728	420	11.27	1483	154	10.4
2006	8652	1142	13.20	3323	402	12.10	1547	159	10.3
2007	8197	1092	13.32	3435	462	13.45	1595	154	9.7
2008	8111	1085	13.38	3776	498	13.19	1604	126	7.9
2009	8231	1102	13.39	4092	543	13.27	1611	187	11.6
2010	8409	1108	13.18	3912	548	14.01	1650	210	12.7
2011	8645	1182	13.67	3733	503	13.47	1725	237	13.7
2012	8806	1073	12.18	3648	525	14.39	1775	235	13.2

民族夜校

1992年,全县共有畲族人口17369人。其中,按照“基本扫除青壮年文盲”标准,达到非盲文化程度要求的只有1130人,仅占畲族总人口的6.51%。初小文化程度有1000人,高小文化程度有130人,畲族人口文盲率高达92%以上。

同年,全县创办了畲族村夜校47所,学员4228人,主要开设了识字课、珠算课;邀请乡政府农技员和林技员,县林业局、农业局、水利局的专家讲授农林技术课,把实用技术课与文化课结合起来,对学员进行立体化的授课,既学文化又学技术。

1993年,全县启动“两基”迎验工作,民族夜校改为开办识字教学为主,扫除青壮年文盲。1996年,景宁通过省政府基本扫除青壮年文盲验收,12—40周岁青壮年的非盲率达到90.78%,超过85%的标准。民族夜校起了巨大作用。

1997年10月,景宁通过了省政府基本普及九年义务教育评估验收,完成“两基”任务,夜校职能转为提高畲民职业技术教育。

第二节 优惠政策

法规保障

景宁畲族自治县成立后,民族教育优惠政策逐步出台。1989年9月,《景宁畲族自治县自治条例》颁布,其中第三十五条规定:“自治县大力发展民族教育事业,办好民族小学和民族中学。高级中学招收新生时,对畲族学生适当放宽录取条件;民族小学可采取普通话和畲语相结合教学。农村小学可适当放宽师生比例,促进农村教育的均衡发展。”第三十六条规定:“在各级招生主管部门的监督下,高等院校和中等专业技术学校在招收新生时,自治县考生享有降分录取的照顾。”

自治条例的颁布,使设立民族学校和改善办学条件、降低少数民族考生录取分数、少数民族学生收费优惠或减免学杂费等都有了法规保障。

招生优惠

1992年始，民族中学每年单独面向全县录取畲族学生两个班，乡镇比城区片学生分数降低50—80分，为保证各乡都有学生读民族中学的机会，凡全乡都达不到民族中学录取线，则可照顾从高到低录取2名畲族学生到民族中学就读。

景宁中学民族高中班，每年提前录取80—100人，通常情况比汉族学生要降低100分左右。

畲族考生上中专，中师，一般比汉族学生低20—50分，少数民族学生高考可加10分投档，保证畲族学生升学的比例。

1999年，少数民族考生享受在高职线下50分内开始组档，此政策只实行一年，之后只在总分后加10分投档。

2009年，景宁中学在校生1611人。其中，畲族学生187人，占比为11.61%，2012年，民族中学有48个教学班，在校生2313人。其中，畲族学生721人，占31.17%，符合各民族教育均衡发展的要求。

2012年，高考报名学生中有畲族考生65人，上线55人。这是少数民族考生享受同等条件优惠录取、降分录取、定向招生、确定名额等政策后的结果。

1992—2012年景宁畲族学生高考情况表

表7-2-1

年　份	报名人数(人)	上线人数(人)	上线率(%)	录取人数(人)
1992	—	1	—	—
1993	—	2	—	—
1994	—	5	—	—
1995	—	0	—	—
1996	—	2	—	—
1997	—	5	—	—
1998	—	0	—	—

续表 7-2-1

年　份	报名人数(人)	上线人数(人)	上线率(%)	录取人数(人)
1999	15	9	40	6
2000	23	12	52.2	4
2001	29	17	58.6	13
2002	15	14	93.3	13
2003	26	20	76.9	17
2004	60	50	83.3	43
2005	60	41	68.3	37
2006	45	37	82.2	34
2007	67	50	74.6	40
2008	67	61	91	56
2009	47	39	83	38
2010	61	55	90.2	54
2011	60	51	85	50
2012	65	55	84.6	55

经济补助

改善办学条件　1992 年,县财政局拨出专款帮助修建畲村校舍,购置畲村学校教学设备,解决畲族学生的生活困难。当年全县少数民族补助款 150 万元,其中,22%用于发展民族教育。

1994 年,县委统战部和县民族事务科每年将困难补助款的 15%—20%作为民族教育经费下拨给畲族学校,并明确要求县教育局对民族学校的经费予以照顾,优先解决民族学校危房的修理、课桌椅等教学设施的添置;加强民族高中班的教育工作,其教学经费、教学设施都要予以适当的照顾。

1995—1998 年,省下达的民族事业补助款用于“扶贫建校”“希望工程”的资金占总额的 29%。景宁第一期“扶贫建校”项目 23 个,总投资 1562 万元,其中扶贫资金 705.80 万元;二期“扶贫建校”项目 5 个,扶贫资金 340 万元。4 年来,共改造破旧房、危房 57 万平方米,新建校舍 54 万平方米。其中,民族中学、郑坑乡校、大均乡校、三枝树村校等占有较高比例，使不少学校校舍校貌发生了改变。

2007 年，浙江省财政厅与教育厅联合下发《关于下达 2007 年度民族教育专项资金的通知》，给予景宁民族教育资金 120 万元，并在文件中明确资金使用的民族教育具体项目。

2008 年，省财政厅安排给民族中学综合楼建设资金 660 万元，民族小学仪器设备资金 70 万元。

资助困难学生　1992 年，全县中小学学生每人每年减免学杂费 20 元。

1993 年，给全县困难畲生划拨补助资金 97 万元。

1996 年，中学生每人减免学费 80 元，小学生每人减免学费 60 元。全年累计给畲族小学生、初中生、高中生免收学杂费、生活困难补助 13.4 万元。

2002 年始，全县中小学校畲汉学生实施营养餐工程。

2012 年，初中学生每学年减免学杂费 260 元，小学生每学年减免学杂费 200 元，营养餐每生每年达 960 元。

1992—2012 年畲生学杂费减免、营养餐补助情况表

表 7-2-2

年份	初中人数（人）	每人每年减免（元）	小学人数（人）	每人每年减免（元）	营养餐补（元）
1992	786	20	1874	20	—
1993	648	20	1755	20	—
1994	774	30	1668	40	—
1995	676	40	1558	40	—
1996	783	80	1406	60	—
1997	784	80	1306	60	—
1998	878	80	1136	60	—
1999	853	80	996	60	—
2000	721	80	1055	60	—
2001	671	80	995	60	—
2002	603	127	1051	60	财补发还学生

续表 7-2-2

年份	初中人数（人）	每人每年减免（元）	小学人数（人）	每人每年减免（元）	营养餐补（元）
2003	513	220	1075	200	财补发还学生
2004	442	220	1133	200	
2005	420	260	1214	200	从此畲汉全免
2006	402	260	1142	200	中小学：200
2007	462	260	1092	200	260
2008	498	260	1085	200	395
2009	543	260	1102	200	470
2010	548	260	1108	200	470
2011	503	260	1182	200	470
2012	525	260	1073	200	960

奖励优秀学生　1984 年设县后，县委、县政府出台少数民族大学生奖励办法。奖励对象为景宁户籍，参加当年全国高等院校招生考试，通过高等院校招生被录取并就读的少数民族学生。

2000 年 6 月 15 日，县委县政府为落实省委〔2000〕11 号文件精神，发展民族教育事业，激励少数民族学生，培养少数民族优秀人才，由县民族宗教事务局出台《关于对少数民族优秀学生实行奖励的规定》：农业户口，小学升初中统考分排名全县考生前十位的少数民族学生，一次性奖励 300 元；农业户口，初中升高中（含考中专）统考分排名全县考生前十位，非农业户口的排名前五位的少数民族学生，一次性奖励 500 元；对考取普通高等院校的少数民族学生，一次性奖励 800 元。对考取重点大学的少数民族学生，一次性奖励 1000 元。

2011 年，对升大学的少数民族学生的奖励做了调整，凡景宁户籍，参加当年全国高等院校招生考试，通过高等院校招生被录取并就读的少数民族学生，被重点高校录取并就读，每人一次性奖励 5000 元；被一般本科高校录取并就读，每人一次性奖励 2000 元；被高职（专科）院校录取并就读，每人一次性奖励 1000 元。

至 2012 年，奖学金受惠畲族学生 57 人，奖励总额 10.80 万元。

培养畲族老师

1995年，县人大提出“景宁畲族自治县党内、党外干部和教师的选用和培训上，同样享受民族优惠政策”，为突出民族教育特色，县委、县政府十分重视畲族教师的培养，在学历提高、职称评聘、干部配备方面采取了相应的措施。畲族教师的比例、学历、职称和中层干部的人数逐年提升。

2012年，全县专任教师1388人，其中畲族教师160人，占11.53%。同年，民族中学全校教职工136人，其中畲族教师22人，占16.18%，畲族中层干部占25%，高于全县平均数。

2002—2012年景宁畲族教师情况一览表

表7-2-3

年份	人数（人）	占全县教师比例（%）	本科（人）	大专（人）	中师（人）	中级以上职称（人）	中层以上（人）
2002	157	8.70	4	31	114	38	15
2003	173	9.76	7	63	95	47	13
2004	174	9.96	8	64	94	47	12
2005	151	10.31	10	70	65	50	24
2006	147	9.13	12	85	42	53	21
2007	142	9.06	13	101	24	56	19
2008	147	9.44	27	93	22	67	23
2009	162	10.23	47	88	20	79	21
2010	159	10.27	51	85	16	81	23
2011	165	10.62	56	87	15	100	25
2012	160	11.53	68	72	13	101	23

第三节　特色教育

民族特色教育，是立足民族文化个性展开的教学活动。民族中学、实验二小、民族小学在继承和弘扬民族文化、开展民族特色教育领域积极探索。

校本课程

教材　畲族有独特的民族风情习俗，而其独特性有历史渊源有其历史因素。为继承与发扬其优良民族文化，1991年，民族中学组织教师收集资料，编写畲族乡土教材《可爱的畲乡——景宁》，把畲族从广东迁徙景宁的历程以及风土人情、生活习俗、婚丧礼仪、节庆活动等情况整理成校本教材。9月起，在全校初一、二年级开设选修课，每周一课时。

语言　畲族没有文字，但有通用的语言，俗称"山哈话"。1992年，民族中学在校园首创"畲语新闻"广播栏目，用畲语播放校园新闻。还在校本课程选修课内用"畲语汉语"进行教学，要求汉族学生也能用"畲语汉语"交流常用文明礼仪用词，如"你好""欢迎""谢谢""再见""老师好"等，在校园内营造浓厚的民族氛围。

2006年7月，民族中学启动中国第一本《景宁畲族语言简本》的编写工作。2009年8月，《景宁畲族语言简本》编写完成，解决了畲族因无文字，"山哈话"口口相传，难以学习传承的问题，填补了畲族语言研究的空白，县委、县政府为此举行首发仪式。《景宁畲族语言简本》既是校本教材，又作为全县干部职工学习的材料。

特色教学

音乐教学　1992年，民族中学组建了"畲族山歌队""畲族歌舞队"在校首届"三月三"篝火晚会演出。"敬酒歌""竹筒舞""戏西卜妮仔""木偶咿呀""谷子熟了"等优秀节目，后来还成为县庆"三月三"活动的压轴节目。民族小学还创作了具有畲族特色的大型舞蹈韵律操，在全校师生中全面普及，也作为大课间时必做的健身操。

1997年，民族中学的"畲族山歌队"赴东阳录制节目，参加中央七台《农民春晚》演出。

2001年，在丽水市中小学生文艺会演中，实验二小选送的舞蹈节目《畲山娃未来星》获一等奖。

体育教学　1992年，民族中学挖掘了“操石磉”“操杠”“打尺寸”等畲族传统体育项目，并在校运动会上表演。1999年，又挖掘了“问凳”“摇锅”“赶野猪”等畲族传统体育项目，每年在校运动会上表演，后来还作为县“三月三”节庆时的表演节目。

2004年11月10日，央视国际频道《走遍中国·丽水》节目的“千年山哈”中介绍了民族中学两个民族体育项目。同年，央视一套、《民族画报》、《中国民族报》等国家级主流媒体到民族中学专题采访。

2006年，“高脚竞速”在全省民运会上获冠军。

2007年，中央电视台《乡村大世界·走进景宁》播出了景宁“三月三”活动中表演的“操石磉”“操杠”“赶野猪”等节目。

2008年，县体育局、民族宗教事务局、教育局三家联合举办“景宁县少数民族传统体育项目对抗赛”，强化民族体育特色教育。

2010年，“摇锅”在全省民运会上获表演项目技巧类一等奖。

至2012年，民族中学的许多项目成为畲族体育教育教材和各类活动范本。

美术教学　畲族有自己民族独特的美学文化，畲族服饰、头饰、建筑、工艺都有独特风貌，其编织的彩带更是其精华。民族中学和民族小学都将畲族独特的美学元素引入教学课堂。

1992年，民族中学美术组教师首先在课外兴趣小组活动中开展畲族美学元素教学，然后逐步拓展到美术校本课堂进行普及教学。

2009年起，民族小学美术组教师把畲族美术元素引入课堂，进行教学和研究。民族中学和民族小学在畲族美术课堂教学中不断深入，设立课题研究，并取得成效。

2010年，民族中学学校课题《畲族图案艺术融入美术教学的实践和研究》获丽水市三等奖。

2012年，民族小学学校课题《美术校本课程开发之畲族服饰的研究》获丽水市一等奖。

一校一品

县教育局重视学校特色教学，要求每校独具一色，并列入考评。

景宁一中每年5月举行“校园文化艺术节”大型活动，活动集书法比赛、演讲比赛、诗歌朗诵会、十佳歌手大赛、歌舞晚会等于一体，汇聚各类畲族民族文化特色节目于一堂。

民族中学每年开展具有民族文化品牌意义的体育、艺术、美术项目活动。

民族小学的“足球”，实验一小的“口风琴”，实验二小的“舞蹈”，标溪乡校的“抖空竹”，大均乡校的“葫芦丝”，大漈乡校的“花样跳绳”，郑坑乡校的“畲族剪纸”，梧桐乡校的“诗词阅读”等个性化办学创品牌特色的教育活动，都围绕着民族文化的弘扬与传承这个主题深入开展。

2011年，县教育局通过评估，将实验一小、民族小学、标溪乡校、梧桐乡校、郑坑乡校、大均乡校、鸬鹚乡校、东坑镇小8所学校认定为学年一星级“一校一品”特色项目学校。

至2012年，民族小学和民族中学等20所中小学成为国家级、省级和县一星级特色学校。

2012年景宁中小学“一校一品”特色情况表

表7-3-1

学校	特色内容	等级
民族小学	足球	国家级、省级
实验二小	舞蹈	省级
实验一小	口风琴	省级
城北中学	篮球	省级
民族中学	民族体育	省级
大均乡校	葫芦丝	县二星级特色学校
标溪乡校	抖空竹	县二星级特色学校
郑坑乡校	剪纸	县二星级特色学校
鸬鹚乡校	书法	县一星级特色学校

续表 7-3-1

学校	特色内容	等级
梧桐乡校	诗词教育	县一星级特色学校
东坑镇小	德育评价—花样少年	县一星级特色学校
大地乡校	教育评价—成长银行	县一星级特色学校
英川镇小	中国象棋	县一星级特色学校
大漈乡校	花样跳绳	县一星级特色学校
澄照乡校	学生素质评价	县一星级特色学校
九龙乡校	舞蹈	县一星级特色学校
毛垟乡校	呼啦圈	县一星级特色学校
景南乡校	毽球	县一星级特色学校
沙湾中学	德育空间	县一星级特色学校
沙湾镇小	德育评价—星光少年	未评定

第八章　教育实施

全县中小学校全面贯彻落实党和国家的教育方针，按大纲要求开齐开足规定课程，合理安排校本课程，全面实施素质教育。在教育实践中，以落实中小学生日常行为规范为抓手，按社会、学校和家庭三位一体抓德育教育，推进课堂教学改革，以学生掌握知识、培养能力和陶冶情操为目标，落实智育和音体美艺术教育，使中小学教学质量稳步提高，尤其在农村小学小班化课堂教学探索形成“六小·三化”教学特色；中小学音体美艺术教育特色逐步走在全市的前列。

第一节　德　　育

目标与任务

1993年，国家教委颁布的《小学德育纲要》中指出小学德育目标是：培养学生初步具有爱祖国、爱人民、爱劳动、爱科学、爱社会主义的思想感情和良好品德，遵守社会公德的意识和文明行为习惯，良好的意志、品格和活泼开朗的性格。自己管理自己，帮助别人，为集体服务和辨别是非的能力，为使他们成为德、智、体全面发展的社会主义事业的建设者和接班人，打下初步的良好的思想品德基础。

1995年，县教育局贯彻国家教委颁布的《小学德育纲要》，要求各校任课教师要以思想品德课教学大纲和教材为依据，运用教材联系学生实际，着重培养学生的道德情感，提高学生的道德认识和道德判断能力，以指导他们的行为。

同年，国家教委颁布《中学德育大纲》，规定初中阶段的德育目标是：热爱祖国，具有民族自尊心、自信心、自豪感，立志为祖国的社会主义现代化努力学习，初步树立公民的国家观念、道德观念、法治观念，具有良好的道德品质、劳动习惯和文明行为习惯，遵纪守法，懂得用法律保护自己，讲科学，不迷信，具有自尊自爱，诚实正直，积极进取，不怕困难等心理品质和一定的分辨是非、抵制不良影响的能力。

规定高中阶段德育目标是：热爱祖国，具有报效祖国的精神，拥护党在社会主义初级阶段的基本路线，初步树立为建设有中国特色的社会主义责任感，自觉遵守社会公德和《宪法》法律；养成良好的劳动习惯，健康文明的生活方式和科学的思想方法，具有自尊自爱、自立自强、开拓进取、坚毅勇敢等心理品质和一定的道德评价能力、自我教育能力。

1998 年，教育部制定了《中小学德育工作规程》，提出中小学德育工作的基本任务是培养学生成为热爱社会主义祖国，具有社会公德、文明行为习惯、遵纪守法的公民。在这个基础上引导他们逐步确立正确的世界观、人生观、价值观，不断提高社会主义思想觉悟，并为使他们中的优秀分子将来能成为坚定的共产主义者奠定基础。

2001 年，教育部在《义务教育课程设置实验方案》中规定：义务教育阶段学校德育目标是使学生具有爱国主义，集体主义精神，热爱社会主义，继承和发扬中华民族的优秀传统和革命传统，具有社会主义民主法治意识，遵守国家法律和社会公德，逐步形成正确的世界观、人生观、价值观；具有社会责任感，努力为人民服务。

2004 年，景宁各中小学执行中共中央、国务院颁发的《中共中央、国务院关于进一步加强和改进未成年人思想道德建设的若干意见》，从增强爱国情感做起，弘扬和培育以爱国主义为核心的伟大民族精神。从确立远大志向做起，树立和培育正确的理想信念。从规范行为习惯做起，培养良好的道德品质和文明行为。

2005 年，各中学落实教育部提出的德育目标：教育中学生初步形成为建设中国特色社会主义而努力学习的理想，树立民族自尊心、自信心、自豪感；逐步形成公民意识、法律意识、科学意识以及诚实正直、积极进取、自立自强、坚毅勇敢等心理品质，养成良好的社会公德和遵纪守法的行为习惯。

2012年，德育课程设置目标任务仍按《中共中央、国务院关于进一步加强和改进未成年人思想道德建设若干意见》实施：小学为培养成有良好的意志品格和乐观向上的性格而努力。中学阶段德育目标任务：培养具有民族自尊心、自信心、自豪感；逐步形成具有公民意识、法律意识、科学意识以及诚实正直，积极进取，自立自强、坚毅勇敢等心理品质，养成有良好的社会公德和遵纪守法的行为习惯的小公民。

课程与教材

小学　1992年，全县小学执行国家教委1981年《教学计划调整表》，使用浙江省义务教育德育教材。小学"思想品德、生活与劳动、班队活动"每周各开设1课时，"晨间活动"每周开设3课时；集体教育和机动时间，每学年二周。一、二年级使用语文与思想品德合科教材，三年级以上单独编写思想品德教材。

1994年，全县实行每周40小时工作制，省教委对小学教学计划进行调整。秋季全县的小学一、二年级执行调整后的课程设置，"晨间活动"由原来的每周3课时，改为每天15分钟。

1995年秋季起，全县小学一、二、三年级执行调整后的五年过渡制小学教学计划，四、五年级执行五年制小学教学计划。"思想品德"每周安排2课时。一、二、三年级班队活动每周1课时，四、五年级灵活安排。

同年，各校使用《畲乡景宁》乡土教材，开展热爱家乡教育。在全县小学1—5年级统一开课一节，鹤溪镇小自行编写《晨间课本》，并在全校使用，推进学生养成教育。

1998年，全县各小学实施调整后的八年义务教育课程（过渡制）与九年义务教育课程更替。更替后的九年义务教育课程的思想品德课、思想政治课是小学生的必修课程。

2001年，全县各小学开始实施新一轮课程改革，小学教材《思想品德》改为《品德与生活》（低段使用）和《品德与社会》（中、高段使用）。

同年，县教委编写了《农村寄宿制小学地方课程〈成长读本〉》和《〈成长读本〉教师用书》，作为地方校本教材，在全县推广试用。

2003年秋，全县各小学开始使用丽水市综合性乡土教材《浙江绿谷》。

2004年秋，全县各中小学正式启用新教材，小学一、二年级的“品德与生活”，小学三、四、五、六年级的“品德与社会”。

2012年，全县各小学严格执行上级课程规定，结合本校实际，开设了国防教育、禁毒教育、经典诵读等德育校本课程。

初中　1993年，初中起始年级执行省编《义务教育试行教学计划》，采用省编教材，其他年级执行国家教委1981年颁布的教学计划：团队活动课每周各开设1课时；集体教育和机动时间，每学年安排三周。初中思想政治课以《公民》作为教材。

1994年，全县实行每周40小时工作制，省教委对初中的教学计划进行调整。秋季全县初中“家庭生活”由原来初一、初二每周各1课时，改为仅在初二每周安排1课时，初三年级开设思想政治课。

1995年，初中执行调整后的省义务教育课程设置表安排教学，初一、初二“公民”课每周各安排2课时，初三不安排。“班团队”课每周各年级安排1课时。集体教育时间和机动时间，每学年3周。

同年，各校使用《畲乡景宁》乡土教材，开展热爱家乡教育。在全县初中1—3年级统一每周开一课时。

1997年，初一开始改用《思想政治》教材，至2000年完成更替。其中，初一的《思想政治》一、二册增加大量心理教育内容。

2001年，初中教材《思想政治》改为《思想品德》。

2002年，县教育局贯彻《丽水市教育局关于进一步加强和改进中学时事教育的通知》，各中学保证每周安排1课时，对学生进行时事政策和相关专题教育。其中，日常时事教育内容由教育局安排，部分内容由中央宣传部和教育部统一部署。初三的时事课，选用教育部委托中宣部时事报告杂志社编辑部出版的《时事》中学生版杂志作为学生时事课的辅导教材。

2003年秋，全县初中开始使用丽水市综合性乡土教材《浙江绿谷》。

2004年秋，初中思想政治课改为思想品德，每周安排2课时。

2005年，县教育局贯彻省委宣传部、教育厅下发的《关于在全省中小学组织开展“人人知诚信，人人讲诚信”读书教育活动的通知》，开展中学生以《共铸诚信》为读本，进行读书活动。

2012年，全县各初中严格执行上级课程规定，结合本校实际，开设青春期教育、国防教育、禁毒教育、经典诵读等德育校本课程。

高中　1992年，全县高中执行国家教委1990年颁发的《现行普通高中教学计划的调整意见》，开设“政治”课，每周2课时改为3课时。其中，1课时用于时事政策教育。“社会实践活动课”每学年2周。从秋季入学的高一年级开始，人口教育课列为必修内容，三年总授课时数8—12课时，在地理课和时事政策教育课时内安排。政治课教材，高一为《科学人生观》，高二为《经济常识》，高三为《政治常识》。

1994年，全县实行每周40小时工作制，高中三年都开设思想政治课。

1995年，景宁两所高中学校大部分班级执行省普通高中教学计划，部分实行分流教学的班级（秋季高一新生，景中4个班，沙中1个班）执行省“分流实验”教学计划表。政治课，普通班级每周安排2课时；分流实验班高一上学期每周安排2课时，下学期安排3课时；高二上学期每周安排3课时，下学期安排2课时。高一、高二“社会实践活动”每学年安排2周，在劳动技术课、课外活动或学科教学活动的时间内安排。原教材体系顺序不变，在两年内，学生学完高中阶段必学内容。

1996年，景宁两所高中仍沿用人教社的《思想政治》教材。课程内容有所变化，科学人生观改为哲学常识，排在高二年级；原高二年级使用的经济常识教材调到高一年级。

1999年，省教育厅为稳步推进“3+X”高考改革，对高中的课程设置和教学改革提出了具体意见，政治课高一每周安排2课时；高二上学期每周2课时，下学期每周3课时；高三每周1课时。“社会实践活动”三个年级每学年均安排2周，在劳动技术课、课外活动或学科教学活动时间内完成。

2002年，县教育局贯彻《丽水市教育局关于进一步加强和改进中学时事教育的通知》，各中学每周安排1课时对学生进行时事政策和相关专题教育。其中，日常时事教育内容由教育局安排，部分内容由中央宣传部和教育部统一部署；教育部委托中宣部时事报告杂志社编辑部出版的《时事·中学生版》杂志作为学生时事课的辅导教材。

2005年，景宁一中推行德育课程与大学思想政治理论课程的衔接。

2006年秋季，景宁一中从高一开始实施《新课程第一阶段实验课程方案》，执行《浙江省普通高中新课程实验第一阶段周课时安排建议》，“政治”课时安排“文、理”班有区别，文科高一（上、下）和高二、三（上）每周为2课时，高二（下）每周4课时；理科高一（上、下）和高二（上、下）每周2课时，高三不安排。

2009年，县教育局根据《浙江省教育厅关于调整普通高中课程设置的通知》制定减少统一要求的教学内容、调整模块设置教学进度。

2009年调整后的普通高中课程模块设置一览表

表8-1-1

学习领域	科目	必修	选修		
			A	B	C
人文与社会	思想政治	必修1 必修2 必修3 必修4	国家和国际组织常识（文）	经济学常识 生活中法律常识	规定的其他模块

2012年，课程设置采用必修与拓展知识，学分分必修学分和选修学分，思想政治选修学分总分为8分。

2012年小学、初中、高中德育课程安排情况表

表8-1-2　　单位：课时

科目	一	二	三	四	五	六	七	八	九	高一	高二	高三
品德与生活	2	2	—	—	—	—	—	—	—	—	—	—
品德与社会	—	—	2	2	2	2	—	—	—	—	—	—
思想品德	—	—	—	—	—	—	2	2	2	—	—	—
思想政治	—	—	—	—	—	—	—	—	—	2	2	1

学科德育渗透

1992年,全县各中小学根据教育部颁布的各学科教学大纲,结合学科特点都要渗透思想品德教育。

1995年,县教育局贯彻教育部颁布的《中学德育大纲》,强调各学科教学是教师在向学生传授知识的同时施行德育的最经常的途径,要求各科教师要认真落实本学科的德育任务,结合学科特点,寓德育于教学内容和教学过程的各个环节之中。对各个学科都提出了相应的要求,在备课时应有设计方案。

2001年,全县各中小学实施《浙江省中小学学科德育方案》,要求各学科在传授知识的同时,有机地寓思想品德教育于教学内容和教学过程的各个环节之中。

2012年,县教育局实施《浙江省中小学学科教学中德育指导纲要》。

语文　通过语言文字进行熏陶感染,培养学生爱祖国、爱人民、爱劳动、爱科学、爱社会主义和热爱祖国语言文字的思想感情,初步培养良好的意志品格及爱美的情操。

数学　用教材内容和现实生活中的生动事例,激发学生学习兴趣,明确学习目的。用具有说服力的数据及中国古今数学家研究数学成就的史料,对学生进行“五爱”教育。通过阐述数学知识的产生、发展和内在联系,进行辩证唯物主义观点的启蒙教育。

常识　根据小学生活动范围小、生活经验少的特点,从他们常见的事物和现象入手,由近及远、由浅入深,从具体到抽象地进行教学,培养学生爱家乡、爱祖国、爱大自然、爱科学的思想情感。

体育　通过教学和训练,对学生进行集体主义和爱国主义教育,培养学生遵守纪律、团结互助、活泼勇敢、积极向上等优良品质。

音乐、美术　通过欣赏和唱、绘,培养学生的审美情趣,并从中受到革命传统教育和爱祖国、爱生活的教育。

劳动　通过参观访问和劳动实践,培养学生热爱劳动、热爱劳动人民、爱惜劳动成果的思想情感。

校园德育文化

1996 年，县教育局统一部署，各校在校园内醒目的位置布置釉面砖世界地图、中国地图、党的教育方针、名人名言、中小学生守则和行为规范、中小学教师职业道德规范等，强化育人氛围。

1998 年，全县各中小学贯彻国家教委颁布的《中小学德育工作规程》，在校园内适当位置设立旗台、旗杆，在教室黑板上方悬挂国旗。

2004 年，全县中小学围绕"中华美德伴我行"主题，在校园内悬挂领袖和中华民族杰出人物画像，设立"礼仪墙""美德窗"，营造民族精神教育氛围。

2007 年，县教育局贯彻省教育厅、省财政厅下发的《关于实施全省农村中小学书香校园工程的通知》，实施"农村中小学书香校园工程"，按全省农村中小学学生每人平均 5 元的标准安排经费，开辟阅览室、文化走廊等，创建浓厚书香校园氛围。

2010 年，县教育局出台《景宁县农村学校小班化教学常规 20 条（试行）》，对农村学校创设教室环境提出以"绿"为基调，创设"洁、美、怡、育"的学习空间，教室门口设计个性窗口，一班一品；讲台上方张贴班级奋斗目标用语；教室后墙每月更新一期黑板报或学习园地等要求。要求教室要有"四角"（少先队角、图书角、花卉角、卫生角）和"二栏"（信息栏、进步栏）等。

2011 年，县教育局根据丽水市教育局《关于在农村中小学开展校园文化和书香校园建设达标创优工作的通知》，加大书香校园建设投入，各校丰富了阅读资源。建立读书组织，读书活动，设置读书体会栏，开展营造读书氛围。

2012 年，县教育局开展"校园文化建设达标校"工作。各校在校训、校徽、校歌、宣传橱窗、文化墙（或科普墙）及班训、班规、班报、学习园地的设计和制作上都做精心安排。并布置在校园的突出位置。校园内警示牌、提示语内容健康向上，形成浓厚文化氛围和强烈的感染力。

课外德育活动

1992 年，国家教委、共青团中央联合发出《关于在全国中小学深入开展学雷锋活动的意见》，各校开展以“爱祖国、爱人民、爱劳动、爱科学、爱社会主义”为基本内容的学雷锋活动。同年，县教育局按照国家教委《中小学加强中国近、现代史及国情教育纲要》的要求，各校采用宣讲、征文等多种形式开展“两史一情”教育。

依照《中华人民共和国国旗法》要求，实行升降国旗制度，除寒假、暑假和双休日、假期外，每日升国旗；每周举行一次升旗仪式，还安排学生在国旗下讲话。增强爱国意识。

全县小学开始实施《小学生日常行为规范》达标活动。

1993 年，全县各中小学按照《关于运用优秀影视片在全国中小学开展爱国主义教育的通知》要求，开展爱国主义教育，县城学校规定每学期每生统一观看 5 次爱国主义影片。同年，景宁一中、民族中学等校定期聘请宣传部门专家开设时事政治讲座，每学期至少一场。按照省教委颁发的《浙江省高级中学学生思想政治品德考核暂行办法》，对景宁应届高中毕业生的思想政治品德进行考核。

全县中小学为纪念毛泽东 100 周年诞辰，开展朗诵、歌咏、书法、作文、黑板报等比赛，以及图片展览、文艺会演等活动。

1994 年，全县中小学结合“学雷锋、学赖宁”，开展“兴三风、保四无、倡五美、变三貌”竞赛活动。县教育局还组织开展“观看 100 部优秀影视片”和“歌唱 100 部影视片主题歌比赛”等爱国主义教育活动。

1995 年，全县中学按照国家教委颁发的《中学德育大纲》，开展学校德育活动。民族中学为规范初一新生行为，试行新生军训始业教育。按地区教委要求，开展读“《生命之歌》，学英雄精神”读书活动。

1996 年，景宁一中开展业余团校和业余党校的各类活动。民族中学开展帮扶后进学生的“希望之光”兴趣小组、“十佳学生”评比活动。县中心小学开展“五化德育”活动，沙湾镇小开展“学规范·比行动·争达标”等活动，培养学生规范行为。

全县中小学开展庆祝红军长征胜利六十周年和“迎国庆·爱景宁”知识竞赛活动，加强爱祖国、爱家乡教育。

全县中小学贯彻国家教委《关于要求各级各类学校在重要场合奏唱国歌的通知》精神，开展升国旗仪式评比活动，将优胜学校（小学组3个、中学组3个）的升旗仪式录像送报地区评选。

县教委出台《中小学日常行为规范达标评估细则》，并实行考评，7月公布了首批11所达标学校。

同年，国家教委颁布《小学管理规程》。全县各小学按照要求，配设德育工作分管校长，教职工全员参与，创设教书育人、管理育人、服务育人的环境氛围。要求小学应在每个教学班设配德育班主任，负责管理、指导班级工作，班主任要同各科任课教师、学生家长密切联系，了解掌握学生思想、品德、行为、学业等方面的情况，协调配合对学生实施教育，每学期根据学生的操行表现写出评语。

1997年，各校开展迎香港回归绘画比赛、“中国香港1997”读书会、征文比赛等爱国主义教育活动。

1998年，教育部颁发《面向21世纪教育振兴行动计划》，各中小学按照要求加强和改进学校的德育工作，继续实施爱国主义、集体主义、社会主义理想教育，遵纪守法和社会公德教育，进行中华民族优秀传统和革命传统教育，实施劳动技能教育以及心理健康教育，培养学生具有良好的道德、健康的心理和高尚的情操。

1999年，全县各校宣传《中华人民共和国预防未成年人犯罪法》。

全县各中小学开展纪念五四运动80周年、庆祝中华人民共和国成立50周年、迎接澳门回归等系列爱国主义教育活动。县教委命名5所学校为县级行为规范达标学校。

2000年，全县各中小学开始使用素质报告单，小学生品德评语以鼓励、肯定、期望的语言代替评判式评语，把记载式评价列为重要内容。

2001年，各中小学分别开展了以“崇尚科学、拒绝邪教”“崇尚科学，远离邪教，还我快乐童年”为主题的教育活动。

全县中小学心理健康教育指导中心成立，还设立“心理健康咨询信箱”。

2002年，县教育局贯彻教育部办公厅印发的《关于进一步加强中小学校毒品预防教育的通知》，各中小学校把毒品预防教育工作作为学校德育工作的一项重要内容，纳入日常教育教学中。

2003年，全县各中小学贯彻教育部办公厅印发的《中小学生预防艾滋病专题教育大纲》《中小学生毒品预防专题教育大纲》和《中小学生环境教育专题教育大纲》，开设专题教育课。

县教育局按照团丽联下发的《关于全面推进雏鹰争章活动的意见(试行)》，组织各小学开展雏鹰争章活动。

根据丽水市教育局下发的《关于在教育系统开展"改陋习、树新风"争创文明校园活动的意见》，全县学生开展"四勤十不"(勤洗手、勤洗澡、勤换衣、勤剪指甲和不随地吐痰、不随地乱扔垃圾、不随地便溺、不喝生水、不说谎话、不损坏公物、不挑吃穿、不乱花钱、不看不健康的读物、不打人骂人)教育活动及开展文明行为标兵评选活动。

同年，举行全县首届初中生德育辩论赛。

2004年，全县各中小学根据中宣部、教育部印发的《中小学开展弘扬和培育民族精神教育实施纲要》，将每年9月确定为"中小学弘扬和培育民族精神月"，开展宣传教育活动。

2006年，县教育局组织全县班主任学习贯彻教育部下发的《关于进一步加强中小学班主任工作的意见》，明确班主任工作的职责和任务。还建立优秀班主任管理机制。

县教育局出台《关于加强中小学校园文化建设的意见》。

2007年，县教育局印发《景宁县中小学首届校园"读书节"活动方案》，各中小学根据要求开展了首届校园"读书节"活动。

县教育局举办以"践行社会主义荣辱观，共创和谐校园"为主题的"红五月"全县中小学艺术节活动。

全县中小学开展"为了明天——预防青少年违法犯罪工程"系列活动，包括"与法同行"专题片进校园和"与法同行"征文比赛。实施以德育为首的"人格奠基"工程，推行德育导师制，贯彻落实《未成年人思想道德建设若干意见》和

《中小学生一日常规》。

2008年，县委、县政府出台《景宁畲族自治县基础教育质量提升行动指导意见》，教育局把这一年作为“基础教育质量提升行动推进年”，开展“校园二十看”“阳光体育运动”“书香校园建设”等工作。

县教育局制定《关于开展班主任星级评选的实施意见》，班主任全县378人通过学校推荐、技能考试、量化考核、工作事迹陈述及答辩四个环节，评选出五星级班主任10人、四星级班主任23人。

县教育局出台《景宁中小学生“养成教育”主题德育工作实施方案》，要求各校利用《校园二十看》《德育工作手册》《班主任工作手册》《班级日志》《学生操行情况记载》《学生作业情况记载》等工作手册，开展学校德育工作。

2009年，县教育局贯彻市教育局《关于进一步加强中小学班主任队伍建设的若干意见》，建立班主任选聘、考核、培训、优秀班主任评先制度。

沙湾中学作为分会场，承办丽水市中小学德育工作暨校园文化建设研讨会，推广景宁民族小学和沙湾中学校园文化建设典型经验。

全县中小学为庆祝中华人民共和国成立60周年，开展“我爱我的祖国”演讲比赛、“新华书店杯”全县少儿书信文化比赛活动。

2010年，县教育局、县禁毒办根据《中小学生毒品预防专题教育大纲》，开展县级毒品预防教育示范学校评比工作。民族中学、景宁城北中学、景宁畲族自治县沙湾中学被评为“毒品预防教育示范学校”。

县教育局开展“第三届星级班主任评选、举办首届班主任节、全县优质班会课教案评比、五星级班主任优质班会课展示、首届班会优质课评比”等系列活动，印发了《景宁县中小学班会教案集》。

2011年，县教育局按照浙禁毒办《关于开展全省禁毒师资远程培训工作的通知》，举办禁毒师资远程培训。

县教育局制定《景宁县中小学庆祝建党90周年主题教育活动方案》，全县中小学开展“办讲座、编板报、看影片、唱红歌、重走红军路”等以“我心向党 快乐成长”为主题的庆祝建党90周年教育活动。

2012年，县教育研训中心举办心理健康教育“上岗资格C证”考试培训班，提高班主任教养指导能力。

县教育局组织广大未成年人开展“向国旗敬礼、做一个有道德的人”网上签名寄语活动。

景宁通过省级“中小学生课外文体活动工程示范县”评估验收。

市教育局印发《关于公布首批农村中小学校园文化和书香校园建设示范学校、达标校的通知》，鸬鹚乡校被评为“丽水市校园文化示范校”；东坑镇小、沙湾中学、景南乡校、沙湾镇小、英川镇小被评为“丽水市校园文化达标校”；沙湾镇小、英川镇小、大均乡校、梧桐乡校、标溪乡校被评为“丽水市书香校园建设达标校”。

1995年景宁中小学学生行为规范达标评估方案一览表

表8-1-3

A级指标	B级指标	C级指标（基本要求）	权重值	评估等级				采集信息主要方式	自查分	考核分
				优秀 100%	达标 75%	基本达标 50%	未达标 0			
A1组织实施	B1德育地位	C1.坚持以德育为首，无轻视德育现象	2					综合		
		C2.建立了以校长为首的德育领导小组	1					查资料		
		C3.有德育激励机制	2					查资料 座谈		
		C4.学校德育工作目标明确	1					查资料 座谈		
	B2德育计划	C5.各德育组织制订相应的德育工作计划，并认真实施、检查、总结	2					查资料 座谈		
		C6.有实施《规范》的教育、训练计划和措施	1					查资料		
		C7.每堂课认真落实德育目标	2					查资料 听课		
		C8.积极开展班、团、队活动，有效组织规范训练	2					查资料 座谈		

续表 8-1-3

A级指标	B级指标	C级指标(基本要求)	权重值	评估等级				采集信息主要方式	自查分	考核分
				优秀	达标	基本达标	未达标			
				100%	75%	50%	0			
A1组织实施	B3德育途径	C9.认真组织晨间活动、影视活动	2					查资料 座谈		
		C10.积极参加读书教育活动	2					查资料 座谈		
		C11. 认真组织参观、浏览、访问、调查、劳动等社会实践活动	2					查资料 座谈		
		C12. 通过家长学校、家长会、家访、书画联系等多种形式加强家庭教育	2					查资料 座谈		
		C13.根据学生年龄特点,举办少年团校、业余党校	1					查资料 座谈		
		C14.派出所、关协、文化馆、纪念馆、少年宫等校外机构配合学校教育	2					座谈 听汇报		
		C15.集会教育、重大礼仪活动、重大纪念日(节日)活动、值日(值周)、寝室管理、食堂管理、"文明班级"竞赛活动已形成制度,贯彻《规范》与贯彻规章制度紧密结合	4					查资料 座谈		
		C16. 抓好个别教育,转化差生措施落实到人	2					查资料 座谈		
		C17. 有醒目的校风、学风、《日常行为规范》宣传图文及名人画像挂贴	2					察看		
		C18.发挥黑板报、壁报、橱窗、广播、图书室、队室的教育作用	2					察看 座谈		
		C19.学校积极、认真地组织达标班评估,有评估措施并定期评估	3					查资料 座谈		

续表 8-1-3

A级指标	B级指标	C级指标(基本要求)	权重值	评估等级 优秀 100%	达标 75%	基本达标 50%	未达标 0	采集信息主要方式	自查分	考核分
		C20.班级定期开展行为规范达标民主评议，逐生、逐条考核。充分发挥《达标手册》的作用	3					查资料 座谈		
A2实施效果	B4熟悉规范	C21.所有学生（小学低年级除外）知道并理解《规范》全部内容	2					调试		
	B5热爱祖国	C22.严格履行国旗升降制度	2					察看 座谈		
		C23.所有学生（小学低年级除外）能独唱国歌	2					调试		
		C24.无反常、反社会主义言行	2					座谈 听汇报		
A3实施效果	B6仪表端庄	C25.学生中没有佩戴首饰、穿高跟鞋、外穿短裤背心现象，标志佩戴整齐，穿着整洁。无男生留长发、女生烫发现象	3					察看 座谈		
		C26.教室和楼道等狭窄处无追逐喧哗现象。走路不扶肩搭背	3					察看 座谈		
		C27.集队做到静、齐、快	2					察看 座谈		
	B7语言文明	C28.课内外盛行普通话	1					察看		
		C29.礼貌用语广泛使用，无骂人、说脏话、叫侮辱性绰号现象	2					察看 座谈		
	B8情趣健康	C30. 学生中无赌博、喝酒、抽烟现象，不参与封建迷信活动	2					座谈 专访		
		C31.不看黄色书刊和录像	2					座谈 专访		

续表 8-1-3

A级指标	B级指标	C级指标（基本要求）	权重值	评估等级 优秀 100%	达标 75%	基本达标 50%	未达标 0	采集信息主要方式	自查分	考核分
A3实施效果		C32. 不进入营业性舞厅、电子游戏机室、酒吧、音乐茶座等不适宜中小学生活动的场所	2					座谈 专访		
	B9遵纪守法	C33.遵守交通规则，不违章骑车（小学低年级学生不骑车上学）	1					座谈 专访		
		C34. 无打架斗殴现象和离家出走现象	3					座谈 专访		
		C35.无偷窥现象	2					座谈 专访		
		C36. 无较大的突发事件和非正常伤亡事故。师生违法犯罪率为0	3					座谈 专访		
		C37.寝室纪律好	1					察看 座谈		
	B10爱护公物	C38.学校门窗、桌椅等设施完好无损	2					察看 座谈		
		C39. 没有损坏花草树木的现象	1					察看 座谈		
		C40.黑板、墙壁、布告栏、课桌等处无涂抹刻画现象	2					察看 座谈		
	B11讲究卫生	C41. 地上无痰迹和纸屑果皮，四周无灰网	2					察看 座谈		
		C42. 学习和生活用品摆放整齐、有序	2					察看 座谈		
		C43.注意个人卫生，不喝生水，不留长指甲，勤洗澡，勤更衣	2					察看 座谈		
		C44.学会自理，主动承担力所能及的家务	2					察看		

续表 8-1-3

<table>
<tr><th rowspan="3">A级指标</th><th rowspan="3">B级指标</th><th rowspan="3">C级指标(基本要求)</th><th rowspan="3">权重值</th><th colspan="4">评估等级</th><th rowspan="3">采集信息主要方式</th><th rowspan="3">自查分</th><th rowspan="3">考核分</th></tr>
<tr><th>优秀</th><th>达标</th><th>基本达标</th><th>未达标</th></tr>
<tr><th>100%</th><th>75%</th><th>50%</th><th>0</th></tr>
<tr><td rowspan="8">A3实施效果</td><td rowspan="2">B12勤俭节约</td><td>C45.节约水电、爱惜粮食</td><td>2</td><td></td><td></td><td></td><td></td><td>察看
座谈</td><td></td><td></td></tr>
<tr><td>C46.不摆阔气、不乱花钱</td><td>2</td><td></td><td></td><td></td><td></td><td>察看
座谈</td><td></td><td></td></tr>
<tr><td rowspan="4">B13学习勤奋</td><td>C47.无逃学现象,辍学率低</td><td>2</td><td></td><td></td><td></td><td></td><td>察看
查资料</td><td></td><td></td></tr>
<tr><td>C48.课堂气氛活跃,自修课自觉认真</td><td>2</td><td></td><td></td><td></td><td></td><td>听课
察看</td><td></td><td></td></tr>
<tr><td>C49.作业认真</td><td>2</td><td></td><td></td><td></td><td></td><td>察看</td><td></td><td></td></tr>
<tr><td>C50.无考试作弊现象</td><td>2</td><td></td><td></td><td></td><td></td><td>座谈
听汇报</td><td></td><td></td></tr>
<tr><td></td><td>合计</td><td>100</td><td></td><td></td><td></td><td></td><td></td><td></td><td></td></tr>
</table>

1996—1999年景宁中小学县、市级学生行为规范达标学校一览表

表 8-1-4

命名时间	学生行为规范达标学校(包括县、市级)
1996年	景宁一中、沙湾中学、民族中学、英川中学、景宁县小(市级)、鹤溪镇小、沙湾镇小、英川镇小、东坑镇小、浮丘小学、渤海中学
1997年	东坑镇中学、毛垟乡中心学校、县职业高中、秋炉乡中心学校、渤海镇中心学校、葛山乡中心学校、外舍乡中心学校、上渔中心完小、景南乡中心学校、叶桥中心完小、标溪乡中心学校、隆川中心完小、鸬鹚乡中心学校、张春中心完小、鹤溪镇小(市级)、大均乡中心学校、雁溪乡中心学校、梅岐乡中心学校、澄照乡中心学校、家地乡中心学校、梧桐乡中心学校、大漈乡中心学校、大都农职业中学
1998年	莲川中心完小、黄湖中心完小、顺利中心完小、城北中学、道化中学、毛垟中学、陈村乡校、大地乡校、新四完小、北溪完小
1999年	金钟乡校、郑坑乡校、大顺乡校、大都完小、育才学校

家庭教育

1992年，教育部、全国妇联、省教育厅先后下发了《全国家庭教育指导大纲》《浙江省家庭教育工作"十五"规划》《浙江省家庭教育指导工作大纲》。各学校为了帮助家长端正教育思想，改进教育方法，提高家庭教育水平，建立家长委员会、家长学校，通过召开家长会、实行家长开放日、组建家庭教育讲师团、家访等方式加强沟通，强化学校和家庭的教育合力。

1996年，国家教委颁布《小学管理规程》，全县小学与学生家庭建立联系，运用家长学校直接家访等方式指导、帮助学生家长创设良好的家庭教育环境；帮助学校解决办学中遇到的困难，征集学生家长的意见、建议。

县教育局组织各校贯彻落实省妇联、省教委印发的《浙江省家长学校工作规划（试行）》《浙江省家长学校教学指导纲要（试行）》。

1998年，县教委贯彻国家教委颁布的《中小学德育工作规程》，全县中小学校通过家长委员会，家长学校、家长接待日、家长会和开展家庭访问等形式帮助家长树立正确的教育思想，改进教育方法，提高家庭教育水平。与工会、妇联密切合作，落实《家长教育行为规范》。

1999年，民族中学建立班主任家访考核办法。

2001年，实验二小、景宁一中、实验一小、东坑镇小被评为丽水市先进家长学校。民族中学、景宁城北中学、沙湾镇小被评为县级家庭教育先进集体。

2003年，全县各校开展学生和家长共创"讲文明，讲卫生，讲科学"社会新风尚的活动，签订了"改陋习，树新风"共勉协议书。要求做到崇尚科学，不参加封建迷信活动；邻里和睦，尊老爱幼，助人为乐，弘扬中华民族传统美德；文明礼貌，遵纪守法，不打人骂人，不损坏公物，讲究卫生，不乱丢垃圾，不随地吐痰、便溺；遵守交通规则，文明乘车，行走；不看不健康的书刊和录像；未成年人不进网吧，不参与赌博；移风易俗，提倡厉行节约、反对奢侈浪费。

2012年，县教育局根据丽水市教育局下发的《关于规范家长学校建设加强家庭教育工作的意见》，各校对家长学校的任务、要求作出具体规定，各校开展

“走百里路，进百家门”大家访活动。

社会教育

1992年，县委成立“景宁县关心下一代工作委员会”，教育局机关、乡镇政府和学校成立“关心下一代工作协会”，聘请热心学校德育工作的社会各界人士担任校外辅导员，为学校德育献计献策，深入基层学校给学生作优良传统教育和爱国主义教育，让下一代健康成长。

2001年，全县各中小学都聘任了经验丰富的公安民警、法院法官、司法局干部为兼职法制副校长，为在校学生健康成长引领护航。

2003年，县教育局组织学习中央综治委、教育部等部门下发的《关于规范兼职法制副校长职责和选聘管理工作的意见》，明确兼职法制副校长的主要工作职责。

2006年，在县教育局和县关工委组织下，邀请了德高望重的退休教师组成宣讲团，深入学校宣传“社会主义核心价值观”。

2010年3月，丽水市“将成功传给下一代”百场公益专题讲座在景宁开讲。

2011年，以“共享文化资源，共建生态文明，共创绿色未来”为主题，县教育局联合环保、林业、文体等部门举行“手拉手，与环保同行”活动，共有2000多名学生代表参加书画长卷及签名活动，组织学生观看环保宣传片。

根据《中共中央关于进一步加强未成年人思想道德建设的若干意见》，团县委、县教育局、县少工委依托民族青少年宫，成立景宁少先队队长学校，并设立校级分校。

2012年，县教育局与中国教育科学研究中心支学助教办公室共同开展“感恩励志教育”大型公益活动。与县国土资源局、县广播电视台联合举办“6•25”土地日小学生故事大王比赛。9月，与县环保局联合开展以“绿色生活，从我做起”为主题的环保绘画比赛活动。同年，与县文化广电新闻出版（体育）局联合举办“文明上网校园行”中小学生主题演讲比赛。

第二节　智　　育

教学管理

领导姓“教”　1998年，县教委突出以教学为中心，由校长带头兼课，专发了《关于中小学校长兼课的有关规定（试行）》，明确中小学校长、副校长、中层干部都必须兼课，每周兼课课时数根据学校规模略有区别。乡镇中心学校的校长、副校长、会计、出纳4—8课时，业余专干（农民文化技术学校）4—6课时，少先队总辅导员6—8课时。各辅导小学的校长、副校长4—6课时，教导主任8—10课时。县属初中的校长（书记）2—4课时，副校长、政教、教务、总务主任4—6课时，工会主席、团委书记、少先队总辅导员6—8课时。乡镇初中的校长、副校长6—8课时，教导主任、出纳每周兼课8—10课时，工会主席、团委书记、少先队总辅导员每周兼课6—8课时。普通高中校长（书记）每周兼课不少于2课时，副校长、政教、教务、总务主任、工会主席、团委书记4—6课时。

“减负”　1993年，各中小学贯彻国家教委《关于减轻义务教育阶段学生过重课业负担，全面提高教学质量的指示》，县教育局统一要求各校教师根据教学要求和学生学习实际，认真备课，精心授课，因人制宜地选择和布置作业：小学一年级一般不留书面作业；二、三年级作业时间不超过30分钟；四年级不超过45分钟；五、六年级不超过1小时。小学和初中不设重点班（校）。

同时，景宁取消小学毕业生进入初中的升学考试，初中新生实行就近入学。

1995年，省教委出台《关于对导致中小学课业负担过重几个突出问题的整改意见》，教育局不向中小学校下达升学指标或考试成绩指标；不单纯以升学率和考试成绩作为对中小学校评价，拨款和奖惩的依据；不以此排列中小学校的名次；要求学校严格按照国家教委和省教委颁发的课程（教学）计划组织教育教学活动，不随意增减课程和课时；除高中证书会考，高中阶段招生考试（可与初中毕业考试合一）外，废止其他年级的会考、统考、统练，全县初中招生全部实行免试就近入学，初、高中还没有分设的完全中学，其初中部的招生主要与其他中学一样，实行免试就近入学；不编印、不发行、不组织学生购买未经省级教育行政部门审批的学习辅导材料、试卷集等；除可参加经省批准的省和国家举办的初中、高中学科竞赛外，不搞小学、初中和高中的学科竞赛；停止审批以任何名义或形式开办的语文、数学、物理、化学、生物、计算机、外语等学科奥林匹克学校（班）、少科班、提高班、超常班、培训班等。

1996年，国家教委颁发《小学管理规程》。县教委根据“规程”精神，要求全县各小学在教学上要充分发挥学科课和活动课的整体功能；要面向全体学生，坚持因材施教的原则，充分发挥学生的主体作用；要合理安排作息时间，学生每日在校用于教育教学活动的时间五、六年级至多不超过6小时。

2000年，县教委出台《关于减轻中小学课业负担的实施意见》，全县各校做到“八个严”：严格执行教学计划，严格控制教辅材料，严格规格办班行为，严禁教师违规补课，严格控制课外作业，严格控制活动总量，严格控制考试科目与次数，严格规范质量评价。同时，县教委根据《关于进一步加强中小学教学用书管理切实减轻学生过重负担的通知》，为规范中小学教学用书征订和控制中小学生使用的各类教学辅导用书。由教育科、教研室、新华书店三家派代表成立资料发行领导小组，征订教辅资料须经审核后方可征订。

2005年，省教育厅印发《浙江省教育厅关于减轻中小学生过重课业负担若干意见的通知》，县教育局确定当年为“减负”工作年；建立“减负”监控和保障机制：教育局与学校签订“减负”责任书，学校作出“减负”承诺并接受社会监督。对加重学生负担的违纪事件，一经查实，给予学校书面警告，累计3次，校长自动辞职或免职；将“减负”与示范性学校评估、校长聘任、教师考核、晋升挂钩；在评职、评优、评先等方面实行一票否决。

2006年，县教育局出台《关于进一步规范义务教育学校办学行为提高教育教学质量的通知》，要求严守教学时间、严格控制作业布置、严格执行课程标准、严禁有偿家教和体罚学生；在严格常规管理、教学管理，教学方法等方面作了明确规定。

2009年，县教育局贯彻《浙江省义务教育教学管理指南（试行）》，指导学校改进课程设置，规范教育教学行为。要求各校开齐、开足、开好规定的课程，不得随意增减课程门类和总课时数，保证实验课和实践活动的学习时间和学生每天参加体育锻炼1小时，每周参加课外艺术活动2次。

2010年，县教育局贯彻浙江省教育厅下发的《关于减轻中小学生过重课业负担的若干意见》等"减负"文件精神，制定《景宁县中小学作业布置与批改基本规范》，以精选、全批、精析为基本原则，从作业布置、作业批改、作业管理三方面作出明确规定。

2011年，县教育局加强对各校"减负"工作的课程开设、学生作业量、补课、考试管理，并对学生的休息和锻炼时间、招生秩序等情况进行检查。

课堂教学

发展历程　1992年，对普通中学毕业生实行毕业后职业教育，即"三后"教育、社会调查、"3+X"教育、农村实用技术教育。

1998年，县教委出台《景宁县区域性推进素质教育实施意见》，景宁开始步入了纠正"应试教育"推进"素质教育"新阶段。确定民族中学、英川中学、鹤溪镇小、沙湾镇小、景南乡校、顺利完小等为首批素质教育实验学校，要求实验学校要带着课题开展教学，为全县铺开素质教育作出示范。

1999年，全县各中小学进入新课程改革实验，推广试点县（区）课改经验的"五个到位"（组织到位、师资到位、物质到位、制度到位、舆论保障到位）；建立和完善新课程改革相适应的教研、师训、教育教学质量评价等制度。县教育局还建立各校每月向局课改办公室书面报告课改实施情况制度。出台《关于加强景宁县英语教学改革的意见》，民族中学、城北中学作为试点学校先行实施。

2000年，全县开展向缙云县学习教改经验活动，学习他们贯穿"以学生为主体，以教师为主导，以情感为纽带，以训练为主线"的教学思想，课堂活动上运用明确目标，自学讨论，训练点拨，反馈总结"四步教学法"教学方法；突出目标意识、主体意识、反馈意识、情感意识"四个意识"教学模式。

2003年，教育部启动新一轮课程改革，县教育局出台《景宁县基础教育课程改革实施工作指导意见》，提出课程改革的目标：树立新课程指导下的教育新理念，改变以往课程实施中重知识轻实践、重结果轻过程、重接受轻体验的现象，课程改革要以学生的发展为本，以创新精神和实践能力的培养为重点。根据新课程改革理念，修订学校教育评价的相关标准及对教师考核评价标准，探索中小学考试内容、方法及学生素质评价的改革途径，构建符合素质教育思想的评价内容和标准。对新一轮课程改革作出安排：准备阶段（2003年9月—2004年9月）；全面实施阶段（初期2004年9月—2005年8月，中期2005年9月—2007年8月，后期2007年9月—2010年8月）；总结阶段（2007—2010年）。还确定了对课程改革的主要内容：学习研究和实践新教材；优化课程实施（教学）过程；提升教师素质；开发课程资源；探索综合实践活动课的教学模式；建立发展性评价体系。

2008年，随着城镇化进程的加快，农村学校生源逐渐萎缩，农村学校师生比例失衡，导致质量逐年下降。全县30人以下班级达到93个，占全县农村学校总数（129个）的72.1%。其中，10人以下的班级有20个。同时，县教育局制定《景宁县教育局推进农村学校小班化教学的实施意见》，对小班的上课、作业、辅导、批改等作了规定，铺开农村小班化课堂教学研究。

2009年，全县各中小学开展课堂教学研究，县城小学围绕“有效教学”和“本真教学”（研究后期演变为“本真课堂”）和农村小学围绕“小班化教学”主题展开研究。以县城“龙头”学校扶持、带动薄弱学校研究。

2010年，景宁小班化教学经过两年的试点研究与面上实施推进，形成了相对稳固的“六小·三化”教学特色。同时，为进一步推进小班化教学，县教育局制定《农村学校小班化教学常规20条（试行）》，对全县农村学校小班化教学提出了指导性要求。

分类管理　1992年，景宁为适应教学实际，让每位学生都学有所得，大都农中、鸬鹚初中的三年级实行分流教学。

1994年，教育局出台《学校教学质量指标》与《学校质量考核细则》。为了区别学校的各种因素，县教育局根据实际情况，进行分类指导管理模式，把全县初中学校进行分类：第一类3所学校即景宁一中、民族中学、景宁畲族自治县沙湾中学；第二类6所学校即渤海中学、东坑中学、英川中学、毛垟中学、大都农职业初中、道化农职业初中；第三类即13所乡镇小学附设初中。

一类学校：办学条件和教学基础都比较好的初级中学，保质保量实施义务教育，并注重办学特色，起示范作用。要求做到：一是在校学生年巩固率98%以上；二是初中毕业会考合格率达75%以上，高中招生考试优良率达30%以上；三是体育合格标准合格率达95%以上，体育锻炼达标率达90%以上。

二类学校：办学条件和教学基础较弱的初级中学。要求做到：一是在校学生年巩固率96%以上，学生如期毕（结）业率90%以上；二是严格执行教学计划，积极开展分流教学改革，初中毕业会考合格率达70%以上；三是学校体育卫生档案健全，体育合格标准合格率达90%以上，体育锻炼达标率达85%以上。

三类学校：办学条件和教学基础薄弱的初级中学。要求做到：一是教育教学秩序正常，建立升国旗制度，校园环境整洁；二是义务教育表册健全，保证小学毕业生进得来、留得住，坚持从实际出发实行因材施教，在教学上适当放低要求；三是加强劳动技能教育，培养学生兴趣，尽量使学生学有所得，以保证学生读完九年（或八年）义务教育。

学业评价

1992年，省教委制定《浙江省普通高中证书会考实施细则》，规定对劳动技术课由市（地）实行考察认定，列入高中会考考查成绩。

1993年，全地区初中毕业生升学考试加试体育，满分30分，计入升学总分。

1995年，地区教委规定初中毕业会考改为初中会考，即初一、初二、初三都进行会考，分三类指导的农村初中，会考试卷结构也分三类。

1998年，按素质教育要求，小学试行素质报告单，将百分制改成等级制，分优秀、良好、合格、待合格四级。

2001年，初中阶段以《丽水地区初中教学质量评价实施方案》为基础，建立教学质量评价指标体系，评价学校的教育质量。同年，全县中小学生全部实施学业成绩等级制。

2002年，根据教育部、省教育厅的意见，全县小学每学期只举行一次由学校组织的语文、数学的期末考试，禁止进行区域性统考、统测；考试和考查采用等级制或评语制。县教育局出台《景宁县中小学教学管理工作实施意见》，制定了《景宁县2003年初级中学实验操作考查实施细则》；实验操作考查成绩的评定采用记分制，满分为10分，计入升学总分。同时，县教育局出台《景宁县小学教学评价改革意见》，指出素质教育也需要考试，不要把素质教育与考试对立起来；要树立正确的考试理念，探索考试的形式、内容、时间、结果应用等。

2005年1月，市教育局制定《丽水市义务教育阶段学生学籍管理实施办法（试行）》，规定小学学生的评价，包括综合素质和学业成绩两方面：综合素质测评由综合评语和等第测评两部分组成，等第测评分A、P、E（或优良、合格、待合格）三个等级；学业成绩考核，原则上实行等级制，分优秀、良好、中等、及格、不及格（或A、B、C、D、E）五个等级。3月，省教育厅制定《关于中小学评价与考试制度改革的指导意见》，规定：小学、初中学生评价分为基础性发展目标和学科学习目标两类。学科学习目标按各学科课程标准提出的学习目标和评价方式执行。学科成绩主要采用考试、考查方式。小学生每学期期末进行一次考试，考试科目为语文、数学。试卷难度值控制在0.7%以上。学校自行命题，自行组织考试，自行阅卷认定成绩。考查科目由学校根据实际情况自行确定，呈现方式采用等级制。小学、初中不得举行期末学科考试以外的任何学科考试或变相的学科考试。通过中小学评价与考试制度改革，建立起以激励为主的评价机制。

2009年3月，省教育厅印发《浙江省普通高中会考实施细则》，规定：凡获得普通高中学籍的在校学生都应参加所有必考科目的会考，且不及格科目不超过一门，是取得毕业资格的必备条件之一，高中会考成绩将记入毕业生档案,作为升学、入伍、就业的重要参考。同年，全市初中毕业生学业考试总分从780分调整为640分，5门文化课卷面分数分别下调了20—50分；体育考试总分则由15分提高到30分，实验操作由10分提高到15分。使初中毕业生学业考试更好地为推进素质教育和新课程改革服务。

2011年，“社会·思想品德”学科由闭卷改为开卷，信息技术实验操作由考试改为考查。

2012年，省教育厅对普通高中会考制度实行改革，改高中证书会考为普通高中学业水平考试，学业水平考试由省统一命题、统一施考、统一阅卷、统一评定成绩。各学科每年考一次，高三年级学生可参加每年3月开设的11门科目的补考，学生参加同一科目考试次数最多2次，以最好成绩记入档案，同时，逐步完善以学业水平考试和综合素质评价为主要内容的高中学生学业评价体系。

课程设置

全县各中小学的课程，均按教育部和省教育厅的规定设置，实行新课改后，严格执行规定的必修课课程和地方课程，并开发校本课程和选修课程，开展社团活动，推进素质教育。

小学课程设置　1992年，全县中小学执行国家教委1981年颁发的全日制五年制小学教学计划。

1981年五年制小学教学计划一览表

表8-2-1　　单位：节

科目		一年级	二年级	三年级	四年级	五年级	上课总时数
地理		—	—	—	2	—	72
历史		—	—	—	—	2	72
体育		2	2	2	2	2	360
音乐		2	2	2	2	2	360
美术		2	2	2	1	1	288
劳动		—	—	—	1	1	72
并开科目		6	6	7	9	9	—
每周总课时		24	25	26	27	27	—
课外活动	自习	2	2	2	2	2	—
	科技文娱活动	2	2	2	2	2	—
	体育活动	2	2	2	2	2	—
	周会班队活动	1	1	1	1	1	—
	每周在校活动总计	31	32	33	34	34	—

1993年秋，全县小学一年级开始执行省编《义务教育试行教学计划》，使用省编教材，课程安排见八年(过渡制)义务教育课程设置表。其他年级仍执行国家教委1981年颁发的全日制五年制小学教学计划。

1995年，全县中小学执行省教委颁发《关于实行每周40小时工作制后调整中小学教学计划的意见》。秋季开始，全县小学一、二、三年级执行“调整后八年(过渡制)义务教育课程设置表(小学部分)”，四、五年级执行“1981年全日制五年制小学教学计划课时调整表”。

1995年调整后八年(过渡制)义务教育课程设置一览表(小学部分)

表8-2-2　　　　单位:节

<table>
<tr><th rowspan="2">科目
年级</th><th colspan="10">必修课</th><th colspan="4">活动课</th><th rowspan="2">周学习活动总量</th><th rowspan="2">集体教育和机动时间</th></tr>
<tr><th>思想品德</th><th>体育与保健</th><th>语文</th><th>数学</th><th>常识</th><th>音乐</th><th>美术</th><th>生活与劳动</th><th>周总课时数</th><th>并开科目数</th><th>晨间活动</th><th>班队活动</th><th>体育活动</th><th>兴趣活动</th></tr>
<tr><td>一</td><td>1</td><td>2</td><td>10</td><td>5</td><td>1</td><td>3</td><td>2</td><td>1</td><td>25</td><td>7</td><td rowspan="5">每天15分钟</td><td>1</td><td>2</td><td>1</td><td>29</td><td rowspan="5">每学年二周</td></tr>
<tr><td>二</td><td>1</td><td>2</td><td>10</td><td>5</td><td>2</td><td>2</td><td>2</td><td>1</td><td>25</td><td>7</td><td>1</td><td>2</td><td>1</td><td>29</td></tr>
<tr><td>三</td><td>1</td><td>2</td><td>9</td><td>6</td><td>3</td><td>2</td><td>2</td><td>1</td><td>26</td><td>8</td><td>1</td><td>2</td><td>1</td><td>30</td></tr>
<tr><td>四</td><td>1</td><td>2</td><td>9</td><td>6</td><td>4</td><td>2</td><td>1</td><td>1</td><td>26</td><td>8</td><td>1</td><td>2</td><td>1</td><td>30</td></tr>
<tr><td>五</td><td>1</td><td>2</td><td>8</td><td>6</td><td>4</td><td>2</td><td>1</td><td>1</td><td>25</td><td>8</td><td>1</td><td>2</td><td>2</td><td>30</td></tr>
<tr><td>备注</td><td colspan="16">小学每节课为40分钟。小学每学年上课34周，复习、考试3周</td></tr>
</table>

1998年，全县实施调整后的八年(过渡制)义务教育课程和九年义务教育课程。

1998年调整后的九年义务教育课程设置一览表

表8-2-3　　　　单位:节

<table>
<tr><th colspan="2" rowspan="2">年级
周课时
科目</th><th colspan="6">小学</th><th colspan="3">初中</th><th rowspan="2">总课时</th></tr>
<tr><th>一</th><th>二</th><th>三</th><th>四</th><th>五</th><th>六</th><th>七</th><th>八</th><th>九</th></tr>
<tr><td rowspan="2"></td><td>思想品德</td><td>1</td><td>1</td><td>1</td><td>1</td><td>1</td><td>1</td><td>—</td><td>—</td><td>—</td><td>204</td></tr>
<tr><td>公民</td><td>—</td><td>—</td><td>—</td><td>—</td><td>—</td><td>—</td><td>2</td><td>2</td><td>—</td><td>136</td></tr>
</table>

续表 8-2-3

周课时／年级／科目		小学						初中			总课时
		一	二	三	四	五	六	七	八	九	
必修课	体育与保健	2	2	3	3	3	3	2	2	2	744
	语文	9	9	8	8	7	7	6	5	5	2166
	数学	4	4	5	5	5	5	5	4	4	1336
	外语	—	—	—	—	—	—	4	—	—	136
	常识	1	1	2	2	4	4	—	—	—	476
	自然科学	—	—	—	—	—	—	4	4	5/0	357
	社会	—	—	—	—	—	—	3	4	3	334
	音乐	2	2	2	2	2	2	1	1	1	508
	美术	2	2	2	2	1	1	1	1	1	440
	生活与劳动	1	1	1	1	1	1	—	—	—	204
	农业技术基础或劳动技术	—	—	—	—	—	—	1	2	2	166
	家庭生活	—	—	—	—	—	—	—	1	—	34
	职业指导	—	—	—	—	—	—	—	—	1	32
	周总课时数	22	22	24	24	24	24	29	26	24/19	7323
	并开科目数	7	7	8	8	8	8	10	10	9/8	—
选修课	文化选修　外语	—	—	—	—	—	—	—	4	4	264
	文化选修　自然科学	—	—	—	—	—	—	—	—	0/4	60
	文化选修　其他	—	—	—	—	—	—	—	—	1	32
	劳动（职业）技术选修	—	—	—	—	—	—	—	—	1	32
活动	晨间活动	每天 15 分钟									
	班团队活动	1	1	1	1	1	1	1	1	1	304
	体育活动	2	2	2	2	2	2	2	2	2	1152
	兴趣活动	2	2	3	3	3	3				
周学习、活动总量		27	27	30	30	30	30	32	32	33/32	9167
集体教育时间和机动时间		每学年 2 周						每学年 3 周			

2004 年，全县小学贯彻实施《浙江省教育厅关于积极推进我省小学开设

英语课程的指导意见》，从三年级开始开设英语课程，使用的英语教材与省市衔接，采用“九年义务教育六年制小学教科书《英语》”。

同年，县教育局印发《关于新课程改革实验年级课程设置及课时安排的通知》，全县小学一年级（含小学三年级部分学科）开始实施新课程；常识改设科学科目；语文、英语使用人教版教材；数学使用北师大版教材。低段思想品德改为品德与生活；中、高段改为品德与社会。

全县各小学开齐、开足、开好实验年级的各门课程，并对三年级的部分学科、一年级须开设的“地方课程与学校课程”作了专门的规定，选用了省编教材《人·自然·社会》和市编乡土教材《浙江绿谷》作为地方课程教材。

2004年浙江省省级实验区义务教育阶段（小学）课程设置及课时安排情况表

表8-2-4　　　　单位：节

课程	年级/周课时	一	二	三	四	五	六	备注
课程门类	品德与生活	2	2	—	—	—	—	每学年35周上课时间，学校机动时间2周，复习考试时间2周。寒假、暑假、国家法定节假日共13周。综合实践活动主要包括：研究性学习、社区服务与社会实践以及劳动与技术教育
	品德与社会	—	—	2	2	2	2	
	语文	9	9	7	7	6	6	
	数学	5	5	4	4	4	4	
	外语	—	—	3	3	3	3	
	体育	3	3	3	3	3	3	
	音乐	2	2	2	2	2	2	
	美术	2	2	2	2	2	2	
	科学	—	—	2	2	3	3	
	信息技术	—	—	1	1	1	1	
	综合实践活动	—	—	4	4	4	4	
	地方课程与学校课程	3	3	4	4	4	4	
周课时总数		26	26	30	30	30	30	
学年总课时		910	910	1050	1050	1050	1050	

2007年，全县小学一、二年级体育课由每周3课时增至4课时，地方与学校课程由每周3课时减至2课时。

2009年，县教育局贯彻《浙江省义务教育教学管理指南(试行)》，全县各学校改进用2009年小学课程设置及课时安排，规范教育教学行为。

2009年 小学课程设置及课时安排情况表

表8-2-5　　　　单位：节

<table>
<tr><th colspan="2">课时　年级
课程</th><th>一</th><th>二</th><th>三</th><th>四</th><th>五</th><th>六</th><th>备注</th></tr>
<tr><td colspan="2">品德与生活</td><td>2</td><td>2</td><td>—</td><td>—</td><td>—</td><td>—</td><td rowspan="4">一至五年级全部实施新课程，六年级部分学科实施新课程</td></tr>
<tr><td colspan="2">品德与社会</td><td>—</td><td>—</td><td>2</td><td>2</td><td>2</td><td>2</td></tr>
<tr><td colspan="2">语文</td><td>9</td><td>9</td><td>7</td><td>7</td><td>6</td><td>6</td></tr>
<tr><td colspan="2">数学</td><td>5</td><td>5</td><td>4</td><td>4</td><td>4</td><td>5</td></tr>
<tr><td colspan="2">外语</td><td>—</td><td>—</td><td>3</td><td>3</td><td>3</td><td>3</td><td rowspan="13"></td></tr>
<tr><td colspan="2">科学</td><td>—</td><td>—</td><td>2</td><td>2</td><td>3</td><td>3</td></tr>
<tr><td colspan="2">体育</td><td>4</td><td>4</td><td>3</td><td>3</td><td>3</td><td>—</td></tr>
<tr><td colspan="2">体育与保健</td><td>—</td><td>—</td><td>—</td><td>—</td><td>—</td><td>3</td></tr>
<tr><td colspan="2">音乐</td><td>2</td><td>2</td><td>2</td><td>2</td><td>2</td><td>2</td></tr>
<tr><td colspan="2">美术</td><td>2</td><td>2</td><td>2</td><td>2</td><td>2</td><td>1</td></tr>
<tr><td colspan="2">信息技术</td><td>—</td><td>—</td><td>1</td><td>1</td><td>1</td><td>1</td></tr>
<tr><td rowspan="2">综合实践活动</td><td>劳动与技术
资源包社会
综合实践</td><td>—</td><td>—</td><td>1</td><td>1</td><td>1</td><td>1</td></tr>
<tr><td>体育活动</td><td>—</td><td>—</td><td>—</td><td>—</td><td>—</td><td>2</td></tr>
<tr><td rowspan="3">地方学校课程</td><td>省地方课程</td><td rowspan="3">2</td><td rowspan="3">2</td><td rowspan="3">3</td><td rowspan="3">3</td><td rowspan="3">3</td><td>—</td></tr>
<tr><td>市地方课程</td><td>—</td></tr>
<tr><td>学校课程班队活动</td><td>1</td></tr>
<tr><td colspan="2">合计周课时</td><td>26</td><td>26</td><td>30</td><td>30</td><td>30</td><td>30</td></tr>
</table>

初中课程设置　1992年，县教育局要求全县义务教育阶段各校贯彻省教委印发的《义务教育试行教学计划》。

1993年秋季开始，全县中小学执行省教委颁发的《义务教育试行教学计划》。同年，全县初中使用地区教研室编写的《九年制义务教育丽水地区初中综合性乡土教材》。

全县初中一年级执行省编《义务教育试行教学计划》，使用省编教材。初二、初三仍按国家教委1981年颁布的全日制初中教学计划执行。

1993年义务教育试行教学计划一览表(初中)

表8-2-6　　　　单位：节

<table>
<tr><th colspan="2">课程＼课时＼年级</th><th>初一</th><th>初二</th><th>初三</th><th>备注</th></tr>
<tr><td rowspan="10">必修课</td><td>公民</td><td>2</td><td>2</td><td>—</td><td rowspan="5">1. 初中每节课时间为45分钟
2.初中第一、二学年上课34周，复习、考试3周，第三学年上课32周（上学期17周）复习、考试5周
3.符号“／”表示上、下学期的分划
4.符号“*”表示非必选科目，不选该科的课时可选其他文化选修或劳动（职业）技术选修科目</td></tr>
<tr><td>体育与保健</td><td>3</td><td>3</td><td>2</td></tr>
<tr><td>语文</td><td>6</td><td>5</td><td>5</td></tr>
<tr><td>数学</td><td>5</td><td>4</td><td>4</td></tr>
<tr><td>外语</td><td>5</td><td>—</td><td>—</td></tr>
<tr><td>自然科学</td><td>4</td><td>4</td><td>4／0</td><td rowspan="9"></td></tr>
<tr><td>社会</td><td>3</td><td>4</td><td>3</td></tr>
<tr><td>音乐</td><td>1</td><td>1</td><td>1</td></tr>
<tr><td>美术</td><td>1</td><td>1</td><td>1</td></tr>
<tr><td>农业技术基础
或劳动技术</td><td>1</td><td>2</td><td>2</td></tr>
<tr><td></td><td>家庭生活</td><td>0／1</td><td>1／0</td><td>—</td></tr>
<tr><td></td><td>职业指导</td><td>—</td><td>—</td><td>1</td></tr>
<tr><td></td><td>周总课时数</td><td>31／32</td><td>27／26</td><td>23／19</td></tr>
<tr><td></td><td>并开科目数</td><td>10／11</td><td>10／9</td><td>9／8</td></tr>
</table>

续表 8-2-6

课程＼课时＼年级			初一	初二	初三	备注
选修课	文化选修	外语	—	4 *	4 *	
		自然科学	—	—	0 / 4 *	
		其他	—	—	1	
劳动(职业)技术选修			—	—	1	
活动	班队活动		1	1	1	
	体育活动		3	3	2	
	兴趣活动					
周学习、活动总量			35 / 36	35 / 34	32	
集体教育时间和机动教育时间			每学年 3 周			

1994 年，全县初一、初二按省教委调整后的课程表安排教学；初三年级仍按国家教委 1981 年颁布的全日制初中教学计划课时调整表安排教学。

1995 年，全县实行每周 40 小时工作制；从秋季开始，全县初中执行调整后的《浙江省义务教育课程设置表(初中)》安排教学。

1995 年调整后的省义务教育课程设置一览表(初中)

表 8-2-7　　单位：节

课程＼课时＼年级		初一	初二	初三	备注
必修课	公民	2	2	—	每节课为 45 分钟。第一、二学年上课 34 周，复习、考试 3 周，第三学年上课 34 周(上学期 17 周)复习、考试 5 周
	体育与保健	2	2	2	
	语文	6	5	5	
	数学	5	4	4	
	外语	4	—	—	
	自然科学	4	4	5 / 0	
	社会	3	4	3	

续表 8-2-7

课程 \ 课时 \ 年级			初一	初二	初三	备注
必修课	音乐		1	1	1	每节课为 45 分钟。第一、二学年上课 34 周，复习、考试 3 周，第三学年上课 34 周(上学期 17 周)复习、考试 5 周
	美术		1	1	1	
	农技基础或劳技		1	2	2	
	家庭生活		—	1	—	
	职业指导		—	—	1	
	周总课时数		29	26	24 / 19	
	并开科目数		10	10	9 / 8	
选修课	文化选修	外语	—	4 *	4 *	
		自然科学	—	—	0 / 4 *	
		其他	—	—	1	
	劳动职业技术选修		—	—	1	
活动	班团队活动		1	1	1	
	体育活动		2	2	2	
	兴趣活动		—	—	—	
	周学习活动总量		32	33	33 / 32	
集体教育时间和机动时间			每学年三周			

1997 年，全县初中执行浙江省教委《关于初中公民课改为思想政治课有关事宜的通知》，从当年秋季起，初中一年级公民课程改为思想政治课程，使用省编新版教材。

2000 年秋，全县初中部分课程有所调整，初中二、三年级外语课由选修改为必修；初中三年级下学期的自然科学课由选修改为必修；初中一年级的语文课由每周 6 课时减为 5 课时；初中一、二年级增设信息技术选修课，每周 1 课时；初中三年级职业指导课不再开设；初中二年级家庭生活课调整至初中一年级。规定必修课的教学应根据各学科特点和当地实际，留出 5%—30%的课时用于乡土教材和其他补充教学，教材由各地自编。

2001 年，“信息技术课程”被列入初中学生的必修课程。

2004年，县教育局印发《关于新课程改革实验年级课程设置及课时安排的通知》。秋季，全县初中一年级开始实施新课程。

2002—2005年丽水市执行的九年义务教育阶段课程设置一览表

表8-2-8　　　　单位：节

<table>
<tr><th colspan="2">年级
课时
科目</th><th>一</th><th>二</th><th>三</th><th>四</th><th>五</th><th>六</th><th>七</th><th>八</th><th>九</th><th>九年课时总计</th></tr>
<tr><td rowspan="16">课程门类</td><td>品德与生活</td><td>2</td><td>2</td><td>—</td><td>—</td><td>—</td><td>—</td><td>—</td><td>—</td><td>—</td><td rowspan="3">626</td></tr>
<tr><td>品德与社会</td><td>—</td><td>—</td><td>2</td><td>2</td><td>2</td><td>2</td><td>—</td><td>—</td><td>—</td></tr>
<tr><td>思想品德</td><td>—</td><td>—</td><td>—</td><td>—</td><td>—</td><td>—</td><td>2</td><td>2</td><td>2</td></tr>
<tr><td>语文</td><td>9</td><td>9</td><td>7</td><td>7</td><td>6</td><td>6</td><td>5</td><td>5</td><td>5</td><td>2055</td></tr>
<tr><td>数学</td><td>5</td><td>5</td><td>4</td><td>4</td><td>4</td><td>4</td><td>5</td><td>4</td><td>4</td><td>1357</td></tr>
<tr><td>外语</td><td>—</td><td>—</td><td>3</td><td>3</td><td>3</td><td>3</td><td>4</td><td>4</td><td>4</td><td>832</td></tr>
<tr><td>体育</td><td>3</td><td>3</td><td>3</td><td>3</td><td>3</td><td>3</td><td>—</td><td>—</td><td>—</td><td rowspan="2">939</td></tr>
<tr><td>体育与健康</td><td>—</td><td>—</td><td>—</td><td>—</td><td>—</td><td>—</td><td>3</td><td>3</td><td>3</td></tr>
<tr><td>音乐</td><td>2</td><td>2</td><td>2</td><td>2</td><td>2</td><td>2</td><td>1</td><td>1</td><td>1</td><td>532</td></tr>
<tr><td>美术</td><td>2</td><td>2</td><td>2</td><td>2</td><td>2</td><td>2</td><td>1</td><td>1</td><td>1</td><td>532</td></tr>
<tr><td>科学</td><td>—</td><td>—</td><td>2</td><td>2</td><td>3</td><td>3</td><td>4</td><td>4</td><td>4</td><td>762</td></tr>
<tr><td>历史与社会</td><td>—</td><td>—</td><td>—</td><td>—</td><td>—</td><td>—</td><td>3</td><td>3</td><td>3</td><td>309</td></tr>
<tr><td>信息技术</td><td>—</td><td>—</td><td>1</td><td>1</td><td>1</td><td>1</td><td>2</td><td>2</td><td>2</td><td>346</td></tr>
<tr><td>综合实践活动</td><td>—</td><td>—</td><td rowspan="2">4</td><td rowspan="2">4</td><td rowspan="2">4</td><td rowspan="2">4</td><td rowspan="2">4</td><td rowspan="2">5</td><td rowspan="2">5</td><td rowspan="2">1250</td></tr>
<tr><td>地方课程与学校课程</td><td>3</td><td>3</td></tr>
<tr><td colspan="2">周课时总数</td><td>26</td><td>26</td><td>30</td><td>30</td><td>30</td><td>30</td><td>34</td><td>34</td><td>34</td><td>247</td></tr>
<tr><td colspan="2">学年总课时</td><td>910</td><td>910</td><td>1050</td><td>1050</td><td>1050</td><td>1050</td><td>1190</td><td>1190</td><td>1122</td><td>9522</td></tr>
</table>

2008年春季，景宁进行部分国家课程教科书进行循环使用试验，涉及的教科书有小学《音乐》《美术》《科学》《信息技术》《体育与保健》，初中《音乐》《美术》《信息技术》《体育与保健》。

2009年，县教育局印发《进一步规范落实新课程计划的通知》，初中各校加强落实音、体、美、信息技术、综合实践活动等课的教学；各年级的“地方课程与学校课程”减少1课时，保证学生的体育锻炼时间。

2012年，全县各初中严格执行国家课程，并开设了青春期教育、国防教育、防艾教育、禁毒教育、安全教育、民间剪纸、跆拳道、健美操、合唱艺术、经典诵读、科技制作、远足体验、疯狂英语等校本课程。

2012年初中课程设置及课时安排情况表

表8-2-9　　　　单位：节

课程＼年级	七年级	八年级	九年级
思想品德	2	2	2
语文	5	5	5
数学	5	4	4
外语	4	4	4
体育与健康	3	3	3
音乐	1	1	1
美术	1	1	1
科学	4	4	4
历史与社会	3	3	3
信息技术	2	2	2
综合实践活动	2	2	1
地方课程与学校课程	2	3	4
周课时总数	34	34	34

普高课程设置　1992—1993年，景宁普通高中学校执行1990年国家教委印发的《现行普通高中教学计划的调整意见》，该调整意见与1981年的计划有较大变更，将课程结构单一的学科课程改为学科课程和活动课程两部分，学科课程分为必修课程和选修课程两部分。

1992年高一年级课程设置及课时安排情况表

表8-2-10　　单位：节

<table>
<tr><th>课程</th><th>结构</th><th>学科</th><th>计划课时</th><th>实际课时</th><th>增减</th><th>变更教学计划原因</th><th>说明</th></tr>
<tr><td rowspan="13">学科课程</td><td rowspan="10">必修课</td><td>政治</td><td>3</td><td>3</td><td>—</td><td>—</td><td>其中1节为时事政策课</td></tr>
<tr><td>语文</td><td>4</td><td>6</td><td>2</td><td rowspan="5">1. 加强双基训练
2. 根据国家教委《关于普通高中教学计划的调整意见》(教基〔1990〕004号)的文件精神，可以就必修课的某一门或几门开设加深加宽的选修课</td><td>其中2节为辅导课</td></tr>
<tr><td>数学</td><td>5</td><td>6</td><td>1</td><td>其中1节为辅导课</td></tr>
<tr><td>外语</td><td>5</td><td>6</td><td>1</td><td>其中1节为辅导课</td></tr>
<tr><td>物理</td><td>3</td><td>4</td><td>1</td><td>其中1节为辅导课</td></tr>
<tr><td>化学</td><td>3</td><td>4</td><td>1</td><td>其中1节为辅导课</td></tr>
<tr><td>历史</td><td>2</td><td>2</td><td>—</td><td>—</td><td>—</td></tr>
<tr><td>地理</td><td>2或3</td><td>2</td><td>—</td><td>—</td><td>—</td></tr>
<tr><td>体育</td><td>2</td><td>2</td><td>—</td><td>—</td><td>—</td></tr>
<tr><td>劳技</td><td>每学年4周</td><td>—</td><td>—</td><td>—</td><td>可分散或集中使用</td></tr>
<tr><td rowspan="3">选修课</td><td>计算机</td><td>1</td><td>—</td><td>—</td><td>—</td><td rowspan="3">不超过3课时</td></tr>
<tr><td>木工</td><td>1</td><td>—</td><td>—</td><td>—</td></tr>
<tr><td>花卉盆景</td><td>1</td><td>—</td><td>—</td><td>—</td></tr>
<tr><td rowspan="3">活动课程</td><td rowspan="3">课外活动、社会实践活动</td><td>体育锻炼</td><td>3</td><td>4</td><td></td><td>—</td><td rowspan="2">二者总量不少于5节</td></tr>
<tr><td>其他活动</td><td>3</td><td>2</td><td></td><td>—</td></tr>
<tr><td></td><td>每学年两周</td><td>两周以上</td><td></td><td>军训10天
德育基地19处
社会调查1周，劳动1节/周</td><td>可分散或集中使用</td></tr>
</table>

1994年，国务院实行新工时制后，国家教委对1990年印发的《现行普通高中教学计划的调整意见》作出相应调整。其调整原则是在保证普通高中课程设置整体结构不变的前提下，通过适当调整各类课程的课时，减少周活动总量；各类课程课时的调整，要有利于向普通高中新课程计划过渡；加强艺术教育，在普通高中开设艺术课程。景宁两所高中的高一年级按国家教委“调整后的普通高中教学计划”安排教学。按规定把“艺术欣赏”课作为必修课。高中二、三年级的必修课课时暂不变，选修课即课外活动的周课时各减1课时，其他按原要

求执行。学校在下午课前20分钟开展学唱经典歌曲的活动，每周2—3次。每学期开展卡拉OK大赛活动，元旦举行全校文艺汇演，使“艺术欣赏”课和课外艺术活动相结合，提高学生的艺术欣赏水平和艺术素质。

1994年调整后的普通高中教学计划情况表

表8-2-11　　单位：节

课程＼课时＼年级	高一	高二	高三	备注
政治	2	2	2	184
语文	4	3/4	5	375
数学	4	4	5	392
外语	4/5	4	—	289
物理	3	3/2	—	187
化学	3/2	3	—	187
生物	—	3	—	102
历史	2	2	—	136
地理	3	—	—	102
体育	2	2	2	184
艺术(音乐美术)	1	1	—	68
劳动技术	每学年4周，共12周			
社会实践活动	每学年2周。在劳动技术课、课外活动或学科教学活动的时间内安排			
每周必修课总课时数	28	27	14	2206
选修课	2	2	15	—
课外活动	5(体育锻炼3，其他2)	5(体育锻炼3，其他2)	5(体育锻炼3，其他2)	—
周活动总量	35	34	34	—

1995年，为执行国务院关于实行每周40小时工作制的规定，国家教委对普通高中的课程计划又作了相应的调整，高中各年级课时调整，有利于向普通高中新课程计划过渡。

景宁高中秋季开学起执行《关于实行每周40小时工作制后调整中小学教

学计划的意见》。景宁一中和沙湾中学(高中部)都执行省普通高中教学计划,部分实行分流教育的班级执行省"分流实验"教学计划表。

1995 年普通高中教学计划情况表

表 8-2-12　　　　单位:节

课时＼年级 课程	高一	高二	高三	备注
政治	2	2	2	184
语文	4	4	5 / 4	380
数学	4	4	5	392
外语	4 / 5	4	—	289
物理	3	3 / 2	—	187
化学	3 / 2	3	—	187
生物	—	3	—	102
历史	2	2	—	136
地理	3	—	—	102
体育	2	2	2	184
艺术	1	1	—	68
劳动技术	每学年 4 周,共 12 周			
社会实践活动	每学年安排 2 周。在劳动技术课或学科教学活动的时间内安排			—
每周必修课总课数	28	28 / 27	14 / 13	2211
选修课	2	2 / 3	16 / 17	—
课外活动	4(体育锻炼 2,其他 2)	4(体育锻炼 2,其他 2)	4(体育锻炼 2,其他 2)	—
周活动总量	34	34	34	—

1995 年景宁"分流实验"高一、高二年级教学计划情况表

表 8-2-13　　　　单位:节

课时＼年级 课程	高一	高二	备注
政治	2 / 3	3 / 2	180

续表 8-2-13

课程＼课时＼年级	高一	高二	备注
语文	4	4 / 5	306
数学	5	4	324
外语	4 / 5	4	306
物理	3	3 / 2	198
化学	3 / 2	3	198
生物	—	3	108
历史	2	2	144
地理	3	—	108
体育	2	2	144
艺术(音乐、美术)	1	1	72
劳动技术	高一、高二每学年 2 周。可分散或集中。升学预备班学生在高二会考结束后，组织 1 周公益劳动		
社会实践	高一、高二每学年 2 周。在劳动技术、课外活动或学科活动时间安排		
每周必修课时	29 / 30	29 / 28	2088
选修课时	1 / 0	0 / 1	18
课外活动	4(体育锻炼 2，其他 2)	4(体育锻炼 2，其他 2)	288
周活动总量	34	33	2394

1999 年，省教育厅为稳步推进“3+X”高考改革，对高中的课程设置和教学改革提出了具体的意见。景宁一中和沙湾中学(高中部)执行省教育厅发布的《普通高中教学计划》。

1999 年普通高中教学计划情况表

表 8-2-14　　　　单位：节

课程＼课时＼年级	高一	高二	高三	总课时	备注
政治	2	2 / 3	1	177	
语文	4	4	5	392	

续表 8-2-14

课程＼课时＼年级	高一	高二	高三	总课时	备注
数学	4	4	5	392	1.本调整计划从 1999 年秋季的高一、高二年级开始执行；高三年级仍按原教学计划执行 2.全学年 52 周，其中教学时间 40 周(包括上课 34 周，劳动技术 4 周，复习考试 2 周)，假期 10—11 周，机动 1—2 周 3. 每周按 5 天安排教学，周活动总量不超过 34 课时，每课时不超过 45 分钟 4. 从 2000 年开始，计算机课程列为必修课，安排在高一年级，每周 2 课时（本学年尚无条件开设该课程的，课时暂安排为选修课）
外语	4 / 5	4	4	385	
物理	3	3 / 2	—	187	
化学	3 / 2	3	—	187	
生物	—	3	—	102	
历史	2	2	—	136	
地理	3	—	—	102	
体育	2	2	2	184	
计算机	2	—	—	38	
艺术	1	1	—	68	
劳动技术	每学年 4 周，共 12 周				
社会实践	每学年安排 2 周。在劳动技课或学科教学活动的时间内安排				
每周必修课总时数	30	28	17	2380	
选修课	—	2	13	380	
课外活动	4(体育锻炼 2，其他 2)	4(体育锻炼 2，其他 2)	4(体育锻炼 2，其他 2)	368	
周活动总量	34	34	34	3128	

2000 年，县教委印发《关于贯彻执行加强中小学劳动技术教育的若干意见》，景宁一中和沙湾中学(高中部)严格执行国家和省颁布的课程计划，开足开齐劳动和劳动技术课，高中劳动技术保证每学年安排 4 周时间，可集中也可分散安排。

2001 年，景宁执行《浙江省关于〈全日制普通高级中学课程计划(试验修订稿)〉的实施意见》，景宁一中和沙湾中学(高中部)于秋季起，从高一年级开始实施。

县教委贯彻省教育厅印发的《浙江省普通高级中学综合实践活动教学指

导纲要(试行)》,景宁高中学校按要求开设综合实践活动课程的教学。

同年,首次将“信息技术”作为必修课纳入课程计划。

2001 年浙江省普通高中课程设置情况表

表 8-2-15 单位:节

课程 \ 课时 \ 年级			高一	高二		高三		周课时累计	必修选修授课时数	总授课时数
				I	II	I	II			
学科类课程	思想政治	必修	2	2	2	2	2	6	192	192
	语文	必修	4	4	4	4	4	12	384	384
	外语	必修	4	4	4	4	4	12	384	384
	数学	必修	4	4	4	—	—	8	280	332—384
		选修	—	—	—	2	4	2—4	52—104	
	信息技术	必修	2	—	—	—	—	2	70	70—140
		选修		1	1	1	1	2	61—70	
	物理	必修	2	3/2	2/3	—	—	4.5	158	158—306
		选修	—	—	2	—	3	5	148	
	化学	必修	2	2	2	—	—	4	140	140—271
		选修	—	—	2/1	—	3	4.5	131	
	生物	必修	—	3	3	—	—	3	105	105—183
		选修	—	—	—	—	3	3	78	
	历史	必修	3	—	—	—	—	3	105	105—236
		选修	—	2	—	2/3	—	4.5	131	
	地理	必修	3	—	—	—	—	3	105	105—209
		选修	—	1	—	3	—	4	104	
	体育和健康	必修	2	2	2	2	2	6	192	192
	艺术(音美)	必修	1	1	1	1	1	3	96	96
综合实践活动	研究性学习	必修	3	3	3	3	3	9	288	288
	劳动技术教育		每学年 1 周(可集中安排,可分散安排)							
	社区服务		一般应利用校外时间安排							
	社会实践		每学年 1 周(可集中安排,可分散安排)							

续表 8-2-15

<table>
<tr><th rowspan="2" colspan="2">年级 / 课时 / 课程</th><th>高一</th><th colspan="2">高二</th><th colspan="2">高三</th><th rowspan="2">周课时累计</th><th rowspan="2">必修选修授课时数</th><th rowspan="2">总授课时数</th></tr>
<tr><th></th><th>I</th><th>II</th><th>I</th><th>II</th></tr>
<tr><td>地方和学校选修课</td><td>—</td><td>2</td><td>2/3</td><td>2</td><td>10/9</td><td>4</td><td>8—14</td><td colspan="2">235—391</td></tr>
<tr><td colspan="2">周活动总量</td><td>34</td><td>34</td><td>34</td><td>34</td><td>34</td><td>—</td><td>—</td><td>—</td></tr>
</table>

浙江省普通高中“二一分段、高三分流”试验学校课程安排情况表

表 8-2-16　　单位：节

<table>
<tr><th rowspan="2" colspan="3">课程</th><th rowspan="2">高一</th><th colspan="2">高二</th><th>必修、选修授课时数</th><th>总授课时数</th></tr>
<tr><th>I</th><th>II</th><th>—</th><th></th></tr>
<tr><td rowspan="19">学科</td><td>思想政治</td><td>必修</td><td>3/2</td><td>2/3</td><td>2/3</td><td>—</td><td>—</td></tr>
<tr><td>语文</td><td>必修</td><td>4/5</td><td>4/5</td><td>4/5</td><td>—</td><td>—</td></tr>
<tr><td>外语</td><td>必修</td><td>4/5</td><td>5/4</td><td>5/4</td><td>—</td><td>—</td></tr>
<tr><td>数学</td><td>必修</td><td>4</td><td>4</td><td>4</td><td>—</td><td>—</td></tr>
<tr><td rowspan="2">信息技术</td><td>必修</td><td>2</td><td>—</td><td>—</td><td>—</td><td>—</td></tr>
<tr><td>必修</td><td>—</td><td>2</td><td>2</td><td>—</td><td>—</td></tr>
<tr><td rowspan="2">物理</td><td>必修</td><td>3/2</td><td>2</td><td>2</td><td>—</td><td>—</td></tr>
<tr><td>必修</td><td>—</td><td>—</td><td>2</td><td>—</td><td>—</td></tr>
<tr><td rowspan="2">化学</td><td>必修</td><td>2</td><td>2</td><td>2</td><td>—</td><td>—</td></tr>
<tr><td>必修</td><td>—</td><td>—</td><td>2/1</td><td>—</td><td>—</td></tr>
<tr><td rowspan="2">生物</td><td>必修</td><td>—</td><td>3</td><td>3</td><td>—</td><td>—</td></tr>
<tr><td>必修</td><td>3</td><td>—</td><td>—</td><td>—</td><td>—</td></tr>
<tr><td rowspan="2">历史</td><td>必修</td><td>—</td><td>2</td><td>—</td><td>—</td><td>—</td></tr>
<tr><td>必修</td><td>3</td><td>—</td><td>—</td><td>—</td><td>—</td></tr>
<tr><td rowspan="2">地理</td><td>必修</td><td>3</td><td>—</td><td>—</td><td>—</td><td>—</td></tr>
<tr><td>必修</td><td>—</td><td>2/1</td><td>—</td><td>—</td><td>—</td></tr>
<tr><td>体育和健康</td><td>必修</td><td>—</td><td>2</td><td>2</td><td>—</td><td>—</td></tr>
<tr><td>艺术
(音乐、美术)</td><td>必修</td><td>—</td><td>1</td><td>1</td><td>—</td><td>—</td></tr>
</table>

续表 8-2-16

课程			高一	高二		必修、选修授课时数	总授课时数
				I	II	—	—
综合实践活动	研究性学习	必修	—	3	3	—	—
	劳动技术教育		每学年一周(可集中安排,可分散安排)				
	社区服务		一般应利用校外时间安排				
	社会实践		每学年一周(可集中安排,可分散安排)				
地方和学校选修课		—	0	0	0	—	—
周活动总量		—	34	34	34	—	—

说明:1. 全年 52 周。其中,教学时间 40 周,假期(包括寒暑假、节假日和农忙假)10—11 周,机动 1—2 周;2. 每学年 40 周教学时间安排:高一、高二年级上课 35 周,复习考试 3 周,劳动技术教育和社会实践 2 周;高三年级上课 26 周,复习考试 12 周,劳动技术教育和社会实践 2 周;3. 每周按 5 天安排教学,周活动总量不超过 34 课时,每课时不超过 45 分钟

2009 年,县教育局转发《浙江省教育厅办公室关于调整普通高中课程设置的通知》,景宁中学按规定调整课程设置,减少统一要求的教学内容,实现教材"瘦身";调整模块设置和教学进度,为学生自主选课留出更大空间。调整后的课程模块设置表和教学进度表附下:

2009 年调整后的普通高中课程模块设置一览表

表 8-2-17

学习领域	科目	必修	选修 I		
			A	B	C
语言与文学	语文	必修 1 必修 2 必修 3 必修 4 必修 5	《论语》选读 外国小说欣赏	语文: 中国古代诗歌散文欣赏 中国现代诗歌散文欣赏	

续表 8-2-17

学习领域	科目	必修	选修 I		
			A	B	C
语言与文学	英语	必修 1 必修 2 必修 3 必修 4 必修 5	选修 6	英语： 选修 7 选修 8	未列入 IA、IB 的课程标准中规定的其他选修模块
数学	数学	必修 1 必修 2 必修 3 必修 4 必修 5	选修 1—1 选修 1—2（文）/ 选修 2—1 选修 2—2 与 2—3（理）	选修 4—4 坐标系与参数方程 选修 4—5 不等式选讲	
人文与社会	思想政治	必修 1 必修 2 必修 3 必修 4	国家和国际组织常识（文）	经济学常识 生活中法律常识	
	历史	必修 1 必修 2 必修 3	选修 4 中外历史人物评说（文） 选修 3 20 世纪的战争与和平（文）	世界文化遗产荟萃 历史上重大改革回眸	
	地理	必修 1 必修 2 必修 3	选修 3 旅游地理（文） 选修 6 环境保护（文）	选修 4 城乡规划 选修 5 自然灾害与防治	
科学	物理	必修 1 必修 2 选修 1-1（文）/ 选修 3-1（理）	选修 3-2（理） 选修 3-4（理）	选修 3-3 选修 3-5	
	化学	必修 1 必修 2 选修 1 化学与生活（文）/ 选修 5 有机化学基础（理）	选修 4 化学反应原理（理） 选修 6 实验化学（理）	选修 2 化学与技术 选修 3 物质结构与性质	
	生物	必修 1 必修 2 必修 3	选修 3（理）	选修 1 选修 2	

续表 8-2-17

<table>
<tr><th rowspan="2">学习领域</th><th rowspan="2">科目</th><th rowspan="2">必修</th><th colspan="3">选修 I</th></tr>
<tr><th>A</th><th>B</th><th>C</th></tr>
<tr><td>技术</td><td>信息技术</td><td>信息技术基础;
算法与程序设计多媒体技术应用</td><td>—</td><td>网络技术应用
数据管理技术
电子控制技术
家政与生活技术</td><td rowspan="4">未列入 IA、IB 的课程标准中规定的其他选修模块</td></tr>
<tr><td rowspan="2">艺术</td><td>音乐</td><td>音乐鉴赏,2 学分;在歌唱、演奏、创作、音乐与舞蹈、音乐与戏剧中,选 1 个模块,1 学分</td><td>—</td><td rowspan="2">在未列入必修的模块中选择开设</td></tr>
<tr><td>美术</td><td>美术鉴赏,1 学分;绘画、雕塑、设计、工艺、书法、篆刻、摄影 / 摄像、电脑绘画 / 电脑设计模块中,选 2 个模块,2 学分</td><td>—</td></tr>
<tr><td>体育与健康</td><td>体育与健康</td><td>在健康教育、田径 2 个系列中,各选 1 个模块;在体操、民族民间体育项目系列中,选 1 个模块;在新兴运动、水上项目、田径、体操、球类、民族民间体育项目 6 个系列中,选 8 个模块</td><td>—</td><td>球类系列
体操系列
田径系列
水上项目系列
民族民间体育项目系列
新兴运动系列
在上述系列中选择开设</td></tr>
</table>

2009 年调整后的普通高中教学进度一览表

表 8-2-18　　单位:节

<table>
<tr><th rowspan="2">科目</th><th colspan="4">必修与选修 IA</th><th rowspan="2">选修 IB</th></tr>
<tr><th>模块总数</th><th>高一</th><th>高二</th><th>高三</th></tr>
<tr><td>语文</td><td>7</td><td>4</td><td>2</td><td>1</td><td rowspan="2"></td></tr>
<tr><td>英语</td><td>6</td><td>3</td><td>3</td><td>—</td></tr>
</table>

续表 8-2-18

<table>
<tr><th colspan="2" rowspan="2">科目</th><th colspan="4">必修与选修 IA</th><th rowspan="2">选修 IB</th></tr>
<tr><th>模块总数</th><th>高一</th><th>高二</th><th>高三</th></tr>
<tr><td colspan="2">数学</td><td>7</td><td>4</td><td>2</td><td>1</td><td rowspan="13">原则上在必修模块教学结束后即可开课，或与选修 IA 并行开课。学校应统筹开设所有选修 IB 模块，让学生有充分的选课空间，确保在高二学年和高三学年上学期每周至少有两次走班教学，学生至少获得 12 个选修 IB 学分</td></tr>
<tr><td colspan="2">思想政治</td><td>5</td><td>2</td><td>2</td><td>1</td></tr>
<tr><td colspan="2">历史</td><td>5</td><td>3</td><td>1</td><td>1</td></tr>
<tr><td colspan="2">地理</td><td>5</td><td>3</td><td>1</td><td>1</td></tr>
<tr><td colspan="2">物理</td><td>5</td><td>2</td><td>1(文)/2(理)</td><td>1</td></tr>
<tr><td colspan="2">化学</td><td>5</td><td>2</td><td>1(文)/2(理)</td><td>1</td></tr>
<tr><td colspan="2">生物</td><td>4</td><td>—</td><td>3</td><td>1</td></tr>
<tr><td colspan="2">信息技术</td><td>2</td><td colspan="2" rowspan="2">每学年完成 1 个学科 2个模块教学，每周 2 课时</td><td>—</td></tr>
<tr><td colspan="2">通用技术</td><td>2</td><td>—</td></tr>
<tr><td colspan="2">美术</td><td>3</td><td colspan="3" rowspan="2">三年完成 6 个模块教学，每周 1 课时</td></tr>
<tr><td colspan="2">音乐</td><td>3</td></tr>
<tr><td colspan="2">体育与健康</td><td>11</td><td colspan="3">三年完成 11 个模块教学，每周 2 课时</td></tr>
<tr><td rowspan="3">综合实践活动</td><td>研究性学习</td><td colspan="5">每周 3 课时，三年不少于 270 课时</td></tr>
<tr><td>社会实践</td><td colspan="5">每学年一周</td></tr>
<tr><td>社区服务</td><td colspan="5">三年不少于 10 个工作日</td></tr>
<tr><td colspan="2">选修Ⅱ</td><td colspan="5">每周至少安排 1 课时，三年不少于 108 课时</td></tr>
</table>

2012 年，景宁中学贯彻省教育厅颁发的《浙江省深化普通高中课程改革方案》，从高一开始，按“调结构、减总量、优方法、改评价、创条件”的要求安排教学。必修课学分从 116 学分减少为 96 学分，选修课学分从 28 学分增加到 48 学分。选修课程按知识拓展、职业技能、兴趣特长、社会实践四类设置。

2012 年浙江省普通高中课程与学分结构情况表

表 8-2-19　　　　　　　　　　　　　　　　　　　　单位:分

<table>
<tr><th>学习领域</th><th>科目</th><th>学 分</th><th>类别</th><th>内 容</th><th>学 分</th></tr>
<tr><td rowspan="3">语言与文学</td><td>语文</td><td>10</td><td rowspan="6">知识拓展类</td><td rowspan="6">包括必修拓展课程、大学初级课程、学科发展前沿课程、学科研究性学习等</td><td rowspan="11">至少48</td></tr>
<tr><td>外语</td><td>10</td></tr>
<tr><td>数学</td><td>10</td></tr>
<tr><td rowspan="3">人文与社会</td><td>思想政治</td><td>8</td></tr>
<tr><td>历史</td><td>6</td></tr>
<tr><td>地理</td><td>6</td></tr>
<tr><td rowspan="3">科学</td><td>物理</td><td>6</td><td rowspan="3">职业技能类</td><td rowspan="3">包括生活技能、职业技术、地方经济技术等课程</td></tr>
<tr><td>化学</td><td>6</td></tr>
<tr><td>生物</td><td>6</td></tr>
<tr><td rowspan="2">技术</td><td>信息技术</td><td>4</td><td rowspan="2">兴趣特长类</td><td rowspan="2">包括体育、艺术、健康教育、休闲生活、知识应用等课程</td></tr>
<tr><td>通用技术</td><td>4</td></tr>
<tr><td>艺术</td><td>艺术或音乐、美术</td><td>6</td><td rowspan="2">社会实践类</td><td rowspan="2">包括调查探究活动、社会实践活动、校园文化活动等课程</td></tr>
<tr><td>体育与健康</td><td>体育与健康</td><td>12</td></tr>
<tr><td colspan="2">专题教育</td><td>2</td><td colspan="3">主要包括国家有关部门和教育部规定普通高中必须组织开展的各类教育内容</td></tr>
</table>

第三节　体育教育

教学

1992 年,国家教委颁布《小学生体育合格标准实施办法》,规定六年制小学从五年级开始,五年制小学从四年级开始实施本办法。学生的体育成绩由体育课成绩(60%)、按照《国家体育锻炼标准》测验成绩(30%)和课间操、眼保健操及课外体育活动参加情况(10%)三部分组成,60 分为合格。中学继续实施《中学生体育合格标准试行办法》,按学生体育课成绩及早操、课间操和课外活动参加情况评定体育成绩。

同年，国家教委又颁布《学校体育工作条例》，各学校认真落实增进学生身心健康、增强学生体质体育教学理念；使学生掌握体育基本知识，培养学生体育运动能力和习惯；提高学生运动技术水平，为国家培养体育后备人才而努力。

1993 年秋始，全县中小学执行省《义务教育全日制小学体育与保健教学指导纲要》，小学和初中设“体育与保健”课，每周 2 课时，采用省编教材《体育与保健》；高中开设“体育”课。县教育局要求各中小学除上好体育课外，还要组织学生开展课外体育活动。年底，县教育局对全县中小学体育合格标准实施情况进行检查评估。验收内容包括学生课间操、课外活动开展情况。

1995 年，国家教委颁布《中华人民共和国体育法》《关于加强农村学校体育工作几点意见》《学校体育工作条例》和《中小学体育合格标准》，全县中小学将体育作为学校教育的重要组成部分，按教学计划开设体育课，并列为学生学业成绩考核科目；还开展多种形式的课外体育活动。保证学生每天有 1 小时体育锻炼时间；把“两课两操两活动”列入教学计划。

1996 年，县教委印发《关于加强我县中小学体育“达标”工作的通知》，各校认真执行，并不断提高“达标”质量。全县乡镇以上学校学生参加体育“达标”测试，村校三年级以上学生参加测试。地区教委、体委还对景宁开展体育达标工作进行检查。

1997 年，县教委举办中小学体育教师第八套广播操培训。培训后各校试行第八套广播体操。

2001 年，全县中小学学习贯彻教育部颁布《全日制义务教育及普通高级中学体育（一至六年级）、体育与健康（七至十二年级）课程标准》，新课程标准将整个学习划分为运动参与、运动技能、身体健康、心理健康和社会适应五大领域。为能及时推广、实施，组织全县体育教师开展新课标培训和学习。

2004 年，全县中小学全面实施由教育部、国家体育总局印发的《国家学生体质健康标准》，停止实施《中小学体育合格标准》。县教育局按照《浙江省级实验区基础教育课程改革实验方案》，全县小学开设体育课，每周 3 课时，采用浙江人民出版社《体育与健康》教材；全县初中开设体育与健康课，七年级每周 2 课时，八九年级每周 3 课时，采用华东师范大学出版社出版的《体育与健康》课本；景宁高中开设体育课，每周 2 课时。

2005 年开始，将学生平时体育成绩，参加锻炼情况和体质健康测试情况，按满分 10 分计入初中毕业升学体育考试总分。

2006 年，县教育局贯彻教育部、国家体育总局、共青团中央联合颁发的《关于开展全国亿万学生阳光体育运动的通知》，各学校通过多种形式，大力宣传阳光体育运动，广泛传播“健康第一”“达标争优、强健体魄”“每天锻炼一小时，健康工作五十年，幸福生活一辈子”的健康理念。

2007 年，县教育局贯彻落实《中共中央国务院关于加强青少年体育增强青少年体质的意见》，推进《国家学生体质健康标准》的实施。将七至九年级的“地方课程与学校课程”周课时，分别由原来的每周 2、3、4 课时减至 1、2、3 课时，周总课时数由原 34 课时减至 33 课时，周活动总量不变，调减的课时仅用于课后集体体育锻炼，不得用于其他学科的教学。确保学生每天锻炼 1 小时。

全县中小学还实行每天上午安排 30 分钟左右的大课间活动。

2009 年，根据丽水市教育局办公室下发的《关于认真做好 2009 年〈国家学生体质健康标准〉测试及数据报送工作的通知》和《关于开展 2009 年〈国家学生体质健康标准〉实施情况督查的通知》，对全县中小学生进行体质健康测试。

同年，县教育局执行市教育局印发的《关于 2009 年初中毕业生体育考试工作实施意见》，体育考试总分由 15 分提高到 30 分。

2010 年，县教育局印发《景宁县中小学生课外文体活动工程实施方案（试行）》，各校推行“每天锻炼一小时”工程。2011 年，景宁中学、景宁城北中学、景宁畲族自治县沙湾中学、实验一小、实验二小、民族小学、东坑镇小、英川镇小、标溪乡校被评为首批课外文体活动工程示范校。

2012 年，景宁各教育集团学校分别推广第九套广播体操。对全县中小学学生的体质健康情况进行监测。其中，优秀、良好、及格占 90%。

2012年景宁中小学学生体质健康情况表

表8-3-1　　　　单位：人

类别	人数（人）	优秀		良好及以上		及格及以上		不及格	
		人数（人）	占比（%）	人数（人）	占比（%）	人数（人）	占比（%）	人数（人）	占比（%）
总计	13882	1071	7.72	7336	52.85	12136	87.42	1746	12.58
小学	7480	732	9.77	4112	54.97	6556	87.65	924	12.35
初中	3600	314	8.72	2135	59.30	3146	87.39	454	12.61
高中	2802	25	0.89	1089	38.87	2434	86.87	368	13.13

赛事

1992—2012年，参加省、市体育比赛16次；举办县、市级体育赛事40次（其中，承办市级中小学和教师赛事3次）。

1992—2012年景宁中小学参加省、市体育比赛成绩一览表

表8-3-2

时间	赛事名称	单位	名次
1992年	丽水地区中学生篮球赛（丽水）	景宁中学男队	第一名
1993年	省传统学校中学生篮球赛	景宁一中男队	第一名
1994年	地区中学生篮球赛（云和）	景宁一中男队	第一名
1994年	省青少年篮球赛（杭州）	景宁一中男队	第三名
1995年	省第二届中学生田径运动会（丽水）	县　队	2个第二名
1995年	参加浙江省体育传统学校中学生篮球赛	景宁中学男子队	第一名
1997年	参加丽水地区中学生篮球赛	景宁中学男子队	第一名
2003年	参加全国跆拳道56公斤比赛（北京）	陈嫱嫱	第二名
2004年	参加省中小学生田径运动会（温岭）	县　队	3金2银4铜
2010年	参加省首届体育大会（莲都）	张奕荣	100米获奖
2010年	参加省首届体育社团运动会（莲都）	刘昱显	100米获奖
2010年	参加全国少数民族第八届传统体育运动会《赶野猪》表演	民族中学	银奖
2010年	省第四届民族运动会《摇锅》表演	民族中学	金奖

续表 8-3-2

时间	赛事名称	单位	名次
2011 年	参加省青少年拳击冠军赛 57 公斤项	刘巧云(女子甲组)	得奖
2012 年	参加省青少年拳击锦标赛 57 公斤项	刘巧云(女子甲组)	得奖
2012 年	参加浙江省足球比赛	民族小学	二等奖

1992—2012 年景宁举办县、市级中小学体育赛事情况表

表 8-3-3

时间	赛事名称	比赛地点
1992 年	全县中小学生中、长跑比赛	民族中学
1992 年	全县小学生篮球赛	东坑镇小
1992 年	全县中学生篮球锦标赛	民族中学
1993 年	北京争办奥运知识通讯赛	各校
1993 年	全县小学生篮球锦标赛	县体育馆
1994 年	首届县中小学生田径达标赛	民族中学
1994 年	风筝比赛	县体育场
1994 年	全县中学生篮球锦标赛	沙湾中学
1995 年	县第二届中小学生田径运动会	县体育运动场
1995 年	全县中小学生篮球赛	县体育馆
1997 年	初中生男子篮球赛	县体育馆
1997 年	承办地区中、小学生田径运动会(景宁)	县体育场
1998 年	县第三届中小学生田径运动会	县体育运动场
1998 年	全县小学生篮球赛	鹤溪镇小
1999 年	第四届中小学生田径锦标赛	县体育运动场
1999 年	首届全县小学生跳绳比赛	县中心小学
2000 年	第五届中小学生田径运动会	县体育运动场
2000 年	“城北中学杯”第六届全县中学生篮球赛	城北中学
2000 年	全县小学生男子篮球赛	沙湾镇小
2001 年	全县第六届中小学生田径运动会	城北中学
2002 年	全县中小学乒乓球赛	县体育馆
2002 年	全县第七届中小学生田径运动会	县体育场

续表 8-3-3

时间	赛事名称	比赛地点
2002 年	承办丽水市中小学生乒乓球赛(景宁)	县体育场
2003 年	全市中小学田径运动会选拔赛	县体育场
2003 年	第八届全县初中男子篮球赛	东坑中学
2003 年	承办市青年教师基本功比赛(景宁)	县体育场
2005 年	全县第八届中小学生田径运动会	县体育运动场
2005 年	全县中学生男子篮球赛	民族中学
2006 年	全县小学生篮球赛	英川镇小
2006 年	全县第九届中小学生田径运动会 暨综合素质特长展示运动会	县体育运动场
2007 年	全县中小学田径运动会	县体育中心
2007 年	全县中小学生乒乓球赛	县体育馆
2008 年	全县中小学生田径运动会	民族小学
2008 年	全县中小学生跳绳比赛	第一实验小学
2010 年	全县中小学生田径运动会	县体育运动场
2011 年	全县中小学田径运动会	县体育运动场
2011 年	全县小学生乒乓球比赛	县体育馆
2012 年	第四届中小学生田径运动会	县体育馆
2012 年	全县小学生篮球锦标赛	第二实验小学
2012 年	全县中小学生乒乓球比赛	县体育馆

景宁 1996 年、2004 年、2012 年 11 岁组田径最好成绩一览表

表 8-3-4

项目 \ 成绩 \ 时间 \ 组别	男			女		
	1996 年	2004 年	2012 年	1996 年	2004 年	2012 年
100 米	14″11	15′95	14′78	15″64	15′79	15′31
200 米	30″	31′60	—	33″3	33′32	—
400 米	1′7″53	1′10″51	1′13″81	1′15″17	1′16″47	1′09″32
800 米	2′36″	—	2′55″14	2′51″38	—	2′56″36

续表 8-3-4

项目 \ 成绩 \ 时间 \ 组别	男			女		
	1996 年	2004 年	2012 年	1996 年	2004 年	2012 年
60 米	9″15	9′45	—	9″7	10′67	—
4×100 米	58″30	—	56″68	1′6″7	—	58″41
跳高	1.11 米	1.09 米	1.06 米	1.11 米	1.05 米	1.13 米
跳远	3.92 米	3.85 米	3.88 米	3.92 米	3.90 米	3.66 米
垒球	44.86 米	35.03 米	41.31 米	34.02 米	30.10 米	35.28 米
铅球	7.83 米	—	—	6.67 米	—	—

景宁 1996 年、2004 年、2012 年 14 岁组田径最好成绩一览表

表 8-3-5

项目 \ 成绩 \ 时间 \ 组别	男			女		
	1996 年	2004 年	2012 年	1996 年	2004 年	2012 年
100 米	12″50	13′64	14′26	13″5	12′20″	14′57″
200 米	25″69	29′23	31′89	29″34	—	—
400 米	1′0″2	1′01″36	1′42″92	1′10″2	1′07″07	1′10″71
800 米	2′20″47	2′29″00	—	2′43″4	2′25″74	2′48″82
4×100 米	49″75	—	—	57″34	50″16	57″85
跳高	—	1.41 米	—	—	—	1.35 米
跳远	5.12 米	4.12 米	3.21 米	—	5.27 米	4.12 米
垒球	—	—	—	—	—	—
铅球	10.29 米	—	—	—	9.54 米	7.04 米
1500 米	4′50″06	5′04″82	—	5′36″58	5′05″92	5′59″14
标枪	—	27.55 米	—	—	33.11 米	5.13 米
铁饼	—	20.25 米	—	—	29.40 米	16.10 米
100 米栏	—	—	—	—	16″29	19″76

荣誉

1992—2012 年，景宁中小学校获 10 项省、市体育教育荣誉称号。

1992—2012 年景宁中小学获省、市体育教育荣誉情况表

表 8-3-6

学校	荣誉名称	时间
景宁中学	丽水地区群众体育先进单位	1993 年
民族中学	省实施体育锻炼先进单位	1993 年
民族中学	省实施体育锻炼先进单位	1994 年
城北中学	省篮球体育传统项目学校	2000 年
民族中学	浙江省群众体育先进学校	2006 年
实验一小	市乒乓球体育特色项目学校	2008 年
民族小学	省青少年体育俱乐部	2010 年
实验一小	市田径、篮球体育基地学校	2007 年
实验二小	市田径、篮球体育基地学校	2008 年
民族中学	丽水市体育特色学校	2009 年

第四节　音乐教育

教学活动

推行“课程计划”　1992 年，县教育局执行地区教委下发的《关于检查〈学校艺术教育规定〉执行情况的通知》，在 11 月底前完成了《艺术教育规定》执行情况的自查工作。县教育局对所有完小、初中进行音乐教育质量随机抽查。

1993 年，县教育局贯彻实施国家教委新颁发的《音乐教学大纲》，各校将器乐纳入音乐教学内容。县教育局贯彻省教委《关于颁发试教区初中必修课考核试行办法的通知》，对音乐的考核办法作出规定：以平时考察为主，学年结束可进行必要的理论知识考查，毕业成绩按第一、二、三学年 4:3:3 的比例评定。

1995 年，国家教委召开器乐教学研讨会后，景宁大多数中小学开设了器乐教学，但因师资、设施制约，开课不够平衡。

1996年，全县中小学、职业学校根据省教委《关于在全省各级各类学校开展"唱校园歌曲，跳校园集体舞"活动的通知》，开展"唱校园歌曲、跳校园集体舞"活动。

同年起，全县中小学音乐课堂教学探索向素质教育转轨，做到面向全体学生，提倡学生主动参与式学习，并以歌唱的教学作为落实音乐素质教育的突破口开展教学研究。

1997年年初，县教委贯彻地区教委《关于继续加强学校艺术教育工作的若干意见》，加强对学校艺术教育的领导，改善学校艺术教育的教学条件。各校按照教学计划开足开好艺术教育课，提高学校艺术教育质量，开展课外文化艺术活动，促进校园文化建设。

2000年，全县中小学落实教育部制定的《全国学校艺术教育发展规划》和《学校艺术教育工作规程》，开齐开足艺术教育课程，开课率100%。同时，县教委贯彻市教委下发的《关于加强学校艺术教育工作的通知》，把"人人会乐器，班班有歌声，校校有艺术团，年年有艺术周"作为学校艺术教育目标，开好艺术类课程。

2004年，全县中小学执行《浙江省实验区义务教育阶段课程计划》。小学1—6年级每周音乐课各开2节，初中1—3年级每周音乐课各开1节。县教育局提出2003—2007年学校体卫艺工作发展目标，制定了《关于加强和改进学校体育，卫生与艺术教育工作的若干意见(试行)》。

2012年，县教育局认真落实市教育局《关于进一步加强中小学体育、艺术和卫生教育工作的指导意见》。全县中小学艺术教育课开课率达到100%，做到"课时落实、内容落实、教师落实、教案落实"。

教学研究活动　2002年，县教研室为提高教师备课质量，举办中小学音乐优秀教案评选活动。举办主题为"学习新课标，树立新理念"的全县中小学音乐教改研讨会，其内容丰富，包括研讨课、课题展示、讲座、说课、评课、观摩第一实验小学"十佳歌手"评选决赛等。

2003年，在英川镇小举办音乐优质课评比。30多人参加活动。在县中心幼儿园举办首届音乐教师基本功比赛。

2004 年，在草鱼塘举办“我读新课标”音乐教师论坛。30 多人参加会议。在实验二小召开学校一年级新课程教学研讨会，25 人参加。

2007 年，在实验一小举办全县中小学音乐备课会，31 人参加会议。在实验二小举办音乐教师素质提升工程培训，35 人参加。

2008 年，在城北中学、实验一小开展全县中小学音乐优质课评选活动，60 多人参加。在教研室举办全县中小学音乐课件制作评比，60 多人参加。在城北中学、实验二小开展中小学音乐“研读　设计　释疑”教学研讨活动。

2009 年，在民族中学、实验一小举办全县“疑难问题解决”专题研讨会，30 人参加会议。

2010 年，在景宁中学举办全县中学音乐备课会议，35 人参加会议。在民族小学举办全县音乐备课会议，30 人参加会议。

2011 年 8 月，在民族小学举办全县音乐教师暑期大备课，32 人参加会议。11 月，在城北中学举办中小学音乐教师“述课—上课—评课”活动，30 人参加会议。

2012 年 8 月，在民族小学举办新课标新课程培训活动，32 人参加会议。

开展联谊活动　2005 年，承办丽水市高中音乐教师课堂教学研讨会及地方课程培训会，80 余人参加。举办“艺术之星”培训班，学员 20 人，6 月，全体学员赴泰顺城关中学举办联谊活动。

2006 年 9 月，与市教研室全体人员举行联欢活动。

12 月，在城北中学举行“艺术之星”学员课堂教学展示活动，30 多人参加会议。

2007 年，在城北中学承办甬湖丽三地联动音乐新课程研讨活动，180 人参加会议。在民族中学举办中小学音乐新课程培训会，33 人参加会议。在实验一小举办全县中小学音乐教坛新苗评选活动。

同年 12 月，在云和实验小学举办景宁、云和两县中小学音乐欣赏教学研讨活动，85 人参加会议。

2011 年，在实验一小举办景宁、云和两县中小学音乐教学有效性研讨暨论坛评选活动，85 人参加会议。

2012 年，县教育局、文化广电新闻出版（体育）局联合举办“凤舞畲山”大舞台暨全县中小学音乐教师“喜迎十八大，奏响新乐章”器乐大赛。5月，举办县音乐教师素养培训暨市歌唱教学研讨活动，100人参加会议。

演艺活动

1992—2012年，全县中小学生参加全国、省、市演艺活动16次，举办县级演艺活动12次。

2001—2012年景宁中小学学生参加国家、省、市艺演活动情况表

表8-4-1

时间	活动名称	活动地点
2001年	实验二小舞蹈《畲山娃未来星》参加市文艺会演	丽水
2002年	舞蹈节目《畲娃球恋》参加省舞蹈大赛	杭州
2002年	参加省演唱比赛《我会唱山歌》	杭州
2002年	举办浙闽两省六县文艺晚会	烟草大楼
2003年	举办省民族教育工作会议代表迎宾晚会	烟草大楼
2004年	参加全市教育系统文艺汇演《溜溜的康定溜溜的情》	丽水
2004年	参加全市教育系统文艺汇演学生表演的《球娃梦》	丽水
2005年	实验二小《球娃梦》参加央视14套少儿春节校园文艺晚会	北京
2006年	参加全市音乐教师舞蹈《激情剪剪剪》参加市工会文艺会演	市文化会堂
2006年6月	音乐教师舞蹈《激情剪剪剪》参加市工会文艺调演	市文化会堂
2007年	实验二小舞蹈节目《畲乡童趣》参加全国校园文艺会演	北京
2007年	实验二小《太阳从哪里升起来》获全国艺术新秀选拔活动全国总决赛	北京
2007年	独唱《苗家小阿妹》参加省“酷儿杯”超级童声大赛	杭州
2007年	城北中学声乐节目《畲乡唱晚》和《畲族敬酒歌》参加省文化厅举办的“中华畲族民歌邀请赛”	杭州
2008年	实验二小《畲乡童趣》参加全市首届中小学舞蹈节舞台集体舞比赛	丽水
2012年	梁舒然参加第十届《快乐阳光》中国少儿歌曲卡拉OK电视大赛，并代表丽水参加全省总决赛	杭州

1992—2012 年景宁中小学县级演艺活动情况表

表 8-4-2　　单位：人

时间	活动内容	地点	参加人数
1994 年	全县首届中小学师生文艺会演	影城	900
1995 年	全县首届教职工爱国主义教育卡拉 OK 演唱比赛	总工会歌厅	100
1995 年	中心小学举办校园“四歌”演唱活动	中心小学	1300
1997 年	举行“庆六一，迎回归”第二届师生文艺会演	影城	1000
1999 年	庆祝建国 50 周年，迎接澳门回归暨第三届中小学（幼儿园）师生文艺汇演	影城	1000
2002 年	“庆六一，迎十六大”全县中小学文艺会演	影城	1000
2005 年 6 月	“艺术之星”景宁泰顺教研联谊活动	泰顺城关中学	20
2008 年 5 月	七彩风、五环梦“庆六一 迎奥运”文艺会演	影城	1600
2009 年 9 月	全县教育工会教师卡拉 OK 赛	局报告厅	80
2009 年 9 月	全县音乐教师声乐比赛	民族小学	45
2011 年	教育集团文艺汇演暨丽水市小学教育工作汇报演出	影城	1200
2012 年	县教育局、文化广电新闻出版（体育）局联合举办“凤舞畲山”大舞台暨全县中小学音乐教师器乐大赛	文化馆	800

获奖情况

1992—2012 年，全县中小学生和音乐教师参加国家、省、市级比赛获得 19 个奖项。

1992—2012 年景宁县中小学生、音乐教师获奖荣誉一览表

表 8-4-3

年份	荣誉名称	荣誉级别	获奖单位
1992	丽水地区首届中学生文艺调演	地区二等奖	景宁一中
1992	相声《音乐课》参加省首届文艺调演	省一等奖	景宁一中
1993	丽水地区首届校歌比赛	地区二等奖	景宁一中

续表 8-4-3

年份	荣誉名称	荣誉级别	获奖单位
1995	《童趣》	市二等奖、省三等奖	鹤溪镇小
2001	《畲山娃未来星》	市一等奖	实验二小
2002	《畲娃球恋》	省金奖	实验二小
2002	《我会唱山歌》	省二等奖	实验二小
2004	《溜溜的康定溜溜的情》	市一等奖	县音乐教师代表队
2004	《球娃梦》	市二等奖	学生代表队
2007	《畲乡童趣》	国家一等奖	实验二小
2007	《太阳从哪里升起来》	国家金奖	实验二小
2007	《苗家小阿妹》	省二等奖	实验二小
2007	《畲乡唱晚》	省二等奖	城北中学
2007	《畲族敬酒歌》	省三等奖	城北中学
2008	《畲乡童趣》	市一等奖	实验二小
2008	艺术特色学校（器乐）	市级奖	实验一小
2008	展演舞台集体舞	市一等奖	实验二小
2008	艺术特色学校（绘画、声乐、器乐、舞蹈）	市级奖	景宁中学
2009	特色学校（音乐）	省级	实验一小

第五节　美术教育

课堂教学

1992年，全县中小学贯彻国家教委颁布《义务教育全日制小学、初级中学美术教学大纲》，确立了美术课的“必修课”地位，并规定小学美术教育包括欣赏、绘画、工艺等内容，比“图画”扩大了“欣赏”的外延，提升了“图画”的美术功能。规定各课业的大体比例：绘画占45%—50%，工艺占40%—

45%，欣赏约占10%。初中美术教学内容包括欣赏、绘画、工艺等课业，绘画占40%—45%，工艺占35%—40%，欣赏约占15%，小学和初中的绘画和工艺课的比例都有5%的弹性。大纲中规定有10%—20%的课时作为补充乡土教材内容。

同年，全县小学开始使用浙江教育出版社出版的《义务教育小学美术课本（试用）》，各中小学使用地区教委教研室编写的《中小学美术乡土教材》。县教育局贯彻地区教委下发的《关于检查〈学校艺术教育规定〉执行情况的通知》，要求各校在11月底前完成《艺术教育规定》执行情况的自查工作。12月上旬，对所有完小、初中的某一个年级进行美术教育质量考查。

1992年小学、初一各年级美术教学内容与要求情况表

表8-5-1

年级	绘画			工艺		欣赏
	写生	临摹	创作	图案	手工劳动	
小学一年级	掌握正确的执笔姿势和蜡笔平涂方法。能绘制简单的平面物体。能独立画简单的记忆画	能画简单的单独物象	启发学生独立完成添画、想象画等儿童画创作	能识别和运用蜡笔的各种颜色，绘制简单的花边和纹样。学会写单线美术字	指导学生制作简单的折纸、剪贴和泥工	通过对适合儿童年龄特征的美术作品欣赏，培养学生对造型艺术作品的爱好和兴趣，初步了解学习的目的和意义
二年级	能画简单的对称物和平画组合物	能画对称和平面组合物	引导学生进行儿童画创作。指导学生在创作时表现自己所熟悉、爱好的事和物	能识别和运用蜡笔的各种颜色。绘制简单的花边和纹样。学会写单线美术字	指导学生制作简单的折纸、剪贴和泥工	
三年级	懂得平面、图画透视知识。能画简单物体的大体明暗。三年级（下）用水彩色画铅笔淡彩	结合写生，用中国画方法画蔬菜瓜果	引导学生运用毛笔进行儿童画创作。指导学生在创作时要注意表现作品的思想内容	了解写生、变化、形成单独纹样的图案画知识，进行二方连续的图案练习。能写黑体美术字	能运用图案课学到的知识，剪刻简单的花边和纹样。学习简单的立体纸工	通过欣赏我国传统工艺美术作品和儿童题材的中国画，使学生初步懂得工艺品和中国画的特点，培养学生的爱国主义思想

续表 8-5-1

年级	绘画			工艺		欣赏
	写生	临摹	创作	图案	手工劳动	
四年级	使学生初步懂得人体比例。指导学生运用透视知识进行立方体的物体的写生练习	了解用中国画方法画树与石的技法，并作初步练习	能初步运用透视方法画准物体形象。逐步引导学生注意画准人体比例	学习色彩知识。懂得图案适合应用的方法。学习宋体美术字	简单图案纹样的美化硬纸工和泥工	通过对国画、版画和水彩画的欣赏，使学生了解它们的表现方法，提高学生的欣赏能力
五年级	能画球形物体。运用正确的透视方法，画组合物。让学生进行静物、风景和人物速写，了解一般的速写知识	学习用中国画的技法画花卉。学习用白描的方法画人物画	学习创作的构思、构图知识。指导学生用单线平涂法进行创作	进一步学习色彩知识。学画四方连续和图案纹样。懂得美术字的运用	指导学生运用各种材料进行手工制作	欣赏敦煌壁画，培养学生对祖国艺术遗产的热爱和民族自豪感。通过欣赏中外优秀美术作品，开阔眼界，陶冶情操，提高他们的审美能力
初中一年级	使学生掌握构图的基本知识，进行组合物写生练习，能表现物体的结构和明暗的变化。使学生了解一般人体结构知识，进行人物速写练习	学习用中国画的传统技法描绘人和物的形象	指导学生在创作时要注意表现主题思想。能运用单线平涂方法进行创作	巩固在小学阶段学到的知识并运用到报头、版面的设计和美化环境所需要的工作中去		让学生了解各种画种的特点。通过对中外绘画、雕塑、建筑等造型艺术作品的欣赏，提高学生对美的感受力，激发他们的爱国主义和国际主义感情

1993 年秋，全县中小学执行省教委印发的《浙江省义务教育试行教学计划》，美术课小学一至三年级每周 2 课时，四至五年级和初中每周 1 课时。

同年，省教委下发《关于颁发试教区初中必修课考核试行办法的通知》，确定初中美术考核的学年成绩以平时为主，技能与知识各占 1/2，毕业成绩按第一、二、三学年 3:3:4 的比例评定。

1997年，地区教委印发《关于加强丽水地区学校艺术教育工作的若干意见》，县教委对美术教育的管理、设施、师资等提出了新的规划。全县中小学美术学科统一采用北京人民美术出版社出版的教材。

2000年，全县中小学按照教育部《中小学美术教育大纲（修订稿）》，修订了美术课业教学时数分配，全县各校依照规定实施美术教学。小学的大纲改变原大纲按年级列出知识点的做法，而采用了根据低、中、高年级开列知识点；降低大纲的难度，努力适应学生的实际和兴趣。同年起，初三年级学生实行美术学科技能测试，分理论知识和现场画画两部分检测。

2000年小学、初一年级美术各类课业教学时数分配情况表

表8-5-2　　单位：节

年级		绘画			工艺		欣赏	总时数
		写生	临摹	创作	图案	手工劳动		
小学	一年级	16	10	8	20	14	4	72
	二年级	16	10	8	20	14	4	72
	三年级	10	4	4	8	6	4	36
	四年级	12	4	4	8	4	4	36
	五年级	12	4	4	8	4	4	36
初中一年级		8	6	4	10	/	8	36
总计		74	38	32	74	42	28	288
百分比（%）		25	14	11	25	14	10	100

同年，市教育局组织教研员（艺术科）到毛垟乡校、沙湾镇小、沙湾中学开展教育教学调研。

2001年，县教委出台《景宁县音乐、体育、美术、劳动技术学科技能考核方案》，5月进行首次学科技能检测。

2003年，全县中小学实行新课程改革，美术学科教学坚持以人为本、面向全体，突出了人性，把美术学习作为文化的传承。执行《浙江省九年制义务教育课程计划》，美术课小学每周2课时，初中每周1课时。

2004年秋，全县中小学使用人美版或湖南版美术教材，初中、小学起始年级全部进入实验阶段。根据《浙江省实验区义务教育阶段课程计划》，小学美术课每周2课时，每课时为40分钟。为适应新课程实施，县教育局组织全县美术教师新课程培训。

2004年小学美术每周课时安排一览表

表8-5-3

年级	一	二	三	四	五	六	
美术	2	2	2	2	2	2	每课时为40分钟
课外兴趣小组		2	2	2	2	2	

2008年，县教育局深入贯彻教育部《关于加强和改进中小学生艺术教育活动的意见》，着力于“一校一品”艺术教育特色学校培育工作。

2012年，市教育局印发《关于进一步加强中小学体育、卫生和艺术教育工作的指导意见》，要求各校开齐、开足、开好艺术教育课，任何学校都不得以任何理由削减、挤占艺术教育课时，乡镇小学开课率达到百分之百。为了落实好上级规定，县教育局组织人员逐校进行督查。

活动与荣誉

1995年，县教育局举行全县中小学生书画比赛。

1997年，县教育局举行“庆六一，迎香港回归”全县中小学生、幼儿园学生绘画比赛，共收到油画、素描、水墨、儿童画等不同形式的参赛作品200余件。

2003年，景宁一中学生蓝周媚参加省第四届中小学摄影《光与影》，作品获省一等奖，全国三等奖。

2008年，实验二小被丽水市教委确认为首批艺术教育特色学校。景宁中学被丽水市教委确认为艺术（绘画）教学特色学校。

2009年，为庆祝中华人民共和国成立60周年、景宁设县25周年，描绘25年来畲乡社会、经济、文化等方面取得的成就。县教育局和县文联联合举办书画大赛。

2011年，全县中小学参加以“党在我心中”为主题的“丽水市首届‘绿谷之春'中小学校师生书画比赛"，学生的书画作品主题描绘身边美好的生活，反映当代中小学校师生热爱党、热爱祖国、热爱生活、热爱学习、敢于创造、健康向上的精神风貌。

第六节　信息技术教育

发展简况

两机一幕　1992年，景宁现代教育技术教学设施简单。县城学校、乡镇中心、完小级学校配有两机一幕，即收录机、投影仪、银幕。没有专职教师，设备仅供教师作为课堂教学辅助工具，不少教师不习惯使用。这是现代教育技术教学设施配置的起步，但比传统的一支粉笔一块黑板的课堂教学迈出了一大步。

1995年，全县中小学进入三机一幕的时代，即收音机、投影仪、电视机、银幕，还配备与文字教学相配套的音像教材。从此走出了仅用口口相传的教学时代。1996年，县教委确定景宁一中、景宁畲族自治县沙湾中学、民族中学、英川镇初级中学、第一实验小学、鹤溪小学、沙湾镇小等7所学校为首批电化教学试点学校。

1997年，启动"教育现代化工程"计划，县政府投入大量人力、财力，经省教委验收合格，1998年，实现"实验教学普及县"。1999年，景宁被省人民政府认定为"浙江省中小学实验教学普及县"。同时，实验一小被省教委认定为首批"现代教育技术实验学校"。

多媒体　2001年，全县共投入资金1245万元，建成校园网络11个、电脑房23个、多媒体教室50个、课件制作室9个，配备校园音响系统7套、电脑1214台。从此，景宁教育进入一个过去仅靠教师言传身教到现代设备代替文字或形象的现代化教育教学时代。同年，信息技术课程被列入初中必修课，每年级每周开设两课时。2002年，全县中小学《根据浙江省教育厅关于加强中小学信息技术课教材管理的意见》，采用经批准的信息技术课程实验教材。同年，县第二实验小学、民族小学、城北中学被认定省级现代教育技术实验学校。

2004 年 7 月，县政府投入资金建立了景宁教育城域网，10 月，实现全县所有学校开通因特网。全县中小学、远程中小学、远程教育、媒体教学的教育设备配备达到国家教委规定标准，基本迈入不用粉笔时代。同年起，小学三、四、五、六年级信息技术课，每周开课各一节。2005 年，中小学学生学籍档案采用电子学籍网管理。

2006 年，县教育局根据《浙江省中小学现代教育装备标准》，加大教育信息装备经费投入，按照“实用、够用并适度超前”的原则进行配备。同年，沙湾镇小、葛山乡校、大地乡校、郑坑乡校、家地乡校、叶桥完小、秋炉乡校 7 所学校配备了机房电脑 87 台；民族中学配备了 5 个实验室、5 个仪器室、1 个语音室。配备多媒体 12 套，放像光盘 31 套计 3782 片，资源库 12 套。学校自筹资金装配多媒体教室 14 个，其中实验一小 6 个、实验二小 8 个，实现“省长工程”。

2009 年，全县学校计算机总数达到了 2633 台，其中学生计算机 1704 台、教师计算机 929 台。全县所有中小学配备计算机教室，全县学校师机比 1.4:1，生机比达 8.78:1。全县所有学校配备多媒体教室，县城所有中小学多媒体进班级，农村学校多媒体班配比 2.2:1，全县有多媒体 314 套，占班级的比例 83.3%；投入装备校园网络和音响系统，使全县大部分学校建立了网站，充分利用网络资源，提高了教育教学效率。

2012 年，县教育局装备中心共采购教育设备 18 批次，年度总投资 325.21 万元。

活动与测试

电化教学是一门新兴学科，1995 年，为满足全县电化教育的发展需要，县教师进修学校与电教仪器站，首次组织全县中小学相关学科部分教师培训，并参加全省统一考核，合格后发给等级资格证书。

2000 年，为提高教师的现代技术教学能力，电教仪器站与研训中心举办初中电教研讨会，开设课堂教学展示课，撰写教学论等活动。

2001 年，县教委制定了《普及中小学信息技术发展规划》。规定取得省级、国家级计算机等级证书的考生在升学考试成绩中予以加分。组织部分中小学生参加省第三届电脑自作作品评比活动。

2002 年，县教育局委托浙江教育学院信息技术分院举办计算机培训班，选送了 59 名有一定计算机基础的老师参加教育学院进修培训，经过 3 个月 4 期面授培训，为景宁普及信息技术教学，培养了老师。同年，全省中小学（中职）实施信息技术等级证书考试制度，全县中小学部分教师参加考试。

2004 年，全县各中小学综合素质系列分站赛暨首届中小学信息教育活动在民族中学、景宁一中举行。

2006 年，县教育局出台《2007 年初中毕业生信息技术技能测试实施方案》，2007 年，信息技术科实行中考测试，学科每份试卷满分值为 5 分，完成时间 15 分钟，成绩计入初中升学总分。2009 年，信息技术学科列入中考，每份试卷满分值为 5 分，完成时间八分钟，成绩计入初中升学总分。举办纪念“全国中小学电脑制作活动 10 年”比赛。

2011 年，县教育局印发《景宁县 2011 年初中毕业生实验操作和信息技术测试工作实施细则》，信息技术作为测试科目，成绩分等级，由学校组织实施，不计入初中升学总分。

第七节　卫生教育

队伍与管理

1992 年，全县中小学贯彻国家教委和卫生部颁发的《学校卫生工作条例》，将卫生纳入教学计划，开设健康教育课，开展学生健康咨询等活动。1993 年起，全县中小学执行省义务教育课程设置表，将卫生保健知识融合于体育之中，开设“体育与保健”课教学，增加卫生保健知识。

1994 年，全县中小学按照地区教委下达的文件要求，加强管理，健全学校卫生工作网络，主要由医务室负责，没配设医务室的学校由教导处兼管。新学年新生入学时，严格实行儿童入学查验预防接种证制度。同年起，由卫生防疫站给全县乡镇以上学校进行每年体检一次。

1995年，县教育局贯彻国家教委颁发的《学校健康教育评价方案（试行）》。1997年，根据省教育厅通知，全县乡中心学校以上的中小学开展健康教育自查自评，每年进行一次。同年，地区教委对县所在地学校进行卫生监督监测，景宁合格率达90%以上。

1999年，县教委执行地区教委下发的《关于加强学校卫生工作的意见》，规定学校卫生工作设一名副校长负责，由学校政教处、医务室、有关学科、生活指导师、班主任组成工作队伍开展工作。

2000年，地区教委、卫生局联发《关于加强学校传染病防治工作的通知》。为推进学校卫生管理、落实好学校卫生工作条例、做好学生常见病和传染病的防治，丽水市教委举办了学校卫生工作人员培训会。全县7所学校的校医都参加了培训。

2001年县教委成立“景宁县中小学心理健康教育指导中心”。

2003年，全县中小学贯彻省教育厅、省卫生厅、省公安厅联合下发的《关于加强和改进学校卫生安全工作的意见》，将学校卫生安全工作列入学校教育管理目标评估、督导检查的内容。

2004年，县教育局贯彻市教育局与市卫生局联合下发的《关于对学校食堂卫生监督实行量化分级管理的通知》，组织人员对学校食堂进行了考评，开始实行学校食堂量化分级管理。同时，在贯彻市教育局、卫生局、药监局联合下发的《丽水市中小学（幼儿园）健康室、卫生室建设和管理办法》时，要求各校加强健康室、卫生室的建设和管理，并对各校医务室的管理、设施、学生健康档案、常见病备用药等情况进行了督查。县政府又投入了大量资金，为全县中小学启动“改水、改厕、改食堂、改宿舍”工程，改善学校卫生基础设施。

2005年，县教育局按照《丽水市学校食品卫生管理办法》，对全县学校食品卫生进行了专项检查整治。

2007年，县教育局根据省卫生厅、教育厅《关于开展全省学校卫生专项检查工作的通知》，对全县各学校食堂、校内食品店开展执法检查，重点整治学校食堂布局、卫生设施、食品原料采购索证、台账登记、食堂卫生管理等方面。年末，景宁有食堂的学校28所，食堂共28个，有卫生许可证的食堂8个，有食品店的学校9所，食品店共10个，建立“放心店”7个。

2009年，县教育局要求将食品安全知识列入中小学健康课程授课内容，确保每学期不少于2课时。全县中小学开展以贯彻落实《中华人民共和国食品安全法》，共创健康美好生活为主题的宣传周活动，参加了省卫生厅主办的“娃哈哈”食品安全知识竞赛活动。

2010年，县教育局贯彻《关于印发浙江省中小学生健康体检管理实施办法的通知》，统一使用《浙江省中小学健康检查体检表》，与卫生部门一起定期将学生每次的检查结果送达相应的社区卫生服务机构，归入其家庭健康档案。

2011年，县教育局贯彻省卫生厅、省教育厅的通知，在全县中小学开展结核病防控健康教育与征文活动。各校以“普及卫生知识、养成卫生习惯”为重点，结合世界卫生日、世界环境日和世界地球日等开展系列宣传活动。全县中小学健康教育开课率达100%。同年，县教育局贯彻省教育厅办公室印发的《浙江省学校食品安全十必须》，学校建立以校长为第一责任人的食品安全责任制度。对学校食堂和副食品店从业人员的卫生习惯与持证要求、副食品采购进货、食品验收储存、食品加工供应、使用食品添加剂和学校饮用水卫生标准作出明确规定。

2012年，县教育局贯彻浙江省教育厅《关于进一步加强中小学食堂管理工作的意见》，各校根据国家、省有关食品安全法律法规，加强食堂全程标准化管理，严格原材料供应、包装储存、餐具消毒、场所环境卫生、工作人员健康检查等环节；对食堂功能分区、生产、加工、配送流程落实索证索票、查验记录、购销台账、留样备查等设立制度，保证食堂伙食的安全、卫生及质量。实施以“常组织、常整顿、常清洁、常规范、常自律”为主要内容的食堂“五常法”管理。对食堂突发事件应对机制、食堂食品卫生事件处置设立具体方案，并组织演练。

2012年景宁中小学校卫生室建设情况表

表 8-7-1 单位：所

学段	学校总数	有校卫生室校数	有专职校医校数	有专职保健人员校数
小学	16	3	2	1
中学	6	4	3	1

疾病预防

1992年，县教育局贯彻地区教委《关于加强中小学生视力保护，做好近视眼防治工作的通知》，在每年3月9—15日保护中小学生视力宣传周期间，要求各校利用黑板报、校园广播、班会课等平台大力开展宣传，并对各校教室、阅览室的灯光亮度进行全面检测与整改。

1999年，全县中小学普遍开展学生口腔健康教育和青春期健康常识宣传教育。

2001年，全县中小学贯彻教育部颁发的《关于贯彻落实〈中国遏制与防治艾滋病行动计划〉(2001—2005年)的意见》，初中阶段安排不少于两次预防艾滋病的专题宣传，普高、职业高中阶段至少一次的专题讲座或专题活动。

2002年9月，发生急性流行红眼病，主要对象是中小学生。教育局发出紧急通知，各校组织力量治疗患病者，并对学习、生活等主要场所进行消毒，对个别严重患者做适当隔离措施。流行性红眼病很快得到控制。

2003年，广东等地发生传染性非典型肺炎，教育部、省、市教育部门都相继发出加强学校非典型肺炎的预防和控制工作的紧急通知，县教育局成立领导小组，出台应急处置方案，印发《防治非典型肺炎》科普宣传资料，建立报告制度，规定各校师生不准与疫区返乡亲友、同学接触，不到人群密集的地方活动，不搞大型活动，不准外来人员随意进入校园。一旦发现与疫区返乡人员接触，采取在家观察两周等措施。在非典型肺炎期间，全县中小学没有发生病例和疑似病别。

2004年，县教育局贯彻《中学生预防艾滋病专题教育大纲》，规定学校在地方课程中初中安排6课时，高中安排4课时，进行预防艾滋病专题教育，规定理论教学与讨论活动的课时比例为1:1，并将预防艾滋病知识纳入中考范围，分值为2分。2005年，县教育局贯彻市政府下发的《关于加强呼吸道传染病防治工作的紧急通知》，全县各校把呼吸道传染病防治工作作为当前公共卫生工作的重中之重；加大健康教育和呼吸道传染病防治知识的宣传力度；开展常规免疫和强化免疫工作；做好流动人口防病工作；执行疫情报告制度。至此，全县各小学实现入学儿童预防接种证查验和疫苗补种制度。

2008年，景宁发现少量手足口病病例，根据市教育局《关于认真做好手足口病防控工作的通知》，全县各校全面落实防控措施，各校师生均无感染病例。

2009年，甲型H1N1流感疫情在各地发生。景宁教育局下发了《景宁县中小学防控甲型H1N1流感应急预案》，为做好甲流防控工作：开展晨检、缺课生追访、实行甲型H1N1流感防控“日报告”和“零报告”等制度。还通过健康课、班队活动、校园广播、致家长信等形式，针对学生和学生家长的甲型H1N1流感基本常识和预防知识宣传，至全国疫情基本平息时，全县教育系统没有发生甲型H1N1流感病例。

至2012年，全县中小学生的乙肝疫苗接种率、卡介苗接种率、脊灰疫苗接种率、麻风疫苗接种率等都达到规定指标。“勤洗手、吃熟食、喝开水、勤通风、晒衣被”十五字的卫生部防病口诀在校园已成为师生生活习惯。

食品安全

1994年，地区教委提出，健全学校卫生工作网络，加强食品卫生管理制度。县教育局对各校食堂、食品小卖部食品卫生作出要求，不准将霉烂、变质、过期产品进库，为保证工作到位，学校还随机派人进行抽测。将学校食品安全工作列入县教育局年度教育目标督导评估的内容。

2002年，全县各中小学贯彻教育部、卫生部颁发的《学校食堂与学生集体用餐卫生管理规定》《关于加强学校食品卫生的紧急通知》，开展以“三管一灭”(饮水、饮食、粪便卫生管理和消灭苍蝇)为重点的爱国卫生运动。各校通过专题讲座、黑板报、主题班会、广播等形式向师生员工宣传普及卫生防病和预防食物中毒相关知识。

2003 年,贯彻市教育局与卫生局联合下发《关于加强学校食品卫生监督管理,严防学生食物中毒的紧急通知》。县教育局与学校实行签订食品卫生安全工作责任状制度。

2005 年,县教育局按照《丽水市学校食品卫生管理办法》,对全县所有学校食品卫生进行了专项检查整治。

2006 年,县教育局贯彻执行市教育局与市食品安全委员会办公室、市卫生局、市工商局联合下发的《学校食品安全责任追究制度》《学校食堂高危食品定点采购制度》《学校食堂、副食品店不得承包经营监督管理制度》《学校食物中毒预防和报告制度》《学校食品采购验收制度》《学校生活饮用水卫生安全管理措施》《学校食品卫生定期检查制度》等一系列制度,并采取相应措施。

2007 年,县教育局根据省卫生厅、教育厅《关于开展全省学校卫生专项检查工作的通知》,对全县各学校食堂布局、卫生设施、食品原料采购索证、台账登记、食堂卫生管理等方面整治。

2011 年,县教育局出台了《景宁县中小学食堂管理办法》《学校食堂财务报销操作有关规定》,进一步强化学校食堂和副食品店管理的规章制度。

2012 年,县教育局印发《关于加强秋季食物中毒预防工作的通知》,各学校组织食堂管理人员、从业人员认真学习预防工作通知精神,严格把好餐饮安全“九关”,即采购关、保管关、清洗关、加工关、消毒关、留样关、用餐关、人员关、应急关。

第八节　安全教育

管理措施

安全工作是学校管理中的重中之重。县教育局把学校安全工作的组织、制度、责任、措施落在实处,1992—2012 年,全县中小学、幼儿园校园内外没有发生重大安全事故，受到了社会、家长和学生的一致好评。

1992年，县教育局把校长设定为安全第一责任人，下设分管副校长，会同保卫科、政教处、后勤处、班主任、生活指导师等人员组成安全管理小组。县教育局贯彻国家教委颁发的《学校校园环境管理的暂行规定》，出台了《景宁畲族自治县安全教育及管理办法》，各校对校园环境布置、管理、安全隐患做到定时检查，分工负责，保证了学校教育教学活动的师生安全。

1994年，县教育局贯彻地区教委《关于重申加强安全工作的几点意见》，要求各校在组织春、秋游，寒、暑假以及梅雨、暴雨、洪水、大雪来临之际，注意用水、用电、用火、游泳、交通、卫生和破旧校舍安全隐患制定措施。为增强理论认识与宣传力度，县教育局与保险公司联合举办“保险杯”交通安全知识竞赛，还选派学校代表参加地区教委举办的学校安全教育干部培训班。

1998年，县教委把国家教委基础教育司《中小学自护自救常识》录像带作为“安全教育周”活动的影像教材发到全县各中小学校。

1999年，县教委按照地区教委《丽水地区中小学安全教育管理工作竞赛评比办法》开展活动。8月，县综治委、教委、公安局联合印发《关于整顿学校周边地区治安秩序、创建安全文明校园的实施意见》，全县开展整顿学校及周边地区的治安秩序。

2000年，根据省教育厅颁发《浙江省中小学安全工作暂行规定(试行)》，县教委与各学校签订安全责任书；各学校校长与学校各科室、各班级逐级签订安全责任书。此后每年县教委与各学校都签订安全工作目标管理责任书。

2002年，县教育局贯彻《丽水市学校集体外出活动报批制度(试行)》和《丽水市学校安全事故报告制度(试行)》，实行学校安全责任追究制度。对各校外出春、秋游等大型活动实行由教育局审批制度。县教育局还举办“学生伤害事故处理办法”培训班，向全县中小学分发《学生伤害事故处理办法》《中华人民共和国安全生产法》《安全事故31案例》《安全在我心中》《学校安全工作指导手册》等学习资料。

2003年，市教育局下发《关于切实加强全市教育系统紧急信息报送工作的通知》，把紧急信息报送作为一项重要工作。规定紧急情况报送最迟不得晚于事件发生(知道或应该知道)后2小时。对迟报、漏报和瞒报而造成严重后果的,追究有关领导和人员的责任。

2004年,省政府出台《关于切实加强全省中小学幼儿园及少年儿童安全薄弱环节以及学校反映强烈的问题,开展专项整治行动的通知》,联合有关部门对全县中小学校园周边违章建筑、非法网吧、非法小卖部、非法歌舞厅、非法游戏厅、非法流动饮食摊点进行了整治。

2006年,市教育局下发《关于切实解决中小学周末班车,加强交通安全管理工作的意见》和县政府出台的实施周末放心车工程的有关意见精神,于9月底,全县中小学开通周末放心班车,开通线路31条80余班次,镇级以上学校学生乘车率达100%。

2009年,县教育局贯彻省委、省政府《关于进一步加强安全生产工作的意见》,县教育局印发了《中小学校安全管理手册》,全县各校建立《火灾事故应急预案》《踩踏事故应急预案》《流行病应急预案》等应急预案;修订了《景宁县中小学幼儿园"平安校园"创建工作管理目标考核办法》,实行学校重大安全隐患排查、登记、整改、销号的全过程管理。

2010年,县委、县政府出台《景宁畲族自治县校园及周边环境安全工作实施意见》,县城学校配备校园保安员21人,配设保安防护器械210套,安装校园视频监控系统173个。

同年,县教育局推进学校消防安全"四个能力"建设:排查消除火灾隐患能力,切实做到"消防安全自查、火灾隐患自除";组织扑救初起火灾能力,切实做到"火情发现早、小火灭得了";组织人员疏散逃生能力,切实做到"能火场逃生自救、会引导人员疏散";消防宣传教育培训能力,切实做到"消防设施标识化、消防常识普及化"。

2011年,县教育局根据全国校安办《关于再次明确禁止使用D级危房的通知》,要求所有D级危房必须于7月10日前停用,所有学生必须于6月30日前撤离D级危房。县教育局印发了《关于落实一岗双责完善学校安全工作责任制的意见》,全县立项改造校安工程8个,完成加固面积6053平方米,新建面积8850.3平方米,投资2216万元。

2012 年，县教育局根据《浙江省教育厅办公室关于开展全省学校安全专项行动的通知》，在全县中小学校（幼儿园）开展“打非治违”（打击非法、违法生产，治理违规、违章作业）暨学校安全专项行动检查。加强“人防、物防、技防”建设，各校的安全防范、技术覆盖面均达到 100%，全县 95%学校配备保安兼门卫、配备防护器械及报警器达 100%。同时，县教育局出台中小学（幼儿园）安全“四重”工作意见。

2012 年景宁中小学（幼儿园）“人防、物防、技防”建设情况表

表 8-8-1

单位	保安覆盖面				报警覆盖面			监控系统覆盖面				器械配置覆盖面				投入资金(万元)
	保安人数(人)	已配学校数(所)	未配学校数(所)	覆盖面(%)	已安装报警器(所)	未安装报警器(所)	覆盖面(%)	安装视频监控摄像头(个)	已安装学校数(所)	未安装学校数(所)	覆盖面(%)	配备器械数(套)	已配备器械数(所)	未配备器械数(所)	覆盖面(%)	
中小学	47	23	1	95%	24	0	100%	277	24	0	100%	24	24	0	100%	83
幼儿园	26	20	1	95%	21	0	100%	122	21	0	100%	21	21	0	100%	

2012 年景宁中小学（幼儿园）安全“四重”工作意见情况表

表 8-8-2

序号	重点时段	重点场所	重点任务	重点措施
一	暴风雨雪雷电天气	学生集聚场所、校园围墙周边及有关场所；路途	防校舍坍塌、雷电袭击，防沿路山体滑坡、河道涨水险情等教育，加强排查密度及值班看护	落实校舍检测看护责任人；开展行前教育，结伴而行，必要护送，互相提醒
二	上学、放学时段	校内通道、校门、路途	校园内驾、行车安全规则教育，教师带路，家长接送，保安看护	“三防”到位，组织报警、处置等演练；交通、防暴、防侵害知识进课堂

续表 8-8-2

序号	重点时段	重点场所	重点任务	重点措施
三	天天时时	校园食堂、商店及周边店、摊点，实验室、实训室；仓储危险物品设备仓储室等	每天一分钟、每周一集中、每月一主题教育，自觉防控各类隐患，常态监察，值日值周监管	坚持执行“三个一”教育常态化，实行联合监督执法。杜绝无证、非法上岗和经营
四	燥热时节	学校室内、外用电、用火；校内外游泳馆、各水域	提前教育学生、提醒家长重视，学生互相监督	学校、家庭、社会媒体、职能部门自觉履责，早宣传、警示、防范
五	早晨入学	校门口、教室、寝室	学校晨检，学生健康报告，缺课学生追踪以及女生青春期关注	校医进岗履职，任课教师“见缺”即报，学生自觉报告，积极开展心理辅导
六	学校教育“六空”时段	校内外、寝室	学生有不舒服情况及时报告并及时就诊	加强“及时报告”教育，发现及时处置
七	开学初、放假前	教室、寝室、储藏库、车库；特种设备场所；食堂；饮用水池及水管道、煤气管道等	开学前换气消毒，清洁管道，检查维修；假日前各类安全教育、警示，家校联系告知	落实各项工作责任人，明确岗位职责，限期履职，重点落实班主任职责
八	校内集会，校外活动时段	集会场所、活动场所及通道	防拥挤踩踏，制定安全预案，落实组织者责任	形成永久不变的集会活动秩序规范，养成学生行为习惯
九	开展剧烈运动时段	操场、活动地，体育课堂	禁止疾病、不适宜运动人员从事剧烈活动，做好必要的防护准备	做好运动人员的相关告知、不适宜运动人员的劝导

教育活动

1992 年，地区教委下发了《关于加强中小学生安全教育的通知》，县教育局迅速转发到各中小学校，各校认真学习、宣传、落实。

1996 年，县教委根据省教委要求，确定每年 3 月的最后一周为全县中小学的“安全教育周”。安全教育周期间，各校采取报告会、宣传栏、课间集会、图片展览等多种形式，对师生进行安全知识的宣传教育，并通过“致家长一封信”等方式向家庭、社会宣传安全知识。

1996—2012年景宁中小学校安全教育周主题一览表

表8-8-3

年份	主题	年份	主题
1996	全社区动员起来，人人关心中小学校安全工作	2005	增强交通安全意识，提高自我保护能力
1997	交通安全教育	2006	珍爱生命，安全第一
1998	注重防范，自救互救，确保平安	2007	强化安全管理，共建和谐校园
1999	消防安全教育	2008	迎人文奥运，建和谐校园
2000	保证中小学生集体饮食安全，预防食物不良反应	2009	加强防灾减灾，创建和谐校园
2001	校园安全	2010	增强安全防范意识，提高自护自救能力
2002	关注学生饮食卫生，保障青少年健康	2011	强化安全意识，提高避险能力
2003	大力提高中小学生及幼儿的自我保护意识和能力	2012	普及安全知识，提高避险能力
2004	预防校园侵害，提高青少年儿童自我保护能力	—	—

1997年，县教委贯彻地区教委《关于加强学校安全教育的通知》，各校利用班队会、课外活动时间对学生开展上、下学途中交通安全、春游安全、饮食卫生安全、游泳安全和校外安全教育，并利用墙报、黑板报、校刊等阵地宣传安全知识。

1998年，县教委要求全县中小学以国家教委基础教育司《中小学自护自救常识》录像带作为"安全教育周"活动的影像教材，组织师生观看。

1999年，全县中小学组织学生观看电视教育片《中小学生消防安全常识》。开展每班出一期森林防火黑板报、上一堂森林防火知识课、向每一位学生发一份森林防火宣传卡、每名学生写一篇森林防火作文、每位学生给家长写一封森林防火宣传信等"五个一"防火宣传活动。同年开始，规定每年的11月为"消防安全宣传月”。

2002年,《中华人民共和国安全生产法》颁布实施。按市教育局要求,全县中小学开展了第一个“全国安全生产月”活动,组织了以“安全在我心中”为主题的征文比赛。各校通过故事会、主题班会、演讲比赛、征文比赛、知识竞赛、黑板报等多种形式,广泛开展交通安全、饮食安全、消防知识、防溺水知识等方面的宣传教育活动。“安全生产月”活动,作为例行制度,每年一次。

2002—2012年景宁中小学安全生产月活动主题一览表

表8-8-4

年份	主题	年份	主题
2002	安全责任重于泰山	2008	治理隐患,防范事故
2003	实施安全生产法,人人事事保安全	2009	关爱生命,安全发展
2004	以人为本,安全第一	2010	安全发展,预防为主
2005	珍爱生命,防止溺水	2011	安全责任,重在落实
2006	安全发展,国泰民安	2012	科学发展,安全发展
2007	综合治理,保障平安	—	—

2005年,全县中小学开展以“珍爱生命,防止溺水”为主题的“游泳安全月”教育活动。开展“六个一”活动,即组织一场全校性“防溺”动员会;召开一次防溺主题班会;刊出一期“防溺”黑板报;印发一份溺水警示案例;开展一次“防溺水”征文比赛;发放一封《告家长书》。同年,开始对农村学校乘车情况建立台账制度,包括学生人数、车辆数、车牌号、接送时间、接头地点、行车路线、车主联系电话等情况。

2006年起,县教育局根据《全国食品安全宣传教育纲要(2006—2010)》,把9月新学期开学后第一周确定为“食品安全宣传教育周”。为加强安全工作,又出台《中华人民共和国道路交通安全法》,并要求各校开设交通安全知识专题学习、知识竞赛等。

2009年,国家规定每年5月12日为全国“防灾减灾日”。全县中小学、幼儿园参加全省万校师生应急避险宣传活动,还举办“报火警、火灾时逃生、使用灭火器”等技能大演练活动。为纪念汶川特大地震一周年,不少学校举行师生应急避险演练活动。

2012年，全县中小学开展消费安全进校园活动，开展一堂消费安全宣传教育课，举行一次“消费与安全”征文活动。各校还开展以“普及安全知识，提高避险能力”为主题的“第十七个全国学生安全教育日”教育活动。

2012年景宁中小学安全教育内容安排一览表

表8-8-5

年级	安全教育内容	所在课程
小学一年级	学校里的安全	品德与生活
小学二年级	假期安全真重要	品德与生活
小学三年级	台风	人·自然·社会（省编教材）
小学四年级	丽水市主要地质灾害	浙江绿谷（地方课程）
小学五年级	安全伴我行	品德与社会
小学六年级	珍爱生命，崇尚科学，直面灾害（地震、雪灾、洪水、台风）	品德与社会
初中一年级	珍爱生命	思想品德
初中二年级	运动中的安全与危险、电的安全使用	体育与健康、科学
初中三年级	急救常识（触电、毒蛇咬伤、煤气中毒）	科学
高中一年级	心肺复苏、伤员搬运、现场急救	人·自然·社会（省编教材）
高中二年级	禁毒、预防艾滋病	人·自然·社会（省编教材）

安全考核

考核是落实安全措施的关键环节，县教育局重视抓安全的宣传与措施落实，更重视抓考核。

1992年6月，县教育局出台《中小学安全教育管理办法》，设27项指标，实行考核。

1994年，《学校管理目标责任制》年度考核指标中，明确安全教育项目实行考评。

2004年，县教育局出台《关于在全县中小学实施〈景宁县学校安全工作制度》暨《景宁县“安全文明学校”考核细则》的通知》，对全县中小学进行“安全文明学校”考核。

2009年，县教育局贯彻省委、省政府《关于进一步加强安全生产工作的意见》，实行安全生产“一票否决”制度，对学校安全工作实行过程和结果双重考核，并将考核结果作为评价学校领导班子和校长实绩的重要内容，作为干部选拔任用的重要依据。

2012年，县教育局贯彻《浙江省教育厅办公室关于开展全省学校安全专项行动的通知》开展《平安校园》专项考核。

2012年景宁“平安校园”考核细则一览表

表8-8-6

项目	分值	考核内容	评分标准（各分项的最低得分为0）	评分方法	自评	考核
组织领导	15分	有平安创建工作领导小组，上级布置的各项工作有落实	无领导小组扣2分，安全类文件及时归档，少一份扣0.5分	查看文件资料、会议记录和工作记录等		
		学校负责安全工作的第一责任人明确并落实，学校与各年级、教职工层层签订安全工作责任书	责任人不明确、不落实扣2分，不签责任书扣3分。检查考核记录不全扣2分，没有考核记录的扣5分			
		创建工作有当年的计划和总结，每月不少于一次安全研究分析会议	无计划、总结每项扣2分，研究分析会议每少一次扣1分。校长年度内专门研究学校安全工作少于2次的，扣3分			
制度建设	15分	有门卫、巡逻、实验室、重点部位、学生生活区等安全保卫制度	按要求该建立的制度未建立每缺一项扣0.5分。学生接送车制度、台账不规范、不齐全扣5分。 食堂卫生许可证达不到规定要求的扣5分	查看制度、台账		
		有教学、实验、学生外出活动等教学安全制度或应急预案				
		有教学区、学生宿舍和重点部位等消防安全制度和安全管理制度				

续表 8-8-6

项目	分值	考核内容	评分标准(各分项的最低得分为 0)	评分方法	自评	考核
制度建设		开通周末班车的学校要有齐全的接送车管理制度和日常运行台账	按要求该建立的制度未建立每缺一项扣 0.5 分。学生接送车制度、台账不规范、不齐全扣 5 分。食堂卫生许可证达不到规定要求的扣 5分	查看制度、台账		
		有卫生安全制度,即食堂、食品、生活饮用水、疾病防治等卫生管理安全制度				
宣传教育	18 分	建立健全安全教育的常规工作机制，学校开学和期末各进行一次面向全校学生的安全教育和法制教育	少一次扣2 分。特别要有安全宣传月、防溺水专题教育、安全专项行动、交通安全教育等活动的资料和照片,少一次扣 2 分	查看资料或访谈学生		
		每学期组织一次有主题的安全和法制宣传活动；平时在校园能看到安全和法制宣传内容	安全和法制宣传活动少一次扣 3 分,没有看到上墙宣传内容的扣 2 分	查看资料;实地考察		
		每个学生人人知晓本学期学校组织的安全、法制教育情况	学生知晓率不高扣 2 分	抽样访谈 10 名学生		
安全管理与防范	45 分	人防、技防、物防配备到位	人防、技防、物防不到位扣 3 分	查文件资料、名册等		
		校门、重点部位值班巡查工作正常,每天治安情况有记录	值班巡逻不到位扣 3 分,工作记录不齐全扣 2 分	实地考察、查看记录		
		每月一次排查校园及周边安全隐患,及时落实整改措施,排查、整改有记录	少排查一次扣 1 分,排查记录少一次扣 0.5 分	查看记录		
		对影响校园安全与稳定的人、事、物底数清,情况明,工作措施落实;寄宿生管理规范，晚间点名工作落实，秩序良好;教师中无体罚现象发生	底数不清扣 3 分,措施不落实扣 3 分,管理不规范扣 3 分,有体罚现象扣 3 分	查看记录、名册和有关资料、询问学生		

续表 8-8-6

项目	分值	考核内容	评分标准(各分项的最低得分为0)	评分方法	自评	考核
安全管理与防范	45分	按规定及时上报事故情况，并及时对发生的事故进行调查、处理、结案，及时报送有关安全工作材料。及时上报安全工作季报表	事故上报不及时、不准确的，每次扣2分。事故漏报一次扣5分，瞒报事故一次扣10分。安全工作材料和安全工作季报表迟报的每次扣1分，未报每次扣3分	教育科有资料		
		消防设施齐全、性能完好，每学年组织师生进行一次消防演练；定期开展消防安全检查；不发生重大火灾或其他治安灾害事故。必须要有活动记录	设备不齐、性能不良灭火器过期每件扣1分，未演练扣3分，安全检查不到位扣2分。发生火灾或其他治安灾害事故每起扣8分	实地考察、查看资料		
		校园整洁干净。有应急救治和疾病预防措施。不发生食物中毒事件	卫生管理不符合要求扣3分。发生食物中毒事件每起5分			
		一学年内不发生学生打群架、斗殴等群体性事件，无食物中毒事件，无学生违法犯罪情况，无在校学生意外死亡事件，无上访事件，无校园骚乱事件或“法轮功”等邪教及非法宗教等活动	发生一起扣5—10分			
突发事件处置	7分	有处置校园突发事件的组织和人员，建立处置突发事件的工作预案，并组织必要演练	组织、人员不落实扣2分，无预案扣2分，无演练图片扣2分	查看文件资料、有关登记、座谈了解		
		及时报告、妥善处置学生打群架、斗殴等群体性事件	不及时报告或瞒报每次扣2分，处置不力造成后果的每起扣3分			
		积极配合协助有关部门处置学生伤亡或重大灾害事件	不配合的每次扣3分			

第九节 考试与招生

小学

考试 1997年，全县小学五年级实行全县统考，检测科目为语文、数学、综合科（自然、思品、音乐、美术、体育、劳技）三科，各科记入总分的分数为语文100分，数学100分，综合科60分（其中，自然30分，音、体、美、思、劳30分），总分为260分。此成绩作为初中招生录取依据。

1999年，全县实施小学五年级质量监控。以乡镇中心学校为单位，凭义务教育登记卡报名（小学五年级学生必须全部参加），由各学区教办负责指导、汇总统计等事项。监控科目有语文、数学、综合科（自然常识、思品、音、美、体保健），各科分数为100分，总分为300分。

2000年6月，在全县中小学期末考试中，实验一小、实验二小两所实验小学及各镇小的四年级数学实行全县统考，由县教研部门统一组织考务、阅卷、汇总成绩、分析。

2002年，县教育局贯彻教育部下发的《关于积极推进中小学评价与考试制度改革的通知》和省教育厅制定《关于实施教育部基础教育课程改革纲要的意见（试行）》，规定小学每学期只举行一次由学校组织的语文、数学期末考试，禁止进行区域性统考、统测；考试和考查采用等级制或评语制。12月，全县小学期末检测由各学区片安排，成绩分析报告上交教研室分析评比。

2005年3月，县教育局贯彻省教育厅颁发的《关于中小学评价与考试制度改革的指导意见》，规定对小学生评价的主要内容为基础性发展目标和学科学习目标两类。学科学习目标按各学科课程标准提出的学习目标和评价方式执行。学科成绩主要采用考试、考查两种方式。小学生每学期期末进行一次考试，考试科目为语文、数学。试卷难度值控制在0.7%以上。学校自行命题，自行组织考试，自行阅卷认定成绩。考查科目由学校根据实际情况自行确定，呈现方式采用等级制。小学不得举行期末学科考试以外的任何学科考试或变相的学科考试。

2012年，每学期期末由县教研室提供试卷，各校按规定时间组织学科检测考试 和考查。毕业班检测考试考务，各校派出人员相互监督组织工作，最后各校将成绩上报县教研室分析，或供录取校参考。

2012年景宁小学期末质量监测科目一览表

表8-9-1

年级	考试科目	考查科目
一至二年级	语文　数学	音乐　美术　体育
三至六年级	语文　数学　英语　科学	音乐　美术　体育　信息技术

招生　1992年，适龄儿童就近入学。全县7—11周岁的学龄儿童入学率达99%。

1995年4月，县教育局制定《1995年全日制中小学招生实施意见》，小学招收7周岁儿童，招生办法照旧。

1997—1999年，县教委规定7周岁或因特殊原因尚未入学的适龄儿童必须全部入学。

2000年，全县小学出现五年制和六年制同时存在的情况，同时招6周岁和7周岁儿童入学，6周岁编入六年制一年级，7周岁编入五年制一年级。

2003年，县教育局对小学招生作出规定：凡年满6周岁因疾病或特殊原因(包括“三残”儿童)，需延缓入学或免于入学的儿童，应由父母或其他法定监护人向居住地所属学校提出书面申请，并报当地乡镇人民政府审批批准，县教育行政部门备案，延缓入学期满，不得延误上学。

2008年，县教育局出台《关于进一步规范中小学招生、转学、休学的有关规定》，县城小学一年级由教育局统一招生录取，新生入校后不得组织新生编班考试，不得分快慢班。

2009年，县教育局对小学招生作如下规定：一是鹤溪镇户口。民族小学招生范围为复兴路—晋仙桥以南、人民广场—寨山桥以北，半垟片和敬山宫片；县实验一小招生范围为人民广场—寨山桥以南；县实验二小招生范围为复兴路—晋仙桥以北；鹤溪镇民族小学招生范围为张春学区片。二是镇(乡)校按学区划分招生。三是库区。外舍管理区和渤海镇的学生录取到县实验二小城北校区或县民族小学就读。

非鹤溪镇户口的适龄儿童，进入县城小学就读要具备如下条件之一：父母双方或一方户籍属本学区范围内者；父母有一方属本学区行政、事业单位固定工作者；父母在本学区内有房产证者；父母在本学区内办企业、经商，并有工商营业执照者；父母在本学区务工，并持有暂居证一年以上者。

直至2012年，县城小学一年级招生的学区划分和招生条件照旧。

2009—2012年景宁县城小学一年级招生规模一览表

表8-9-2

学校＼招生（班）＼年份	2009年（班额46人）	2010年（班额46人）	2011年（班额48人）	2012年（班额50人）
实验一小	6	6	6+3	6+2
实验二小	6+3	6+2	6+2	6+3
民族小学	8	8	8	8
鹤溪镇小学	1	—	—	—

初中

考试　1992年，县教育局根据地区教委的文件精神，推行初中毕业生“二考合一”制度（初中毕业会考和初中生升学预考）。考生的考分作为毕业和报考高中、技校、初中专预选的依据。考试的科目为政治、语文、数学、物理、化学、英语、生理卫生，总分为690分。

另外体育升学考试项目设50米跑（男、女）、铅球（男、女）、800米跑（女）、1000米跑（男）。考试满分为60分，考生得分计入升学考试总分。

同年始，县教育局执行省教委规定，应届初中毕业生报考初中中专时，其初中历史、地理会考成绩必须合格，方可录取。往届初中毕业生（含具有同等学力者）报考初中中专，须参加当年的初中历史、地理会考，且成绩合格后方可录取。初一、二年级主要学科由县教研室统一命题，提供试卷，各校自行组织考务评卷。

1993年，景宁初中毕业生仍实行“二考合一”，生理卫生提高了10分，总分为700分。社会科考试范围包括政治、时事政策、近代史、现代史和国情知识。其中，近代史、现代史和国情教育内容1993年暂不列入考试范围；"英语"涉外专业以100分计入总分；中师专业原则上不考英语。

1994年，县教育局执行《关于丽水地区初中毕业会考和初中中专预选考试通知》，初三学生毕业会考是高中、技校和初中中专招生的预考。丽水地区根据招生数以1:1.5的比例下达给景宁；景宁根据地区下达的报考数划定预选分数线。初中毕业生升学体育考试男女生皆考三项：立定跳远、铅球、50米跑，总分30分，计入"二考合一"总分，同时计入高中、中专、中师、技校、职业高中录取时总分。

初中的教学质量由地区教委教研室实行监控。全县初中学生参加地区教研室随机抽取的各年级两个学科的期末考试。其质量监控汇总的分析材料，供各校各学科教学参考。

1995年，原初中毕业会考改为初中会考，即初一、初二、初三年级都进行会考。凡是具有义务教育阶段初中正式学籍的学生都必须参加会考。会考科目分为考试科目和考查科目，考试科目为语文、数学、英语、社会、自然、公民；考查科目为体育与保健、劳技、中学生日常行为规范。

凡报考初中中专、中师、中技和高中的往届初中毕业生，执行地区教委规定，均应参加体育考试。往届生考试体育在户口所在地与应届初中毕业生同时进行。考试项目为立定跳、铅球、50米跑。

1996年，初中毕业会考语文、英语科目中设听力测试题，语文听力测试题比分占全卷的5%，初中英语占20%。

1999年，市教委规定初三学生实行毕业考试和升学考试"二考合一"制度。文化考试的科目与1993年以来的中考相同，为语文、数学、英语、自然科学、社会。社会满分由以前的100分减为80分。

2001年，县教委执行市教委《2001年丽水市初中毕业、升学考试招生工作实施意见》，对当年初中毕业、升学考试招生工作提出了如下实施意见：一是本范围内所有初中应届毕业生（包括保送直升生）和历届初中毕业生中有要求升入2001年普通高中和普通中专的均须参加"二考合一"考试，考试成绩将作为初中毕业成绩和升入高中段的录取成绩；二是历届初中毕业生及具有同等学历的人员年龄不超过18周岁的可免试就读职业高中，但必须到县招生办办理报名和免试手续；三是报考纯农专业的考生年龄可放宽到二十二周岁；四是外县在景就读的初中毕业生如愿意继续在景就读捐资生高中班的可在景宁报考“二考合一”；五是凡报考艺术、体育等单独提前招生的考生也必须参加“二考合一”；六是考试科目和分值：语文（含听力测试）、数学各为150分，自然为200分，英语120分，社会政治为100分，体育30分，总分750分；七是各校招生名额：景中400名、沙中100名、职高200名、景宁一中预科班40名；八是部分特殊条件的学生可分别享受10分、20分、50分等降分录取照顾。

2002年，县教育局规定初三毕业生“二考合一”中的社会政治学科实行开卷考试，语文和英语学科部分客观题采用听力测试。平时学生成绩考核，包括学业和操行两个方面。学业成绩考核分考查、考试两种，考查科目包括美术、音乐、体育、劳动以及自然科学的实验，使用等级制，即优秀、良好、及格、不及格四个等级；考试科目为政治、语文、数学、外语、自然科学等，采用百分制。期末教学质量监控考试由县教研室组织命题、阅卷及成绩分析。

2003年，全县初三毕业生实行实验操作考查，满分10分，计入升学考试成绩。初中毕业生参加“二考合一”考试，其毕业成绩从以百分制改为以等第方式报告并对各个等第的学生比例作出规定：A等（优秀）20%、B等（良好）40%、C等（及格）35%、D等（不及格）5%。达不到毕业要求的，全县组织补考。升学成绩仍然实行百分制。

2004年，全县初中毕业生参加丽水全市统一的“二考合一”考试，考试科目为语文、数学、英语、自然科学、社会政治、体育、自然科学实验操作7门。其中，数学、自然科学增设附加题；自然科学实验操作10分，满分值为790分。

2007年，为新课改后首届初中毕业生学业水平考试改革和综合素质测评。实行全省初中毕业生学业考试。体育测试30分减少为15分，实验操作测试仍10分，增加信息技术测试5分，体育、实验操作和信息技术测试统称为“技能测试”，合计30分。

2008年，初中毕业生参加“二考合一”考试中的“社会政治”，由往年的“开卷”改为“闭卷”，初中地方课程（包括省市两级地方课程）内容被列入“社会政治”考试范围(占10分),其他科目未变。县教育局发文规定,全县各初中实行学生“综合素质评价”工作。综合素质评价包括“综合评语”和“等第测评”两部分。“综合评语”在学生自评、同学互评、征求任课老师意见的基础上,结合《学生成长记录册》反映的情况,由班级评定小组讨论,班主任撰写。

“等第测评”包括“审美与艺术”“运动与健康”“劳动与技能”“探究与实践”四个方面内容。等第的认定分为A、P、E三个层次,分别代表优秀、合格、待合格。学校向县教育局上报分科类的A级申报测试人员名册,由局统一测评认定。

2009年,全县各初中实行浙江省初中毕业学业考试。考试科目分为文化考试和技能考试。文化考试各科均采用闭卷考试,不再允许使用计算器。文化考试包括5个学科,语文、数学、英语满分为120分,科学满分为150分,社会政治满分80分。技能考试分三部分,“体育测试”满分30分,“实验操作”满分15分,“信息技术测试”满分5分。初中毕业生学业考试总分从780分调整为640分。

2010年,初中毕业考试中的文化考试由市教育局委托浙江省教育厅教研室组织命题。“科学”卷面分由150分调整为160分,其他学科不变,总分为650分。

2011年,学业考试的文化课考试科目为语文、数学、英语、科学、社会·思品(包括思想品德、历史与社会)等五科,五科卷面分分别为语文120分、数学120分、英语120分、科学160分、社会·思品80分,五科合计600分。其中,社会·思想品德科实行开卷考试,初中地方课程内容被纳入“社会·思品”考试范围,包括省、市两级地方课程,共占10分左右。初中毕业生学业考试成绩总分为五科文化学科考试卷面分600分,加上体育考试30分,再加优惠加分,总算式为“学生成绩总分=600+30+优惠加分”。

考试成绩以分数制和等级制两种方式同时呈现。初中毕业成绩以等级方式呈现,等级分为A、B、C、D、E五级,各等级所对应的分数线由县教育局统一划定。学业考试成绩待及格的学生,由各初中学校自行命题和组织补考,补考成绩可作为学业成绩但不作为升学成绩。

2012年,全县初一、二两个年级期末考试有县监测和市监测两种情况。所有科目考试均采用闭卷笔答形式,不得使用计算器。英语有听力测试,使用光盘播放。市级监测科目统一实行网上评卷方式。音、体、美、劳、信息技术学科及综合实践活动由各校自行安排组织检测。初中毕业生学业考试,时间、科目见下表。

2012年景宁初中毕业生学业考试安排一览表

表8-9-3

考试日期		考试时间	考试科目	卷面分数	考试形式
6月11日	上午	9:00—11:00	语文	120分	闭卷
	下午	1:30—3:30	数学	120分	闭卷
		4:10—5:30	社会·思品	80分	开卷
6月12日	上午	9:00—11:00	科学	180分	闭卷
	下午	1:30—3:10	英语	120分 (听力20分)	闭卷

说明:1.初中地方课程内容列入《社会·思品》考试范围,包括省、市两级地方课程,共10分

2.技能测试和综合素质评价的具体办法与上年相同。初中学业考试成绩总分设总分1、总分2、总分3。总分1=五科文化考试之和,满分620分;总分2=总分1+体育成绩,满分650分;总分3=总分2+优惠加分。初三毕业生在市级以上各类竞赛获奖的、在思想政治品德有突出事迹受到省级以上表彰的、体育艺术获省级以上奖励的可优惠加3—15分,属台侨子女、农村已领证独生子女的可优惠加5分,属少数民族的可加20分

招生 1992年,全县初中招生是通过小学毕业生自主报名参加全县统一的招生考试择优录取的。由于报名需要报名费,有部分成绩不佳的学生选择弃考。

1997年,全县初中(含职业初中)共设60个班,根据“就近入学”的原则,确保年龄不超过14周岁的小学毕业生全部入学,但依照文考测试成绩按类别和区域分别录取。郑坑民族乡学生实行优惠政策,规定给安排就读民族中学1名,城北中学1名,渤海中学2名。

1997学年景宁全日制中学(秋季)招生计划一览表

表8-9-4

类别	序号	学校	班数(个)	招生数(人)	招生范围
普高	1	景宁一中	6	275	面向全县在中专划线前招130名,面向全县招畲族考生35名,面向鹤溪、东坑、渤海学区招60名,招自费生50名
	2	沙湾中学	1	45	面向沙湾、英川学区招40名,招自费生5名
		小计	7	320	

续表 8-9-4

类别	序号	学校	班数(个)	招生数(人)	招生范围
职高	1	职业高中	3	130	面向全县招生,学制二年,文秘40名、家用电器40名、预备役军人班50名
普通初中	1	景宁一中	2	—	面向全县招重点高中预备班100名
	2	民族中学	6	—	面向全县招畲族生60名,其余面向鹤溪镇(县城)招
	3	城北中学	6	—	面向鹤溪学区外舍乡、大均乡、澄照乡、梅歧乡、鹤溪镇乡春片招,定向金钟乡招10名
	4	沙湾中学	8	—	面向沙湾学区招生。定向沙湾镇200名,定向原沙湾镇再招65名,定向家地乡25名,标溪乡35名,大地乡50名,定向梧桐乡、毛垟乡、秋炉乡25名
	5	渤海中学	6	—	面向渤海学区招生。定向渤海镇100名,定向原渤海乡再招50名,定向金钟乡45名,郑坑乡30名,大顺乡20名,陈村乡55名
	6	英川中学	6	—	面向英川学区招生。定向鸬鹚乡、葛山乡招20名,其余定向英川镇招
	7	东坑中学	5	—	面向东坑学区招生。定向大漈乡招5名,其余定向东坑镇、景南乡、雁溪乡招
	8	毛垟中学	4	—	面向毛垟乡、秋炉乡招生
	9	鸬鹚初中	3	—	面向鸬鹚乡、葛山乡招生
	10	标溪初中	1	—	面向标溪乡招生
	11	梧桐初中	2	—	面向梧桐乡招生
	12	大顺初中	2	—	面向大顺乡招生
	13	家地初中	1	—	面向家地乡招生
	14	大地初中	1	—	面向大地乡招生
	15	大漈初中	1	—	面向大漈乡招生
职业初中	1	道化职中	2	—	面向沙湾镇莲川片、叶桥片招生
	2	大都农中	2	—	定向金钟乡招20名,陈村乡20名,郑坑乡20名,定向渤海镇大都片30名
私立初中	1	渤海民办	1	—	根据学生志愿招生
	2	陈村民办	1	—	面向陈村乡招生

1998年，初中招生对郑坑乡继续实行政策倾斜，照顾4名少数民族学生到民族中学、城北中学就读。同年，大都农中停止招生。

1999年，根据“就近、免试入学”原则，小学毕业生必须全部升入初中，各校不得拒收成绩较差的学生，不得在小学与初中交接中产生流生。应升入初中的小学毕业生未到初中入学者，由学校负责动员入学。

2002年，县教育局对初中招生作出规定：一是具有本县常住户籍的小学毕业班学生，按照“免试就近入学”原则在户籍所在地所属学区的初中入学。二是凡7月10日后从其他学区迁入鹤溪镇户口的学生，本学年为借读生。以建设路、车站路为界，按照住所划分为上（南）、下（北）两片，按照“就近方便”的原则，民族中学面向南片招生，城北中学面向北片招生。

县人民政府第七次常务会研究，决定民族预科班从景宁一中改办到民族中学，预科班学生第二年直升景宁一中。高中民族预科班学生，也可自愿报读景宁一中或民族中学；报读景宁一中的可以按学生意愿读四年高中（高一重读一年）或读三年高中。

2003年，县教育局就初中招生作出补充规定：外学区户口迁入鹤溪镇的截止时间为6月30日，之后迁入的学生在学额允许的前提下可插入相应的初中学校和年级就读，须交一学年代培费。同年，道化中学停止招生。2004年，毛垟中学停止招生。

2005年，景宁县城初中招收县城小学和外舍、澄照、梅岐、大均、鹤溪镇民族小学（张春小学）的毕业生和户籍是鹤溪镇在农村学校就读的小学毕业生。全县初中学校初一招生额定民族中学和城北中学都招8个班；沙湾中学招5个班；英川中学、东坑中学、渤海中学各招2个班。初一年级班额不超过48人；初二、初三年级班额不超过52人。

2007年，渤海中学停止招生。2008年，英川镇校初中部停止招生。

2009年，县教育局就秋季招生规定：民族中学12个班；城北中学8个班；沙湾中学4个班；东坑中学2个班；景宁外国语学校（景宁中学创新小班）2个班。对各学校招生区域作了划定。景宁中学初中创新小班，凡全县小学应届毕业生在五年级期末质量监控考试中名列全县前40名的直接推荐录取；县城学校小学应届毕业生在五年级期末质量监控考试中列全县前80名、农村学校前100名者，且六年级毕业质量监控成绩在全县前120名内者给予录取；前两类录取后如班额未满，则按六年级毕业质量监控成绩由高到低依次补取。

2012年，初中招生规定作了相应修改。一是招生规模：民族中学12个班；城北中学12个班；沙湾中学2个班；东坑中学1个班；城南中学（景宁中学初中小班）2个班。二是学区划分：民族中学招生范围为县实验一小、二小、民小，一小、二小校区的毕业生按现家庭住址钟楼路以南范围以及澄照乡校的小学毕业生和全县有志愿的畲族学生。城北中学招生范围为县实验一小、二小、民小，一小、二小校区的毕业生按现家庭住址府前路—车站路以北范围以及九龙乡校、郑坑乡校、大均乡校的小学毕业生。钟楼路以北范围府前路—车站路以南范围、乡下除少数民族学生外其他符合条件的学生以及外县回来就读学生根据上两个学校招生范围的招生人数由教育局统一调配。沙湾中学招生范围为沙湾学区片、英川学区片的小学毕业生。东坑中学招生范围为东坑学区片的小学毕业生。

2009—2012年景宁初中学校招生规模一览表

表8-9-5　　　　单位：班

招生 年份 / 学校	2009	2010	2011	2012
民族中学	12	12	12	12
城北中学	8	8	10	12
沙湾中学	4	4	3	2
东坑中学	2	2	2	1
城南中学	2	2	2	2

1992—2012年景宁初中中专、重点高中报考、录取人数、上线率一览表

表8-9-6

年份	报考人数（人）	中专录取人数（人）	重高录取人数（人）	高考上线率（%）	年份	报考人数（人）	中专录取人数（人）	重高录取人数（人）	高考上线率（%）
1992	2190	117	—	—	1994	2008	174	—	—
1993	2195	134	—	—	1995	1277	157	—	—

续表 8-9-6

年份	报考人数（人）	中专录取人数（人）	重高录取人数（人）	高考上线率（%）	年份	报考人数（人）	中专录取人数（人）	重高录取人数（人）	高考上线率（%）
1996	1032	374	—	—	2005	1736	81	491	28.28
1997	1352	258	—	—	2006	1407	55	574	40.8
1998	2557	197	—	—	2007	861	26	571	66.32
1999	2326	364	305	13.11	2008	950	35	528	55.58
2000	2167	509	429	19.8	2009	1079	32	562	52.09
2001	2039	569	468	22.95	2010	1403	70	557	39.7
2002	2272	411	569	25.04	2011	1340	56	556	41.49
2003	2246	257	539	24	2012	1354	107	621	45.86
2004	2124	286	519	24.44	—	—	—	—	—

普高

考试　1992 年，高中毕业生报考高一级学校分高中中专和普通高校两大类。高中中专分文科类和理科类(高中技校归理科类)，普通高校分文科、外语、艺术、理科、体育、农特、林特、杭大特八类，艺术可兼报文科，体育可兼报理科。考试时间为 7 月 7—9 日。普通高校招生统一考试理科 7 门、文科 6 门。景宁一中设为考点，省招办颁发了"高等学校招生统一考试考点"牌。

1994 年，加强标准考点建设，景宁一中考点通过了省招办验收；县招生办试卷保密室通过县保密局验收。

同年始，县教育局根据地区教委要求，对参加普通高中分流教育试验的学校会考试行"3+2+4"模式，前三门(语文、数学、外语)为必考科目；后六门为选考科目。六门选考科目中，选两门为考试科目，另外四门为考查科目。会考实行省级考试与市(地)级考查相结合，必考与选考相结合。考试科目由省统一命题，考查科目由市(地)自行决定考查形式，自行实施。

1995 年，浙江省统一实行"3+2"普通高校招生考试改革。各类考生共同考试科目为语文、数学、外语；文史类考生加试政治、历史；理工类考生加试物理、化学。各科考试满分均为150分，文理两类考试总分各为750分；语文考试时间为150分钟，其他科目考试时间均为120分钟；报考文科类与科技外语类考生均进行全省统一的听力测试。高中中专招生统考科目与普通高校相同。

1999年8月，出台《浙江省2000年高考改革方案》。浙江省"3+X"科目设置采取"3+综合"形式。"3"是指语文、数学、外语，为每个考生必考科目，数学分文理卷，"X"指由高等学校根据本校层次、特定要求，从物理、化学、生物、政治、历史、地理6个科目或综合科目基础上的综合科目中自行确定一门或几门考试科目。

2000年始，高二年级考试科目调整为思想政治、历史、物理、化学和生物。高三考试科目调整为语文、数学、外语。高一全体学生都要参加计算机会考。

2001年，县教委根据省教育厅颁发的《关于〈全日制普通高中实施新课程计划后的高中会考方案〉的通知》，对会考成绩评定作出规定：思想政治、语文、数学、信息技术、外语、物理、化学、生物、历史、地理10门科目采用百分制记分。其中，6门笔试科目的原始分数通过合理的统计技术处理，转换为等第成绩。等第为A、B、C、E四级，分别代表优秀、良好、及格和不及格。4门考查科目在划定及格线后，按P、E两级划分成绩等第，分别表示合格与不合格。毕业标准：普通高中学生凡思想品德表现合格；体育与健康和综合实践活动达到合格标准；经普通高中证书会考（包括补考），思想政治成绩合格，其他笔试考核科目和实验操作考查科目中，成绩不合格（E等）科目均不超过一门，可取得普通高中毕业证书。

2002年，省教育厅颁发《关于深化普通高中毕业证书会考改革的若干意见》，在高中证书会考成绩等第划分中，取消D等，即设为A、B、C、E四等，E等为不及格；根据当年全省参加考试人数，成绩在前25%的学生A等，依次类推，B等占30%、C等占40%、E等占5%。不及格的学生在半年后有1次补考机会，补考及格的为P等（通过），仍然不及格的确认为E等。

同年起，景宁一中高一新生每年招收音体美特长生，招收音乐8名、体育15名、美术32名。

2002年景宁一中音体美特招专业考试内容一览表

表8-9-7

项目	考试内容及分值分配	综合总分计算公式
音乐	1.声乐(33分):歌曲一首(自带伴奏) 2.器乐(33分):钢琴曲一首,需要加试者,自备乐器 3.视唱、模唱(34分):五线谱、简谱各一曲;模唱旋律一首	综合总分=专业成绩×50%+(文化成绩÷5)×50%
体育	1.100米;800米;立定跳远;原地推铅(男生5千克,女生4千克)四项各项15分 2.专项(参考高考专项项目选报)40分	综合总分=专业成绩×40%+[(文化成绩总分-"二考合一"体育考试成绩)÷5)]×60%
美术	1.素描(50分)　静物写生要求:a.造型准确;b.表现技法技巧运用恰当;c.画面构图完整;d.用铅笔表现 2.色彩(50分)　静物写生要求:a.造型准确;b.色彩关系准确;c.空间关系准确;d.限小粉形式表现	综合总分=专业成绩×50%+(文化成绩÷5)×50%

2003年,高考时间由往年的7月7—9日,提前到6月7—9日。

2004年,县教育局对普通高中学生的学业评价作出规定。要求学校每学期对学生德智体美诸方面进行评价;评价结果记入学生档案,包括综合素质和学科学习成绩两方面,作为升级、跳级、留级、毕业或结业的依据。

2006年,省教育厅颁发《关于坚持并完善普通高中会考制度的意见》,从秋季起,原"普通高中证书会考"改为"普通高中会考"。会考科目为语文、英语、数学、思想政治、历史、地理、物理、化学、生物、信息技术、通用技术以及"自选综合"。

2009年,省教育厅对高考提出了新的改革方案:英语听力、信息技术和通用技术科目考试(以下简称三项考试)各提供2次考试机会,从中择优选择一次考试成绩计入高考总分。英语听力使用全国英语等级考试(二级)听力试卷,单独安排,全省统考,考试分值为30分,考试时间为30分钟。每年考试时间安排在3月和9月。技术科目考试(信息技术和通用技术)使用全省统一试卷,单独组织实施考试,考试分值各为100分,考试时间各为90分钟,每年考试安排在3月和9月。全县的三项考试设景宁中学一个考点。新方案规定,三项考试之外的高考设置为三类科目:第一类科目为"3+X(综合文或理)+自选模块",自选模块由考生在语文、数学、外语、政治、历史、地理、物理、化学、生物9门学科IB自选模块的18道题中，自主选择6题。第一类科目的满分为810分，这类的考试成绩作为高校第一批院校或专业录取的依据。第二类科目维持原有的“3+X(综合文或理)”，其满分为750分，这类的考试成绩基本对应第二、三批录取院校。第三类科目为“3+技术”，即在保持共同科目语文、数学、外语基础上，增加技术考试，侧重测试技能型能力，其满分为550分，这类的考试成绩基本对应第四批录取的高职高专院校。考生自主选择考试科目类别，高考后，逐类逐批划定分数线，填报志愿。上一批院校录取结束后，再划定下一批分数线，填报下一批志愿。每批按其对应的科目组合计算总分。除了三项考试之外的全省高考仍安排在6月7日、8日、9日三天。考场设在景宁中学。

2011年，县教育局根据浙江省高招委和教育厅的规定，深入实施分类测试、综合评价、多元录取的新课改高考制度；应届高中毕业生须进行综合素质评价，综合评价内容包括品质与素养、学习与能力、审美与艺术、运动与健康、探究与实践、劳动与技能等六个方面。

2012年，县教育局执行浙江省“高考、学业水平考试和综合素质评价‘三位一体’”的高校招生制度。语文、数学、外语三科满分各为150分(其中，英语含听力测试满分30分)；综合(文／理)满分300分；自选模块满分60分；技术满分100分。

招生　1993年，县教育局根据地区教委印发的《丽水地区普通高中教育工作会议纪要》的意见。凡是已经被普通高中、职业高中录取，未经县(市)教育局批准，没有正当理由，擅自不入学的考生，第二年不准报考初中中专。同年始，实行重点高中提前录取。

1994年，景宁执行丽水地区教委印发的《关于普通高中新生录取工作的几项规定的通知》。“十类考生”在高中录取时，享受中专招生相应的优惠政策(地区级优秀学生干部、单学科竞赛优胜者、体育竞赛优胜者等十类)；音乐、美术特长的考生，在初中阶段参加经相应一级教育部门批准的国家音乐、美术比赛获三等奖以上者加30分；省级比赛获得一等奖加20分、二等奖加10分、三等奖加5分；地区级一等奖加10分、二等奖加5分，参加普通高中录取；单报普通高中的考生在普通高中录取时，总分可降低 15—20 分参加录取。

2003 年，景宁高中招生计划 950 人。景宁一中 500 人、少数民族高中预科班 50 人（该班办在民族中学）、沙湾中学 200 人、职业高中 200 人。景宁一中继续招收部分音体美特长生，正取生：音乐 8 人、体育 10 人、美术 22 人；择校生若干人。术科考试结束后，分类别划定术科分数线，各类别术科分数线按上线人数与实际录取人数 2.5:1 的比例划定，然后在术科上线考生中按照综合分数从高分到低分进行录取（英语单科成绩必须达到 72 分以上）。考生优惠加分（不享受相同门类的优惠加分）先加在文化总分上，然后按公式折算为综合分，历届生先从文化总分中减去 20 分，再进行综合总分折算。初中阶段参加省、市学生运动会成绩突出者（达到国家二级运动员及以上标准）可免试直接录取为体育特招生。凡是被景宁一中录取的特招生，必须与景宁一中签订协议书，入学后必须参加所报考的特招专业学习和训练，不得放弃。

2005 年，景宁一中提前招收“理科实验班”，条件是本县户籍、品学兼优的初中应届毕业生（初三第一学期全县质量监控考试语文、数学、英语、自然四科总分在全县前 200 名）。学生根据本人意愿填写景宁一中提前招生的报名表，进行综合素质测试，公布名单并报教育局备案，被录取者不再参加中考。（成绩特别优秀的学生，免收学费，家庭经济确实困难的凭当地村委、乡镇政府签署意见，每月还可享受 100 元的生活困难补助。）

同年，景宁高中招生继续实行“二考合一”，即初中毕业考试和高中招生考试合二为一，考试命题由市教育局统一组织实施。高中招生 1080 人，景宁一中 540 人（含直升班 52 人、音体美特招 40 人、少数民族预科班 28 人），沙湾中学 200 人，职业高中 300 人，民族高中预科班 40 人。择校生不超过计划数的 20%，严格实行“三限”政策，即限分数、限人数、限钱数。民族高中预科班学生必须参加第二年中考，按中考成绩分别直升到景宁一中、沙湾中学、职业高中。直升到景宁一中的学生不少于 50%。高中招生“二考合一”优惠加分（除丽水市统一加分外）少数民族考生加 30 分录取、本县教师子女在高中录取分数线下降 20 分录取、滩坑库区移民子女在高中录取分数线下降 20 分录取，以上优惠政策不能重叠享受；本县初中学校无考生上景宁一中录取分数线，降 100 分照顾录取一名。往届初中毕业生重点高中录取分数线提高20分录取。

2006年始，逐步实行初中毕业一次性考试，并以初中毕业生的学业考试成绩作为高中招生的重要依据之一，不再另行组织升学考试。

2008年，景宁中学面向全县品学兼优应届初中毕业生中招收“保送生”100人(保送生温岭中学借读10人、北仑中学借读10人从保送生中录取)，由县教育局会同景宁中学对推荐学生进行审核，按成绩从高分到低分确定保送生名单。同年，景宁中学面向全县各初中学校招收“分配生”150人(民族中学51人，城北中学54人，沙湾中学24人，东坑中学14人，英川中学7人)，分配生统一参加中考，按照县招考办划定统一录取。同年秋季，沙湾中学高中部高一停招。

2009年，县教育局继续实行重点高中分配生、直招生、音体美特长生等招生制度。共招收251人。各校按比例分配：分配生最低控制分数线为正取分数线降20分。如果学校分配生分数低于最低控制分数线，则取消该校分配生资格，缺额由另外学校非分配生按中考成绩由高到低依次补取。

2009年全县初中学校分配生计划一览表

表8-9-8　　单位：人

学校	民中	城北	沙中	东中	英中	总计
按年报数比例分配	98	95	29	17	10	249
按第五学期成绩分配	110	115	17	9	2	253
学校分配生名额	104	105	23	13	6	251

2011年，县教育局作出高中招生有关规定：景宁中学面向全县初中毕业生招收12个班，职业高中面向全县初中毕业生招收12个班。同年鄞州中学、北仑中学、温岭中学高一委培招生考试在景宁中学进行，考试科目为语文、数学、英语、科学4个学科。

2012年，景宁中学面向全县初中毕业生招收新生600人。其中，分配生320人、普通生140人、择校生90人，继续实行音体美特长生招生制度，音乐10人、美术32人、体育8人，共50人。

第十节　教育科研

科学研究

历程　1992年3月，县教育局成立教育教科室，与教研室合署办公，配专人分管。

1996年1月，为加强学校科学研究，用先进教学理念和技术获取更大的教学成效，县教育局成立教育科学研究领导小组。9月，景宁一中、民族中学、沙湾中学、英川中学、景宁县小、鹤溪镇小、沙湾镇小等7所学校设立教科处，负责学校教育科研活动等组织与实施，全县教师开展课堂教学的研究与实践。

2010年4月29日，为创设教科研氛围，召开全县教育科研大会，校长、教科主任、教育骨干160多人参加。同时为体现对教育科研的重视，县城学校在教师成果奖中专门设立课题成果奖。规定在职称晋升、名优教师评比中把课题研究、论文作为不可缺少条件、学校办学水平年度督导考核都将课题研究列入重要的一项指标。全县中小学呈现出“质量立校，科研兴校”的办学格局。校长带头参与课题研究成为全县中小学校一个特征。

成效　景宁教科研工作起步迟，历经20多年的艰辛拼搏，跨入全市先进行列。至2004年，全县获省级奖课题11个、论文34篇。民族中学、实验一小还获“浙江省教育科研200强单位”称号。

1992—2004年景宁获省级以上奖课题一览表

表8-10-1

姓名	时间	课题名称	获奖等级	授予部门
吴红梅	1997年	《电教媒体对山区儿童听说能力影响的训练》	二等奖	省教科所
实验一小	1999年	《“因人导学 整体激励”的实践与研究》	一等奖	省政府
周兆智 张　洁	2000年	《结合民族学生实际提高民族教育质量》	二等奖	省教研室
徐丽芳	2002年	《应用多媒体优化设计提高社会学科课堂教学效率的研究》	二等奖	省教研室
刘锦飞 吴一兵	2002年	《运用多媒体优化设计提高社会学科课堂教学效率的研究》	二等奖	省教科研

续表 8-10-1

姓名	时间	课题名称	获奖等级	授予部门
商娟娟	2002 年	《在思想政治教学开展多媒体辅助教学的实践和探索》	二等奖	省教研室
毛晔德 刘杰伟 沈晓菊	2003 年	《“版块剪贴”助学模式的实践与研究》	二等奖	省政府
县教育局	2003 年	《农村寄宿制小学保育工作的研究与实践》	二等奖	省政府
蓝延中 叶世标	2006 年	《民族教育校本课程的开发与研究》	二等奖	省政府
实验一小	2007 年	《老少边穷地区小学课堂教学技术现代化与学生创新能力培养的研究》	一等奖	省教育厅
吴月圆 彭　林 周成琪	2012 年	《有效开展书香活动　提升经典助读质量》	二等奖	省政府

1992—2004 年获省级以上奖论文一览表

表 8-10-2

姓名	时间	论文名称	获奖等级	授予部门
刘小平	1993 年	《浅谈对学生思维能力的培养》	一等奖	省教研室
张　勇	1993 年	《改变农村学校体育工作落后面貌的几点设想》	二等奖	省教研室
吴劭斌 彭　红	1994 年	《循序渐进强化训练》	二等奖	省教研室
李玉芬	1994 年	《唱好歌曲教学“三部曲”促进音乐教学上台阶》	二等奖	省教研室
沈芳林	1994 年	《课堂教学中的体温设计》	二等奖	全国中语会
吴　健	1996 年	《激发学生思维提高课堂教学效率》	三等奖	省教研室
潘正亮	1996 年	《作文教学中的主体效应》	二等奖	省教研室
张　勇	1996 年	《浅议当代体育教研员微信的培养与形成》	二等奖	省教研室
严振水	1996 年	《小学数学单元备课浅议》	一等奖	省教研室
潘正亮	1997 年	《非智力因素的培养是实施素质教育的重要环节》	二等奖	省教研室
吴少春	1998 年	《景宁爬行纲、哺乳纲珍稀动物》	二等奖	省教研室
李玉芬	1998 年	《中小学音乐教育目标管理评价初探》	二等奖	省教研室

续表 8-10-2

姓名	时间	论文名称	获奖等级	授予部门
柳敏敏 严振水	1998 年	《抓课外、促课内、重方法、求质量》	二等奖	省教研室
柳育谈	1999 年	《浅论初中美术四基教学观》	一等奖	省教研室
陈卫东	1999 年	《中学生作文脱离现实如何？》	一等奖	省教研室
金　凤	1999 年	《情境文的“审题写作评改”指导例谈论》	二等奖	省教研室
刘爱忠	1999 年	《走出中小学音乐教育的误区》	二等奖	省教研室
严振水	2000 年	《探索命题思路、促进素质教育》	二等奖	省教研室
雷庆宝	2000 年	《优化实验教学探讨》	二等奖	省教研室
马桂芬	2000 年	《划归的意义、途径和教学设计与实践》	二等奖	省教研室
吴慧玲	2000 年	《浅谈直觉思维能力的培养》	二等奖	省教研室
徐丽芳	2001 年	《思政课实施“五步自学辅导型”教学模式初探》	二等奖	中国教育学会
梅国玉 张怀清	2001 年	《生活与劳动课六注重》	二等奖	中央教科所
梅建平	2001 年	《初中学生英语学习兴趣的培养》	二等奖	中国外语教学研究会
严振根 季云蔚	2002 年	《扬起中等职业学校学分制管理的风帆》	三等奖	省教研室
实验一小	2002 年	《三调控、双激励——班集体社会化自主时间的研究》	二等奖	省教科院
张宝忠 陈景松	2003 年	小学生劳技教育的现状与思考	三等奖	省考研室
王振生	2003 年	省全民国防教育读书活动征文比赛	二等奖	省国防教育委员会
柳育谈	2003 年	《论畲族基础教育的艺术教学》	二等奖	省教科院
严小卫	2003 年	《历史从图表中走来——谈高中会考应加强图表教学》	二等奖	省教研室
刘雪忠	2003 年	《语文活动课几种优化形式评价》	二等奖	省教育学会
柳育谈 蓝延中	2004 年	《利用畲族独特民间艺术资源、构建畲族基础教育艺术教学模式》	一等奖	省教育厅
柳育谈 蓝延中	2004 年	《观察•体验•发现》	一等奖	省教育厅
柳育谈	2004 年	《在畲族文化中进行美术“综合探索的教学实验及展示”》	一等奖	省教科院

教学改革

景宁课堂教学长期处于“老师教、学生听”的“满堂灌”传统教学模式。1992年始，开展教学改革、教法研究，逐步形成自成特色的教学法。

目标教学法　1992年，根据市教研室数学教研员叶坚的研究课题，景宁的数学学科在沙湾中学、毛垟中学、外舍初中等学校开展“目标教学法”实践。采取按设计的教学目标，通过老师在课堂对知识点的教学，与学生训练、检测的方法，试点校的质量明显提高。然后在全县开展现场示范交流全面铺开。

“疑轴式”教学法　1994—2000年，景宁以沙湾学区为试点，创新教育理念，开展小学数学“疑轴式”课堂模式研究，按“自学寻疑—反馈选疑—探究解疑—练习存疑”的程序进行。历经6年多探索，全学区片小学数学教学成绩在全县遥遥领先。

“四大意识”教学法　2000年年初，肩负教育质量管理重担的业务部门——教学研究室，全体教研员经过多次的商讨，经教委领导班子的审议，学习缙云县教学经验。

3月，县教委分管领导带队，组织全县中小学教务主任、学区教办业务辅导员、全体教研员及教育科、督导室负责人等40余人赴缙云县学习课堂教学经验，通过他们翔实的介绍，深入课堂听课，教师座谈，查看他们的配套教材设计意图与使用方法。回景后，县教委成立“景宁畲族自治县课堂教学改革领导小组”，由教育科、督导室、教研室全体人员集体座谈、分析、商讨课堂教学改革方案。

首先召开全县中小学教学骨干教师会议，邀请缙云县教研室课改实施组主要成员徐思法讲解缙云课堂教学改革的过程和操作方法。教研室印发《学科实施细则》《设计学科示范教案》范例。召开全县教师1300多人参加的动员大会，教研员上示范研讨课，学科教学骨干教师上模仿课，落实缙云县目标意识、主题意识、情感意识、反馈意识的“四大意识”教学方法。硬性要求初中教师课堂讲课时间不能超过30分钟，小学不能超过25分钟，坚决杜绝满堂灌的传统教法,争取课堂教学做到“堂堂清”，课内及时做到反馈，当堂问题当堂解决，切实减少“负积累”。县教委统一要求全县教育工作者以课堂教学改革为中心，校长必须兼课，机关干部必须听课，教研员必须上示范课，掀起了一场声势浩大的课堂教学改革热潮。

9月，进入课堂教学改革第二阶段。深入了解校长兼课，干部听课，教研员上示范课，学区片和学校之间开展教研活动等情况，促成“四大意识”教学经验的落实。12月5日，举办全县教师素质大比武，通过上课、说课、评课、演讲、粉笔字、版画等共84个项目，69位代表经过两天一夜的参赛展示，大家再一次受到直观感知，教师的教学能力得到了提高，新课堂的教学理念得到了升华。新课堂的教学模式初具模型。2001年年初，举行课堂教学改革经验展示：通过上示范课、举办论坛、介绍各校教学经验、制作展板，进行对照，寻找差距，促进课堂教学改革的深化。展示期间，还邀请浙江大学刘力教授作专题讲座，使教师进一步领略课堂教学改革的方向。

经过近两年的努力，终于彰显出成效。全县中小学各学科的教师在参加全市的课堂教学比武中，成绩均高出其他县；所撰写的教学论文频频获奖；更可喜的是2001年6月，“二考合一”的中考中，五门学科的合格率、优秀率、平均分等15个指标取得全市4个第一名、6个第二名、4个第三名、1个第四名的好成绩。高中招生录取分数线居全市第三，创下景宁畲族自治县初中教学质量的最好成绩。

“小班化”教学法　2006年，全县小学24所。其中，农村小学18所，159个教学班中有112个教学班的学生数在30人以下，并呈现逐年减少的趋势。小学教育面临小班化教学的新问题，县教研室小学组成立“农村自然小班化教育教学模式的探索与实践”课题组开展研究。2010年9月，教育局制定了《景宁县农村学校小班化教学常规20条》。经过几年的努力实践，“农村自然小班化教育教学模式的探索与实践”课题研究，取得了巨大的成效。2008年12月，“农村小班化教育教学策略研究”获丽水市重点课题成果一等奖；2011年11月，《农村自然小班化教育教学“三步走”的探索与实践》获浙江省教育学会“小班化教育”专题研讨会论文评比一等奖。其经验先后在省市推广。

“本真化”教学法　2007年，县城中小学开展“本真化”课堂教学改革研究。其中，构建民族中学“本真·目标”课堂、城北中学“本真·自主”课堂、实验一小“本真·智慧”课堂、实验二小“本真·精致”课堂、民族小学“本真·简约”课堂等模式。“本真化教学法”成效明显，当年初中三个年级10个学科经丽水市教育局检测，有4科成绩居全市第二名、1科第三名、1科第四名、4科第六名。小学六年级2门学科经丽水市检测，实验一小的英语居全市第五名、二小居全市第二名；实验一小的科学居全市第六名、二小居全市第四名。

更可喜的是，在教改实践中，培养了大批教学骨干，为景宁教育教学质量提升储备了人才。

1996—2003年教师教学基本功、优质课、说课比赛获省级奖一览表

表8-10-3

时间	姓名	名称	等级	授予单位
1996年	蓝良明	高中美术教学基本功比赛	省二等奖	省教研室
1997年	叶世标	初中语文教学基本功比赛	省二等奖	省教研室
1998年	刘爱忠	小学语文优质课比赛	省二等奖	省教研室
1999年	蓝谊兄	小学语文优质课比赛	省二等奖	省教研室
1999年	刘云丽	初中音乐基本功比赛	省二等奖	省教委
1999年	吴伟敏	小学音乐说课比赛	省二等奖	省教研室
2000年	柳育谈	初中美术基本功比赛	省二等奖	省教研室
2000年	柳菁燕	初中科学优质课比赛	省三等奖	省教研室
2001年	徐丽芳	高中政治优质课比赛	省二等奖	省教研室
2001年	杨含贵	小学数学优质课比赛	省二等奖	省教研室
2003年	汤建新	高中数学优质课比赛	省一等奖	省教研室
2003年	叶　嫣	小学音乐优质课比赛	省一等奖	省教研室

附件：

景宁县农村学校小班化教学常规20条

景宁县农村学校小班化教学，经过两年的试点研究，又通过两年的面上实施推进，已形成了相对稳固的“六小·三化”教学特色，现梳理成20条教学常规，深化全县农村学校的小班化教学。希各农村学校认真贯彻落实，固化活化农村小班教学“六小”运行的内外机制，促进农村小班教学不断走向“三化”。

(“六小”指小班环境、小班备课、小班上课、小班改作、小班辅导、小班评价,“三化”指精致化、优质化、个性化。)

理念目标

第一条 基本理念:农村小班化教学的基本理念是“阳光普照,确保每个孩子受到关爱;同教异学,确保每个孩子差异发展;个别辅导,确保每个孩子都不掉队”。

第二条 总体要求:农村小班化教学的总体要求是“环境生态,氛围人文;以学定教,个案备课;面向全体,差异教学;分类辅导,发展个性;多元评价,促进反思;阳光普照,奠基生命”。

第三条 追求目标:

小班环境——区域化、个性化、舒适化;

小班备课——分层化、个别化、实用化;

小班上课——主体化、时控化、质效化;

小班作业——精当化、面批化、反思化;

小班辅导——激励化、精巧化、分步化;

小班评价——目标化、多元化、星级化。

教室环境

第四条 以“绿”为基调,创设“洁、美、怡、育”的学习空间。教室门口设计个性窗口,异班异品;讲台上方张贴班级奋斗目标用语;教室后墙每月更新一期黑板报或学习园地。教室有“四角”(少先队角、图书角、花卉角、卫生角)和“二栏”(信息栏、进步栏)等。教室布置要符合学生的年龄特征,主题突出,特色明显,富有生气与活力。

第五条 以“学”为基准,创设各种能适合教学需要的灵活多变的座位形式。教师的讲台与学生课桌保持“等高”,学生座位编排可用马鞍形、周边形、圆桌形和对称形等,便于师生、学生交流合作。

备课要求

第六条 备目标——目标保底,不同要求:依据课程标准,将弄清教材的教学目标作为质量保底目标,确定各教学环节简约性的过程目标;结合学生实际，确定教学过程不同层次学生的学习需求，即课堂提问有分层、课堂练习有分层、课后作业有分层等，让每一个学生学有所得。

第七条　备活动——三位一体，有效预设：根据不同课型的需要，在课堂上“集体教学、分组学习、个别辅导”三种教学组织形式交替安排，每堂课一般要有2次的分组学习和个别辅导。

第八条　备个案——熟记特性，因材施教：教师要熟记学生的名字，了解不同学生的性格特征和学业发展水平（如打“☆”表示发言积极、思维灵活的孩子；打“△”表示学习有困难的孩子，打“○”表示自控能力较弱的孩子等）。根据不同学生的不同特点，常态课教学预案要考虑好提问反馈、小组合作和作业辅导等的个案对象，教研课教学预案要在“个案对象”栏中标示出个案学生的姓名或代号。

教学要求

第九条　运用主体型的教学策略。

1. 分组教学：先进行个案分析，依据组内异质、组际同质原则合理编制小组。以形式分，可分为两人互助组、四人小组型、自由组合型等；以内容分，可分为练习型、讨论型、比赛型等小组；以表达方式分，可分为中心发言式、自由议论式、互相检查式等小组。再建立群组性档案，创建小组文化（组名、组徽等）。让学生经历“提出学习·启发思考→创设情境·导入讨论→巡回观察·及时调整→全班交流·相互评价→围绕课题·深入学习”的学习过程，逐步形成“善于听、敢于说、会交流、精总结和巧评价”的学习习惯。

2. 分层教学：根据学生实际程度将全班学生分成A层（学有余力）、B层（一般）、C层（学有困难）三个层次，每一层次安排不同要求的内容，做到A层吃饱学得好，B层跳一跳能学好，C层低起点、小坡度、多循环能学得。

3. 互动教学：进行师师互动（学科相融、互助共进）、师生互动（上下互融、教学互融）、生生互动（沟通心灵、交流习得、质疑探究）、人机互动（博取信息、开拓视野）、组间互动（取长补短、激发竞争）等教学活动。每堂课互动面达100%。

4. 自主教学：引导学生进行自主学习（学会质疑、学会讨论、学会动手操作)，自我评价(既能评价别人，更能评价自己)，学法指导(制订学习计划、安排学习时间、预习、复习等)，培养自学能力(领会学习、主动学习、学会学习)。

5. 活动教学：课内开展有利于教学的多样化活动，课外开展学科综合(或小课)活动、社会实践活动。如周一开展小练字活动(进行15分钟写字练习)；周二开展小演说活动(进行15分钟演讲活动)；周三开展小主持活动(利用课余时间进行采访再开展15分钟主持交流活动)；周四开展小书香(进行15分钟读书心得交流活动)；周五开展小建议活动(进行15分钟反思，对老师、同学和自己提出教与学小建议)；周六、周日开展小调查活动(联系学科相关内容，选择一个兴趣点进行小调查活动)。

第十条　运用数控型的教学模式。

上课要有大致的时间预设。小班化教学一方面增大了“自主、合作、探究”的频度，另一方面也给时间分配增加了难度。因此教师上课更要强化对时间的预控。每堂课一般要确保15分钟的课内训练时间。

第十一条　运用促进型的教学行为。

(1)激发兴趣，增强动力。激发与保持学生学习的兴趣，把“鼓励”带进课堂，让学生在热切的期盼中积极投入；把“选择”带进课堂，既立足教材，又让孩子享有充分的自主权；把“竞争”带进课堂，给学生创造表现自我的机会。

(2)面向全体，阳关普照。关注到每一个学生，关爱每一个孩子，教学过程不出现教学盲点，不留教学死角，即关注面达100%。

(3)关注差异，促进发展。关注差异，促进不同学生的不同发展。小班教学无差生，在各环节教学中尤其对后20%学生要优先保证予以关爱，当堂达标率要在85%以上。

(4)转换角色，亲近学生。教师角色要多向转换，根据教学需要，变成“学生”“伙伴”“亲人”“引路人”和“学习的拐杖”。

作业要求

第十二条　精当布置：作业布置要内容精当，分量适当。按内容分，有必做题、选修题；按程度分，有基础题、一般题、提高题；按教师和学生的主体分，有教师指定和学生自我选择题；按形式分，有书面作业、口头作业、听力作业、动手实践作业或思考作业等;按时间分,有即时作业、回家作业、周作业等;按性质分,有预习作业、过程作业和复习作业等。

第十三条　精心批改:作业批改要及时恰当。

面批要求:班额在20人以下的100%面批,20人以上的面批不少于70%。

批改方式:可采用"等级+评语"的评价方式,或采用学生喜欢的星级评价及其他与学生约定的符号批改。自批、互批与面批灵活选择运用。

第十四条　精巧讲评:作业讲评要突出诊断性和激励性。讲评重点为主要错例分析、解题创新思路与作业规范程度等。每位教师要建立一个错题收集本。

辅导要求

第十五条　对优生的个别辅导。以教师直接辅导为主,课内对他们实行A层次教学要求,课外给他们适当增加有一定难度的提高题。

第十六条　对中等生的个别辅导。以教师辅导与小组辅导为主,重在独立思考习惯的培养与学习过程的督促。

第十七条　对后进生的个别辅导。以教师辅导、小组辅导与结对帮扶相结合,努力激发其学习兴趣,增强其学习自信心,不让其中任何一个掉队。对后20%学生有重点地制定辅导计划(包括辅导对象、辅导时间、辅导内容以及辅导预期效果等),认真记录辅导情况,跟踪成效评估。

评价要求

第十八条　每周一次的学习习惯评价。

评价内容:以小班十会为目标,坚持培养十大习惯,提高学生学习能力。

1. 专心听讲的习惯　　2. 举手发言的习惯
3. 准确表达的习惯　　4. 阅读课本的习惯
5. 课外学习的习惯　　6. 完成作业的习惯
7. 动脑多思的习惯　　8. 质疑问难的习惯
9. 参与合作的习惯　　10. 提高效率的习惯

评价方法:采用"五星级"评价。

第十九条　每月一次的学业考试评价。

评价内容:学科单元教学内容,突出“双基检测”达标评价。

评价方法:采用闭卷考试,二度评价。

第二十条 每学期一次的“综合素质”评价。

评价内容:学期学科教学内容检测、平时竞赛成绩与学习习惯得星汇总等。

评价方法:平时建立学生成长档案袋,进行多维度综合考评,期末采用“分数+等级+评语”的方式评价。

第九章　师资队伍

师资队伍建设是整个教育工作的一项基本任务，是一项具有战略性意义的重点工程。历届县委、县政府把建设一支业务素质优良、政治素质过硬、知识结构合理、精神品格高尚、富有爱心和事业心的师资队伍，作为重要战略工作。1996年，民办教师全部转为公办教师，消化长期代课教师，解决了历史遗留问题，使师资队伍结构更趋合理；加强人才稳定工作，出台管理意见，有效稳定了师资队伍；实施教职工代表大会制度，保障了教职工参与学校民主管理和监督；执行教师资格和职称评定制度，使师资队伍建设开启了新的纪元。

第一节　发展概况

民办教师、长期代课教师是历史遗留的产物。1992年，景宁共有教职员工1321人。其中，民办、长期代课教师占30%以上。

民办教师

1992年，全县教职员工中，民办教师92人。当年，根据有关文件精神，5名民办教师转为公办教师。1993年，9名民办教师转为公办教师。1994年，9名民办教师转为公办教师。32名民办教师解决“农转非”（农业户口转为居民户口），1995年，景宁根据地区教委文件精神，对1972年底前参加工作的民办教师全部予以解决“农转非”，21名民办教师转为公办教师。

1996年3月，根据省委、省政府提出在1997年前“统筹解决浙江省民办教师的问题”,全县尚未解决的49名民办教师全部转为公办教师。

代课教师

1993年,全县教职员工中,长期代课教师315人。省教育厅出台《关于高等、中等师范学校招收中小学代课教师的实施意见》。对在任的中小学代课教师招进高等、中等师范学校学习的条件、要求作了规定:“凡小学为1992年8月31日前已取得中师(中专)毕业学历,连续教龄4年以上,年龄40周岁以下的代课教师;初中为大专毕业学历,连续教龄4年以上,年龄40周岁以下的代课教师,可以选送到师范院校学习,毕业后由县教育局分配到相应学校任教。”同年,全县选送19名中小学代课教师到师范院校学习。

1994年,选送25名中小学代课教师到师范院校学习。1995年,选送55名中小学代课教师到师范院校学习,还首次面向社会公开招收15名具有高中学历的优秀社会青年到师范院校培训后担任农村中小学教师。1996年,选送23名代课教师到师范学院学习,1998年,辞退中小学代课教师98人。

2001年,代课教师全部清退。

师资结构

1992年,全县教师1321人。其中,公办教师1000人,民办教师92人,代课教师315人,工勤人员42人,行政人员134人,临时工82人。民办、代课教师比例高,合格学历偏低,教师分布不合理,偏远村校正式教师少。

2010年,全县教职工1656人。其中,专任教师1407人,专任教师学历合格率幼儿园98.89%、小学100%、初中100%、普高100%、职高100%。全县教师高学历(幼儿、小学为大专毕业以上,初中为本科毕业以上)占比分别为:幼儿园67%、小学88.92%、初中86.51%。

2012年,全县教职工1865人。其中,专任教师1388人,专任教师学历合格率100%,行政人员105人,工勤372人。另有临时工16人。

1992—2012年景宁幼儿园教师结构情况表

表9-1-1 单位:人

年份	教职工总数	专任教师	行政人员	工勤人员	临时工
1992	66	63	3	—	—
1993	66	—	—	—	—
1994	75	69	3	3	—
1995	30	25	2	3	—
1996	30	26	2	2	—
1997	34	28	2	4	—
1998	33	28	2	3	—
1999	165	133	2	30	—
2000	155	—	—	—	—
2001	87	41	42	4	119
2002	81	35	39	7	148
2003	93	37	49	7	167
2004	122	37	76	9	138
2005	120	38	72	10	173
2006	128	42	74	12	180
2007	124	46	73	5	185
2008	133	59	62	12	167
2009	317	165	55	97	15
2010	353	270	46	37	—
2011	445	239	49	157	33
2012	441	249	47	145	9

1992—2012年景宁小学教师结构情况表

表9-1-2 单位:人

年份	教职工总数	专任教师		行政人员	代课教师	工勤人员	临时工
		公办	其中民办				
1992	776	678	92	91	238	7	50

续表 9-1-2

年份	教职工总数	专任教师		行政人员	代课教师	工勤人员	临时工
		公办	其中民办				
1993	776	—	—	—	—	—	—
1994	782	671	72	99	251	12	46
1995	789	677	49	100	261	12	49
1996	824	713	49	98	261	13	51
1997	952	835	—	98	200	19	58
1998	967	864	—	84	143	19	64
1999	1054	937	—	93	61	24	53
2000	1038	—	—	—	—	—	—
2001	997	912	—	72	—	13	22
2002	1021	922	—	82	—	17	16
2003	1015	858	—	126	—	31	4
2004	1012	912	—	89	—	11	—
2005	875	769	—	70	—	36	10
2006	840	714	—	77	—	49	—
2007	796	685	—	64	—	47	—
2008	890	802	—	44	—	44	5
2009	911	848	—	19	—	44	—
2010	749	686	—	37	—	26	3
2011	844	737	—	40	—	67	—
2012	822	665	—	46	—	111	—

1992—2012 年景宁中学教师结构情况表

表 9-1-3　　单位：人

年份	教职工总数	专任教师	行政人员	代课教师	工勤人员	临时工
1992	447	374	41	77	32	41
1993	447	—	—	—	—	—
1994	449	371	34	44	44	36

续表 9-1-3

年份	教职工总数	专任教师	行政人员	代课教师	工勤人员	临时工
1995	472	388	40	38	44	44
1996	503	421	43	39	39	38
1997	521	440	30	39	51	38
1998	611	551	40	12	60	36
1999	610	516	35	2	59	21
2000	618	—	—	—	—	—
2001	624	539	44	—	41	24
2002	611	556	30	—	25	28
2003	604	500	24	—	80	38
2004	571	476	15	—	80	27
2005	529	441	12	—	76	6
2006	375	330	7	—	38	—
2007	331	286	7	—	38	—
2008	331	286	7	—	38	—
2009	343	298	8	—	37	—
2010	314	267	5	—	42	—
2011	303	255	5	—	43	—
2012	315	256	6	—	53	—

1992—2012 年景宁高中教师结构情况表

表 9-1-4　　单位：人

年份	教职工总数	专任教师	行政人员	工勤人员
1992	—	63	—	—
1993	65	63	—	—
1994	71	52	—	—
1995	67	48	—	—
1996	78	59	—	—
1997	82	63	—	—

续表 9-1-4

年份	教职工总数	专任教师	行政人员	工勤人员
1998	89	70	—	—
1999	99	80	—	—
2000	99	80	—	—
2001	122	103	—	—
2002	141	122	—	—
2003	152	133	—	—
2004	162	143	—	—
2005	162	143	—	—
2006	164	145	6	13
2007	168	124	6	38
2008	168	124	6	38
2009	174	125	6	43
2010	162	122	5	37
2011	193	151	5	37
2012	200	145	2	53

1992—2012 年景宁职业中学教师结构情况表

表 9-1-5　　单位:人

年份	教职工总数	专任教师	行政人员	代课教师	工勤人员	临时工
1992	32	23	5	—	4	3
1993	68	—	—	—	—	—
1994	68	53	5	35	10	4
1995	73	52	11	—	10	3
1996	79	56	13	14	10	3
1997	60	39	11	8	10	4
1998	40	30	3	—	6	1
1999	44	35	3	—	—	1
2000	44	—	—	—	—	—

续表 9-1-5

年份	教职工总数	专任教师	行政人员	代课教师	工勤人员	临时工
2001	48	38	3	—	7	—
2002	55	49	4	—	2	—
2003	57	44	3	—	10	—
2004	66	52	4	—	10	—
2005	66	54	3	—	9	—
2006	73	63	2	—	8	—
2007	74	63	2	—	9	—
2008	74	63	2	—	9	—
2009	83	63	2	—	18	—
2010	78	62	4	—	12	—
2011	87	71	4	—	12	—
2012	87	73	4	—	10	7

第二节　师资队伍建设

师德建设

师德师风建设是师资队伍建设的首要任务。

1992 年，全县教师暑假集中政治学习和师德考核的制度开始全面实施。时间安排 7—10 天，具体由学校组织安排。

1997 年初，《浙江教育报》发表了 18 位名师向全省教师发出的《提高师德修养，树立师表形象的倡议书》，县教委党委、县教育工会响应 18 位名师的倡议，召开县属学校部分先进教师、教委机关有关股室负责人参加的“响应名师倡议，加强师德师风建设”座谈会，与会同志畅谈加强师德建设的重要性。向全县教师发出“铸师魂、养师德、炼师能、树师表”倡议。6 月，县教委与县教育工会组织县首届“十佳青年教师”评比；12 月，教育系统召开全县德育工作会议。决定要广泛开展“树师德形象，争做模范，争当一流，大力提倡敬业精神”活动，树立服务至上的思想。

2000 年 5 月 30 日，县委组织开展“三个代表”重要思想学习教育活动。

2002 年 8 月，县教育局举办暑期师德培训班，组织全县中小学、幼儿园教师学习《中华人民共和国教师法》《中小学教师职业道德规范》《关于基础教育改革与发展的决定》等内容。同时组织优秀教师事迹报告团，到全县 12 个培训点作巡回报告，对教师进行“师德、师魂、师风、师能”教育，增强教职工的职业荣誉感、崇高使命感、神圣责任感。

2003 年 3 月，县教育局组织全县中小学开展“树师表形象，创文明校风，为实现新世纪宏伟目标作贡献”为主要内容的“师德师风建设创优达标评估”活动。制定了《景宁县师德师风建设创优达标评估细则》，并进行评估验收。凡未达县级评估验收合格的学校，当年不能评选先进学校，校长当年不得评先评优。

2005 年 8 月，县教育局组织全县中小学、幼儿园开展学习浙江省优秀教师杨兰娟的事迹。县教育工会还举办了“夸夸我身边的同事”征文和演讲活动。

2011 年 10 月，丽水市师德师风建设先进事迹巡回报告团到景宁作报告。全县中小学、幼儿园教师 400 多人参加了报告会。

2012 年，根据省教育厅《关于建立中小学和幼儿园教师师德师风检查制度的通知》，每学期第二个月对师德师风进行检查。将教师的师德师风考核结果情况计入教师个人档案；将学校的师德师风建设情况纳入学校年度督导评估成绩。

业务培训

业务精湛是师资队伍建设的重点和关键。

1992 年，省教委规定小学新教师：必须举行一年试用期后的培训，考核合格后，方可转正定级。1996 年起，初、高中、幼儿园的新教师也必须经过一年试用期培训考核。

1992—2005 年，先后组织全县中小学、幼儿园教师“两机一幕”“现代信息技术”的使用能力培训。2002 年，委托省教育学院单独开班进行信息技术骨干培训 59 人。

1992—2012 年，县研训中心组织全县教师举办暑期大备课活动，参加备课有 5000 多人次。

1993 年，为适应小学部编义务教材的教学，500 多位小学教师暑期集中培训学习。

1997—2012 年，为提升教师的教育教学的理论与技能水平。先后邀请省教研室董玉泉、施忆、施致良、朱作仁等 8 个学科教研员到景宁辅导，受辅导老师 800 多人。邀请浙江大学刘力教授、浙江教育学院汪潮教授、省特级教师孙迪如、方方等讲学、课堂教学示范，参听老师 3100 多人次。

2002 年 10 月，邀请上海市教研室副主任张福生、北京市基础教育研究院商发明作“新课程改革”专题培训，受训教师 1200 多人。

2004—2012 年，先后组织中、小学骨干教师 500 多人次赴缙云、义乌、杭州、无锡、江西临川、青岛培训学习先进教学经验。

2005—2012 年，先后组织与举办省、市、县“名师提升教师素质工程”培训 4500 多人次，校本培训 11000 多人次。

2010 年前后，选派 15 名中小学校长到宁波市有关学校挂职锻炼，学习发达地区先进管理经验。

师资管理

1993 年，县教育局下发的《关于景宁县教职工调配工作的暂行规定》指出：“一是中小学教师和各级各类教育事业编制人员的管理、调配、自然减员补充、‘民转公’、毕业生分配等均由县教育局负责。二是教师跨乡镇调动和进城调动由县教育局管理；教师在本乡镇（除县城外）范围内调动由乡镇负责管理，报县教育局备案。其中，调入联办初中和镇中心学校的由县教育局作宏观控制。”同年起，按地区教委《丽水地区中小学教师、干部年度考核暂行办法》，每年进行考核，并以此作为职评聘任、提职晋升、奖惩的客观依据。

1993 年丽水地区中小学教师年度考核量化情况表

表 9-2-1

一级指标	二级指标	二级指标内容和要求	考核办法	权值	得分
一、德 20 分	1. 政治思想	坚持四项基本原则，执行党的路线、方针、政策，善于用正确的政治观点教育学生 认真学习建设有中国特色社会主义理论，积极参加政治学习，考试成绩良好以上	1.考查平时政治思想言行 2.查参加政治学习情况记载 3.查当年政治学习考试成绩	6	
	2. 师德修养	自觉遵守《中小学教师职业道德规范》，教书育人，为人师表 坚持面向全体学生，无体罚学生现象，师生关系好；认真做好留生工作，年巩固率达到上级规定的要求	1.平时师德表现 2.向学生调查了解 3.查年巩固率实绩	6	
	3. 遵纪守法	自觉遵守国家法规、政策，无违法乱纪行为 认真执行上级教育行政部门的指示、规定，无乱收费、乱办班、乱罚款等不良行为 严格执行学校规章制度，服从组织分配，关心维护集体	1.查平时表现 2.向学生调查了解	4	
	4. 团结互助	为人正直、襟怀坦白，勇于开展批评与自我批评，无不利于团结的言行 作风正派，人际关系和谐、积极、健康 为人热情，乐于助人，带头发扬新风尚	查平时言行，也可进行教师（群众）互评	4	
二、能 30 分	1. 教学 12 分	备课：按照大纲、教材和学生实际认真备课，教材分析准确，教案齐全。教龄在 10 年以内教师须备详案。上课：根据教学原则和学生实际认真上课，教学内容正确，教学方法恰当，语言生动，教态自然，教学任务完成得好 批改：作业分量适当，内容切合教材要求，批改及时、认真、正确，学生学业问题能及时反馈解决 辅导：积极、主动对学生进行分类辅导，完成学校规定的辅导任务 考核：认真组织期中、期末考试和平时考查工作，考后讲评指导认真、有效	查备课和学期授课计划 组织听课，考查教学业务能力 查学生作业 查辅导情况记载 查考核情况记载	3 4 2 2 1	

续表 9-2-1

一级指标	二级指标	二级指标内容和要求	考核办法	权值	得分
二、能 30分	2.教育 10分	担任班主任工作的教师能按照德育大纲要求和学生思想实际，认真履行班主任职责，班集体建设取得显著成绩 未担任班主任工作的教师能积极协助班主任、辅导员对学生开展思想品德教育工作，在学科教学中有机地渗透德育工作	按照县(市)教委或学校制定的《班主任工作考核标准和办法》进行考核 采取考核组考核和学生测评相结合的办法考核	10	
	3.课外活动 2分	认真指导一个以上课外兴趣小组或科技小组，“小发明、小制作、小论文”活动取得较好成绩	查课外兴趣或科技小组活动记载或“三小”获奖情况	2	
	4.教学研究 4分	积极参加各级教学研究活动，乡(镇)以上学校的教研活动每两周不少于一次 积极承担课题研究任务或公开课、观摩课、示范课等，不推诿不敷衍了事	查参加教研活动记录 查记录	2 2	
	5.进修 2分	未达到合格学历的教师必须参加学历教育或专业合格证书考试；全体教师须参加岗位培训；中小学校长(书记)须接受地、县(市)规定的岗位培训	查参加进修情况	2	
三、勤 10分	1.劳动态度 2.工作量 3.出勤 4.值日值周	事业心强，有责任感，工作积极主动，劳动态度好 按照地、县(市)教育部门关于教师工作量规定办理 按照学校(单位)规章制度和作息时间出勤，严格执行考勤制度 认真完成值日、值周各项职责	1.教师互评 2.由学校行政领导规定考核，分重、较重、适当、轻四档 3.查考勤记录(含各会议、活动) 4.查记录	2 3 3 2	
四、绩 40分	教育教学工作实绩	在乡镇以上范围内建立参照系，以平均分、及格率、优秀率、后进生等四项指标的名次及增幅计分(“四率”计算的基数为教育统计年初上报数) 成教专干以行政村的非盲率，实用技术培训的受训率、校办经济实体的纯利、农民人均收入的增长率计分	查学生会考成绩 平均分：8分 及格率：12分 优秀率：10分 后进生率：10分 非盲率达95%：8分 受训率达30%：12分 纯利1000元：加分 增长8%：10分	40	

1993 年丽水地区中小学行政人员年度考核量化情况表

表 9-2-2

一级指标	二级指标	二级指标内容和要求	考核办法	权值	得分
一、德 20 分	1. 政治思想	坚持四项基本原则，执行党的路线、方针、政策，在政治思想上与党中央保持一致 认真学习建设有中国特色社会主义理论，积极参加政治学习，考试成绩良好以上	查日常言行 查参加学习记录和考试成绩	6	
	2. 师德修养	自觉遵守中小学教师职业道德规范或其他岗位职业道德工作守则，管理育人，为人师表 强化服务意识，提高办事效率，积极开展马上就办活动，无扯皮、推诿现象。及时反映群众意见、要求和解决工作中出现的问题	查日常表现 向师生和基层抽查了解情况	6	
	3. 遵纪守法	自觉遵守国家法规、政策，无违法乱纪行为 认真执行工作方针、政策和规定，秉公办事，不徇私情，无政策性工作失误 严格执行学校规章制度，服从组织分配，关心维护集体	查日常言行 查工作情况 由学校领导考核	4	
	4. 团结互助	为人正直、襟怀坦白，勇于开展批评和自我批评，无不利于团结的言行 作风正派，人际关系和谐、积极、健康 为人热情，乐于助人，带头发扬新风尚	查日常言行和教师互评相结合	4	
二、能 30 分	1. 组织协调 10 分	工作有计划、有检查、有总结、有完整的工作档案，实行科学管理 管理和指导基层工作有组织协调能力，能较好地处理下属机构、干部之间的关系，群众积极性调动得好	查工作情况 查与测评相结合	5 5	
	2. 调查研究 8 分	经常深入基层，深入教学第一线调查研究，密切联系群众，实事求是 善于发现问题和解决问题，对出现的问题及时调查，及时提出解决方法	查深入基层，教学情况 查提合理性建议和工作方案情况	4 4	
	3. 民主作风 7 分	认真执行民主集中制，按照组织原则和纪律勇于发表个人意见，行政领导要集思广益，实行民主管理 善于听取和吸收基层、群众的意见，勇于改正工作中的缺点、失误	查会议记录等 向师生、基层调查	4 4	
	4. 业务进修 5 分	具有完成本职工作所必须具备的业务能力，能胜任岗位工作 认真完成规定的业务进修任务	行政领导考核 查进修记录	3 2	

续表 9-2-2

一级指标	二级指标	二级指标内容和要求	考核办法	权值	得分
三、勤 10 分	1. 工作量	有适当的工作量	行政领导考核	4	
	2. 出勤	严格执行单位出勤制度,按时出勤	查考勤记录	4	
	3. 值日值周	完成值日、值周工作	查值日、值周记录	2	
四、绩 40 分	工作实绩	及时完成岗位工作任务 及时完成组织交给的任务	查完成工作的数量、速度、质量	25 15	

2001 年,县教委出台《景宁县教职工聘任制实施意见》,对考核不合格的教师实行试聘;对一些不能胜任一线教学的教师,实行转岗担任保育员的尝试,乡中心完小以上学校配备 2 名以上专职保育员;对一些年老体弱多病的教师实行内部退养。

2004 年,共有 198 位因年龄、身体等各种原因不适应教育教学工作的教职工退离一线;调配部分小学教师到学校附设幼儿园或担任小学保育员工作。

2006 年,因教师紧缺,实施“引才工程”,与人事部门协同,直接到师范大学招引应届本科优秀毕业生 21 人。

2007 年,针对教师流失较多的现象,县委组织部出台《关于加强现有人才稳定和管理的意见》规定:“新录用的公务员和新聘用的事业单位工作人员、引进人才对象在本县服务未满 5 周年;新提任为副科(实职)以上的,自提任后在本县工作未满 5 周年的;中高级专业技术人员自聘任后在本县服务未满 5 周年的;在职取得本科以上学历后服务未满 5 周年的;被评为拔尖人才和科技新秀在任期内的上述对象,原则上不能调离本县。对于未满服务期限经审批同意调离县外的人员,每少一年按 5000 元标准缴纳教育培训费(组织提拔任用或公开选调使用的除外)。对于不同意本人调出而提出辞职的人员,主管部门不予审批，不转移人事关系等。”有效稳定了教师队伍。

2008年，县编委首次对全县幼儿教师进行核编，确定全县幼儿教育编制为164人，县中心幼儿园73人，实验幼儿园和乡镇中心学校附属幼儿园91人。

2009年，直接招录师范毕业生68人，先留县城学校锻炼一年，再分配到乡镇学校任教。

2010年，为改变教师高职高薪、低职低薪情况，全县实施星级教师评比，教师都依据相关条件参加星级评选，评选分“一星”到“五星”级，既体现教师的荣誉又拉开绩效工资的档次。

第三节　教师资格与职称评定

资格认定

专业证书　1992年以来，县教育局在抓教师学历提高的同时，还通过自学考试，函授等途径，提高教师的专业水平。1993年，丽水地区教委下发《关于颁发中小学教师〈专业合格证书〉的通知》。对未取得专业合格证的幼儿教师、小学教师（含代课），由县自考办组织考试；取得合格成绩后，发给幼儿、小学教师专业合格证书。对未取得教师专业合格证书的初中、高中老师，分别由丽水师专和省教育学院组织辅导，并由自考办组织考试，经考试取得合格成绩者，分别发给初中、高中专业合格证书。

学历要求　1993年10月，《中华人民共和国教师法》第一条对教师资格的相应学历作了规定：

幼儿园教师资格应具备幼儿师范及以上学历。

小学教师资格应具备中等师范学校毕业及以上学历。

初级中学教师资格应当具备高等师范专科或大学专科及以上学历。

高级中学、中等专业学校、技工学校、职业高中文化课专业课教师资格，应当具备高等师范本科或其他大学本科及以上学历。

1992年景宁中小学(幼儿园)专任教师及学历情况表

表9-3-1　　单位:人

中小学(幼儿园)	专任教师数	学历合格人数
幼儿园	58	37
小学	678	437
初中	311	225
高中	63	58

2012年景宁中小学(幼儿园)专任教师及学历情况表

表9-3-2　　单位:人

中小学(幼儿园)	专任教师数	学历合格人数
幼儿园	249	249
小学	665	665
初中	256	256
高中	145	144

教师资格　因历史等原因,教师处于无证上岗状态。1995年12月,国务院出台《教师资格条例》把教师资格分为幼儿园、小学、初中和职业初中、高中、中专、职高等七类教师资格;国家教委为解决历史遗留问题,制定了《教师资格认定的过渡办法》。县教育局根据省、地区教委文件精神,对全县1993年12月在岗的具有专业证书和学历证书的教师进行教师资格过渡,获教师资格证书1084人。

2003年11月,面向社会人员开展教师资格申报工作。至2004年,全市先后组织3次资格认定。

2005学年起,新进高中任教的教师,应具备高中教师资格证书。至2010年年底,全县有2106人取得专业合格证书。

2011年,省教育厅印发《关于调整2011年下半年教师认定教育学、心理学考试有关事项的通知》。从2011年下半年开始,凡申请教师资格认定的教师,要先通过教育学、心理学考试,再参加全国组织的教师资格考试。凡学历、健康状况等符合《教师资格条例》规定，已从事学前教学的工作者，但尚未取得幼儿园教师资格的幼儿园在岗教师，经当地教育行政部门审核，并经过培训后，可以参加浙江省的教育学（幼儿园）、心理学（幼儿园）课程考试。

职称评定

1988 年 4 月，景宁首次开展教师职务评审，认定中学高级教师 7 人、中学一级教师 64 人、小学高级教师 133 人、幼儿园小学高级教师 4 人。各级各类学校教师的高中级职务由县教育局聘任，初级职务由学校聘任。以后中小学、幼儿园教师职称评审工作每年进行一次。

2007 年，根据省职改领导小组有关文件精神，新增教管助理研究员，中小学实验师等职称。

2010 年，凡申报高级职称评审的教师，都必须通过教学能力考核。教学能力水平考核分三个阶段：第一阶段上一堂公开课；第二阶段笔试；第三阶段面试。至 2010 年年底，全县中学高级教师 131 人，中级职称教师 870 人，初级职称教师 459 人，未评职称教师 103 人。

2012 年，全县高级职称教师 224 人。

1992—2012 年景宁小学教师职称情况表

表 9-3-3　　单位：人

项目／年份	总数	小学中高	小学高级	小学一级	小学二级	小学三级	未评
1992	678	—	42	340	238	4	54
1993	—	—	—	—	—	—	—
1994	671	—	66	327	184	30	66
1995	677	—	83	413	112	—	69
1996	713	—	101	388	105	1	118
1997	870	—	138	417	—	126	183
1998	864	—	152	437	148	—	127
1999	937	—	199	465	170	—	103

续表 9-3-3

年份＼项目	总数	小学中高	小学高级	小学一级	小学二级	小学三级	未评
2000	—	—	—	—	—	—	—
2001	864	—	224	392	202	—	46
2002	878		265	403	187	—	23
2003	858	1	296	427	116	—	18
2004	895	1	350	448	74	2	20
2005	769	3	294	398	64	—	10
2006	714	3	303	354	37	—	17
2007	685	2	305	316	46	—	16
2008	802	2	418	328	18	—	36
2009	848	3	476	290	23	2	54
2010	686	2	389	210	43	—	42
2011	737	4	454	197	55	8	19
2012	665	2	413	192	55	—	3

1992—2012 年景宁初中教师职称情况表

表 9-3-4　　　　单位：人

年份＼项目	总数	中学高级	中学一级	中学二级	中学三级	未评
1992	311	1	26	158	67	59
1993	—	—	—	—	—	—
1994	319	1	29	164	70	55
1995	340	1	40	176	67	56
1996	362	1	46	164	79	72
1997	355	2	65	150	61	77
1998	441	3	86	157	104	91
1999	516	3	89	178	122	44
2000	—	—	—	—	—	—

续表 9-3-4

项目 年份	总数	中学 高级	中学 一级	中学 二级	中学 三级	未评
2001	406	3	91	180	111	21
2002	384	4	90	187	81	22
2003	367	5	99	195	46	22
2004	333	7	103	178	39	6
2005	298	10	103	158	26	1
2006	285	12	111	145	16	1
2007	286	15	132	129	7	3
2008	286	15	132	129	7	3
2009	298	30	153	100	3	12
2010	267	32	139	90	—	6
2011	255	43	133	73	—	6
2012	256	49	126	64	3	14

1992—2012 年景宁高中教师职称情况表

表 9-3-5　　单位：人

项目 年份	总数	中学 高级	中学 一级	中学 二级	中学 三级	未评
1992	63	1	10	45	—	7
1993	—	—	—	—	—	—
1994	52	1	14	30	5	2
1995	48	2	20	21	2	3
1996	59	3	24	26	5	1
1997	63	3	34	22	—	4
1998	70	4	39	19	5	3
1999	80	5	54	14	5	2
2000	—	—	—	—	—	—
2001	103	11	55	23	5	9

续表 9-3-5

项目 年份	总数	中学高级	中学一级	中学二级	中学三级	未评
2002	122	12	55	29	8	18
2003	133	17	53	50	12	1
2004	143	18	55	51	10	9
2005	143	19	60	54	5	5
2006	145	25	53	48	5	14
2007	124	29	41	42	—	12
2008	124	29	41	42	—	12
2009	125	44	35	42	—	4
2010	122	46	31	40	—	5
2011	151	52	40	49	—	10
2012	145	51	38	53	—	3

1992—2012 年景宁职高教师职称情况表

表 9-3-6　　　　单位:人

项目 年份	总数	中学高级	中学一级	中学二级	中学三级	未评
1992	9	—	—	6	1	2
1993	—	—	—	—	—	—
1994	27	—	1	21	1	4
1995	26	—	—	24	—	2
1996	29	—	3	23	—	3
1997	27	—	6	18	—	3
1998	30	—	9	16	3	2
1999	35	—	12	18	4	1
2000	—	—	—	—	—	—
2001	38	—	21	10	5	2
2002	42	1	23	11	2	5

续表 9-3-6

项目 年份	总数	中学高级	中学一级	中学二级	中学三级	未评
2003	44	—	24	19	—	1
2004	52	1	28	23	—	1
2005	54	1	31	22	—	—
2006	63	5	31	25	—	2
2007	63	6	30	26	—	1
2008	63	6	30	26	—	1
2009	63	13	30	17	—	3
2010	62	13	31	14	—	4
2011	71	13	31	20	—	7
2012	73	19	26	24	—	4

说明：幼儿园教师实行独立职称制度较迟，数据无法统计

1992—2012年具有中学高级职称教师（含小学中高）一览表

表 9-3-7

年份	姓名	性别	出生年月	籍贯	所在单位
1	吴劭川	男	1950年2月	景宁	景宁中学
2	叶之舟	男	1949年2月	景宁	教研室
3	周俊华	男	1959年8月	遂昌	教研室
4	郑忠伟	男	1959年2月	景宁	景宁中学
5	吴兆林	男	1946年12月	景宁	景宁电大
6	吴宝英	女	1957年9月	景宁	景宁中学
7	潘昌海	男	1954年9月	景宁	景宁中学
8	孙俐华	男	1958年3月	景宁	景宁中学
9	蓝奕平	男	1949年11月	景宁	民族中学
10	林昌伦	男	1953年11月	景宁	景宁电大
11	赵汉群	男	1965年1月	景宁	景宁中学
12	林昌鹏	男	1952年9月	景宁	民族中学

续表 9-3-7

年份	姓名	性别	出生年月	籍贯	所在单位
13	夏宗清	男	1954 年 10 月	景宁	景宁中学
14	周洪喜	男	1963 年 11 月	义乌	景宁中学
15	商娟娟	女	1964 年 3 月	景宁	研训中心
16	叶光发	男	1946 年 11 月	景宁	民族中学
17	陈　蛟	男	1954 年 11 月	景宁	景宁中学
18	刘小平	男	1961 年 11 月	景宁	景宁中学
19	刘乾亮	男	1936 年 1 月	景宁	景宁中学
20	吴少春	男	1958 年 8 月	景宁	景宁中学
21	王芸生	男	1943 年 1 月	文成	景宁中学
22	范光明	男	1962 年 9 月	缙云	景宁中学
23	徐振帮	男	1953 年 3 月	景宁	景宁城北中学
24	金武松	男	1963 年 11 月	景宁	景宁中学
25	马桂芳	女	1962 年 3 月	东阳	景宁中学
26	张娟萍	女	1963 年 4 月	东阳	景宁中学
27	吴慧玲	女	1964 年 12 月	东阳	景宁中学
28	叶国杰	男	1959 年 9 月	缙云	沙湾中学
29	吴瑞华	女	1947 年 3 月	景宁	景宁中学
30	张　勇	男	1957 年 6 月	景宁	研训中心
31	王松寿	男	1964 年 12 月	景宁	景宁中学
32	陈孟兴	男	1966 年 1 月	景宁	景宁中学
33	周文江	男	1959 年 10 月	缙云	教育局
34	吴一夫	男	1946 年 11 月	景宁	景宁畲族自治县沙湾中学
35	柳　云	男	1961 年 7 月	景宁	景宁中学
36	王多英	女	1966 年 12 月	景宁	景宁中学
37	任传奎	男	1951 年 6 月	景宁	景宁中学
38	潘正亮	男	1966 年 5 月	景宁	景宁城北中学
39	吴　健	男	1969 年 11 月	景宁	民族中学
40	朱文广	男	1962 年 9 月	缙云	景宁畲族自治县沙湾中学

续表 9-3-7

年份	姓名	性别	出生年月	籍贯	所在单位
41	邢一江	女	1968 年 6 月	景宁	景宁中学
42	毛昌立	男	1948 年 6 月	景宁	景宁中学
43	赵益云	男	1966 年 1 月	景宁	景宁中学
44	柳　坚	男	1968 年 2 月	景宁	景宁中学
45	陈卫东	男	1967 年 10 月	景宁	景宁中学
46	金利兵	男	1968 年 11 月	景宁	景宁中学
47	韦朝辉	男	1968 年 10 月	景宁	教育局
48	陈敬东	男	1967 年 10 月	景宁	景宁中学
49	严小伟	女	1965 年 3 月	景宁	景宁中学
50	刘俊波	男	1963 年 10 月	景宁	景宁中学
51	梅荣健	男	1957 年 6 月	景宁	景宁中学
52	张志明	男	1967 年 6 月	景宁	景宁中学
53	彭　红	女	1970 年 4 月	景宁	研训中心
54	尤华芳	女	1964 年 6 月	丽水	景宁中学
55	汤建新	男	1970 年 3 月	景宁	景宁中学
56	柳秀美	女	1966 年 2 月	景宁	景宁中学
57	周竹娅	女	1960 年 10 月	景宁	教育局
58	吴劭斌	男	1963 年 9 月	景宁	景宁城北中学
59	张　洁	女	1966 年 3 月	景宁	民族中学
60	叶　�	女	1964 年 1 月	景宁	景宁中学
61	杜晓芬	女	1968 年 1 月	景宁	景宁中学
62	严秋影	女	1967 年 12 月	景宁	景宁城北中学
63	陈一萍	女	1966 年 1 月	景宁	职业高中
64	毛晔德	男	1954 年 10 月	景宁	实验一小
65	严振水	男	1957 年 1 月	景宁	教育局
66	林　浩	男	1946 年 6 月	永康	教研室
67	吴聪慧	女	1967 年 10 月	景宁	实验二小
68	梁寿英	女	1967 年 7 月	景宁	民族中学

续表 9-3-7

年份	姓名	性别	出生年月	籍贯	所在单位
69	吴大岩	男	1970 年 11 月	景宁	景宁中学
70	严小卫	女	1970 年 10 月	景宁	景宁中学
71	张伟英	女	1967 年 10 月	景宁	教育局
72	潘晓明	男	1965 年 6 月	景宁	景宁中学
73	吴永礼	男	1969 年 4 月	景宁	景宁中学
74	沈芳林	男	1966 年 5 月	景宁	研训中心
75	梅建平	男	1967 年 11 月	景宁	教育局
76	严加贵	男	1965 年 10 月	景宁	景宁城北中学
77	李　荣	男	1969 年 3 月	景宁	实验二小
78	柳敏敏	女	1970 年 4 月	景宁	民族小学
79	梅　景	男	1965 年 10 月	景宁	景宁中学
80	潘方平	男	1971 年 8 月	景宁	景宁中学
81	夏建民	男	1972 年 3 月	景宁	景宁中学
82	陈炳火	男	1955 年 11 月	景宁	景宁中学
83	吴伟春	男	1968 年 2 月	景宁	景宁中学
84	梅　美	女	1968 年 12 月	景宁	景宁中学
85	金美娟	女	1970 年 1 月	景宁	职业高中
86	梅盛军	男	1964 年 6 月	景宁	职业高中
87	陈　峰	男	1968 年 11 月	景宁	景宁城北中学
88	雷祖华	男	1968 年 11 月	景宁	民族中学
89	王敏健	男	1966 年 3 月	景宁	职业高中
90	梅冬美	女	1966 年 12 月	景宁	民族中学
91	叶世标	男	1968 年 4 月	景宁	民族中学
92	柳花明	女	1968 年 8 月	景宁	电　大
93	陈韶伟	男	1966 年 11 月	景宁	电　大
94	王传松	男	1966 年 10 月	景宁	景宁城北中学
95	张怀海	男	1965 年 1 月	景宁	实验一小
96	吴家祥	男	1963 年 4 月	景宁	景宁城北中学

续表 9-3-7

年份	姓名	性别	出生年月	籍贯	所在单位
97	梅海英	女	1966 年 3 月	景宁	景宁城北中学
98	马如平	男	1968 年 12 月	景宁	研训中心
99	李玉芬	女	1965 年 7 月	景宁	研训中心
100	蒋林菊	女	1954 年 12 月	景宁	民族中学
101	柳育谈	男	1964 年 5 月	景宁	民族中学
102	潘建芬	女	1971 年 3 月	景宁	职业高中
103	项德林	男	1971 年 7 月	景宁	职业高中
104	毛伟军	男	1965 年 3 月	景宁	职业高中
105	徐柏林	男	1973 年 1 月	景宁	职业高中
106	金国忠	男	1969 年 9 月	景宁	景宁中学
107	余学章	男	1956 年 1 月	景宁	景宁中学
108	王丽芬	女	1971 年 11 月	景宁	景宁中学
109	毛小玲	女	1975 年 5 月	景宁	景宁中学
110	毛玉伟	男	1968 年 9 月	景宁	景宁城北中学
111	梅爱昌	男	1970 年 12 月	景宁	景宁中学
112	王晓红	女	1966 年 6 月	景宁	景宁中学
113	张志盛	男	1968 年 6 月	景宁	景宁城北中学
114	陈方美	男	1967 年 11 月	景宁	景宁城北中学
115	翁晓华	男	1970 年 2 月	景宁	民族中学
116	王秀琴	女	1965 年 3 月	景宁	民族中学
117	叶炜娥	女	1973 年 2 月	景宁	民族中学
118	蓝进平	男	1965 年 11 月	景宁	民族中学
119	何锦华	女	1972 年 8 月	景宁	电　大
120	严家寿	男	1963 年 7 月	景宁	职业高中
121	贾金标	男	1965 年 7 月	景宁	职业高中
122	鲍秋萍	女	1971 年 7 月	景宁	景宁中学
123	黄龙飞	男	1973 年 7 月	景宁	景宁中学
124	叶慧英	女	1971 年 2 月	景宁	景宁中学

续表 9-3-7

年份	姓名	性别	出生年月	籍贯	所在单位
125	夏海燕	女	1970 年 11 月	景宁	景宁中学
126	林俊清	男	1969 年 2 月	景宁	景宁中学
127	张伟清	男	1971 年 2 月	景宁	景宁中学
128	潘艺影	女	1972 年 5 月	景宁	景宁中学
129	叶　茗	女	1971 年 4 月	景宁	教育局
130	张光凡	男	1974 年 11 月	景宁	景宁中学
131	吴红梅	女	1971 年 4 月	景宁	研训中心
132	任传顶	男	1956 年 6 月	景宁	景宁职高
133	梅建华	男	1965 年 12 月	景宁	民族中学
134	吴春美	女	1973 年 2 月	景宁	民族中学
135	汤惠芬	女	1971 年 4 月	景宁	民族中学
136	陈呈慧	女	1973 年 10 月	景宁	景宁中学
137	吴一兵	男	1967 年 7 月	景宁	景宁城北中学
138	叶有东	男	1972 年 11 月	景宁	研训中学
139	商培荣	男	1970 年 6 月	景宁	研训中心
140	吴家亮	男	1969 年 9 月	景宁	职业高中
141	赵槐珠	女	1972 年 10 月	景宁	职业高中
142	韦朝丰	男	1966 年 10 月	景宁	职业高中
143	梁清香	女	1967 年 10 月	景宁	职业高中
144	林　毅	男	1969 年 7 月	景宁	景宁中学
145	陈佩玉	女	1974 年 1 月	景宁	景宁中学
146	邢方方	女	1975 年 8 月	景宁	景宁中学
147	叶世斌	男	1975 年 1 月	景宁	景宁中学
148	徐丽芳	女	1975 年 4 月	景宁	景宁中学
149	练素恩	女	1972 年 2 月	景宁	景宁中学
150	严玉琴	女	1973 年 4 月	景宁	景宁中学
151	叶炜莉	女	1975 年 10 月	景宁	景宁中学
152	吴希英	女	1967 年 5 月	景宁	实验一小

续表 9-3-7

年份	姓名	性别	出生年月	籍贯	所在单位
153	吴龙生	男	1972 年 12 月	景宁	景宁中学
154	张立功	男	1967 年 9 月	景宁	景宁中学
155	严振根	男	1965 年 9 月	景宁	职业高中
156	叶春玲	女	1971 年 3 月	景宁	职业高中
157	陈延付	男	1974 年 4 月	景宁	景宁中学
158	李兴钱	男	1974 年 2 月	景宁	景宁中学
159	柳相英	女	1973 年 10 月	景宁	民族中学
160	彭家宝	男	1971 年 5 月	景宁	民族中学
161	陈可伟	男	1972 年 5 月	景宁	民族中学
162	林　华	男	1967 年 3 月	景宁	民族中学
163	吴丽珍	女	1973 年 6 月	景宁	民族中学
164	梅　敏	男	1970 年 10 月	景宁	景宁中学
165	王椏华	女	1972 年 11 月	景宁	景宁城北中学
166	鲍金丽	女	1975 年 5 月	景宁	景宁中学
167	任文娟	女	1972 年 11 月	景宁	景宁城北中学
168	吴慧清	女	1970 年 2 月	景宁	景宁城北中学
169	朱卫红	女	1972 年 11 月	景宁	景宁城北中学
170	吴慧娟	女	1970 年 2 月	景宁	民族中学
171	金雯英	女	1959 年 9 月	景宁	民族中学
172	蓝建梅	女	1970 年 2 月	景宁	景宁城北中学
173	陈秀亮	女	1968 年 3 月	景宁	民族小学
174	孙伟芬	女	1977 年 3 月	景宁	景宁中学
175	柳向荣	男	1973 年 6 月	景宁	景宁中学
176	陈建军	男	1976 年 9 月	景宁	景宁中学
177	毛云长	男	1975 年 10 月	景宁	景宁城北中学
178	商庆平	男	1971 年 4 月	景宁	景宁城北中学
179	吴学民	男	1973 年 12 月	景宁	景宁城北中学
180	周新平	男	1964 年 5 月	景宁	景宁城北中学

续表 9-3-7

年份	姓名	性别	出生年月	籍贯	所在单位
181	林丽燕	女	1971 年 4 月	景宁	景宁城北中学
182	史玉灿	男	1963 年 6 月	景宁	民族中学
183	陈战耕	男	1975 年 12 月	景宁	民族中学
184	毛英妹	女	1967 年 1 月	景宁	景宁城北中学
185	任利锋	男	1976 年 11 月	景宁	民族中学
186	徐永平	男	1972 年 9 月	景宁	民族中学
187	朱颖衡	女	1977 年 8 月	景宁	民族中学
188	陈水英	女	1973 年 4 月	景宁	民族中学
189	商剑虹	女	1967 年 2 月	景宁	民族中学
190	杨万森	男	1967 年 9 月	景宁	职业高中
191	夏岳莲	女	1965 年 8 月	景宁	职业高中
192	胡建民	男	1959 年 10 月	缙云	景宁中学
193	叶长有	男	1959 年 4 月	景宁	民族小学
194	潘舸平	男	1967 年 2 月	景宁	实验一小
195	林兴国	男	1969 年 10 月	景宁	实验一小
196	周家潮	男	1975 年 1 月	景宁	景宁城北中学
197	严卫华	男	1972 年 10 月	景宁	景宁城北中学
198	张林香	女	1973 年 2 月	景宁	景宁城北中学
199	黄丽湘	女	1977 年 1 月	景宁	景宁城北中学
200	夏卫锋	男	1977 年 9 月	景宁	民族中学
201	梅妙慧	女	1974 年 8 月	景宁	民族中学
202	刘小东	男	1975 年 12 月	景宁	民族中学
203	吴奇芬	女	1974 年 12 月	景宁	职业高中
204	刘道玲	女	1971 年 1 月	景宁	职业高中
205	叶　欣	男	1969 年 10 月	景宁	职业高中
206	陈　华	女	1966 年 12 月	景宁	景宁中学
207	陈卫美	女	1973 年 12 月	景宁	景宁中学
208	梅华美	女	1976 年 11 月	景宁	研训中心

续表 9-3-7

年份	姓名	性别	出生年月	籍贯	所在单位
209	陈延福	男	1957 年 2 月	景宁	研训中心
210	蓝香菊	女	1969 年 6 月	景宁	景宁城北中学
211	王士聪	男	1965 年 8 月	景宁	景宁城北中学
212	陈立忠	男	1975 年 10 月	景宁	景宁城北中学
213	吴启贤	男	1970 年 4 月	景宁	东坑中学
214	郑伟娟	女	1975 年 8 月	景宁	民族中学
215	沈丽萍	女	1969 年 9 月	景宁	民族中学
216	石慧华	女	1975 年 9 月	景宁	民族中学
217	高岳仁	男	1967 年 12 月	景宁	景宁畲族自治县沙湾中学
218	毛国伟	男	1977 年 10 月	景宁	职业高中
219	陈久松	男	1978 年 3 月	景宁	职业高中
220	柳菁燕	女	1977 年 5 月	景宁	景宁中学
221	周作亚	女	1978 年 3 月	景宁	景宁中学
222	吴松敏	男	1980 年 5 月	景宁	景宁中学
223	余后富	男	1973 年 9 月	景宁	景宁中学
224	陈海燕	女	1967 年 11 月	景宁	研训中心

第四节 教师待遇

1985 年，第六届全国人民代表大会第九次会议决定每年 9 月 10 日为教师节，促进了在全国范围内形成尊师重教、尊重知识、尊重人才的良好社会风尚。进入 20 世纪 90 年代，各级党政部门和广大干部、群众尊师重教，教师政治地位日益提高。1993 年 10 月，第八届全国人民代表大会常务委员会第四次会议通过《中华人民共和国教师法》，把教师的社会地位和政治待遇，维护教师的合法权益，纳入了规范化、法治化的管理轨道。

政治待遇

参与学校管理　1991年，景宁建立教职工代表大会制度，规定每三年为一届。每年召开一次教职工代表大会，教职工代表参与学校的重大决策，民主评议校级中层干部，参与校务、财务审议、为维护教职工权益建言献策等。

参政议政　1992—2012年，全县教师当选省党代表1人，省人大代表3人次，省教育工会会员3人次。市党代表6人次，市人大代表2人，市政协委员2人。县党代表42人次，县人大代表48人次，县政协委员74人次。

省级各类代表

1992—2012年景宁教育系统当选省级各类代表一览表

表9-4-1

姓名	性别	民族	所在单位	当选时间	次、届次	代表类别
柳敏敏	女	汉族	民族小学	2012年	第十三次	省党代表
郑忠伟	男	汉族	景宁中学	1993年	第 八 届	省人大代表
郑忠伟	男	汉族	景宁中学	1998年	第 九 届	省人大代表
蓝建梅	女	畲族	景宁城北中学	2008年	第十一届	省人大代表
雷玉英	女	畲族	实验一小	2006年	第 五 次	省教育工会委员
雷玉英	女	畲族	实验一小	2007年	第 六 次	省教育工会委员
蓝正兴	男	畲族	民族小学	2008年	第 七 次	省教育工会委员

市级各类代表

1992—2012年景宁教育系统当选市级各类代表一览表

表9-4-2

姓名	性别	民族	所在单位	当选时间	次、届次	代表类别
罗德伟	男	汉	县教育局	2000年	第一次	市党代表
柳敏敏	女	汉	民族小学	2005年10月	第二次	市党代表
蓝延中	男	畲	民族中学	2005年10月	第二次	市党代表

续表 9-4-2

姓名	性别	民族	所在单位	当选时间	次、届次	代表类别
范光明	男	汉	景宁中学	2012 年 2 月	第三次	市党代表
柳敏敏	女	汉	民族小学	2012 年 2 月	第三次	市党代表
蓝延中	男	畲	民族中学	2012 年 2 月	第三次	市党代表
梅荣健	男	汉	景宁中学	2005 年	第二届	市人大代表
雷梁燕	女	畲	实验二小	2012 年	第三届	市人大代表
蓝荣新	男	畲	实验一小	2001 年	第一届	市政协委员
钟利海	南	畲	民族中学	2005 年	第二届	市政协委员

县级各类代表

1992—2012 年景宁教育系统当选县党代表一览表

表 9-4-3

次别	代表名单
第三次	曹赤炎、林启通、叶高录、吴大松、雷延振、苏鸿英、雷可花、吴万英、雷马忠、雷益珠、叶光发、杜位臣、叶茂松、王聪英、吴正其
第四次	陈既生、吴大松、梅荣健、毛昌立、雷延振、徐丽春
第五次	陈林生、罗德伟、梅荣健、周光平、毛昌立、朱云燕、张昌寿、吴大俭、胡家情、翁志方、钟利海
第六次	罗德伟、梅荣健、钟利海、吴聪慧、柳敏敏
第七次	柳敏敏、翁建敏、蓝延中、梅荣健
第八次	翁建敏、叶旭瑛、王敏健、雷夏莲、高丽美、雷　娟

1992—2012 年景宁教育系统当选县人大代表一览表

表 9-4-4

届别	代表名单
第三届	陈林生、梅荣健、徐丽春、吴万英、潘成桂、潘作仁、陈既生、周乃胜、张守家、吴延长
第四届	陈林生、郑忠伟、翁建敏、周光平、蓝延中、张守家、梅进兄、吴正琪、练晓伟、叶雄鹰、刘秀英、王志恒、雷土宝、吴万英、罗德伟、兰炳雄、毛荣进、潘成桂、潘作仁

续表 9-4-4

届别	代表名单
第五届	陈林生、郑忠伟、叶世忠、童小平、张守家、瞿线花、张世民、潘成桂
第六届	潘晓明、刘建平、钟利海、潘正亮、陈林生
第七届	雷聪琳、张日赢、刘建雄、钟利海
第八届	雷聪琳、柳敏敏

1992—2012 年景宁教育系统当选县政协委员一览表

表 9-4-5

届别	委员名单
第三届	雷妙春、范树生、张彦、潘舸平、徐宝芝、刘健雄、吴正谦、陈士迪、雷延振、梅友诚、吴家祥、李发敏
第四届	范树生、徐宝芝、刘建雄、陈士迪、吴正谦、梅友城、吴家祥、李发敏、毛昌立、谢朝鸥、陈月青、叶盛祖、钟佩珠、蓝进平、雷妙春、蓝奕平
第五届	石正林、陈蛟、马晓君、张淑慧、翁建敏、毛青梅、吴宝英、柳文、叶长众、毛根强、陈利东、范树生、雷妙春、蓝进平、蓝庭海、蓝奕平
第六届	翁建敏、吴宝英、叶国杰、叶长众、蓝荣新、马晓君、毛根强、张淑慧、蓝进平
第七届	蓝建梅、吴华标、范光明、林兴国、李玉芬、陈建清、贾金标、刘建海、张淑慧、马晓君、蓝进平
第八届	马卫军、严小卫、吴华标、梅建平、雷益梅、彭林、蓝建梅、蓝徐婷、李玉芬、陈战耕

荣誉称号

1992—2012 年，全县教师中，获国家级先进荣誉 26 人次，省级先进荣誉 61 人次，省“春蚕奖”31 人次，省级特级教师 3 人，省教坛新秀 5 人。景宁畲族自治县十佳中，青年教师 20 人。

国家级荣誉名录

1992—2012 年景宁教育系统获国家级荣誉一览表（含补录）

表 9-4-6

姓　名	荣誉名称	获奖时间	授予部门	任职单位
严振来	全国优秀教育工作者	1989 年	国家教委、人事部	张春小学

续表 9-4-6

姓　名	荣誉名称	获奖时间	授予部门	任职单位
周竹娅	全国优秀教师	1989 年	国家教委、人事部	民族中学
苏鸿英	全国优秀教师	1991 年	国家教委、人事部	鹤溪教办
夏培松	全国高等学校招生工作先进个人	1992 年	国家教委	县招生办
张　彦	全国保护野生动物个人	1993 年	环境保护部	景宁中学
徐振帮	全国优秀教师	1993 年	国家教委、人事部	沙湾中学
练晓伟	全国希望工程园丁奖	1993 年	共青团中央	鸬鹚小学
王淑爱	全国希望工程园丁奖	1994 年	中国青少年发展基金会	鹤溪镇小
兰友军	全国希望工程园丁奖	1996 年	中国青少年发展基金会	大顺完小
王昌友	全国希望工程园丁奖	1996 年	中国青少年发展基金会	大漈完小
吴聪慧	全国希望工程园丁奖	1996 年	中国青少年发展基金会	鹤溪镇小
毛宝兰	全国希望工程园丁奖	1996 年	中国青少年发展基金会	县中心小学
张昌寿	全国希望工程园丁奖	1997 年	中国青少年发展基金会	鸬鹚完小
王美莲	全国希望工程园丁奖	1997 年	中国青少年发展基金会	张春小学
陈际春	全国基本单位普查先进个人	1997 年	全国基本单位普查办	局财务股
瞿线花	全国模范教师	1998 年	国家教委、人事部	顺利小学
张娟菊	全国希望工程园丁奖	1998 年	中国青少年发展基金会	张村完小
吴月娥	全国希望工程园丁奖	1998 年	中国青少年发展基金会	鹤溪镇小
刘传英	首届烛光奖	1999 年	教育部中华慈善总会	葛山乡校
刘振德	首届烛光奖	1999 年	教育部中华慈善总会	沙湾镇小
张光凡	国家级优秀指导师	2005 年	教育部	景宁中学
雷海娟	全国第二次经济普查工作先进个人	2009 年	全国经济普查办	民族小学
张兆亮	中国青少年科技辅导员协会优秀会员	2009 年	中国青少年科普协会	景宁中学
范光明	全国科教先进校长	2010 年	中国地理学会	景宁中学
叶世斌	全国中小学百佳学术研究带头人	2010 年	全国中小学教育学会	景宁中学
应红光	全国中小学经济普查工作先进个人	2010 年	全国经济普查办	民族小学

省级荣誉名录

1992—2012年景宁教育系统获省级荣誉一览表(含补录)

表9-4-7

姓　名	荣誉名称	获奖时间	授予部门	任职单位
严　律	省教育战线社会主义建设积极分子	1958年	省政府	景宁中学
杜位臣	省关心下一代工作突出贡献奖	1958年	省关工委	沙湾镇小
雷益珠	省劳动模范	1985年	省政府	东坑区小
叶青印	省级优秀工会积极分子	1985年	省总工会	景宁中学
柳荫英	省优秀共产党员	1986年	省　委	景宁一中
张　彦	省劳动模范	1987年	省政府	景宁一中
吴大松	省优秀党务工作者	1989年	省　委	景宁一中
蒋林菊	省优秀班主任	1992年	省教委	鸬鹚乡校
蒋林菊	省“事业家庭兼顾型”先进个人	1992年	省教委	民族中学
吴建强	省先进教育工作者	1993年	省教委	民族中学
雷土发	省民族教育先进个人	1993年	省教委、民委	民族中学
吴邵川	省优秀教师	1993年	省教委	景宁中学
叶之舟	省民族教育先进个人	1994年	省教委、民委	民族中学
凌观道	省教育学会先进工作者	1994年	省教育学会	县教研室
陈际春	第三产业普查(省级)先进工作者	1994年	省政府	县教育局
徐丽春	省“三八”红旗手	1994年	省政府	县中心小学
雷朝文	省优秀教师	1995年	省教委	鹤溪镇小
梅振存	省纪检先进工作者	1995年	省纪检委	县教育局
姜荣伟	省教育工会先进工作者	1995年	省教育工会	县教育局
陈林生	省巾帼扫盲奖	1996年	省教委、妇联	县教育局
任妙琴	省自考先进工作者	1996年	省教委	县招考办
陈林生	省全民国防教育先进工作者	1997年	省政府、军区	教育局
全德友	省优秀教研员	1998年	省教研室	县教研室
雷玉英	省电化教育先进工作者	1998年	省教委	县中心小学
许祖平	省优秀教师	1999年	省教委	英川中学

续表 9-4-7

姓　名	荣誉名称	获奖时间	授予部门	任职单位
刘爱忠	省优秀少先队辅导员	1999 年	省团委、教委	县中心小学
严振水	省优秀教研员	1999 年	省教研室	县教研室
叶世标	省优秀教师	2000 年	省教委	民族中学
瞿线花	省优秀教师	2000 年	省教委	顺利完小
何关云	省第五次人口普查先进工作者	2001 年	省人口普查办	东坑教办
任传奎	省师德楷模	2001 年	省教育厅	景宁中学
李　荣	省教科研先进个人	2002 年	省教研室	实验二小
任美绿	省优秀少先队辅导员	2002 年	省团委、少工委	标溪乡校
陈际春	省会计学会 2000—2003 年先进工作者	2003 年	省会计学会	县教育局
王敏建	省优秀教师	2004 年	省教委	沙湾中学
蓝福荣	省优秀团干部	2005 年	省团委	县教育局
吴大俭	小学教师专题培训先进个人	2006 年	省中小学师训中心	县教育局
徐永海	省优秀少先队辅导员	2007 年	省团委	九龙乡校
张菊兰	省优秀教师	2007 年	省教委	实验二小
张勇健	省自考先进工作者	2008 年	省教委	县教育局
柳敏敏	省劳动模范	2009 年	省政府	民族小学
周秋香	省农村教师突出贡献奖	2009 年	省政府	秋炉乡校
柳敏敏	省课改先进个人	2009 年	省教育厅	民族小学
商庆平	省教科研先进个人	2009 年	省教研室	城北中学
柳卫美	省教科研先进个人	2009 年	省教研室	实验二小
商庆平	省义务教育课程改革先进个人	2009 年	省教研室	城北中学
周伟林	省优秀少先队辅导员	2009 年	省团委、少工委	实验二小
商培荣	省优秀教研员	2009 年	省教研室	县教研室
毛道库	省自考先进工作者	2010 年	省教委	县教育局
蓝福荣	省少先队先进工作者	2010 年	省团委	县教育局
柳育兰	省师干训先进个人	2010 年	省师干训中心	县教研室
梅明金	省体育道德先进工作个人	2010 年	省教育厅	民族小学
陈　华	省师德楷模	2010 年	省教育厅	景宁中学

续表 9-4-7

姓　名	荣誉名称	获奖时间	授予部门	任职单位
陈水英	省"事业家庭兼顾型"先进个人	2011 年	省教委	民族中学
兰江平	省农村教师突出贡献奖	2011 年	省教育厅	东坑镇小
严家来	省少先队先进工作者	2011 年	省少工委、教育厅	民族小学
严振根	省教科研先进个人	2011 年	省教研室	职业高中
任肖林	第六次全人口普查省级先进个人	2011 年	省统计局	景宁中学
蒋美岳	省师德楷模	2012 年	省教育厅	中心幼儿园
柳敏敏	省十大育人先锋	2012 年	省教育厅	民族小学
林红娟	省"事业家庭兼顾型"先进个人	2012 年	省教委	民族中学

"春蚕奖"名录

1992—2012 年景宁教育系统获"春蚕奖"人员一览表

表 9-4-8

姓　名	性别	所在单位	评定时间	授予部门
吴时兴	男	大地乡校	1992 年	省人民教育基金会
吴仁诚	男	英川教办	1992 年	省人民教育基金会
任一文	男	东坑中学	1993 年	省人民教育基金会
蓝延根	男	澄照乡村	1993 年	省人民教育基金会
富逸诚	男	大都农中	1994 年	省人民教育基金会
雷关贵	男	外舍乡校	1994 年	省人民教育基金会
林旭瑜	男	秋炉乡校	1995 年	省人民教育基金会
吴昌明	男	隆川完小	1995 年	省人民教育基金会
梅玲仙	女	雁溪乡校	1996 年	省人民教育基金会
瞿线花	女	顺利完小	1996 年	省人民教育基金会
雷可花	女	实验一小	1997 年	省人民教育基金会
徐家贤	男	沙湾镇小	1997 年	省人民教育基金会
马晓君	女	实验二小	1998 年	省人民教育基金会

续表 9-4-8

姓　名	性别	所在单位	评定时间	授予部门
高岳松	男	沙湾镇小	1998 年	省人民教育基金会
吴瑞华	男	景宁一中	1999 年	省人民教育基金会
雷庆宝	男	民族中学	1999 年	省人民教育基金会
吴一夫	男	沙湾中学	2000 年	省人民教育基金会
马佩珠	女	实验一小	2000 年	省人民教育基金会
雷岳军	男	景南乡校	2001 年	省人民教育基金会
张成就	男	叶桥完小	2002 年	省人民教育基金会
樊卫平	男	渤海中学	2003 年	省人民教育基金会
张怀海	男	沙湾镇小	2003 年	省人民教育基金会
陈炳火	男	景宁一中	2004 年	省人民教育基金会
毛大现	男	叶桥完小	2004 年	省人民教育基金会
蒋林菊	女	民族中学	2005 年	省人民教育基金会
高岳松	男	英川教办	2006 年	省人民教育基金会
梅荣健	男	景宁中学	2007 年	省人民教育基金会
林兴国	男	实验一小	2008 年	省人民教育基金会
赖燕美	女	沙湾镇小	2009 年	省人民教育基金会
陈延福	男	沙湾镇小	2010 年	省人民教育基金会
蓝延中	男	民族中学	2012 年	省人民教育基金会

省特级教师名录

1992—2012 年景宁获省特级教师一览表(含补录)

表 9-4-9

姓　名	所在单位	评定时间	发文单位	单位名称
周秀芬	小学数学	1986 年	省政府	景宁实验一小
孙梅菊	小学数学	1994 年	省政府	景宁实验一小
柳敏敏	小学数学	2002 年	省政府	景宁实验二小

省教坛新秀名录

1992—2012年景宁获省教坛新秀一览表

表9-4-10

姓　名	学校	专业	类别	取得时间
杨　吟	实验一小	小学数学	省教坛新秀	2002年
柳菁燕	景宁中学	化学教育	省教坛新秀	2006年
严伶芳	民族中学	初中数学	省教坛新秀	2006年
洪舒怡	实验一小	小学语文	省教坛新秀	2006年
董慧珍	实验一小	教育技术	省教坛新秀	2010年

县十佳青、中年教师名录　1997年、1999年，景宁开展评选“十佳青年教师”和“十佳中年教师”活动。

1997年景宁县十佳青年教师一览表

表9-4-11

姓　名	性别	单位	籍贯
张旭华	女	大均乡校	景宁
范光明	男	景宁一中	缙云
吴聪慧	女	鹤溪镇小	景宁
龚建林	男	浮丘完小	景宁
潘舸平	男	景宁县小	景宁
吴光亮	男	沙湾镇小	景宁
韦朝辉	男	东坑中学	景宁
吴家亮	男	英川中学	景宁
童小平	男	外舍乡校	景宁
陈海燕	女	中心幼儿园	景宁

1999年景宁县十佳中年教师一览表

表9-4-12

姓　名	性别	单位	籍贯
吴劭川	男	景宁一中	景宁

续表 9-4-12

姓　名	性别	单位	籍贯
严振水	男	县研究室	景宁
刘小平	男	景宁一中	景宁
金雯英	女	民族中学	云和
徐美琴	女	浮丘小学	景宁
毛晔德	男	景宁县小	景宁
陈积远	男	毛垟乡校	景宁
蓝陈华	女	澄照乡校	景宁
张小琴	女	英川镇小	景宁
陈佩宁	女	沙湾镇小	景宁

经济待遇

在岗教师工资　1993 年，教育系统实行专业技术职务等级工资制，本次工资改革也称为套改：一是按工资额套改，即按现行基础、职务、工龄津贴三项之和，就近高套入现任职务栏；二是按套改表套改，按一级职务套改，再套入现职，可直接按现职套入。

1993 年景宁教师专业技术职务等级工资标准一览表

表 9-4-13　　　　单位：元／月

职务等级	职务工资标准										津贴部分
	一	二	三	四	五	六	七	八	九	十	
中学高级教师	275	305	335	365	395	435	475	515	555	—	62—238 人按在工资构成中 30% 计算
中学一级教师 小学高级教师	205	225	245	265	285	315	345	375	405	435	
中学二级教师 小学一级教师	165	179	193	213	233	253	273	293	313	333	
中学三级教师 小学二级教师	150	162	174	192	210	228	246	264	—	—	
小学三级教师	145	156	167	183	199	215	231	—	—	—	

1997年7月、1999年7月、2001年1月和2001年10月连续4次调整工资标准。

2003年，机关事业单位工作人员，按职务在生活补贴、岗位补贴、目标考核奖三个方面调整工资。2006年，事业单位实行岗位绩效工资制度，工资由岗位工资、薪级工资、绩效工资和特殊岗位津贴组成。

2009年，景宁义务教育阶段教师开始实行绩效工资。

2009年景宁义务教育学校生活补贴、岗位津贴标准一览表

表9-4-14

人员类别	岗位等级	生活补贴（元／月）	岗位津贴（元／月）
专技人员	小学中具有中学高级、中学高级	940	1017
	小学高级、中学一级		856
	小学一级、中学二级		696
	小学二级、中学三级		535
	见习期		321
管理人员	管理五级		
	管理六级		
	管理七级		
	管理八级		
	管理九级		642
	管理十级		535
	见习期		321
工人	技术工二级		
	技术工三级		
	技术工四级		
	技术工五级		535
	普通工		535
	熟练期		321

2009 年景宁义务教育学校教师工龄补贴标准一览表

表 9-4-15

工龄	标准(元/月)
5 年及以下	40
6 年—10 年	80
11 年—15 年	120
16 年—20 年	160
21 年—25 年	200
26 年—30 年	240
31 年以上	280

2009 年景宁义务教育学校班主任津贴标准一览表

表 9-4-16

项目	标准(元/月)
班主任津贴(按 10 个月算)	300
其中:按月发放	240
考核发放	60

2012 年 1 月 1 日起,景宁事业单位绩效工资水平进行调整,景人社〔2012〕20 号文件规定:基础性绩效工资占绩效工资总量的 60%,奖励性绩效工资占绩效工资总量的 40%。同时,对全县义务教育学校绩效工资项目标准进行了调整。

离退休教师的工资 1992 年,退离休教师工资按 1990 年省人大决定:中小学教师退离休时教龄满 30 年,退休金按在职全额工资发放。1993 年,工资改革有关文件中指出:1993 年 9 月 30 日前已办离退休手续和已到达离退休年龄的人员,相应增加离退休费。具体办法:离退休前有专业技术职务的,离退干部按照同职务在职人员的平均增资额增加离休费,如同职务同条件在职人员的增资额高于平均增资额,离休人员可按同职务同条件在职人员的增资额增加离休费。退休干部按同职务参加工作 35 年及以下和 36 年及以上两档增加退休费。

离退休时没有明确专业技术职务或行政职务的按分档标准增加离退休费，退休人员参加工作35年及其以下的增加76元，36年及其以上的增加86元。

1993年景宁退休退职人员增加退休(退职)费标准一览表

表9-4-17 单位:元

月增资额	退休人员		退职人员	
	35年及以下	36年及以下	35年及以下	36年及以下
教授及相当职务	306	340	245	272
副教授及相当职务	180	200	144	160
讲师及相当职务	104	115	83	92
助教及相当职务	68	75	54	60
技术员及相当职务	63	70	50	56

1995年，浙江省改革工资制度领导小组根据国务院办公厅国办发〔1993〕85号文件精神，提出《退休退职人员按职务补足后的增资标准》，并规定离退休费补差从1993年10月1日起执行。

省改革工资制度领导小组还对离退休人员按职务增资较低的，提出了也可按工作年限(时期)的分档标准增加退休费的增资标准。

国务院决定1995年9月30日前机关事业单位离退休人员从1995年10月起适当增加离退休费。离休人员按同级在职人员晋升一个工资档次的增资额增加离休费，每月低于25元的按25元增加；退休人员按每月20元增加退休费；退职人员按每月15元增加退职生活费。

2003年，机关事业单位离退休人员跟在职人员同时调整工资，生活补贴每月发140元，目标考核奖离休人员每月按160元增发，退休人员每月按80元增发，退职人员每月按60元增发，岗位补贴按职务增发。

2009年，义务教育阶段教师实施绩效工资后，从1月起，退休人员按职级增加生活补贴费。

2012年，离退休教师补贴标准进行了调整。

2012 年景宁退休人员生活补贴调整补差标准一览表（从 65%提高到 80%）

表 9-4-18

人员类别	岗位等级	原标准（元／月）	调整后标准（元／月）	月增资额（元）
专技人员	正高	3639	4479	840
	副高	3143	3868	725
	中级	2646	3257	611
	助理级	2150	2646	496
	员级	1654	2036	382
管理人员	六级职员（领导）	3308	4071	763
	七级职员（领导）	2977	3664	687
	八级职员（领导）	2316	2850	611
	八级职员（非领导）	2316	2850	534
	九级职员	1985	2443	458
	十级职员	1654	2036	382
工人	技师	2316	2850	534
	高级工	1985	2443	458
	中级工	1819	2239	420
	初级工	1654	2036	382
	普通工	1654	2036	382

荣誉补贴　浙政办发〔2004〕1 号文件规定，全国劳动模范每月享受荣誉津贴 150 元，1989 年前获得称号的每月再增加 50 元。

省部级劳动模范每月荣誉津贴 120 元，1989 年年底前获荣誉称号的每月再加 30 元。

丽政办发〔2008〕67 号文件规定，市级劳动模范每月享受荣誉津贴 100 元。

省特级教师，每月享受津贴，调至中小学均为 80 元。2008 年，调至每人每月 300 元。

2008 年 1 月 1 日起，实行农村教师任教津贴，分国家标准津贴和地方标准津贴。

2008年农村教师国家标准津贴表

表 9-4-19　　　　单位:元／月

津贴标准 / 任教年限 / 教龄年限	1—5年	6—10年	11—15年	16—20年	21年以上
小学三级教师	60	90	120	150	180
小学二级、中学三级	90	120	150	180	210
小学一级、中学二级	130	150	190	220	250
小学高级、中学一级	180	180	240	270	300
小学中具有中学高级职称	280	210	340	370	400

注:未评聘专业职务的专任教师执行小学三级教师标准。

2008年景宁农村教师任教补贴标准一览表

表 9-4-20

类　别	所属学校	标准(元／月)
一类地区	张春小学	50
	澄照乡	
	大均乡	
二类地区	东坑镇	100
	沙湾镇	
三类地区	梧桐乡	120
	标溪乡	
四类地区	英川镇	150
	景南乡	
	毛垟乡	
	鸬鹚乡	
	大际乡	
五类地区	家地乡	
	梅歧乡	

续表 9-4-20

类 别	所属学校	标准(元/月)
五类地区	九龙乡	180
	郑坑乡	
	雁溪乡	
六类地区	大地乡	200
	葛山乡	
	秋炉乡	

福利待遇

享有公费医疗待遇 医疗费按单位包干使用，教师看病费用实行记账，以后按人头定额。1988 年每人每年 88 元，1994 年提高到 168 元。门诊医疗费按工龄自付一部分，工龄 30 年以上自付 5%，其余自付 10%。

21 世纪开始，教师公费医疗费按每人工资额和工龄计算，工龄 20 年内的按上年工资额的 6.5%计发；工龄的 20—30 年按上年工资额的 7%计发；工龄的 30 年以上的按上年工资额的 8%计发；退休人员按上年工资额的 9%计发。

2001 年始，县里规定每两年为教师进行一次体检。

享有带薪休假待遇 教师享有事假、病假、婚假、产假、丧假的权利；教师享有寒暑期带薪休假的权利。

享有住房补贴待遇 中华人民共和国成立以后，教师住房根据任教学校的实际条件给予安排，没有规定住房标准。20 世纪 90 年代实施房改政策后，景宁教师有的享有学校或单位的房改房，有 170 位教师享有园丁新村的集资房，有部分教师参加全县符合条件的干部职工摇号获得购置正达阳光城的经济适用房。

除此之外，教师在实施房改政策中享有以下两个方面住房补贴待遇：

一次性住房补贴：高级职称按 100 平方米、中级职称按 90 平方米、中级以下职称按 80 平方米计算，每平方米补贴 212.4 元。

一次性工龄住房补贴，标准为每年每平方米 4.26 元，工龄计算到 1994 年年底。

上述两项补贴，高级职称教师，在退休后即可领取；高级职称以下教师要在80周岁时领取，随着景宁经济的不断发展，将会逐步提早领取。

享有殡葬和抚恤待遇　丧葬费。教师死亡后一次性发给其家属2000元的丧葬费。2005年5月1日起为4000元。

在职教师和离退休教师死亡的一次性抚恤金。属于病故的为本人10个月的基本工资或基本退休费发放；2004年10月1日起，调整为20个月的基本工资和基本离休费发放：2006年7月1日起，补发基数为本人生前最后一个月的基本工资，即岗位工资和薪级工资之和；离退休人员计发基数为本人生前最后一个月享受的基本离退休费，即离退休时计发的基本离退休费和离退休后历次按国家规定增加的基本离退休费之和。

教师遗属的生活困难补助费。教师死亡后遗属生活困难补助按浙人薪〔2000〕70号、浙财行〔2000〕60号和民发〔2011〕192号文件执行，遗属为非农业人员其补助由原来的每人每月240元调整为740元，遗属为农业人口的，补助由原来的190元调整为585元。

其他待遇　1984年始，教师享有与其他工作人员同等的畲族补贴，每人每月10元。

1992—2012年，特别困难教师享有每年一次的300—1000元不等的特困教师补助费。

退休教师每年还享有年终节支奖金，其节支奖金与退休公务员同等享受。

第十章　经费与设施

1998年以前，景宁是国家级贫困县，经济基础薄弱，对教育的投入也不足。历届县委、县政府始终把教育放在优先发展的战略地位，多渠道筹措教育经费，经费投入大幅增加，办学条件逐步走上全省中上水平。1997年，通过“两基”评估验收；2010年，通过浙江省教育强县评估验收。

第一节　教育经费

景宁县委、县政府始终把发展教育事业放在重要位置，每年优先安排经费，且经费投入逐年增加：1992年，投入830.9万元。1997年，投入2676.3万元，达到国家“两基”指标要求。1999年，投入2529.3万元，符合国家“普实”指标要求。2010年，投入23172.8万元，达到创建浙江省教育强县的标准要求。

经费来源

财政拨款　1992年，县财政拨款679.9万元，省财政补助45万元。1993年，县财政拨款835.7万元，比1992年增长22.12%，占县财政收入的89.47%；上级拨款154万元，省教委义务教育补助经费拨款75万元；为建造民族中学综合楼，省计划委员会拨款7万元、省民委拨款8万元。1997年，县财政拨款2023.5万元，省财政补助360万元。2012年，县财政拨款25409.5万元，省财政补助4369.5万元。

集资办学　1993年9月，景宁一中、民族中学、县中心小学、鹤溪镇小首次试行向学生“借资办学”，用于兴建校舍，借资资金毕业时归还学生。

1995年，全县八所初中23个项目被列入“省扶贫建校”，扶贫资金690万元。各项捐资总额为127.95万元，专项自筹690万元。

2004年2月，教育局发文规定，贫困学生实行“教育券”制度，对低保、五保户子女可免学杂费、课本费入学。

教育费附加　全县教育费附加征收，1992年37万元，2002年554.5万元，2012年3327.7万元。

1992—2012年景宁教育经费投入情况一览表

表10-1-1　　单位：万元

年份	省财政补助	县财政拨款	集资办学资金	教育费附加	年度总计
1992	45	679.9	69	37	830.9
1993	42	836	69.2	112.2	1059.4
1994	98.3	1192	130	103.3	1523.6
1995	395	1582.2	324.2	75.8	2377.2
1996	10	1507.2	246.2	194.3	1957.7
1997	360	2023.5	53.1	239.7	2676.3
1998	145.4	2240.8	78	129.5	2593.7
1999	105	2258.2	106	60.1	2529.3
2000	40	2532	75.5	137.9	2785.4
2001	176.4	3029.3	109.3	166.7	3481.7
2002	480	5143.4	154.7	554.5	6332.6
2003	465	5496.6	40.4	270.6	6272.6
2004	479	8098.3	66.4	368.5	9012.2
2005	280	6876.9	247.3	381.3	7785.5
2006	709	10035.8	133.8	572.2	11450.8
2007	2772.2	11560.2	74.3	1306.5	15713.2
2008	3999.7	15207.5	0	333.9	19541.1
2009	2446	15016.9	30	378	17870.9
2010	2577.8	20288.1	3.9	303	23172.8

表 10-1-1

年份	省财政补助	县财政拨款	集资办学资金	教育费附加	年度总计
2011	2292.1	22173.3	0	3951.7	28417.1
2012	4369.5	25409.5	0	3327.7	33106.7

经费使用

教育预算内的经费，即政府财政拨款，用于人员经费、公用经费、教育行政费用和基本建设资金。全县教育事业发展迅猛，办学条件要求逐年提高，财政拨款常是入不抵支，常会出现寅吃卯粮现象，直到 2009 年起，收支基本持平。

1993 年，人员经费 694.9 万元，公用经费 141.1 万元，项目经费 23.6 万元。

1996 年，人员经费 1238 万元，公用经费 220.8 万元，项目经费 22 万元。

2010 年，人员经费 13579.9 万元，公用经费 6660.5 万元，项目经费 3087.2 万元。

2012 年起，政府对教育的经费投入得到优先保证，还设立教育奖励资金，每年 2000 万元用于教育教学成果的奖励，该奖励资金从 2013 年起兑现。

根据有关法律、法规规定，给全县中小学生减免费用。

1992—2012 年景宁中小学生减免费情况表

表 10-1-2

年份	在校初中生（人）		减免费（元）	在校小学生（人）		减免费（元）	总计（元）	备注
	总数	畲族		总数	畲族			
1992	6661	786	15720	16117	1874	179910	195630	—
1993	6255	648	12960	15050	1755	168050	181010	—
1994	6117	774	23220	14247	1668	318300	341520	—
1995	6719	676	27040	13866	1558	308480	335520	—
1996	7552	783	62640	13436	1406	445260	507900	—
1997	7835	784	62720	12610	1306	417480	480200	—
1998	7654	878	70240	10919	1136	361650	431890	—
1999	7224	853	68240	9392	996	311640	379880	—

续表 10-1-2

年份	在校初中生(人)		减免费(元)	在校小学生(人)		减免费(元)	总计(元)	备注
	总数	畲族		总数	畲族			
2000	7105	721	57680	9950	1055	318375	376055	—
2001	6917	671	53680	9322	995	315120	368800	—
2002	6262	603	76745	8876	1051	329020	405765	—
2003	5425	513	112860	8910	1075	473000	585860	—
2004	4480	442	97240	8865	1133	427130	524370	—
2005	3728	420	109200	8812	1214	234800	344000	—
2006	3323	402	486590	8652	1242	986600	1473190	秋季起免杂费
2007	3435	462	893100	8197	1092	1639400	2532500	—
2008	3776	498	2303360	8111	1085	3406620	5709980	春季起免书本费
2009	4092	543	2618880	8231	1102	3539330	6158210	—
2010	3912	548	2597280	8409	1108	3857180	6454460	春季起免农村住校费
2011	3733	503	2584040	8645	1182	3941280	6525320	—
2012	3648	525	2521560	8806	1073	3996160	6517720	—

经费管理

1992 年，教育经费实行“预算定额包干，分级办学，分级管理”。县教育局和县财政局把公办教师工资的支出，民办教师的国家补贴经费和学校一般修缮费，公用费，设置购置费，公务费等切块下达到县属学校和乡镇教育委员会单独负责管理。经费管理与使用监督由教育局计财股负责。

1995 年，县教育局下设计财科。全县乡镇设教育经费管理委员会，学校设立会计“统一记账，统一报表，统一制度”。实行“地方管理，划分收支，分级包干，分级负责”的财务管理制度。

1997 年，县教委、财政局、物价局联合发文，规定收支实行教育收费登记制度，由物价局统计印制，每生一证，做到凭证收费“三公开”(公开在墙上张贴物价局的收费标准、公开在学生收费手册上登记收费项目与金额、公开出具收费收据)制度,并规定代管费多还少补。同时学校的预算外资金设专项账户,明确支出范围。

2003 年,教育部、国务院纠风办等部委下发《关于 2003 年治理教育乱收费工作的实施意见》,县计委、财政局印发《关于调整景宁县本级中小学杂费等标准的通知》《关于进一步规范普通高中收费管理的意见》《民办教育收费管理实施意见》,教育收支实行"必查制"和"必报制"。

2004 年 7 月起,县属学校财务统一进入教育会计核算中心,下设沙湾、英川、渤海、东坑核算组,撤销学校会计人员,规范了经费管理。

2007 年 9 月,县教育局决定实行直属单位、学校的各项财务收支纳入会计核算中心(教育分中心)统一核算。制定《景宁县学校食堂财管理暂行办法》《景宁县中小学公用经费管理暂行办法》,清理整顿县属学校(单位)"小金库"。并且自此义务教育阶段中小学校日常公用经费列入省财政转移和县财政负担,县财政分担费用经费小学按 180 元/生•年、初中 240 元/生•年计拨。同年始,把维修费列入预算。

2009 年,全县中、小学、幼儿园食堂财务被列入教育会计核算中心统一管理。

第二节 校 舍

全县中小学校舍长期处于占地面积小、用房破旧状态。1995 年,省长万学远号召社会各界开展"扶贫建校"活动,把景宁列入"扶贫建校"重点县,从此景宁校舍发生了巨大变化。

1992 年,全县校园建筑面积 43827 平方米。其中,危房有 7956 平方米。2012 年,全县标准化校舍建筑面积 137803 平方米。

1992—2012 年景宁校舍建筑面积一览表

表 10-2-1 单位:平方米

年份	中学		小学		年份	中学		小学	
	总面积	危旧房	总面积	危旧房		总面积	危旧房	总面积	危旧房
1992	32806	1136	110213	6829	1994	36059	1319	109992	6819
1993	—	缺	—	—	1995	38057	270	115238	1126

续表 10-2-1

年份	中学		小学		年份	中学		小学	
	总面积	危旧房	总面积	危旧房		总面积	危旧房	总面积	危旧房
1996	49843	—	115285	362	2005	44159	—	732.64	—
1997	60367	—	108481	—	2006	41236	—	68664	—
1998	74425	—	108251	—	2007	48772	—	89270	—
1999	72884	88	97561	256	2008	48772	—	83971	—
2000	—	缺	—	—	2009	57227	—	95588	—
2001	67334	1500	76357	5410	2010	66636	—	71369	—
2002	70124	3050	73148	3070	2011	60635	—	87379	—
2003	71547	—	68511	820	2012	51332	—	86471	—
2004	68091	—	68281	—	—	—	—	—	—

希望工程

1993 年，启动“希望工程”扶贫建校计划，由县“希望工程”资金会首次资助资金 20 万元，建造了鸬鹚乡校希望小学教学楼。

1994 年，省轻工业厅资助 20 万元，建造了实验二小庆同楼。

扶贫建校

1995 年，省政府号召举全社会各界之力开展“扶贫建校”活动，提出了帮助贫困地区建设 100 所初中的要求。同年，景宁“扶贫建校”工作全面启动。12 月，启动第一个扶贫建校工程——城北中学。

1997 年，县财政追拨 40 万元旧校舍改造经费，通过外地捐赠等途径筹资 340 万元，省扶贫办资助 20 万元，省教委划拨 170 万元“两基”验收配套经费，部分用于校舍建设。

1998 年，县财政拨付经费比上年度增长 20%，主要用于“扶贫建校”配套资金。同年，全县启动县中心小学教学楼、鹤溪镇小学教学楼、景南乡校教学楼和学生宿舍楼、毛垟乡校教学楼、金钟乡校教学楼、大地乡校教学楼等8个项目，扶助资金300万元。

2001年4月，根据住建部《城市危险房屋管理规定》，全县校舍排查出四级危房48幢，进行了拆除、维修或改造。

2004年，筹备景宁一中迁建，县财政筹备专项经费1630万元，省建行贷款3000万元，于次年春季开始施工建设。同年，由浙江大学设计院资助建造了秋炉乡校的综合楼。

1992—2012年"扶贫建校"项目情况表

表10-2-2

校名	项目名称	建造年份	建筑面积（平方米）	总投资（万元）	资助单位或个人	资助金额（万元）
景宁中学	教学楼	2003	2155	185	日本利民援助	10(万美元)
	餐厅	1996	1486	106.83	中保公司、省财政、教育厅	50
民族中学	综合楼	1995	2243	135	国家教委、省民委、省计经委	23
	温景楼	1997	1065	65	温岭市政府	65
城北中学	教学楼	1997	1857	109.08	省人民银行、财政、教育厅	70
	学生宿舍	1997	2346	156.69	钱江啤酒、湖州市、财教	117
	学生餐厅	1997	807.49	43.39	省财政、教育厅	35
	围墙大门	1997	—	45	省教委机关、财政、教育厅	48.6
	实验楼	1998	1195.64	73.34	省财政、教育厅	61
沙湾中学	学生宿舍	1996	1263	95.82	省供销社、省财政、教育厅	45
	学生餐厅	1997	754	57.8	省财政、教育厅	35
渤海中学	教学楼	1997	1125	63.24	省财政、教育厅	39
	学生宿舍	1997	1915.6	121.27	省财政、教育厅	66
	综合楼	1997	1082.8	61.98	省财政、教育厅	33
英川中小学	教学楼	1996	1715	99.84	省政府、省财政、教育厅	80
	学生宿舍	2001	966	78.11	鄞县	45
	综合楼	1997	2217.8	125.82	省财政、教育厅	80
	同心楼	1997	1371	91.68	省财政、教育厅	70

续表 10-2-2

校名	项目名称	建造年份	建筑面积（平方米）	总投资（万元）	资助单位或个人	资助金额（万元）
东坑中学	教学楼	1996	2123	110	省国信、省财政教育厅	65
	学生宿舍	1996	1978	98	省财政、教育厅、兴市府	65
毛垟中学	教学楼	1995	1200	62.61	省财政、教育厅	15
	学生宿舍	1996	920	62.63	省财政、教育厅	30
道化中学	学生宿舍	1997	769.25	55.19	省轻工业、省财政、教育厅	25
鹤溪镇小	育才楼	1995	736	38	沈炳麟基金会	13.77
沙湾镇小	综合楼	2003	1013	48	省体育彩票中心	25
渤海镇小	教学楼	1996	908	—	省民政、丽水地区教委	3.5
东坑镇小	教学楼	1998	1062	62	团省委	18
外舍乡校	教学楼	1997	580.36	43	省民委	20
澄照乡校	恩美楼	1995	614	32	沈炳麟基金会	7.875
大均乡校	学生宿舍	1998	728	45	省财政、教育厅	22
梅岐乡校	北仑楼	2005	1662	120	北仑市政府	80
梧桐乡校	教学楼	1998	835	48	省财政、教育厅	32
标溪乡校	教学楼	2002	895	49	邵逸夫基金会	20
大地乡校	教学楼	1999	582	46	省教委、省证券公司	35
毛垟乡校	教学楼	1995	741.9	49.6	团中央、团县委	19.5
	学生宿舍	1996	805	43	团省委	18
秋炉乡校	综合楼	2004	708	60	浙江大学设计院	20
莲川乡校	教学楼	1996	406	—	省政府	15
鸬鹚乡校	教学楼	1997	1173.28	78.26	省财政厅、教育厅	45
葛山乡校	教学楼	1996	863	25	湖州计委	20
黄谢圩村校	教学楼	1997	—	20	宋城集团	20
金钟乡校	教学楼	1998	741.9	45	澳门贺田工业有限公司	20
郑坑乡校	教学楼	1998	536	16	鄞州外经委	16
陈村乡校	教学楼	1998	370.31	16.8	省委统战部	15

续表 10-2-2

校名	项目名称	建造年份	建筑面积（平方米）	总投资（万元）	资助单位或个人	资助金额（万元）
景南乡校	学生宿舍	1999	742	56.07	省政府	50
	教学楼	1999	734	56.7	省政府	50
大漈乡校	教学楼	1995	517	25	中国宝兔集团	20
家地乡校	教学楼	1995	684	41	上海南东信用社	20
三支树村校	教学楼	1996	380	23	中国传化集团	20

"水、厕"改造工程、"食、宿"改造工程

2004年，省政府为推进早日实现教育强省计划，分类分块做好基础工作，于是启动"水、厕"改造工程，景宁积极配合省行动计划，在县经费紧缺情况，安排了75万元，于2005年完成了全县"水、厕"改造工程任务。

2006年，紧跟省政府工作部署，启动"食、宿"改造工程，县教育局在全县15所学校安排21个食宿改造项目，并于2007年完成了大地乡校、郑坑乡校、梧桐乡校、民族小学等食堂改造项目；民族中学、东坑镇小、沙湾镇小等校的学生宿舍改造项目19个。2008年年底，21个项目全部完成，改造了食宿工程19082平方米，共投资金2070万元。既改变了师生的生活环境，又为教育创强奠定了基础。

校安工程

2009年，对全县24所学校，204个建筑单体的结构和抗震能力进行逐一排查鉴定。加固校舍53幢，49624平方米，拆除校舍45幢，22209平方米，占校舍总面积的10.5%。11所学生宿舍进行消防整改，12所学校需要安装防雷设施，消防与防雷整改项目共计23个，整改面积46265.46平方米，总投入48.2万元。全县校舍安全工程规划总面积为72793平方米，规划总投入6703.2万元，占100%，实际总投入为7080.2万元，占规划总数的105.6%。

1992—2012年，通过"希望工程""扶贫建校""校安工程""水、厕改造工程"和"食宿改造工程"各项政策落实，迁建了6所学校，新建了3所学校，置换改造了3所学校，全县校容校貌呈现出一派新景象。

1992—2012年景宁异地重建校舍情况表

表10-2-3

校名	用地面积(平方米)	建筑面积(平方米)	投入经费(万元)	建造时间
秋炉乡校	3484.56	1477.89	152	1994年8月
东坑镇小	7805.96	3733.71	228	1999年9月
梅岐乡校	2507	2047	158.4	2005年3月
景宁中学	93300	47736	7160.4	2006年9月
九龙乡校	10208	4236	699	2006年9月
民族中学	52372	27842	5568.4	2008年10月

1992—2012年景宁新建学校情况表

表10-2-4

校别	用地面积(平方米)	建筑面积(平方米)	投入经费(万元)	建造时间
城北中学	28421.95	12505.03	1093.71	1997年9月
民族小学	52669.44	23802.38	4079.50	2007年9月
实验幼儿园	8728	6701.1	1182.00	2010年10月

1992—2012学校校舍置换情况表

表10-2-5

学校	原校址	现校址	置换时间
职业高中	环城南路118号	原景宁中学	2007年9月
电视大学	原浮丘小学	原职业高中	2007年12月
实验一小	百岁门56号	原民族中学	2009年4月

第三节 教育装备

历程和发展

1992年，全县理化生实验室1104平方米，图书室面积210平方米，没有标准的运动场和音、体、美、劳专用教室，也没有像样的实验设备和音体美劳教具。为了普及九年义务教育目标，省教育厅设立仪器奖配办法，县教育局对县属学校、外舍、澄照、毛垟、鸬鹚、景南、大漈等乡校增加投入，基本达到开出理化生所有学生实验。

1993年，省教育厅下达《关于做好一九九三年图书装备工作的通知》《关于发布第一批中小学图书(室)必备书目、推荐书目》《关于浙江省中小学图书配备标准的意见》，并规定把配备图书数量列为中小学办学条件的重要考核内容之一。

为适应省编义务教材教学，更好使用"两机一幕"及音响教材，县教育局举办了四期培训班。

1994年，浙江省提出创中小学实验教学普及县的目标，1997年，启动"全省中小学实验教学普及县"计划，县教育局制订了《中小学实验教学普及规划》。县财政拨出专项经费，各级政府筹措资金增添教学实验仪器。1998年月12月，景宁中小学实验教学普及县通过省教委验收。1999年，被省政府认定为"浙江省中小学实验教学普及县"；2001年11月，通过市级复查验收，达到国家级标准。

2002年，为快速发展信息技术教育，在财政投入困难的情况下，各校采取贷款，向教师借资等办法，筹措资金214万元，全县中小学镇设计算机房，所有完小以上校配备电脑。同年11月，景宁中小学信息技术装备通过市级复查验收，12月，实验一小、实验二小、民族中学、城北中学被确认为省市级现代化教育技术实验学校。

2004年7月，县财政投入100万元建立景宁教育城域网，10月，实现全县所有学校联通因特网。教育局科室、全县中小学、远程中小学、远程教育、媒体教学、信息交流、教育教学管理开始走入无纸化办公时代。

2005年，坚持"适度超前、科学规划、软硬件建设并重"原则，财政投入经费为8所中小学配备计算机教室、多媒体教室（配投影机、音响、电脑、电视机等设备一套）以及校园监控系统，班配率达到2.2:1。同年11月，全县实验教学、实验仪器配备、管理使用通过县级复查验收。

2007年，在县民族小学建立了图书配送中心，覆盖全县中小学校。

同年，投入专项资金100万元，为全县中小学旧课桌凳换新。

2008年，全县教育教学装备总投入为610.833万元，包括景宁中学、职业高中、县民族中学新校区、城北中学、实验一小学校装备和书香工程、音像教材、农远工程等项目。

2010年，全县投入2000万元配置教育教学设备，包括音体美卫器材、图书资料等，全县24所中小学达到省定标准；投入700多万元开展学前教育"软硬件"建设，购置平板电脑、大中型玩具、幼儿桌椅、电子琴、消毒柜等设施，使全县乡镇幼儿园均达省级一类标准，教育装备逐步趋于现代化，乡村教育装备逐步趋于均衡化。同年，全县各校安装安全监控系统，监控摄像机263台，总价值为85万元。

2012年，全县组织采购教育装备18批次，年度总投入325.21万元。

2001—2012年县财政投入教育装备经费情况一览表

表10-3-1　　单位：万元

年份	2001	2002	2003	2004	2005	2006
金额	189	175	332	175	161	164.6179
年份	2007	2008	2009	2010	2011	2012
金额	485.59	610.833	583	522.37	328.332	479.47

仪器设备

实验教学仪器　1992年，全县理化生实验室面积1104平方米，另设有音、美、劳专用教室和标准的运动场馆。1995 年，为了实现普及九年义务教育目标，省教委设立仪器奖配办法,县教育局对县属学校、外舍、澄照、毛垟、鸬鹚、景南、大漈等乡校重点扶持，使以上学校基本开出理、化、生学生实验。

2009 年，全县有中小学实验室 44 个、仪器室 43 个、美术室 28 个、音乐室 34 个、劳技室 41 个。全县 4 所初中、20 所小学教学专用教室(除张村小学外)达到省级标准，音、体、美、卫设施配备达到省一类标准。同年，县财政专门拨款 100 万元，2010 年又拨款 300 万元，为全县幼儿园配设大型玩具、桌椅、消毒柜等设施，全县幼儿园达到省一类标准。

1992—2012 年景宁中小学实验室面积一览表

表 10-3-2　　单位:平方米

年份	实验室		年份	实验室	
	中学	小学		中学	小学
1992	951	153	2003	5530	1117
1993	953	160	2004	5425	1052
1994	2612	211	2005	5425	1312
1995	3250	1217	2006	8996	1277
1996	4013	619	2007	8668	1501
1997	1252	512	2008	8668	1481
1998	4660	717	2009	4387	1833
1999	5031	1132	2010	5428	1551
2000	5231	1551	2011	5480	1850
2001	4209	1473	2012	5788	2180
2002	4177	1197			

2009 年景宁幼儿园设施一览表

表 10-3-3

园名	桌椅(组)	大中班玩具(套)	电视影碟配(套)	录音机(只)	消毒柜(只)	电子琴(台)
县中心幼儿园	—	1	12	22	—	22

续表 10-3-3

园名	桌椅（组）	大中班玩具（套）	电视影碟配（套）	录音机（只）	消毒柜（只）	电子琴（台）
县小幼儿园	40	1	5	5	3	5
城北幼儿园	30	1	6	5	3	5
民小幼儿园	24	1	4	6	3	7
沙小幼儿园	30	1	5	3	5	5
英小幼儿园	18	1	3	3	3	3
大际乡校幼儿园	18	1	3	3	3	3
东小幼儿园	18	1	2	3	3	3
鸬鹚乡校幼儿园	18	1	2	3	3	3
九龙乡校幼儿园	12	1	1	2	2	2
毛垟乡校幼儿园	12	1	1	2	2	2
景南乡校幼儿园	8	1	1	1	1	1
标溪乡校幼儿园	8	1	1	1	1	1
郑坑乡校幼儿园	6	1	1	1	1	1
梧桐乡校幼儿园	12	1	2	2	2	2
张村乡校幼儿园	6	1	1	1	1	1
大地乡校幼儿园	6	1	1	1	1	1
大均乡校幼儿园	6	1	1	1	1	1

现代教育装备 1993年秋季开始，浙江省试用省编中小学义务教育教材,按要求在县属、乡镇、完小级以上学校配齐“二机一幕”(电视机、收录机、银幕)。

2002年,全县开始使用信息技术教学装备。在县财政经费困难情况下,采取贷款和向教师借资等方法筹措资金214万元。全县中学、镇小以上小学配齐计算机房1个。所有完小以上学校均配设电脑。经市级验收,当年12月确认县实验一小、实验二小、民族中学、城北中学为省市级现代化教育技术实验学校。

2004年7月,县财政拨款100万元,建立了景宁教育城域网。10月,全县所有学校开通因特网，信息交流、教育教学管理、远程教学、媒体教学走入了无纸化办公时代。

2007 年，县财政投入电脑配备资金 137.3 万元，多媒体资金 85 万元。

2008 年，县财政投入装备资金 610.8 万元。

2010 年，县财政投入装备资金 2000 万元。各校安装了安全监控系统、监控摄像机 263 台。24 所中小学装备达到省标准。

2011—2012 年，投入现代教育装备资金 653 万元，采购设备 47 批次。

2010 年景宁中小学教育技术装备一览表

表 10-3-4

学校	电脑(台)	多媒体(套)	功能室(个)	价值(万元)
景宁中学	350	38	16	472.40
民族中学	268	34	24	253.11
城北中学	230	24	10	191.947
沙湾中学	133	7	11	100.41
东坑中学	59	4	7	84.85
实验一小	251	37	14	207.86
实验二小	243	43	11	242.09
民族小学	238	29	18	163.90
张村小学	45	5	7	24.93
大均乡校	23	3	4	16.13
澄照乡校	47	1	6	33.23
九龙乡校	29	1	4	24.57
郑坑乡校	19	1	4	18.00
沙湾镇小	71	5	4	56.24
标溪乡校	26	5	4	11.85
梧桐乡校	36	1	5	20.19
大地乡校	22	2	3	20.81
毛垟乡校	32	3	3	15.85

续表 10-3-4

学校	电脑(台)	多媒体(套)	功能室(个)	价值(万元)
秋炉乡校	20	2	4	14.94
英川镇校	70	6	3	55.45
鸬鹚乡校	47	3	4	43.27
东坑镇小	42	5	3	42.08
景南乡校	36	3	9	284.91
大漈乡校	8	1	3	5.10
雁溪乡校	22	2	4	15.06

图书资料

1992 年前，由于诸多因素，一直达不到生均图书比例，包括场地、藏书量等。1993 年，省教育厅出台《关于做好一九九三年图书装备工作的通知》《浙江省中小学图书配备标准的意见》后，县教育局采取积极措施，开辟图书室、阅览室，增添图书。

1997 年，县教委为了切实达到“普实”目标，出台《学校教育工作目标管理方案》，明确把图书配备、管理、借阅要求纳入考核，投入了资金，增添了图书。

1998 年，全县中小学生均图书达到省定标准，通过省级验收。

2001 年，全县中学藏书 120006 册，生均 15 册；小学藏书 155768 册，生均 13 册，达到国家级生均图书标准县。

2008 年，为推进浙江省书香工程计划，县财政投入 85 万元，购书 78001 册。为便于管理，及时发挥效益，在民族小学建立“图书配送中心”。

2009 年，县财政又投入 100 万元，购书 100755 册。全县中学生均图书 30.14 册，小学生均图书 27.9 册。

2012 年，全县初高中图书室面积 2803 平方米，藏书 185721 册；小学图书室面积 1424 平方米，藏书 251922 册。

1992—2012年景宁中小学图书室面积和藏书情况表

表10-3-5

年份	图书室(平方米)		藏书量(册)		年份	图书室(平方米)		藏书量(册)	
	中学	小学	中学	小学		中学	小学	中学	小学
1992	90	120	—	—	2003	1224	668	140496	149202
1993	48	90	16774	—	2004	1203	618	145827	153303
1994	48	159	19846	16907	2005	1203	710	129597	137564
1995	624	1143	24998	24017	2006	3183	834	118148	194716
1996	1805	239	45946	76238	2007	3219	1758	123001	215316
1997	750	199	132282	119230	2008	3219	1789	177651	221556
1998	719	330	109239	141942	2009	1543	2028	177651	221556
1999	874	413	113815	147370	2010	2680	1367	174286	234247
2000	1272	484	135357	149513	2011	2698	1385	169339	243803
2001	1248	783	120006	155768	2012	2803	1424	185721	252911
2002	1249	578	140729	145666	—	—	—	—	—

第十一章　管理机构和党群组织

教育局是县人民政府教育行政主管部门，是贯彻执行党和国家的教育方针，贯彻执行《中国教育改革和发展纲要》《中华人民共和国教育法》《中华人民共和国教师法》《中华人民共和国义务教育法》等法律法规，依法治教，研究制定全县教育事业的发展战略、措施、方法和相关规章制度，领导全县各级各类学校开展教育教学工作的行政管理机构。1998 年 3 月，成立县人民政府教育督导室，与县教育局督导室合署办公，对全县乡镇、部门、学校的教育工作进行督导、检查、评估、指导，保证教育政策、法规的贯彻执行和教育目标的实现。

第一节　行政机构

教育局(教育委员会)

1989 年 12 月，县教育局从百岁门 30 号迁入鹤溪镇人民中路 118 号办公楼办公。1996 年 10 月，县教育局更名为县教育委员会。2001 年 12 月，县教育委员会又更名为县教育局。

贯彻执行党和国家的教育方针、政策和有关教育的法律、法规；拟订全县教育改革和实施素质教育的政策以及全县教育事业发展规划；指导、协调并检查实施工作；负责局下属单位(学校)的领导班子建设和思想政治工作。

管理、指导全县基础教育(含特殊教育、学前教育)、职业技术教育、成人教育、社会力量办学的学校教育、成人高等教育、自学考试、继续教育工作；指导全县校办企业、勤工俭学工作；指导学校电化教育、图书、仪器和设备配备工作。

负责全县中小学校长、教师管理工作，组织实施教师资格制度；拟订教师管理的有关政策，统筹规划并指导学校教师和管理人员的队伍建设工作；负责全县学校校长和学校领导班子成员的考核、任免、奖惩工作；负责全县教职工县内跨乡镇调动，跨系统、跨县调动的申报工作；负责教育系统教职工的工资福利、离退休、大中专毕业生转正定级、教龄、工龄、中小学教师专业职务任职资格的审核、呈报和聘任工作；负责中小学教师考核、培训工作。

负责高等学校、中等专业学校的招生审核工作；制定与实施普通中小学、职业中学、幼儿园的招生计划；指导各级各类学校的教育教学改革；组织对普及九年义务教育、扫除青壮年文盲及教育的督导与评估；组织教育科学研究和教学研究，编写必要的补充教材，评估教学质量。

统筹管理本部门教育经费；参与拟订筹措教育经费、教育拨款、教育基建投资的有关政策；督促、指导全县学校的财务执行情况和教育基本建设；会同有关部门制定普通中小学、职业高中、幼儿园的收费标准；指导教育经费的审计工作。

承办县人民政府交办的其他事项。

1992—2012 年景宁教育局（教育委员会）行政领导一览表

表 11-1-1

机构名称	姓　名	职　务	任职时间	籍贯
教育局	陈既生	局　长	1992 年 7 月—1993 年 6 月	永康
	陈林生	副局长	1992 年 7 月—1993 年 6 月	景宁
	陈林生	局　长	1993 年 6 月—1996 年 10 月	景宁
	梅荣健	副局长	1993 年 6 月—1996 年 10 月	景宁
	石正林	副局长	1993 年 12 月—1996 年 10 月	景宁
教育委员会	陈林生	主　任	1996 年 10 月—2000 年 3 月	景宁
	梅荣健	副主任	1996 年 10 月—2000 年 3 月	景宁
	石正林	副主任	1996 年 10 月—1998 年 10 月	景宁
	柯孔标	副主任（挂职）	1998 年 2 月—1998 年 12 月	三门
	翁建敏	副主任	1999 年 12 月—2003 年 6 月	景宁
	罗德伟	主　任	2000 年 3 月—2001 年 12 月	景宁

续表 11-1-1

机构名称	姓　名	职　务	任职时间	籍贯
教育委员会	郑忠伟	副主任	2000 年 3 月—2000 年 9 月	景宁
	周光平	副主任	2000 年 3 月—2001 年 12 月	景宁
	梅荣健	副主任	2002 年 6 月—2006 年 9 月	景宁
教育局	罗德伟	局　长	2001 年 12 月—2005 年 12 月	景宁
	周光平	副局长	2001 年 12 月—2005 年 10 月	景宁
	钟利海	副局长	2003 年 6 月—2007 年 9 月	青田
	童小平	副局长	2003 年 8 月—2006 年 5 月	景宁
	翁建敏	局　长	2005 年 12 月—2012 年 4 月	景宁
	刘爱忠	副局长	2006 年 9 月—2009 年 5 月	景宁
	吴华标	副局长	2007 年 9 月—2012 年 8 月	景宁
	吴广伟	副局长	2007 年 9 月—2012 年 4 月	景宁
	毛慧斌	副局长	2009 年 5 月—2012 年 5 月	景宁
	钟利海	局　长	2012 年 4 月—	青田
	吴广伟	副局长	2012 年 4 月—	景宁
	陈战耕	副局长	2012 年 5 月—	景宁
	林兴国	副局长	2012 年 8 月—	景宁

机关科室

办公室　1991 年，从人秘股分设办公室。

主要职责：综合协调局机关政务，负责局机关重要会务及重要事项的督查；协助局领导制定工作计划，做好工作总结；协调各科室工作；综合掌握教育系统工作情况供领导决策；制定机关岗位责任制和各项规章制度并进行考核；负责起草综合性文稿，审核各类公文、材料；负责报刊发行和教育信息、教育宣传工作；负责公文处理、公文印刷、档案管理和印信管理；负责局机关后勤、保卫工作。

教育科　1994 年 4 月起，教育股分设为"普通教育股"和"成人教育股"。1996 年 12 月更名为"普通教育科"和"成人教育科"。1999 年两科又合并为"教育科”。2012年9月分设“安全科”。

主要职责：负责制订基础教育、成人教育、职业技术教育发展规划及年度工作计划；检查指导各类学校贯彻执行教育方针、政策和法规情况；指导全县教育教学改革、德育工作和安全教育工作；指导学校体育、卫生、艺术教育和国防教育工作；指导幼儿教育、特殊教育和中小学少先队、共青团工作；指导全县中小学、成技校、职技校、社会力量办学的学校定点布局及专业设置工作。负责制定全县中小学招生计划；负责指导中小学学籍管理和九年义务教育证书的发放；指导全县扫除青壮年文盲、农村实用技术培训和初中、高中学校分流教育工作；推广教改经验；指导完成局交给的其他任务。

人事科　1991年从人秘股分设“人事股”。1996年更名为“人事科”。

主要职责：负责局机关股级干部、下属单位（学校）领导班子的考察、选调、调配、奖惩等工作；负责教育系统教职工的工资福利、离退休、新教师转正定级、教龄、工龄的审核、呈报工作和30年教龄证书的发放工作；负责全县教师的资格认定、职称评聘工作；负责教师跨县、跨系统调动和教职工县内跨乡镇调动的申报工作。负责全县各类优秀、先进教师评选表彰工作、人事档案管理和干部年报工作。负责校长岗位培训和教师脱产进修的组织工作；指导完成局交给的其他任务。

计财科　1993年称“计财股”，1996年12月，原财务股更名为“计划财务科”。2004年7月，成立教育会计核算中心，独立办公。县属学校财务统一纳入教育会计核算中心核算。沙湾、英川、渤海、东坑分片设核算组。各校只设报账员一人。

2004年，各学区片成立会计核算中心，乡镇学校不再设会计。做到收费公开、支出公开、账目公开。对全县各校实行财务公开月报制度，即对全县42个单位的业务招待费、大宗物品购置费8个项目按月向局纪检室汇总报送。

主要职责：编制年度教育事业经费预、决算，多渠道筹措教育经费，教育收费的核定和管理；指导、检查与审核各级各类学校财务工作和学校基建项目建设及管理；负责管理国有资产和教育年报统计工作；负责局交给的其他任务。

纪检、监察、审计室　1991年设“纪检组监察室”。1996年12月更名为“监察审计室”。2002年又更名为纪检审计监察室。

主要职责：指导全县教育系统纪检、监察、审计工作，协助党组做好局机关和直属单位（学校）负责人执行教育方针、教育法规、教育发展计划情况；协助局党组协调局机关和下属单位（学校）的党群工作；调查处理来信来访工作和系统内工作人员违法违纪行为；完成上级和纪检监察部门批办的事项。

督导室　1991年3月设立。

主要职责：负责全县教育督导工作，制订教育督导计划和方案，并组织实施；对贯彻落实有关教育法律、法规、规章和政策的情况进行督导；贯彻落实有关教育发展战略，推进素质教育，对加强教育管理工作情况进行督导；对学校办学方向、办学水平、办学质量和效益等进行评估；对教育工作中的重大问题进行调查研究，向教育行政部门报告和反映，提出意见和建议；履行本级人民政府和上级教育督导机构授予的其他职责。

电教仪器站、勤工俭学办公室　1984年在教研室内设专人负责实验仪器、电教仪器、图书、音体美器械的规划、配备、管理及相关学科教学的研究、指导、考评。1998年，从教研室分设成立电教仪器站。2008年，与勤工俭学办公室合并。

1984年设勤工俭学办公室。1992年创办了校办企业公司。2001年，成立阳光教育服务公司。2008年4月，电教仪器站与勤工俭学办公室合并办公。其主要职责是全县中小学开展勤工俭学活动及校办企业的审批、变更、终止等。1990年前后，勤工俭学活动由校办“小农场、小林场”，逐步转向创办校办企业。但因市场、资金、经营、管理等多种原因，1995年后逐步与原单位脱钩，独立经营。2000年后，校办企业转向为师生生活服务，从注重“经济效益”转到注重“服务效益”。

2008年4月，与电教仪器站合并成立“电教仪器站、勤工俭学办公室”，两块牌子、一班人马。

主要职责：贯彻落实国家有关办学条件和装备的方针政策；负责指导信息技术教育、多媒体教学、网络教学、实验教学、图书、音、体、美器材的使用、管理及评估考核工作；负责全县教育城域网建设、管理。建设、管理教育网站，保障教育信息网的安全；负责现代教育技术、实验教学、图书管理等专兼职教师的业务培训，组织实验电教论文评选工作，组织自制教具、课件制作、学生电子作品的评比；负责各校大宗物品的采购工作，负责统计、上报教育系统属政府采购的项目和物品，协调政府采购办组织指标采购工作；负责全县劳动实践基地建设、全县中小学师生保险、校方责任险的协调工作，承办上级交办的其他工作。

招生自考办　1984 年设立招生办公室。1992 年 12 月，成立自学考试办公室，与招生办公室合署办公，更名为“招生考试办公室”。2003 年 8 月又更名为“招生自考办公室”。

主要职责：宣传贯彻高等学校、中等专业学校招生及高等教育自学考试的政策与有关规定；接纳高校、中专招生和自考工作的咨询、报名、考务组织，及组织体检、政审档案投递、保管工作。办理自考生的免考、转考、转专业、课程成绩归档。负责考纲、教材、业务专刊的征订、发放，思品鉴定、证书发放等；完成上级交办的其他工作。

安全科　2012 年 9 月，从教育科独立分设安全科。

主要职责：指导和协调学校安全和治安综合治理工作；指导学校开展安全教育工作；指导和协调学校安全事故的调查处理工作；负责辖区校车许可审批等学校安全教育与管理工作。

扶困助学办公室　2005 年 4 月 25 日，设立教育局扶困助学办公室。2007 年 6 月，成立县政府扶困助学领导小组，下设扶困助学办公室，与教育局扶困助学办公室合署办公。

主要职责：扶困助学是政府与社会慈善人士扶持贫困学生上学的举措，负责制定义务教育、高中教育（含职业高中）和高等教育学生扶困助学的相关政策；落实扶困助学对象、标准、经费筹集、发放等工作。

1992—2012年景宁教育局(委员会)历任科(室)长一览表

表 11-1-2

2012年科室名称	1992年科室名称	姓名	职务	任职时间	籍贯
办公室	办公室	谢朝欧	主　任	1992年1月—1994年7月	文成
		吴小平	主　任	1994年8月—2001年8月	景宁
		吴华标	副主任	1999年12月—2002年8月	景宁
		夏志扬	主　任	2002年8月—2003年8月	景宁
		朱云燕	副主任(主持)	2003年9月—2008年3月	景宁
		吴广伟	副主任	2001年5月—2003年8月	景宁
		叶旭英	副主任(兼)	2008年3月—	景宁
		蓝森华	副主任	2012年8月—	景宁
教育科	教育股	吴小平	股　长	1992年1月—1994年2月	景宁
		夏志扬	股长(科长)	1994年8月—2001年8月	景宁
		王树明	副股长	1994年8月—2001年8月	景宁
		吴建强	科长(兼)	2001年8月—2003年8月	景宁
		严振水	副科长	2001年8月—2008年3月	景宁
		吴广伟	副科长(主持)	2003年8月—2008年3月	景宁
		陈战耕	副科长(主持)	2008年3月—2009年8月	景宁
		龚建林	副科长	2008年3月—	景宁
		毛锡伟	副科长(主持)	2009年8月—2010年8月	景宁
		徐柏林	副科长(主持)	2010年10月—2011年4月	景宁
		徐柏林	科　长	2011年4月—	景宁
人事科	人事股	李仁忠	股　长	1992年1月—1993年8月	景宁
		徐贵亲	副股长(主持)	1993年8月—1995年8月	景宁
		徐贵亲	股长、科长	1995年8月—1999年11月	景宁
		邢永和	副科长(主持)	1999年12月—2001年3月	景宁
		吴华标	科　长	2001年3月—2008年3月	景宁
		邢永和	副科长	2001年3月—2008年3月	景宁

续表 11-1-2

2012 年科室名称	1992 年科室名称	姓 名	职务	任职时间	籍贯
人事科	人事股	邢永和	科　长	2008 年 3 月—2010 年 8 月	景宁
		蓝仁培	副科长	2008 年 3 月—	丽水
		吴光亮	副科长（主持）	2011 年 4 月—2012 年 8 月	景宁
		毛玉伟	副科长（主持）	2012 年 8 月—2012 年 11 月	景宁
		毛玉伟	科　长	2012 年 11 月—	景宁
计财科	计财股	叶高录	副股长（主持）	1992 年 1 月—1998 年 8 月	景宁
		陈际春	副科长（主持）	1998 年 8 月—1999 年 3 月	景宁
		陈际春	科　长	1999 年 3 月—2008 年 3 月	景宁
		张日赢	副科长（主持）	2008 年 3 月—2011 年 8 月	景宁
		林兴国	副科长（主持）	2011 年 8 月—2012 年 8 月	景宁
		陈际春	负责人	2012 年 8 月—	景宁
纪检、监察、审计、信访	纪检、监察、审计、信访	夏志扬	主　任	1992 年 1 月—1994 年 8 月	景宁
		梅振存	副主任	1992 年 1 月—1999 年 8 月	景宁
		兰德正	（兼）	1994 年 8 月—2002 年 8 月	景宁
		夏志扬	主　任（兼）	2002 年 8 月—2008 年 8 月	景宁
		陈际春	主　任（兼）	2008 年 8 月—2012 年 11 月	景宁
		梅建平	副主任	2008 年 8 月—2012 年 11 月	景宁
		梅建平	副主任（主持）	2012 年 11 月—	景宁
督导室	督导室	杜位臣	督导员	1992 年—1993 年 8 月	景宁
		夏志杨	主任（兼）	1993 年 8 月—1994 年 8 月	景宁
		吴建强	副主任（主持）	1994 年 8 月—1999 年 3 月	景宁
		吴建强	主任（兼）	1999 年 3 月—2001 年 8 月	景宁
		夏志杨	主　任	2001 年 8 月—2008 年 3 月	景宁
		张昌寿	办公室副主任	2004 年 8 月—2008 年 3 月	景宁
		梅建平	副主任（主持）	2008 年 3 月—2011 年 8 月	景宁
		李人慧	主　任	2011 年 8 月—	景宁
		张日赢	副主任	2011 年 8 月—	景宁

续表 11-1-2

2012 年科室名称	1992 年科室名称	姓 名	职务	任职时间	籍贯
电教仪器站、勤工俭学办公室	勤工俭学办公室	叶松庭	主　任	1992 年 1 月—2003 年 8 月	景宁
		林少华	副主任	2003 年 3 月—2003 年 8 月	景宁
		林少华	主　任	2003 年 8 月—2008 年 3 月	景宁
	电教仪器站	吴少春	副主任(主持)	1998 年 8 月—2003 年 3 月	景宁
		吴少春	主　任	2003 年 3 月—2008 年 3 月	景宁
		柳　文	副主任	2004 年 5 月—2007 年 8 月	景宁
	电教仪器站、勤工俭学办公室	张勇健	主　任	2008 年 3 月—	浦江
		严振水	副主任	2008 年 3 月—	景宁
		柳　文	副主任	2008 年 3 月—2008 年 6 月	景宁
招生自考办	招生办公室	陈林生	兼主任	1992 年 1 月—1996 年 10 月	景宁
		梅荣健	兼主任	1996 年 10 月—2000 年 8 月	景宁
		夏培松	副主任	1992 年 1 月—1998 年 8 月	景宁
		雷　炜	副主任（下派）	1992 年 8 月—1993 年 8 月	武义
		任妙琴	副主任	1998 年 8 月—2001 年 8 月	景宁
		吴　健	副主任	2001 年 8 月—2003 年 8 月	景宁
	自考办公室	任妙琴	副主任	1992 年 1 月—1998 年 8 月	景宁
		夏培松	副主任（主持）	1998 年 8 月—2001 年 8 月	景宁
		张勇健	副主任	2001 年 8 月—2003 年 8 月	浦江
	招生自考办	张勇健	主　任	2003 年 8 月—2008 年 3 月	浦江
		陈晓霞	副主任	2008 年 3 月—2011 年 12 月	景宁
		朱云燕	主　任	2008 年 3 月—	景宁
		夏志光	副主任	2012 年 8 月—	景宁
安全科	—	毛锡伟	副科长（主持）	2012 年 8 月—	景宁
扶贫助困办	—	吴广伟	主任（兼）	2005 年 4 月—2007 年 8 月	景宁
		刘爱忠	主任（兼）	2007 年 8 月—	景宁
		何振利	副主任	2005 年 4 月—	景宁
		何振利	主　任	2012 年 12 月—	景宁

派出机构

学区教育办公室　1992年，县委批准县教育局《关于中小学管理体制调整实施方案的报告》，同意撤销原区辅导中心学校，在原区校管理范围内设立学区片督导组。督导组设督导组长、普教督导员、成职教督导员、计划财务督导员。1995年9月，原学区片督导组改为“学区教育办公室”，原学区督导组长更名为“学区教育办公室主任”，普教督导员更名为“普教辅导员”，成职教督导员更名为“成职教辅导员”，财务督导员更名为“财务辅导员”。2007年，因滩坑电站库区移民撤销渤海区教育办公室。2008年，因县政府编制调整，撤销学区教办。县教育局内部保留各学区教育办公室，设负责人（城郊、东坑除外）。主要职责：协助县教育局开展区片教育教学工作；完成有关部门交给的相关工作。

1992—2012年景宁学区教办历届主任、副主任、组长一览表

表11-1-3

学区	姓名	职务	时间	备注
城郊	苏鸿英	组　长	1992年1月—1995年8月	学区片督导组
	苏鸿英	主　任	1995年8月—2000年4月	学区教育办公室
	李人慧	主　任	2000年4月—2001年8月	学区教育办公室
	张世民	主　任	2001年8月—2008年12月	学区教育办公室
	夏培妙	副主任	2007年8月—2008年12月	学区教育办公室
	夏培妙	副主任（主持）	2008年12月—	学区教育办公室
英川	吴仁诚	组　长	1992年1月—1992年8月	区辅导中心学校
	吴正琪	副校长、组长	1992年8月—1995年8月	学区督导组
	柳枝冬	副组长	1995年8月—1995年12月	学区督导组
	吴大俭	副主任、主任	1995年12月—2002年8月	学区教育办公室
	高岳松	主　任	2002年8月—2006年8月	学区教育办公室
	许祖平	兼主任	2006年9月—2007年2月	学区教育办公室
	吴劭瑛	负责人	2007年9月—2008年8月	学区教育办公室

续表 11-1-3

学区	姓名	职务	时间	备注
英川	刘　斌	负责人	2008 年 9 月—	学区教育办公室
沙湾	胡家情	主　任	1990 年 3 月—2009 年 8 月	辅导中心学校、督导组、学区教育办公室
	潘德成	负责人	2009 年 8 月—	学区教育办公室
东坑	雷马忠	组　长	1992 年 1 月—1994 年 8 月	学区片督导组
	林小华	校　长	1994 年 8 月—1995 年 8 月	学区片督导组
		主　任	1995 年 8 月—1996 年 8 月	学区教育办公室
	梅帮树	主　任	1996 年 9 月—2002 年 8 月	学区教育办公室
	陈世东	主　任	2002 年 9 月—2008 年 8 月	学区教育办公室
	陈世东	负责人	2008 年 8 月—	学区教育办公室
渤海	周光平	组　长	1992 年 1—1994 年 8 月	学区片督导组
	叶世忠	组　长	1994 年 8—1995 年 8 月	学区片督导组
		主　任	1995 年 8—2002 年 8 月	学区教育办公室
	夏培妙	主　任	2002 年 8—2007 年 8 月	学区教育办公室

附设部门

校办企业公司　校办企业公司成立于 1992 年。至 1995 年，共有 7 家下属企业：教育局圆珠笔厂、教育局丝绵被厂、景宁一中印刷厂、教育局建筑材料服务公司、浙南轴承厂景宁分厂、民族中学竹木工艺制品有限公司、鹤溪镇小创新加工厂。1995 年 8 月，丝绵被厂转由大均乡校承办。由于市场、资金、经营、管理等诸多因素，1995 年后，逐步与单位脱钩，独立经营，自负盈亏。

1992 年，校办企业创利润 120 万元，补助教育经费 40 万元；1995 年，校办企业创利润 38 万元，补助教育经费 22 万元。

1995 年，为解决校办企业资金周转，教育局发文规定全县教职工参加融资，具体要求："局领导每人融资 8000 元以上，股级干部每人融资 5000 元以上，校办企业公司人员每人融资 10000 元以上，局一般工作人员一次性融资 3000

元以上，学校教职工（代课教师、临时工除外，退离休教职工自愿），以学校为单位，人均融资 3000 元，分 3 年完成，每年人均融资 1000 元，个别特别困难的教职工，经学校同意，可不参加融资。”

同时实行学校年度考核与校办企业挂钩。

会计核算中心　2004 年 8 月成立，隶属教育局计财科。核算中心负责县属学校、外舍、大均、澄照、梅岐乡校、沙湾中学和沙湾、英川、东坑、渤海 4 个学区片核算组。核算中心设主任 1 人（兼职），核算组长 1 人，会计 5 人。各学区片核算组会计 2 人。学校除工会账外，不得设其他账户。原单位预留印鉴、审批负责人签名，审批资金额度规定：5000 元以下的支出、暂付暂借款项由审核员审核后按操作程序开具现金支付通知单、转账手续；5000 元以上的支出、暂付暂借款项目由经办会计签署意见；10000 元以上报中心负责人审批。规范了全县 42 个单位的财务制度。

2004—2012 年景宁教育系统会计核算中心主任一览表

表 11-1-4

姓　名	职务	任职（时间）	籍贯
陈际春	主任（兼）	2004 年 8 月—2008 年 4 月	景宁
张日赢	主任（兼）	2008 年 5 月—2011 年 8 月	景宁
林兴国	副科长（兼）	2011 年 9 月—2012 年 8 月	景宁
徐慧明	会计中心主任	2012 年 9 月—	景宁

第二节　县政府教育督导室

1998 年 3 月 24 日，成立“县人民政府教育督导室”。2000 年 3 月，任命吴建强为首任督学，属副科级，办公室设在教育局，与教育局督导室合署办公，实行两块牌子、一套班子。

主要职责：对乡镇政府及部门贯彻执行党的教育方针、政策、法律、法规情况进行检查、评估、指导，护航教育优先发展战略，提出教育事业发展和改革的建议。对全县各级各类学校贯彻执行党的教育方针、政策、法律、法规及教育目标的实现情况进行检查、评估、指导，规范办学行为，提高办学水平和效益，负责基本扫除青壮年文盲和基本普及九年义务教育的评估、验收和巩固、提高，负责创建教育强县工作的指导和评估。

2000—2012年历任县人民政府督学一览表

表11-2-1

姓 名	任职时间	籍贯
吴建强	2000年3月—2003年8月	景宁
钟利海	2003年9月—2009年8月	青田
叶旭瑛	2009年9月—	景宁

至2012年，先后聘请了36位兼职督导员。

第三节 党群 社团组织

教育局（教委）党委（党组）

1992年，县教育局党委为设县后的第四届党委。1996年12月，县教育局党委更名为“景宁畲族自治县教育委员会党委”。2001年，县教育委员会党委更名为“景宁畲族自治县教育局党组”。

县教育局党委（党组）是执行党的章程、履行职责、贯彻党的政策方针的部门，为所属党支部、党员的思想建设制定学习、培训、活动方案。2005年，县教育局党组根据中共十六大精神和党中央的总要求，按照县委“加强理论学习，提高党员素质，转变工作作风、提高办事效率，优化服务意识”的总目标，制定《景宁县教育局机关直属事业支部开展保持共产党员先进性教育活动实施方案》，开展保持共产党员先进性教育，历时6个多月。

2012年，教育系统县城学校设18个党支部，党员474人。全县各乡镇中小学党支部隶属于所在地乡镇党委。

1992—2012年景宁教育局(教育委员会)党委(党组)领导一览表

表11-3-1

机构名称	姓名	职务	任职时间	籍贯
教育局党组	陈既生	党委书记	1992年4月—1993年6月	永康
	陈林生	委员	1992年7月—1993年6月	景宁
	陈林生	党委书记	1993年6月—1996年10月	景宁
	梅荣健	委员	1994年1月—1996年10月	景宁
	石正林	委员	1994年1月—1996年10月	景宁
教育委员会	陈林生	党委书记	1996年10月—2000年3月	景宁
	梅荣健	副书记	1996年10月—2000年3月	景宁
	石正林	委员	1996年10月—1998年10月	景宁
	蓝德正	委员	1997年1月—2002年4月	文成
	吴小平	委员	1999年10月—2001年8月	景宁
	翁建敏	委员	1999年12月—2002年4月	景宁
	罗德伟	党委书记	2000年3月—2002年4月	景宁
	郑忠伟	委员	2000年3月—2002年9月	景宁
	周光平	委员	2000年3月—2002年4月	景宁
教育局党组	罗德伟	党组书记	2002年4月—2005年12月	景宁
	翁建敏	成员	2002年4月—2005年12月	景宁
	周光平	成员	2002年4月—2005年11月	景宁
	蓝德正	成员	2002年4月—2005年8月	文成
	梅荣健	成员	2002年6月—2006年9月	景宁
	钟利海	成员	2003年6月—2007年9月	青田
	童小平	成员	2003年8月—2005年12月	景宁
	翁建敏	党组书记	2005年12月—2012年4月	景宁
	厉希胜	成员	2007年1月—2012年4月	缙云
	刘爱忠	成员	2006年9月—2009年5月	景宁
	吴华标	成员	2007年9月—2012年8月	景宁
	吴广伟	成员	2007年9月—2012年4月	景宁

续表 11-3-1

机构名称	姓 名	职 务	任 职 时 间	籍 贯
教育局党组	毛慧斌	成 员	2009 年 5 月—2012 年 5 月	景宁
	钟利海	党组书记	2012 年 4 月—	青田
	厉希胜	成 员	2012 年 4 月—	缙云
	吴广伟	成 员	2012 年 4 月—	景宁
	叶旭瑛	成 员	2012 年 4 月—	景宁
	林兴国	成 员	2012 年 8 月—	景宁

2012 年景宁县城学校、幼儿园党支部情况一览表

表 11-3-2

支 部 名 称	支部数(个)	支部书记	党员数(人)	说 明
局机关行政党支部	1	叶旭瑛	34	景宁中学党总支: 1.行政支部书记金利兵,党员 11 人 2.文科支部书记吴大岩,党员 28 人 3.理科支部书记刘俊波,党员 18 人 4.退休支部书记毛昌立,党员 12 人
局机关事业党支部	1	叶有东	15	
电大景宁分校党支部	1	姜荣伟	8	
景宁中学党总支	4	范光明	69	
职业高中党支部	1	任传顶	34	
民族中学党支部	1	蓝延中	46	实验二小党总支: 1.一支部书记雷东平,党员 24 人 2.二支部书记练晓伟,党员 24 人 3.三支部书记周伟琳,党员 28 人 4.四支部书记叶世忠,党员 23 人
城北中学党支部	1	严加贵	38	
沙湾中学党支部	1	金益华	15	
实验一小党支部	1	季正贤	52	
实验二小党总支	4	李 荣	99	
民族小学党支部	1	叶长有	45	实验幼儿园和中心幼儿园合为一支部
中心幼儿园党支部	1	蒋美岳	19	

教育局(教委)纪委(纪检组)

1996 年 12 月,县教育局纪律检查组更名为“景宁畲族自治县教育局纪律检查委员会”。2002 年 4 月,县教育局纪律检查委员会更名为“景宁畲族自治县教育局纪律检查组”。

1992—2012 年教育局(委员会)纪委书记(纪检组组长)一览表

表 11-3-3

姓 名	职 务	任职时间	籍贯
陈林生	纪委书记	1992 年 1 月—1993 年 10 月	景宁
梅荣健	纪委书记	1993 年 10 月—1996 年 12 月	景宁
蓝德正	纪委书记	1996 年 12 月—2002 年 4 月	文成
蓝德正	纪检组组长	2002 年 4 月—2005 年 8 月	文成
厉希胜	纪检组组长	2007 年 1 月—	缙云

共青团工作委员会

县教育局设共青团工作委员会，具体工作由教育科负责。1992—2012 年，共青团以其独特的组织与活动优势、丰富多彩的教育内容和教育形式，开展“学雷锋”“五讲四美三热爱”“五心”“五爱”等活动，在推进学校青少年德育和素质教育中发挥重要作用，促进青少年健康成长。各中学共青团都按规定进行换届，每年举行一次新团员入团仪式。

2012 年，全县团总支 6 个。

少先队

景宁少先队按省、市工作部署开展工作，督促指导基层少先队开展学雷锋，学习赖宁等少年英雄，清明祭扫烈士墓，“手拉手”互助好人好事活动，培养少年儿童的爱祖国、爱家乡的道德教育活动。定期召开少代会，及时吸收新队员。

1992—2012 年，教育科配兼职干部负责各校少先队大队部工作，称总辅导员。基层学校每年聘任一次，每年“六一”儿童节期间举行入队仪式。

教育工会

教育工会是在教育局(教育委员会)党组(党委)领导下的全县教职工的群众组织。1992 年下属基层工会组织 35 个。其中，县属学校有 6 个工会组织，乡镇初中学校有 5 个工会组织，乡镇学校有 24 个工会组织。2012 年，有基层工会组织 28

个。其中，局机关工会组织 2 个，中小学工会组织 24 个，幼儿园工会组织 2 个。

主要职责：领导、管理全县基层教育工会，围绕教育局（教育委员会）党组（党委）的中心工作，参与行政重大方案的制定，完善教职工代表大会制度。根据工会组织的性质和特点，履行教育工会民主管理、民主监督和民主参与的职能，规定每 3—5 年进行任期换届。开展以“教书育人、管理育人、服务育人”为目标，配合局行政抓好师德师风建设。开展“争先创优”“文明单位”活动。开展各种文体活动丰富教职工业余生活。积极维护教职工合法权益，做好特困教师慰问，离、退休教师的管理、服务工作。

1992—2012 年景宁教育工会主席（副主席）一览表

表 11-3-4

姓　名	任职	时间	籍贯
蓝炳雄	主席（兼）	1992 年 1 月—1992 年 8 月	武义
姜荣伟	副主席（主持）	1992 年 8 月—2001 年 8 月	丽水
吴小平	主　席	2001 年 8 月—	景宁
王树明	副主席	2001 年 8 月—2008 年 8 月	景宁
林少华	副主席	2008 年 3 月—	景宁
吴少春	副主席	2008 年 3 月—	景宁

退（离）休教师协会

1995 年 9 月，成立县退（离）休教师协会。至 2012 年换选了 4 次。协会在县教育局（教育委员会）的领导下，本着自我管理、自我服务、自我教育的原则，坚持“五个老有”宗旨，组织退休教育工作者学习，开展有益身心健康的体艺、养生知识学习等活动，关心青少年成长，为景宁教育事业发展建言献策，为社区的文明建设发挥余热，做出奉献，也为维护退（离）休教育工作者合法权益起到桥梁、纽带作用。

2012 年，有会员 688 人，分 20 个小组、10 个联络站。设气排球、门球、地掷球、乒乓球、柔力球、合唱团、军乐队、民乐队、舞蹈队、书画社 10 个活动团队。

1995—2012年景宁退(离)休教师协会会长一览表

表11-3-5

届别	姓名	时间	籍贯
第一届	傅宗元	1995年9月—1999年12月	景宁
第二届	吴大松	1999年12月—2003年8月	景宁
第三届	杜位臣	2003年8月—2008年5月	永康
第四届	叶之舟	2008年5月—	景宁

第四节　直属部门

教育学会

1991年9月，景宁教育学会成立。教育学会是景宁教育工作者的学术性团体，目的是组织有志于教育教学研究和实践的教育工作者研究和探索教育理论和教育科学发展之路，为景宁教育事业发展作出应有的贡献。

工作宗旨：开展教育科学研究、教学改革实验和交流活动。为教育决策提供实验样本和信息咨询，教育科学研究和教育教学改革实验成果作评价、推广工作。

首届教育学会会长陈既生，副会长陈林生、梅荣健、潘作仁，秘书长凌观道。

2012年，教育学会会长钟利海，秘书长李荣。

教育研究培训中心

教研室成立于1984年。1993年3月，更名为“综合研究室”。2005年9月，进修学校与综合教研室合称“教学研究培训中心”。2006年9月，又与进修学校分开独立办公。2011年8月，与进修学校、教育科研合并为教育研究培训中心。是集师训、教研、科研“三位一体”职能的业务部门。办公地址设在景宁民族小学校园东区内。

教研室主要职责:负责对教育方针、教学理论、教学内容、教学方法、教学手段等开展调查研究;负责对学科进行质量监控、评价工作,为行政决策教学改革做参谋;负责对学科课程标准、教学计划、教材使用等情况提出意见和建议;负责各学校教学检查、评估;开展减轻学生课业负担、提高学生素质的教学质量等工作。

研训中心主要职责:负责从学前教育到义务教育的教学研究和业务管理与指导;负责各级各类学校教学质量的监控、考核与评价;负责对全县学校教学改革实践的指导及教改成果的总结推广;负责编写必要的乡土教材和补充教材;负责制订实施干部上岗培训和教师继续教育规划、培训。

1992年,分设初中语文、数学、英语、政治、物理、生物和化学,小学语文、数学,小学复式教学、中小学音乐和幼儿、体育与美术、劳动技术、仪器与实验、教科等学科,并配有教研员。

2012年,教育研究培训中心内分设中学语文、中学数学、中学英语、中学社政、中学科学、小学语文、小学数学、小学英语、小学科学,中小学体育、美术、音乐、信息技术,幼儿、中小学德育、教科、师训等学科,并配有教研员。

1992—2012年景宁教育研训中心(教研室)历任正副主任一览表

表11-4-1

姓 名	职 务	任职年限	籍贯	备注
凌观道	主 任	1992年8月—1993年8月	云和	教研室
周俊华	主 任	1993年8月—1998年8月	遂昌	
林续其	副主任	1989年12月—1999年8月	景宁	
叶之舟	主 任	1998年8月—2005年8月	景宁	
柯孔标	副主任(挂职)	1997年8月—1999年8月	东阳	
潘正亮	副主任	1999年8月—2002年8月	景宁	
严振水	副主任	1999年8月—2001年8月	景宁	
李人慧	主 任	2005年8月—2006年8月	景宁	
叶有东	主 任	2006年8月—2011年8月	景宁	

续表 11-4-1

姓　名	职　务	任职年限	籍贯	备注
商培荣	副主任	2008 年 3 月—2011 年 8 月	景宁	
陈延福	副主任	2011 年 8 月—2012 年 8 月	景宁	
叶有东	主　任	2011 年 8 月—	景宁	研训中心
商培荣	副主任	2011 年 8 月—	景宁	
陈延福	副主任	2012 年 8 月—	景宁	
李　荣	副主任	2012 年 8 月—	景宁	

第五节　荣　誉

1992—2012 年，景宁教育获国家级先进集体荣誉 16 项，获省级先进集体荣誉 55 项。

国家级先进集体

1992—2012 年景宁教育系统获国家级先进集体荣誉一览表

表 11-5-1

获奖单位	时间	荣誉名称	授予单位
民族中学	1992 年	全国民族教育先进集体	国家教委、民委
县中心小学五(3)班	1992 年	全国十佳防火教育先进集体	国家教委
县教育局	1993 年	全国会计工作达标单位	财政部
县教育局	1997 年	普及九年义务教育和扫除青壮年文盲县	国家教委
实验一小	2000 年	全国艺术教育先进单位	教育部
民族中学	2001 年	全国民族地区青少年爱国主义教育工作先进单位	团中央
县教育局	2005 年	全国民族团结进步模范集体	教育部 国家民委
景宁一中	2005 年	全国德育科研先进学校	中国教育学会
民族中学	2007 年	全国民族中学“示范校”	全国民族中学教育协会

续表 11-5-1

获奖单位	时间	荣誉名称	授予单位
景宁中学	2009 年	斯巴鲁生态文明学校	中国野生动物保护协会
景宁中学	2010 年	全国科普教育基地	全国科技部
景宁中学	2010 年	全国地理科普教育基地	全国地理学会
实验一小	2011 年	全国语文教改示范学校	教育局语言文学运用管理司
县教育局	2012 年	“两基”工作先进地区	国务院
实验一小	2012 年	中国少年儿童组织教育研究基地	中国少先队事业发展中心
民族小学	2012 年	全国示范家长学校	全国妇联、教育部、中央文明办

省级先进集体

1992—2012 年景宁教育系统获省级先进集体荣誉一览表

表 11-5-2

获奖单位	时间	荣誉名称	授予单位
民族中学	1993 年	实施国家体育锻炼标准先进学校	省教委
县教育局	1994 年	浙江省先进单位	省教委
渤头小学	1994 年	省民族教育先进集体	省教委
民族中学	1994 年	实施国家体育锻炼标准先进学校	省教委
县教育局	1994 年	先进单位	省教委
实验一小	1996 年	省少先队先进集体	省团委、教委、关工委
教育局	1996 年	省电大系统单项培训先进单位	省电大
实验一小	1997 年	省文明学校	省教委
县教育局	1997 年	省先进教育委员会	省政府
县教育局	1997 年	实施《国家体育锻炼标准化》先进县	省教委、省体委
景宁一中	1997 年	1997—1998 年浙江省高中会考先进集体	省教委
民族中学	1997 年	省中小学图书馆先进单位	省教委
县教委	1997 年	《1996 年度示范“国家体育锻炼标准化”》先进县	省体委、省教委
县教委	1997 年	1996—1997 年度省先进教育委员会	省考试委员会
渤海中学	1998 年	师资扶贫面貌变化最大学校	省教委

续表 11-5-2

获奖单位	时间	荣誉名称	授予单位
毛垟乡政府	1998 年	1997 年度镇自考联络站先进集体	省考试委员会
县教育局	1998 年	实施《国家体育锻炼标准化》先进县	省教委、省体委
实验一小	1998 年	省行风建设先进集体	省教委
县教育局	1998 年	浙江省中小学实验教学普及县	省教委
县教委	1998 年	施行《国家体育锻炼标准化》先进单位	省体委、教委
民族中学	1999 年	省普及实验教学先进集体	省教委
实验一小	1999 年	《国家体育锻炼标准实施办法》先进集体	省体委、教委
实验一小	1999 年	省民主管理先进单位	省教育工会
民族中学	1999 年	整顿学校及周边地区治安秩序 创建安全文明校园先进单位	省政府　综治委
实验一小	1999 年	现代教育技术实验学校	省教育厅
实验一小	2000 年	1999—2000 年度省教科研先进集体	省教科院
民族中学	2001 年	中小学生现代教育技术实验学校	省教育厅
县教育局	2002 年	2001—2002 年度省级教育科研先进单位	省教育厅
实验一小	2003 年	省书法教育实验基地先进单位	省教研室
城北中学	2004 年	2003—2004 年度省教科研先进集体	省教科院
县教育学会	2005 年	省 2003—2004 年先进集体	省教育学会
民族中学	2005 年	《学校体育工作条例》优秀学校	省体委　省教委
实验二小	2006 年	2005—2006 年度省教科研先进集体	省教科院
实验一小	2006 年	省优秀子课题单位	省实验学校协会
民族中学	2006 年	2002—2005 年度省群众体育先进单位	省体育局
民族中学	2007 年	省依法治校示范校	省教育局
民族中学	2007 年	省校本教研示范校	省教研室
实验一小	2007 年	教育技术实验学校成果突出学校	省教育厅
民族中学	2008 年	2007—2008 年度省教科研先进集体	省教科院
景宁中学	2008 年	省级语言文字规范化示范学校	省教育厅
县教育局	2009 年	校(园)方责任保险工作先进集体	省教育厅
民族中学	2009 年	省 2008 年度课外阅读先进集体	省教育协会

续表 11-5-2

获奖单位	时间	荣誉名称	授予单位
景宁中学	2009 年	浙江省文明单位	省人民政府
县教育局	2009 年	省教育博览会优秀组织单位	省教育厅
职业高中	2009 年	省模范职工之家	省委组织部 省总工会
民族中学	2009 年	省现代教育技术实验学校	省教育厅
实验一小	2009 年	浙江省红旗大队	省团委
实验一小	2009 年	现代教育技术实验学校	省教育厅
民族中学	2010 年	省级卫生先进单位	省爱卫会
景宁县教育局	2010 年	浙江省教育强县	省委、省人民政府
民族中学	2010 年	省非物质文化遗产传承教学基地	省文化厅
教育局	2010 年	“五五”普法工作先进集体	省教育厅
县教育局	2011 年	2010 年度省教育科学和谐发展业绩考核优秀单位	省教育厅
景宁中学	2012 年	省生态文明教育基地	省环保局
实验一小	2012 年	2011—2012 年度省教科研先进集体	省教科院

第十二章　基本普及九年义务教育和基本扫除青壮年文盲

1993年，《中国教育改革和发展纲要》提出，到20世纪末，在全国85%人口的地区"基本普及九年义务教育，基本扫除青壮年文盲"(以下简称"两基")。第二次全国教育工作会议，对"两基"实施规划作出具体部署，提出东部、中部、西部分"三步走"的实施方案。浙江省政府部署，1997年，全省实现"两基"。景宁由于基础条件较差，被列为最后一批通过"两基"评估验收的县之一。1996年，完成"基本扫除青壮年文盲"评估验收。1997年，完成"基本普及九年义务教育"评估验收。县委、县政府把实现"两基"作为景宁实现跨越发展的历史机遇和政治任务来实施。举全县之力，增加投入，依法办学，克服困难，狠抓落实，如期实现"两基"，得到省和国家的表彰。

第一节　"两基"工作历程

重视"两基"工作

景宁要在1997年通过"两基"评估验收，是省政府下达的政治任务，也是全县人民的强烈愿望，脱贫致富的迫切要求。县委、县政府高度重视，作为主要工作，狠抓落实。

1993年，全县"两基"工作启动。5月，在外舍乡召开了"两基"工作研讨会，确定外舍、大均、澄照、鹤溪镇4个乡镇为普及八年义务教育试点单位。9月，县政府召开全县教育工作会议，专题布置开展"两基"工作的总体规划与近期任务。

1995年4月，县政府成立“两基工作领导小组”。5月，创办《两基工作简讯》。7月，出台《关于加快九年义务教育和基本扫除青壮年文盲工作意见》。10月，县政府成立“控制流生领导小组”，建立“两基”工作月汇报制度。1996年，县政府召开全县扫盲工作会议，并出台《基本扫除青壮年文盲奖惩规定》。1997年，县政府召开全县“普九”迎验工作大会，出台《基本普及九年义务教育奖惩规定》。

1994—1996年，县政府克服财政困难，千方百计增加对教育的投入，多渠道筹措教育经费672.58万元，基本保证财政对教育投入的“三个增长”。争取省扶贫建校第一期项目23个，资金705.8万元；第二期项目5个，资金340万元；三年内改造破旧房1.57万平方米，新建校舍2.54万平方米。县“两基”工作领导小组先后组织相关部门、相关人员对24个乡镇“两基”工作进行6次督查，保证“两基”工作进度与质量。

形成“两基”合力

“两基”工作是系统工程，需全社会共同关心，齐心协力去实施。

全县乡镇及部门会议做到逢会必讲“两基”工作，《畲乡报》和电视台等媒体刊登和报道有关“两基”评估验收的内容，在全县范围内广泛宣传“两基”工作，提高大家的认识，形成全县上下攻坚合力抓“两基”的舆论氛围。

在县“两基”工作领导小组的领导下，乡镇、教育、财政、人事、劳动、工商、文化、广电、司法、土管、城建、科技、民政、统计、妇联、共青团等单位积极参与到“两基”工作中。为控制流生，采取乡镇政府包村包校，县机关单位承包联系乡镇措施。其中，鸬鹚乡政府压缩其他开支，划出5330元，用于救济贫困学生。沙湾镇对没有参加文化补习的对象，实施暂不批建房用地，不出具外出务工证明等措施。1996年4月，县人大和县政协组织3个督查组，历时10天，对全县5个学区片、有关乡镇和县财政税务局等部门的政府行为、教育投入、动员流生返校、依法治教等“两基”工作实施情况进行依法监督和民主监督，为全县实现完成“两基”任务谋划护航。

夯实“两基”基础

县教育局是实施“两基”工作的主要部门。为完成这一历史任务，县教育局（教育委员会）高度重视，做好县政府的参谋，确定“抓两基、创特色、上台阶”的工作思路，从局机关到教师全员发动，全力投入。

1993年8月，在局班子中，确定具体人员负责“普九”和扫盲工作。为配合“两基”工作，把教育股分设出职教股，配备专职干部3人。县教育局（教育委员会）为提高大家“两基”工作水平，举办10多次培训会，县教育局督导室在全地区还率先编撰了《“两基”评估验收手册》，全局干部、学校中层以上干部人手一册，让大家都知“两基”事。

1994年，“两基”工作全面铺开后，在全县5个学区片抽调30名有能力又实干的教师充实成职教队伍。

1995年，县教育局出台《成职教工作考核方案》《关于加强和发展乡镇自学考试联络站的实施意见》《举办义务教育对象文化补课班的规定》，推动“两基”工作。

摸清底子，建立基础档案，是“两基”评估验收的基础工程。从事“两基”工作的教师，不怕辛苦和烦琐，克服困难，从全县户口册入手，挨家挨户地开展调查，到外校、外乡镇、外县取证。

建立“青壮年文化底册”“文盲半文盲名册”等21种基础档案，成技校建立11种基础档案；认真做好“适龄儿童入学率”“辍学率”“教师水平”“办学条件”“教育经费”“教育质量”等基础档案；查清了全县“两基”工作底子、重点和难点，为“两基”工作决策和评估验收奠定了基础。

县教育局（教育委员会）为提高“两基”工作水平，抓“扶贫建校”项目的落实，改善校舍条件；抓校网布局的调整，奠定提高教学质量和效益基础；抓教学，提高初升高的比例和教学质量；抓流生，提高入学率和降低辍学率；抓扫盲，提高青壮年非盲率；抓考核，提高各校“两基”工作的认识和水平。

普及九年义务教育和扫除青壮年文盲县

1996年10月25日，景宁通过省政府“基本扫除青壮年文盲”评估验收。1997年10月17日，景宁通过省政府“基本普及九年义务教育”评估验收，12月16日，景宁被省政府授予“基本普及九年义务教育，基本扫除青壮年文盲县”称号。

1997年11月17日，国家教委督学李仁和、基础教育实施处处长唐淑芬到景宁进行“两基”工作督导复查，随机抽查部分指标，均达标，符合“基本普及九年义务教育和基本扫除青壮年文盲”条件。12月30日，景宁被国家教委认定为国家级“普及九年义务教育和扫除青壮年文盲县”。

第二节　基本扫除青壮年文盲评估验收

评估验收

1996年10月20—25日，省教委成教科白锡定为组长的评估验收组一行7人，对景宁基本扫除青壮年文盲工作开展评估验收。

评估组采取随机抽样与协商相结合的办法，确定澄照乡、渤海镇和标溪乡及其所辖的金丘、东星、梅枫、安亭、沈坑、东山、何庄、马山、叶榭等9个行政村为重点抽查乡镇村，确定鹤溪镇、外舍乡、英川镇、雁溪乡为面上检查的乡镇。

评估验收采用“听、看、查、谈、测”等形式进行。一是听取县政府《关于景宁畲族自治县基本扫除青壮年文盲工作汇报》和县人大、政协、财政局、工商局、共青团、妇联等部门对开展扫盲工作的情况介绍以及7个乡镇政府的自查自评报告。二是观看景宁扫盲工作《畲乡明天的希望》录像片。三是查阅县、乡、村三级各种扫盲表册、名册、试卷以及成人文化技术学校等档案资料100余卷，查对9个村的户口册，并对有关数据进行核实；实地查看7所乡镇成人文化技术学校、部分中小学、两个生产基地和一户科技示范户。四是召开7个座谈会，参加座谈的有乡镇、村干部、教师、脱盲学员等140人次。五是对85名近三年脱盲学员采用省统一试卷进行有关知识的测试。

指标达标情况

根据国务院《扫除文盲工作条例》和国家、省有关基本扫除青壮年文盲评估验收办法的要求，经评估验收组检查核实，认定景宁畲族自治县扫盲工作主要指标情况如下。

青壮年非盲率　1996年，全县总人口173748人。其中，1949年10月1日后出生，15周岁以上青壮年人口102498人（含丧失学习能力167人），剩余半文盲3145人，非盲率96.93%。全县24个乡镇青壮年非盲率验收合格率100%，城区11个居委会非盲率95%以上，全县283个行政村非盲率达标280个行政村，验收合格率98.93%。指标均达标。

普及初等义务教育　1995学年，全县7—11周岁学龄儿童入学率99.82%，14周岁少年初等教育完成率99.4%，15周岁人口非盲率99.54%。指标均达标。

近三年脱盲人员巩固率　1993—1995年，全县共扫除半文盲1064人，据自查，已巩固1020人，巩固率为95.86%。评估验收组对澄照乡、渤海镇和标溪乡所辖21个行政村抽查近三年脱盲学员85人，实际参加考试79人，参考率92.94%，考试合格78人，合格率达到98.73%。验证景宁近三年脱盲人员的巩固率已达95%以上，指标均达标。

乡镇、村成技校建设　全县24个乡镇都建立了成人文化技术学校。乡镇办学面达100%，共配有专职成教干部38名，占全县人口的万分之二点二，有兼职教师156人。全县共有成技校教室26间，办公室、资料室32间，以及必要的教学设备，能坚持常年办学。有村成技校（教学点）130个，办学面为45.93%，兼任教师159人，指标均达标。

扫盲及农民教育经费　全县扫盲和农民教育经费，通过政府拨款、乡镇、村自筹、农村教育费附加列支等办法筹措。查证1994—1996年全县用于扫盲农教经费35.2万元，能基本满足需要，基本达标。

成人教育机构　全县设有成人教育管理科室，有专职人员3人。各乡镇均有成人教育管理机构，有专职人员35人。指标均达标。

评估验收认定

通过检查核实，评估验收组确认：景宁畲族自治县人民政府的自查内容符合实际；主要指标基本达到国务院《扫除文盲工作条例》和国家教委规定的基本扫除青壮年文盲县的标准。

景宁通过省政府“基本扫除青壮年文盲”评估验收。

第三节　基本普及九年义务教育评估验收

评估验收

1997年10月14—17日，省政府“普九”工作评估验收组组长顾玮等一行9人，对景宁“基本普及九年义务教育”工作进行评估验收。

评估验收采用“听、看、查、谈”等形式进行。一是评估验收组听取县人民政府的自查汇报及随机被抽查的外舍、东坑、梧桐等3个乡镇政府的汇报。二是查看了外舍、东坑、梧桐等3个乡镇的普及程度、师资水平、办学条件、教育经费和扫除青壮文盲等情况。面上察看了金钟等8个乡镇的23所中小学和成人文化技术学校的校舍场地、教学设施和校舍校貌。三是查阅县、乡镇“普九”档案资料。四是召开多次座谈会，并进行个别访谈。

指标达标情况

五项普及指标　初等教育阶段适龄儿童入学率99.75%，初等教育阶段听力、智力、残疾适龄儿童少年入学率为80%。初级中等教育阶段适龄少年入学率为99.95%，初级中等教育阶段听力、智力、残疾少年入学率为81.25%，已达标。

1996学年，初等教育和初级中等教育在校学生年辍学率分别为0.03%和1.58%，已达标。

14 周岁人口中初等教育完成率 99.28%，16 周岁人口中初级中等教育完成率 82.36%，均已达标。

15 周岁人口中文盲率 0.17%，已达标。

全县基本扫除青壮年文盲工作符合规定要求，1996 年非文盲率达到 96.93%，已通过省验收。

三项师资水平指标　1997 年有小学专任教师 835 人，代课教师 200 人，占总数的 19.3%；初中专任教师 389 人，代课教师 47 人，占总数的 10.7%；此项基本达标。

小学、初中专任教师学历合格率分别为 93.2% 和 88.2%，已达标。

初中校长除 5 名在进行岗位培训外，其余 10 名均已取得合格证书；完小以上校长接受岗位培训取得合格证书的比例为 82.6%，部分尚未培训，此项基本达标。

三项办学条件指标　初中学校设置基本合理；小学平均 526 人设置 1 所，全县 10 人以下的学校尚有近百所，设置不够合理，已达标。

小学、初中学校用地面积和建筑面积均已达标。校舍基本做到坚固、适用，并及时消除危房，此项基本达标。

小学、初中的教学设备中，教学仪器和电化仪器设备相对稍好，音乐、美术、体育、劳动、劳技教学器材数量严重不足，小学、初中图书生均 9.5 册和 14.9 册，此项基本达标。

五项教育经费指标

教育经费投入　1994—1996 年，财政经常性收入比上年增长 13.2%、26.8%、13.86%。财政对教育拨款比上年增长比例为 20.3%、12.9% 15.5%，尚未完全做到逐年增长，此项基本达标。

生均经费拨款　1994—1996 年，财政拨发的生均公用经费和实际支出均做到逐年增长，此项达标。

教师工资发放　教师工资按时足额发放，此项达标。

教育附加费征收　1994—1996 年，城镇教育费附加分别为 31 万元、55 万元和 68 万元。其中，1996 年包括了部分农村教育费附加。1994—1996 年，农村教育费附加按丽水地区测算指标征收332.59万元，实际征收279.04万元，征收率83.9%，此项基本达标。

筹措教育经费　多渠道筹措义务教育资金，坚持捐资助学、集资办学，开展勤工俭学。此项达标。

1994—1996年景宁教育经费“两个增长”情况表

表12-1-1

年度 内容	财政经常性收入（万元）	比上年增长比例（%）	财政对教育拨款（万元）	比上年增长比例（%）	年生均教育事业费（元）	
					小学	初中
1994	745	13.2	1077	20.3	414.3	368.8
1995	945	26.8	1216	12.9	476.9	297.3
1996	1076	13.86	1405	15.5	566.2	444.8

教育质量指标　1996学年度小学、初中学生毕业率分别为100%、98.05%，已达标。

评估验收认定

1997年10月17日，省“普九”评估验收组在反馈报告会上认定，景宁畲族自治县人民政府对“普九”工作是认真、扎实、努力的。“普九”17项指标，达标11项，基本达标6项，基本达到省评估验收标准，验收合格。

至此，景宁通过省政府“基本普及九年义务教育”评估验收。

第十三章　创建浙江省教育强县

1997年，浙江省实现“普及九年义务教育和扫除青壮年文盲”。1998年10月20日，省委、省政府为落实“科教兴省”战略，实现教育大省目标，印发《关于在全省开展创建教育强县活动的通知》，要求全省各县市区，从1999年到2010年，分6批实现“教育强县”。景宁迎难而上，紧跟全省步伐，2000年实现“普及实验教育县”，2005年通过“两高普九”验收。2006年，县委、县政府顺势提出“创建省级教育强县”计划。通过全县干群齐心协力，克服重重困难，2010年实现了“省级教育强县”目标。

第一节　创建教育强县历程

政府重视、机制保障

1998年11月，浙江省委办公厅出台《浙江省教育强县建设与“十一五”教育发展规划纲要》。县委、县政府把创建浙江省“教育强县”计划列入议事日程，并确定先创建教育强乡镇，再创建教育强县的工作思路，各乡镇争取到2009年创建指标基本达标。

2007年11月28日，县政府出台《景宁畲族自治县创建浙江省教育强县实施方案》，同时成立“景宁畲族自治县创建浙江省教育强县工作领导小组”，县长担任组长，县府办、宣传部、政法委、发改委、教育局、财政局、建设局、国土局、工商局、人事局、公安局、交通局、文广局、畲乡报社、电视台、鹤溪镇政府主要领导任委员。下设办公室，由教育局局长任办公室主任。创建浙江省教育强县正式启动。

为了明确创建省教育强县的意义、指标内容，完成时间，县委、县政府在影城专题召开了全县干部动员大会。随后，将创建省教育强县的评价指标分解到相关部门，要求在2009年年底前达到省定指标要求；县委、县政府考核办将创建内容纳入对乡镇、部门的年度考核内容，建立督查通报制；创建办多次组织人员到相关部门进行培训与督查，县教育局建立“每日一督查”等系列制度，为创建教育强县工作保驾护航。

同时，为创建社会环境氛围，达到家喻户晓，人人参与创强活动，在大街小巷显眼地段张贴标语，县教育局出专题简报，《畲乡报》、电视台及网站等媒体开展专题宣传，营造“党以重教为先、政以兴教为本、师以从教为乐、民以助教为荣”的良好氛围，有力推进创建省教育强县工作。

分工详细，责任明确

为确保“省级教育强县”的要求与措施落到实处，县创建领导小组根据景宁实际，对相关部门与乡镇作了分工，并制定工作职责。

县委办、县府办 调整和完善“以县为主”的农村义务教育管理体制，县、乡镇两级政府的职责落实；把全面推进素质教育作为党政领导重要职责，进一步落实县直部门、乡镇的创强工作职责，纳入年度考核；对乡镇、部门的创建工作进行检查指导，敦促落实整改，促使各乡镇、部门加快工作进度；协调做好学校产权“两证”办理工作；组织召开创建省教育强县工作有关会议。

县教育局 具体负责创建省教育强县工作，承担统筹规划、协调管理；负责省教育强县验收的有关数据统计核实和有关材料的收集整理工作；负责自查、申报材料，负责迎检工作及对各级各类学校的指导、督查工作；负责中小学现代教育技术装备、布局调整、学校标准化建设的规划和督促工作；定期编发“教育创强简报”，开辟景宁教育局城域网专题，报道教育创强动态；负责学校内涵建设，丰富校园文化；做好定点学校的校园硬化、绿化、美化；提高教育质量工作；实施“名师、名校长工程”，落实创建特色学校、示范性学校工作；制作专题片、画册、宣传版图，设立标语牌等工作。

县财政局　负责对教育拨款依法做到“三个增长”“两个提高”，确保教师工资（包括各项政策性津贴、补贴、奖金）、生均公用经费、学校改造与建设资金等三项经费落实；努力筹措教育发展和建设经费；依法足额征收城乡教育费附加，并做到专款专用；做好《教育强县申报表》中“教育经费”中的所有数据；准备好“两个提高”“三个增长”的计算依据及原始资料，包括2006年、2007年、2008年教育决算报表及2009年的预算报告；预算教育创强专项经费，并予以落实。

县宣传部门　拟定教育创强宣传工作方案，落实县城宣传广告牌地点；开辟《畲乡报》、电视台宣传专题，开展声势浩大的创建教育强县工作宣传活动，营造良好的社会舆论氛围；加强对中小学创建文明单位活动的指导。

县发改局　开展创建教育收费示范县活动；加强中小学教育收费管理，规范教育收费行为，杜绝学校教育乱收费；将学校建设项目列入城镇建设总体规划；提供近三年来全县中小学规范收费情况的基础材料；负责对2007—2009年涉及教育的有关全县自然情况数据、国民经济发展数据和资料进行整理。

县建设局　负责对学校建设项目的质量监督和检查；学校项目建设有关办证费用根据政策予以优惠；做好学校校舍“两证”的房产证办理工作。

县国土资源局　负责学校建设用地规划、审批、征用等工作；负责学校建设征地时有关优惠政策的落实；做好学校产权“两证”的土地证办理工作。

县人劳社保局　深化学校人事、分配制度改革；扩大教师来源渠道，对招收录用非师范类大学毕业生予以政策保证；全面实施教师资格聘任制度，加快解决教师职称评定。

县公安局　负责会同工商、卫生、文化等部门对学校周边环境进行综合治理，及时消除安全隐患；加强警校共建，加大预防和杜绝中小学在校学生违法犯罪的工作力度。负责在校生违法犯罪情况自查，对全县近三年来在校中小学生违法犯罪情况进行清理、分析，并出具近三年以来在校中小学生有无受治安拘留以上处理的证明。交警、消防部门要对乡镇和学校组织学生活动中有否交通安全及消防安全事故进行摸底，出具近三年来乡镇及学校组织学生活动中有无重大安全事故的证明；加强游戏室、网吧等文化娱乐场所的检查，净化学校周边的社会文化氛围；提供全县各乡镇0—7周岁人口户籍册。

县交通局　负责交通安全教育，学校周边环境治理，打造“平安校园”工作；负责学生周末班车工程。

县卫生局　负责对学校食品卫生的监督检查，饮用水卫生安全检查，会同有关部门对校门口摊点进行清理。

团县委　开放青少年校外教育设施；协助学校做好德育基地及综合实践基地和劳动基地建设；负责拓宽助学渠道，帮助贫困学生接受义务教育。

乡镇政府　建立创强领导机构，设立固定宣传标语宣传创强工作；填好教育强县申报表，写好乡镇自查自评报告；准备好备查材料，包括近三学年教育事业年报资料及教育经费年报资料，乡镇所辖学校有关全面贯彻教育方针、全面推进素质教育的会议活动记录、文件及组织有关面向中小学生的活动、比赛情况的材料，反映“事业发展水平高”的“两基”档案和学籍管理材料，提供教育装备、图书装备的配置、管理、使用、成效等档案，反映创建教育强乡镇、农民实用技术培训、扫盲情况的材料；积极动员3—5周岁幼儿入园，提高幼儿入园率；动员初中毕业生升入高一级学校就学，提高初升高比例；建设好乡镇成人技术学校，基本达到省三级标准；负责流动人口子女就学的管理、入学取证工作，重视“三残”儿童少年的就学工作；会同有关部门做好学校周边环境的整治工作，指导学校做好校容、校貌的整治工作；采取切实措施，落实所辖学校教育设备添置所需经费。

强乡镇创建，集腋成裘

景宁通过“两基”验收后，县委、县政府紧跟全省创建强县步伐，制定创建强乡镇规划，从1999年开始，全县各乡镇创造条件，争创市、省级教育强乡镇。至2007年，有18个乡镇通过省、市教育强乡镇验收。

景宁畲族自治县教育强（乡）情况一览

表13-1-1

单位	创建市级强镇时间	创建省级强镇时间
鹤溪镇	1999年	2000年
东坑镇	2001年	2002年

续表 13-1-1

单位	创建市级强镇时间	创建省级强镇时间
英川镇	2002 年	2003 年
梧桐乡	2003 年	2004 年
沙湾镇	2003 年	2005 年
大均乡	2004 年	2005 年
鸬鹚乡	2004 年	2005 年
景南乡	2004 年	2006 年
澄照乡	2004 年	2008 年
毛垟乡	2004 年	2006 年
秋炉乡	2004 年	2007 年
标溪乡	2005 年	2008 年
梅歧乡	2005 年	2008 年
大际乡	2005 年	2008 年
雁溪乡	2005 年	2007 年
九龙乡	2008 年	2008 年
郑坑乡	2006 年	2007 年
大地乡	2007 年	2008 年

第二节 创建省教育强县评估验收

评估验收过程

景宁创建省教育强县工作，得到省级领导的重视与关注，省教育厅领导更是心系景宁，倾情帮助，多次到景宁督查，多次派专家到景宁现场指导。县委、县政府把创建教育强县工作摆在重中之重位置。通过全县上下的共同努力，创建工作得到省、市领导的认可，省教育厅对景宁创强县免去初评环节。

2010 年 4 月 20 日，省委、省政府组织评估验收组到景宁进行创建教育强县验收，评估验收小组由省督学、浙江教育报刊总社社长、总编董惠铭，省督学劳娓娓（团省委少年部）、梅雪中（衢州）、杜耿甫（绍兴）、陈常龙（省教育厅）五人组成，董惠铭为组长。

评估验收工作历时3天，通过听汇报、开座谈会、查阅资料、走访县城学校、抽查农村学校和反馈评价等环节进行验收。4月20日下午，召开“创建强县”评估验收工作汇报会，钟昌明县长作工作汇报，接着观看教育工作专题宣传片，召开座谈会和查阅近三年的相关资料。4月21日上午，评价验收组实地察看了景宁中学、民族中学、实验一小、蓝天幼儿园、民族小学、职业高中、城北中学和在建实验幼儿园8所学校。同日下午，抽查了鸬鹚乡校、沙湾镇小、沙湾中学、梧桐乡校、大均乡校、澄照乡校、东坑镇小、景南乡校、标溪乡校9所农村学校。

指标完成情况

义务教育的普及程度　全县“三残”儿童少年、外来民工子女、贫困家庭子女和学习有困难学生能够同步接受义务教育。2010年，全县学龄人口入学率小学达99.96%，初中达98.51%，适龄“三残”儿童少年入学率达97.29%，小学和初中的巩固率、毕业率均为100%；17周岁人口初级中等教育完成率97.48%。县城学校就读学生比例高中达100%、初中达84%、小学达75%，同时保证了外来务工子女入学。全县小学、初中、高中助学面达到学生总数的40%以上，困难家庭子女公平接受教育。此指标达到省高标准高质量“普九”要求。

学前三年幼儿入园率　全县学前三年入园率：2007年为86.01%，2008年为86.26%，2009年为92.01%。全县现有幼儿园47所，其中公办幼儿园1所、集体力量办18所、社会力量办幼儿园28所。指标达到全省平均水平。

初中毕业生升入高中段的比例　通过实施城区教育资源优化整合，将高中教育资源改善纳入“一扩两迁四建”工程，投资9000万元按省寄宿制重点高中标准迁建景宁中学，职业高中于同年搬迁到原景宁中学校址，并投入310万元新建了实训基地，扩大了办学规模，可容纳30个教学班，具备了全部初中毕业生进入本县高中就读的条件。职业高中从原来的占地3亩

增加到36亩；高中每年招生规模从2005的12个班扩大到22个班，教育资源完全可满足初中毕业生的就学需求。2009年全县初中毕业人数1059人，升入高中阶段1033人，达97.54%，达到全省平均水平，符合指标要求。

青壮年非文盲率　2009年，全县有省一级成人文化技术学校1所，省二级成人技术学校16所，省三级成人技术学校3所，并设有村级教学点150多个。全县青壮年人口为101410人，劳动力培训率达39.67%，非文盲率为99.32%，达到省平均标准。

普职高招生比例　2009年全县初中毕业人数1059人，升入高中阶段1033人。其中，普高547人，职高486人，普职比达1:0.89。按省定高中段招生中等职业教育比例不低于50%的要求，达到全省平均水平。

普及程度一览表

表13-2-1

普及项目		完成数
学前三年幼儿人口入园率(%)		92.01
小学适龄人口入学率(%)		99.96
初中阶段入学率(%)		97.29
6—14周岁残疾儿童少年入学率(%)		95.21
外来民工子女在本地区入学人数(人)	小学	351
	初中	123
其中外来民工子女在公办学校入学人数(人)	小学	351
	初中	123
初中在校生年辍学率	上学年初中辍学学生数(人)	0
	初中年辍学率(%)	0
17周岁初级中等教育完成率	17周岁人口数(人)	1235
	17周岁人口完成初中学业人数(人)	124
	17周岁人口完成初级中等教育完成率(%)	97.48
小学毕业年级毕业率(%)		100
小学升初中比例(%)		100

附表 13-2-1

项目	完成数
初中毕业年级毕业率(%)	99.26
初中升高中阶段的比例(%)	97.54
职高与普高招生比	0.89∶1
青壮年人口非文盲率(%)	99.28

省教育强乡镇数　全县现有 5 个镇 16 个乡，到 2008 年，全县省级教育强乡镇有 14 个，占全县乡镇总数的 67%。省教育强镇数达到乡镇总数的 60%标准。达到全省平均水平。

省标准化校的比例　2009 年，全县现有省一级重点普高 1 所，省三级重点职高 1 所，省示范性初中 2 所，省示范性小学 2 所，按省一级标准在建公办幼儿园 1 所、民办幼儿园 1 所，省一级成人技术学校 1 所，各类市级示范性学校 19 所。初中、小学达到省标准化学校要求的比例不低于 85%、各类学校中有一定数量的省示范性学校的标准。达到全省平均水平。

财政对教育拨款

人均预算内经费　2006—2008 年，全县按全县人口计算人均教育经费投入分别为 694.46 元、819.51 元、1017.21 元，人均预算内教育经费投入分别为 486.96 元、664.38 元、905.20 元。人均预算内教育经费、人均教育经费水平达到全省平均水平。

三项经费落实　一是教师工资按时足额发放，从未拖欠教师工资。2006 年起，教师的各种津、补贴全额列入县财政预算。教师的“五险一金”享受当地公务员待遇。教师平均工资水平不低于当地公务员工资平均水平。二是生均公用经费县财政列入预算，并逐年提高。义务教育阶段学生生均公用经费高于省定标准，2006—2008 年预算内生均公用经费，小学分别为 289.15 元、444.48 元、580.37 元，初中分别为 207.49 元、537.82 元、701.37 元。三是学校改造建设资金全部纳入财政预算。县城的教育资源优化整合七大工程，农村学校改造维修等一系列建设资金均由县财政投入，做到教育经费优先保障、教育建设优先安排、教育困难优先解决的“三个优先”。三项经费达到全省平均水平。

景宁县财政对教育拨款情况一览表

表 13-2-2

拨款项目				年份		
三个增长	(1)财政对教育拨款的增长超过财政经费经常性收入的增长					
				2006 年	2007 年	2008 年
	预算内教育经费投入(万元)			10035.8	11560.2	15207.5
	预算内教育经费年增长率(%)			37.73	15.19	31.55
	财政经常性收入			9500	10590	12279
	财政经常性收入年增长率(%)			17.28	11.47	15.95
	预算内教育经费年增长高于财政经常性收入年增长			20.45	3.72	15.60
	(2)生均预算内公用经费和教师平均工资逐年增长					
				2006 年	2007 年	2008 年
	合计		生均预算内公用经费(万元)	237.70	474.55	644.71
	合计		年增长率(%)	35.72	99.64	35.86
	其中	初中	生均预算内公用经费(元)	207.49	537.82	701.37
	其中	初中	年增长率(%)	20.82	159.2	30.41
	其中	小学	生均预算内公用经费(元)	289.15	444.48	580.37
	其中	小学	年增长率(%)	26.77	53.72	30.57
	教师年平均工资			34701	37632	43779
	(3)生均预算内教育经费逐年增长					
				2006 年	2007 年	2008 年
	合计		生均预算内教育经费(元)	4332.29	6206.15	6972.4
	合计		年增长率(%)	2.94	43.25	12.35
	合计	初中	生均预算内教育经费(元)	4105	6618.44	7487.82
	合计	初中	年增长率(%)	28.79	61.23	13.14
	合计	小学	生均预算内教育经费(元)	4361.11	5963.84	6637.63
	合计	小学	年增长率(%)	3.55	36.75	11.3
	年　份			2006 年	2007 年	2008 年

续表 13-2-2

两个提高	(1)预算内教育经费占财政经常性支出比例		19.98	20.68
	(2)财政性教育经费占国内生产总值比例	6.65	7.05	7.25
考核结果	达　标			

征收教育费附加　2006—2008年,全县城市教育费附加征收额分别为424万元、355万元、396万元。教育费附加由县政府统筹安排,主要用于学校基本建设、“四项工程”等配套经费,并做到专款专用和合理使用。符合省定要求。

学校教育收费管理　实行首问责任制。教育局每年与学校签订中小学收费工作责任书,对责任单位和责任人的考核评比实行一票否决;经县纠风办、发改局、教育局等部门组成的检查组,对学校收费情况进行专项检查,2006—2008年,各校均能依法持证收费,没有发现乱收费现象。为规范教育收费行为,2004年成立了教育会计核算中心,对全县中小学财务实行统一管理。2004年10月由中纪委、纠风办、教育部组成的联合检查组和2006年11月由省物价、财政等部门组成的联合检查组分别对景宁县进行检查,景宁县得到市纠风办的肯定。达到省定要求。

教育经费情况一览表

表 13-2-3

项目指标		上年数	当年数
教育经费总支出数(万元)		12935.2	16036.4
财政对教育拨款	拨款(万元)	12866.7	12279
	比上年增长(%)	23.80	20.79
财政经常性收入	收入(万元)	10590	12279
	比上年增长(%)	11.47	15.95
年人均预算内教育经费(元)		664.38	905.20
年人均教育经费总支出(元)		743.40	954.55
年生均教育经费(仅为财政拨款部分)	小学	5963.84	6637.63
	初中	6618.44	7487.82

续表 13-2-3

<table>
<tr><th colspan="4">项目指标</th><th>上年数</th><th>当年数</th></tr>
<tr><td rowspan="9">三项经费</td><td colspan="2" rowspan="2">年实际生均共用经费(元)</td><td>小学</td><td>95</td><td>1057.13</td></tr>
<tr><td>初中</td><td>2474.6</td><td>2250.76</td></tr>
<tr><td colspan="2" rowspan="2">其中年预算内生均公用经费(元)</td><td>小学</td><td>731.48</td><td>791.65</td></tr>
<tr><td>初中</td><td>2392.5</td><td>2002.79</td></tr>
<tr><td colspan="3">改造危房和基本建设经费(万元)</td><td>2918.6</td><td>4483.7</td></tr>
<tr><td rowspan="4">教师平均工资(元)</td><td colspan="2">国拨工资</td><td>14833.33</td><td>15584.16</td></tr>
<tr><td colspan="2">地方出台的津贴、补贴</td><td>10232.12</td><td>10066.21</td></tr>
<tr><td colspan="2">住房公积金、医疗保险金、养老保险金等</td><td>6929.69</td><td>8088.49</td></tr>
<tr><td colspan="2">奖金</td><td>5636.36</td><td>9320.54</td></tr>
<tr><td colspan="4">农村教育费附加实际征收数(万元)</td><td>—</td><td>—</td></tr>
<tr><td colspan="4">实际征收所占比(%)</td><td>—</td><td>—</td></tr>
<tr><td colspan="4">城市教育费附加征收数(万元)</td><td>355</td><td>396</td></tr>
<tr><td colspan="4">实际征收所占比(%)</td><td>100</td><td>100</td></tr>
</table>

消除危旧校舍,调整学校布局,控制班额人数　2006 年以来,投入 2.6 亿元实施城区教育资源优化整合,投入 1270 万元实施农村学校标准化创建和校舍维修改造,改造破旧校舍 44417 平方米,扩征学校用地 332.76 亩,新建校舍面积 11 万平方米,全县中小学校破旧校舍得到了全面修缮。

学校布局调整,从 1993 年开始按照“成熟一所撤并一所”的原则,到 2000 年共撤并小学 330 所、初中 12 所。“十五”期间,撤并小学 47 所、初中 5 所,2008 年撤并了学生数在 100 人以下的 4 所农村小学和英川镇校初中部。校均学生数从“十五”期末的 342 人提高到 2009 年的 513 人。

2009 年年底,全县有小学 20 所、初中 4 所、普通高中 1 所、职业高中 1 所、公办独立幼儿园 1 所,学校班额得到有效控制,小学班均人数在 45 人以下,初中班均人数在 50 人以下。达到全省平均水平。

生均用地面积、场地设施配备　2009 年,生均用地面积:小学 20 平方米,初中 28.83 平方米,高中 51.25 平方米;生均建筑面积:小学 11.61 平方米,初中 13.99 平方米,高中 22.34 平方米。

生机比达到8.7:1。其中高中283台，生均8.78人/台；初中538台，生均7.6人/台；小学883台，生均9.3人/台。全县学校现代化图书馆(室)6个。

教育仪器：普通高中达一类标准的1所，占100%；职业高中达一类标准1所，占100%；初中达一类标准的4所，占100%；小学达一类标准的16所，占80%。

音乐器材：普通高中达一类标准的1所，占100%；职业高中达一类标准1所，占100%；初中达一类标准的4所，占100%；小学达一类标准的20所，占100%。

体育器材：普通高中达标1所，占100%；职业高中达标1所，占100%；初中达标4所，占100%；小学达标20所，占100%。

美术器材：普通高中达一类标准的1所，占100%；职业高中达一类标准1所，占100%；初中达一类标准的4所，占100%；小学达一类标准的20所，占100%。

卫生器材：普通高中达一类标准的1所，占100%；职业高中达一类标准1所，占100%；初中达一类标准的4所，占100%；小学达一类标准的2所，各学校都配有部分器材和常用药品，学生就医主要依托乡镇卫生院。

生均图书：高中34.85册，初中25.91册，小学27.02册。

电教设备：普通高中达一类标准的1所，占100%；职业高中1所达一类标准，占100%；初中达一类标准的4所，占100%；小学达一类标准的20所，占100%。达到国家或省定标准。

专任教师学历　2009学年全县中小学教职工1511人，其中专任教师1334人，小学、初中、普高、职高专任教师分别为848人、298人、125人、63人，学历合格率依次为99.65%、99.33%、98.40%、98.41%。小学专任教师取得大专及以上学历的706人，占专任教师总数的83.30%；初中专任教师取得本科及以上学历的235人，占专任教师总数的78.86%。达到全省平均水平。

在职人员岗位培训　2006年以来，县财政投入50万元，公费选派42名教师到丽水学院为期2年脱产进修并取得本科学历。选派校长100多人次、骨干教师300多人次到鄞州、北仑、上海等发达地区学校挂职学习和跟班学习，请进全省知名专家、教授、名师开展教师业务培训达20余场。2006—2008年，全县共培训中小学、幼儿园教师6000余人次，校长岗位培训率达100%，全部校长实行了持证上岗。至此，全县有优秀教师4名，省特级教师3人，省、市教坛

新秀17名，市级以上学科带头人12人，县级以上名师名校长70人，县首届五星级班主任10人。达到全省平均水平。

县乡政府教育体制 县委、县政府把教育发展纳入全县经济社会发展的总体规划，出台《景宁畲族自治县教育事业发展“十一五”规划》，明确了县、乡（镇）政府办学责任。教育事业发展经费得到全面保障。政府每年合理调整财政支出结构，连续保持了对教育的高位投入，投入2.6亿元用于城区“一扩两迁四建”工程；投入1270万元实施农村学校标准化创建和校舍维修改造工程；投入2200万元实施教学装备工程；每年投入45万元开通镇级以上学校周末班车；落实教育各项配套资金，教育事业得到全面保障。达到省标准。

社会力量办学 县政府加大了对社会力量办学的鼓励和扶持力度，将乡镇中小学校布局调整后闲置的校舍无偿提供给社会力量开办幼儿园，设立幼教专项经费，政府为投资1200多万元建设的民办蓝天幼儿园建设提供用地，给予农村办园补贴，制定《景宁畲族自治县人民政府关于促进学前教育发展提升学前教育质量的实施意见》，将民办学校管理纳入工作范围。

大力发展高中教育 景宁中学实现整体迁建。职业高中实现整体搬迁，并新建了机电实训大楼和旅游实训基地，调整专业设置，与浙江林学院、浙江旅游职业学院、浙江机电职业技术学院等3所职业院校建立了结对扶持关系，旅游与餐饮服务专业成为省级示范专业。

严格执行国家教学大纲和课程计划，积极推进新课程改革，全面加强课改培训，努力规范学校办学行为，做到依法治教、依法治校、管理有序，办学水平不断得到提高。达到省定标准要求。

学校人事制度改革 做好全县中小学教师核编工作。在全省范围内率先对幼儿教师进行核编164名。推行城乡教师互动助长机制。2009年实施了“县城骨干教师下派农村支教，农村新教师上挂县城培训学习”制度。全面实施“星级班主任评比、名师名校长评比、学科带头人评比”等，推行教职工全员聘任制和校长负责制、学校后备干部选拔制；建立教师考核评价制度、校长任期考核制度、名师支教制度、中层干部竞聘上岗制度。出台《关于加强教育系统教师队伍稳定和管理的意见》，严格控制人才外流。施行农村边远山区教师倾斜的分配制度，提高教师福利待遇。年终给农村教师一定的补助，2006年每人500元，2007年每人1000元，2008年每人3000元，达到省要求。

学校管理制度　强化考核评价，激励学校办学水平的提高。制定印发了《景宁畲族自治县学校办学水平发展性督导评价方案》，对学校的队伍建设、教育教学、安全工作、财务管理、学校发展、校园文化建设等提出了明确的要求，每年组织考核，做到奖优罚劣。制定了《景宁县中小学生"养成教育"主题德育工作实施方案》《校园建设二十看》《中小学德育工作管理手册》，开展一班一品、温馨教室创建、校风示范校评比，文明单位、省市示范学校、绿色学校、书香校园、平安校园、校园文化创建等活动，全县中小学校风校纪良好，在校学生违法犯罪率为零，达到省要求。

教育督导　1997年成立了景宁畲族自治县人民政府教育督导室，配好专职教育督导干部的同时，2008年聘任了一批兼职督导员。

健全制度。制定了《景宁畲族自治县人民政府教育督导工作规则》，教育督导工作规范、有序。

依法督政。制定了《景宁畲族自治县乡镇教育工作年度考核办法》，对乡镇教育工作进行考核，指导乡镇政府积极开展创建省、市教育强镇乡活动，促进基础教育均衡发展。

依法督学。认真开展学校学年督导评估，积极创建省、市示范性学校，提升办学品位，达到全省平均水平。

素质教育　政府把全面推进素质教育作为党政领导的重要职责，并且将乡镇教育工作列入年度考核。制定了《景宁畲族自治县基础教育质量提升行动指导意见》，实施"人格奠基、教学质量提升、人才强教强校"三大工程，全面推进素质教育。落实责任，把教育工作实绩列为对党政领导干部年度考核的重要内容。组织学校积极开展校园科技文化艺术节、素质运动会和特色学校创建等活动，切实保证学生课外体育活动时间、在校学习时间、休息时间达到省级标准。

学生能力　制定《景宁畲族自治县基础教育质量提升行动指导意见》，深入实施“人格奠基、质量提升、人才强校”三大工程，全面推进素质教育。组织德育现场会、德育班队课观摩、庆“六一”迎奥运、全县中小学文艺会演、校园“科技节、读书节、阳光体育节”、“书香校园、平安校园”等丰富多彩、积极向上的活动。重视教育科学研究，强调科研为教育教学实践服务，三年来，教科研工作硕果累累，全县共有 5 项研究课题在省级获奖，135 项在市级获奖。实施人才强教强校工程，财政按教师工资的 3%提取教师培训经费，强化“两支队伍”建设。对教师进行全员培训、外挂学习、脱产进修、集团培训，实现了“人才强教强校”工程。全县有省一级重点高中 1 所，省教育科研 200 强学校 2 所，省教育科研先进集体 1 所，省校本教研示范校 2 所，省文明单位 3 所，省级艺术教育特色学校 1 所，省现代教育技术实验学校 4 所，省绿色学校 2 所，省市级语言文字规范化示范校 2 所。达到省级标准。

德育工作　出台《景宁县中小学生“养成教育”主题德育工作实施方案》，全面落实养成教育为中心的主题德育活动，每年开展“红五月”艺术节、6 月的读书节、10 月的体育节、11 月的科技节活动，开展创建“书香校园、快乐校园”活动。落实《校园建设二十看》和《中小学德育工作管理手册》，开展“一班一品、温馨教室创建、校风示范校评比”。开展优秀学生家长评比。开展安全知识教育和校园周边环境治理。2006—2008 年，没有重大安全事故和青少年学生违法犯罪行为发生。全县中小学“平安校园”创建率达到 100%，达到省级标准。

学校安全环境建设　健全安全教育网络。县政法委、公安局相关部门建立了学校法制副校长制度；健全安全教育制度，包括学校集体活动审批制度，学校调课审批制度，学校安全管理手册，安全工作月报制度、安全检查制度、年终平安校园评选制度，开展“安全教育周、交通安全宣传月”“法制教育月”活动，加强食品卫生、防溺、消防、交通和自然灾害等安全知识教育和校园周边环境治理；健全安全教育责任制。门卫值班、食品安全管理、消防安全管理、体育场地器材管理、健康体检等；实施校舍安全隐患整改工程。全县配齐应急灯和灭火器等消防器具。2006—2008 年，教育局连续 3 年被评为丽水市安全工作先进单位，县安全考核达到省级标准。

办学成果统计一览表

表 13-2-4

项目指标		数量	说明
教科研成果	市级教科研成果获奖数(项)	135	
	省级教科研成果获奖数(项)	5	
	国家级教科研成果获奖数(项)	0	
省教育强乡镇	省级教育强乡镇数(个)	14	
	省级强乡镇占全县乡镇总数的比例(%)	67	
行为规范达标学校	小学生日常行为规范达标学校数(所)	20	
	中学生日常行为规范达标学校数(所)	4	
各类省级示范性学校	省级示范性幼儿园数(所)	0	
	省级示范性小学学校数(所)	2	
	省级示范性初中学校数(所)	2	
	省级示范性成技校数(所)	1	
	省级重点高中学校数(所)	1	
	省级重点职高学校数(所)	0	正在申报省二级
省级文明学校数(所)		2	
省级标准化学校数(所)		22	
中学在校学生违法犯罪率(%)		0	

通过省教育强县创建验收

4 月 22 日上午，在畲乡大酒店十三楼满江红会议室召开评估验收工作反馈会。评估验收小组认为，景宁创建省教育强县工作取得了显著成效，对照《浙江省教育强县评定操作标准》，25 项指标要求，达标 23 项，基本达标 2 项，达到省教育创强县标准，通过评估验收，报请省人民政府批准公布。

2010 年 9 月，景宁畲族自治县被浙江省委、省政府授予“教育强县”荣誉称号。

第十四章　人　　物

（含补录）

景宁境域历史悠久，山川毓秀，人文荟萃，重教之风绵延不绝，教书育人，代有英杰，才俊辈出。他们为景宁教育发展，培养人才，为人师表，呕心沥血，做出不懈努力和贡献，值得后人敬仰。为彰往昭来，前有所瞻，后有所鉴，从众多人物中遴选出具有代表性的人物，收入本志《人物》章。

人物分知名教育工作者，国务院政府特殊津贴获得者，全国模范教师、全国优秀教育工作者、全国优秀教师，浙江省劳动模范，浙江省特级教师五类，共12人。入志人物排序：知名教育工作者以出生年月先后为序，同一层级以获奖时间为序。

限于档案资料，收录的人物难免挂一漏万，以待后志补正。

知名教育工作者

傅宗元　男，汉族，生于1925年10月，卒于2010年7月。浙江景宁大均人，中学高级教师，中共党员。1947年9月，进国立英士大学农业经济系就读，1949年5月肄业，7月入景宁中学任教。曾任教导主任、代理主委、校长、党支部书记等职务；曾兼任云和县、丽水县、景宁县人民政府委员，景宁畲族自治县第一届人大常委会副主任。

他博学多才，擅格律诗，精正、草、隶、篆诸体书法，任教初、高中生物、语文、英语，成绩突出，深受学生爱戴。为人谦逊。退休后，依然为景宁中学的发展奔走，洒下辛劳汗水。

他为人师表，1955年、1956年、1957年被评为“景宁县教育先进工作者”；

1959 年 12 月，荣获“温州地区（当时景宁县隶属温州地区）种子工作先进工作者”称号；1977 年、1978 年、1979 年被评为“云和县教卫体战线先进工作者”；1985 年被评为“景宁畲族自治县优秀党员”。

严　律　男，汉族，生于 1925 年 12 月，卒于 2004 年 10 月。浙江景宁澄照东畔村人。1946 年毕业于杭州师范学校，同年回到景宁县鹤溪小学任教。1946年至 1959 年 11 月，历任鹤溪小学、金坵农中、渤海中学校长。1959 年 11 月至1960 年 1 月，任景宁县教育局副局长（主持工作）。1960 年 2 月至 1987 年 9 月，历任景宁中学、沙湾中学、云和中学、云和县教师进修学校党支部书记、校长（校革委会主任）。

他推崇“有教无类”的教育理念，主张“教学相长”“学以致用”的教学方法，认为改变山区落后面貌的根本出路在于发展教育。他丰富的国学、哲学知识在云和县、景宁县教育界享有盛誉。

从教 46 年，为山区教育奉献毕生，淡泊名利，为人师表。1950 年 9 月，当选为景宁县第一届人民代表会议常务委员会副主任。1952 年 9 月，被温州专区（景宁隶属温州）授予“优秀人民教师”称号；1958 年，荣获“浙江省文教战线社会主义建设积极分子”称号，终身享受省级劳动模范待遇。

国务院政府特殊津贴获得者

柳敏敏　女，汉族，1970 年 4 月生，浙江景宁沙湾人，本科学历，中学高级教师，中共党员。1987 年 8 月参加工作，先后在沙湾镇小、实验一小、实验二小、民族小学任教，2010 年至 2012 年，任民族小学校长。

从教 25 年来，坚守景宁一线教育，放弃发达地区的高薪聘请，为景宁教育事业发展添砖加瓦，为提高教学质量，用心用情。教育科研硕果累累，《用现代的教学理念支持学生的学习》《小学数学单元备课浅议》等 20 余篇专业论文在《小学数学教师》《中小学数学》等全国核心期刊或者以上正式刊物发表。主编或参编教材，著作 10 部，《朴实智慧的课程，我们的追求》获浙江省论文评比一等奖，10 余个课题获丽水市一等奖。2002 年，建立景宁县小学数学培训班工作室。是浙江省中小学骨干教师赴北师大访问学者，还被省教育厅选拔为“省名师名校长”高研团成员赴美国访学。

2002 年被省政府评为“浙江省小学数学特级教师”。先后还荣获“浙江省劳动模范”称号。2012 年被评为“浙江省十大育人先锋”，入选“长三角中小学名校长培养对象”，被推选为浙江省十三次党代会代表。2009 年 2 月，获国务院政府特殊津贴。

全国模范教师、全国优秀教育工作者、全国优秀教师

瞿线花 女，1945 年 12 月生。浙江景宁陈村乡顺利村人，中师学历，小学中级职称，中共党员。1961 年至 1999 年 11 月，一直在顺利完小任教。1990 年 9 月至 1999 年 9 月，任顺利希望小学校长。在顺利这块贫瘠的土地上，工作踏踏实实，不计名利，以校为家。教学认真，狠抓质量，管理有序，为景宁乡村教育事业贡献一生。

曾获得“浙江省春蚕奖”“全国希望工程园丁奖”“全国巾帼建功标兵奖”，多次获地、县级先进工作者，优秀教师等荣誉称号。1998 年，被评为“全国模范教师”。

严振来 男，汉族，1947 年 12 月生，浙江景宁鹤溪镇人，大专学历，小学高级教师，中共党员。1968 年 8 月参加工作，先后在外舍乡中心小学、梅岐乡中心小学、张春民族小学任教。1982 年至 2001 年，任张春民族小学校长。安心乡村教育，工作认真，任劳任怨，平易近人，受同事尊敬，是乡村学校的一位好校长。

1989 年，被教育委员会、人事部评为“全国优秀教育工作者”。

周竹娅 女，汉族，1960 年 9 月生，浙江莲都人，本科学历，中学高级教师，中共党员。1979 年 9 月参加工作，曾在景宁中学、民族中学、景宁畲族自治县教育局、丽水市广播电视大学教务处工作。曾任民族中学工会主席、县教育局女工委主任。

1989 年 9 月，被教育委员会、人事部评为“全国优秀教师”。

苏鸿英 男，汉族，1940 年 4 月生，福建宁德人，小学高级教师，中共党员。

毕业于福建省福安师范专科学校。1959年8月参加工作,先后在福建省霞浦长春学校、吕峡学校,景宁畲族自治县学田小学、景宁县教研室、城郊教育办公室工作。1985年9月至2000年4月,任城郊教育办公室主任。

从教40余年,一心扑在山区教育事业,兢兢业业,不计名利,是外省籍在景宁工作一辈子的优秀教育工作者。

多次被评为县优秀党员、县优秀校长,曾被评为县中青年干部特殊贡献者。1991年9月,被教育委员会、人事部评为“全国优秀教师”。

徐振邦 男,汉族、1953年3月生,浙江景宁大地人,大专学历,中学高级教师。1980年7月,毕业于遂昌师范学校。先后在大地乡中心小学、标溪乡初中、毛垟乡初中、沙湾中学、民族中学、城北中学任教。曾任教务主任、工会主席等职。

教学认真,成绩较好,在历次统测中,教学成绩居全县前列。钻研教学方法,善于总结经验。《谈如何解答初中物理问答题》等30多篇论文在省级以上刊物发表;合著《中考物理系列训练精要》《科学竞赛》《初中物理应试指南》;独著《点滴》。

多次被评为县、市先进教育工作者。1993年,被教育委员会、人事部评为“全国优秀教师”。

浙江省劳动模范

雷益珠 女,畲族,1960年9月生,景宁澄照人。中师学历,小学高级教师,中共党员。1978年2月参加工作,在东坑镇小、实验二小等校任教。

在偏僻山区任教30多年,工作勤勤恳恳,任劳任怨,认真钻研教法,努力探索乡村学生教育教学方法,所任班级学生成绩居全镇前茅,得到家长和学生肯定。

1985年12月,被省政府授予“浙江省劳动模范”称号。1988年,当选第十一届全国工会代表。

张　彦 男,汉族,1934年7月生,卒于2010年1月。浙江景宁英川人。毕业于龙泉师范,1953年参加工作。1963年因被错划为“右派”下放到新疆生产建设兵团农场，1978 年获平反，1979 年在景宁中学任教，1994 年 7 月退休。

1984 年，他创建景宁中学简易“动物苑舍”，带领学生抢救饲养受伤动物，制作动物标本，在全国中学生物教学中，屈指可数，享有盛名。教学研究成果丰硕，1000 余篇科普文章和 90 余篇论文，在各级报刊发表。其中，《树立生态安全观念·着力改善生态环境》论文在国内有一定影响。

他先后获得“畲乡建设十大标兵”“景宁县科技贡献奖”“丽水市十大环保标兵”“浙江省环境绿色志愿者”“浙江省优秀教师”“全国保护野生动物先进个人”“全国环境教育先进个人”“全国绿色家庭”等荣誉。1987 年 9 月，被省政府授予“浙江省劳动模范”称号。

浙江省特级教师

周秀芬　女，汉族，1934 年 1 月生，浙江缙云人，毕业于浙江省丽水师范学校，1958 年 8 月参加工作，一直在县实验一小任教，直至退休。

她毕生潜心小学数学教学和研究工作，倡导小学数学教学以学生为主、自学为主、练习为主的“三主”方法。积极探索运用课本进行批读、析读、查读，着重培养学生视算、口算、心算能力的实践，研究成果全县推广。

1983 年，被省教育厅授予“五讲四美为人师表优秀教师”称号。1986 年，被浙江省人民政府授予“浙江省特级教师”称号。

孙梅菊　女，汉族，1950 年 4 月生，浙江永康人，中师学历，中共党员。先后在景宁严村小学、田湾小学、外舍中心小学、县实验一小任教。

她工作踏实，认真钻研教材，积极探索教法，尤其重因材施教，注重后进生教学。1982—1993 年，任教的学生参加统测，及格率、优秀率均为 100%，平均成绩达 96 分。辅导学生参加“全国小学数学奥林匹克”竞赛，满分奖 2 人、一等奖 1 人、三等奖 3 人。1996 年，《分层导学，整体激励》论文，在浙江省特级教师讲习班上交流，多篇教学论文在《小学数学教师》等专业刊物上发表。

1994 年，被省政府授予“浙江省特级教师”称号。

附　　录

一、文件选辑

关于试行《学校管理目标责任制》的通知

景教〔1994〕60 号

各中小学、幼儿园、教育督导组：

为了切实加强学校的制度化、规范化、科学化管理，不断优化育人环境，进一步提高教育教学质量，加快九年义务教育的步伐，经研究，决定从九四年起在全县中小学中开始试行"学校管理目标责任制"，并依据本责任制对学校工作全面考核，同时，通过试行与考核，不断完善学校内部管理。现将《学校管理目标责任制》和考核细则印发给你们，请各校认真贯彻参照执行。

附 1.《学校管理目标责任制》

2.《学校教学质量指标》

3.《学校教学质量指标》考核细则

4.《景宁县中小学教导主任考核意见》

景宁畲族自治县教育局

一九九四年四月二十一日

报：省教委、地区教委、县委、县人大、县府、县政协、县委宣传部、陈铁雄、雷文先、周士广、林美琴同志

附件一：

《学校管理目标责任制》

一、切实加强教工政治思想工作和师德教育，定期召开例会，隔周组织政治学习，做到政治思想工作到位。思想教育到人。学校领导班子团结，有战斗力和号召力，教师热爱本职工作具有奉献精神，做到教书育人，为人师表。教工中无争吵、闹不团结、赌博等违纪违法行为。

二、真正落实德育为首，采取有效措施，切实加强学生爱国主义教育、革命传统教育，伦理道德教育和行为习惯的养成教育。积极探索新时期学校德育工作的新方法，建立家庭、学校、社会三位一体的立体型教育网络。杜绝学生中抽烟、赌博等行为，基本消除学生中考试作弊，浪费粮食等现象，违反校纪校规（指受警告处分以上）人数逐年减少，不擅自开除或退学学生，在校生无受公安部门行政拘留以上处理。

三、坚持以教学为中心。狠抓教学常规的落实，不断提高教学质量，教学指标达到教育局规定要求。

四、严格执行教学计划。按规定开齐开足各门功课，并做到计划、师资、内容三落实。在教学中能渗透职业技术教育，认真组织好“三后教育”。学生体育达标率（县属学校达标率95%以上，镇属学校达标率85%以上，乡级学校达标率75%，完小达标率70%以上）均达规定要求。城镇初中学校学生年近视发病率不高于70%；农村初中学校学生年近视率不高于5%；城镇小学学生年近视发病率不高于2%；农村小学学生年近视发病率不高于1%。

五、认真贯彻实施义务教育法，积极采取措施抓好九年义务教育。切实做好学籍档案管理工作，学校有专人（或兼职人员）负责，上报县局各类表册及时，准确无误，转学、休学、复学手续完备，无重读生，回炉生。小学五率（入学率97%以上，巩固率99%以上，普及率95%以上，毕业率97%以上，非盲率96%以上）均达规定要求，中学三率（招生率完成98%以上；普及义务教育的乡镇学校巩固率98%以上；毕业率95%以上；本普及义务教育的乡镇学校巩固率96%以上，毕业率85%以上）均达到规定要求。

六、健全学校岗位责任制。各项制度健全且贯彻落实到位。学校及各处室有考核记录。有奖罚措施，责任到人，能充分调动广大教工的工作积极性和主动性，促进学校各项工作的健康发展。

七，加强调研组(学科组)队伍的建设。结合学校实际，积极开展教研活动，做到教研计划、时间、内容三落实。县属学校各教研组至少制定一个研究课题，其他学校至少制定一个研究课题，并做到有专人负责、有课题实施计划，有课题报告(总结或论文)。

八、加强校园文化建设，形成具有本校特色的“三风”，优化育人环境，学校用于校园文化建设(绿化、美化、宣传窗、广播设备、卫生设施、道路修整等)的投入不低于当年预算外收入的10%。

九、健全学校财务规章制度和校产管理制度，合理使用教育经费，开源节流，节支增收。积极开展勤工俭学活动。创建条件、创办移动工厂，开发农业基地，组织好小秋收等活动，完成县局下达的勤工俭学指标。

十、严格执行计划生育条例和有关规定，教职工中无违反计划生育条例及有关规定。

附件二：

学校教学质量指标

一、中学教学质量指标(初中全县平均优秀率定20%，合格率定95%)

学校＼指标	初中		高中		
	优秀率	合格率	优秀率(A、B)	合格率	平均分
景中	33%	93%	40%	93%	地区同类学校前七名
沙中	33%	98%	25%	90%	地区同类学校前十名

学校＼指标	初中		学校＼指标	初中	
	优秀率	合格率		优秀率	合格率
民中	30%	93%	澄照初中	10%	85%
英中、东中、渤中	25%	98%	外舍初中	5%	80%
毛垟中学、鸬鹚中学	10%	90%	其他学校		

二、小学教学质量指标

学校＼指标	一、二年级		三年级		四、五年级	
	合格率	优秀率	合格率	优秀率	合格率	优秀率
全县	95%	60%	95%	40%	95%	30%
县小、岳溪镇小	98%	75%	98%	50%	98%	40%
其他镇小	98%	70%	98%	45%	98%	35%
乡校	95%	60%	95%	40%	95%	30%
中心完小及郑坑、梅岐、葛山、大地乡校	90%	45%	90%	30%	90%	20%

附件三：

《学校管理目标责任制》考核细则

项目	权重值	考核内容和要求	评分标准	加分	扣分	实得分
一	12	1.定期召开例会，隔周组织政策学习； 2.学校班子团结，有凝聚力和战斗力； 3.教工精神面貌好。政治空气浓厚，讲奉献，比贡献，教书育人，为人师表。	①1—3 项达到要求给满分； ②未按规定召开例会和组织教师政治学习扣 1—2 分； ③学校班子不团结，涣散无力扣 4 分； ④教师中有违纪或吵骂事件一起扣 2 分。			
二	12	1.落实德育为首，采取有效措施，加强学生思想品德教育和行为规范教育。 2.建立“三位一体”的德育网络，杜绝或减少学生中的违法违纪行为。	①1—2 项达到要求给满分； ②德育管理制度不安全，未建立“三位一体”的德育网络扣 1—2 分； ③学校违纪违规人数达 2%以上者扣 2 分； ④受公安部门行政拘留以上处分一个学生扣 5 分。			
三	14	1.坚持以教学为中心，狠抓教学常规落实。 2.不断提高教学质量，各项指标达到要求。	①各项指标均达到规定要求加 5 分； ②教学常规落实不到位扣 2 分； ③有一项指标未达要求扣 2 分。			

续表

项目	权重值	考核内容和要求	评分标准	加分	扣分	实得分
四	10	1.严格执行教学，开齐开足课程； 2.认真抓好音、体、美、劳技课的教学，不断提高学生身体素质，培养学生特长。	①1—2 项达到要求给满分； ②未按计划开齐开足课程扣 2 分； ③体育达标和学生年近视率控制未达要求每项扣 2 分。			
五	12	1、认真贯彻实施义务教育，切实做好学籍档案管理工作； 2、认真抓好五率，巩固义务教育成果； 3、及时上派各类表册，严格按有关规定办理手续。	①1—3 项均达到要求加 5 分； ②无专职或兼职档案管理人员扣 2 分； ③上报各类表册不及时或有差错扣 2 分； ④学生转学、休学、复学不按规定手续办，每生扣 2 分； ⑤小学五率，中学三率有一率未达到扣 2 分。			
六	8	1.加强学校内部管理，健全学校岗位责任制； 2.引进竞争机制，奖罚分明，增强学校活力，充分调动广大教师积极性。	①1—2 分项达到要求给满分； ②学校岗位责任制不健全者扣 2 分； ③为制定奖罚措施，教师积极性得不到调动扣 2 分。			
七	8	1.加强教研组（学科组）兑取建设，积极开展教研活动； 2.注重骨干教师的培养，支持和鼓励教师参加业务进修，不断提高教师素质； 3.结合学校实际，制定研究课题，并认真组织实施。	①1—3 项达到要求给满分； ②教研组队伍建设不全，未定时开展教研活动扣 2 分； ③骨干教师不培养，又不支持和鼓励教师进修扣 1—2 分； ④未按规定课题又不认真组织实施扣 2 分。			
八	8	1.加强校园文化建设。形成具有本校特色的“三风”。优化育人环境； 2.重视校园文化建设投入，逐步改善办学条件。	①1—2 项达到要求给满分； ②学校未形成“三风”扣 2 分； ③校园文化建设投入低于当年预算外收入 10%的扣 4 分。			
九	10	1. 健全学校财务规章制度和校产管理制度合理使用经费，开源节流； 2.创造条件，办好校工厂，开发农业基地，完成下达的勤工俭学指标。	①1—2 项达到要求给满分； ②财政制度不健全，管理混乱，经费开支无预算的扣 3 分； ③未完成下达勤工俭学指标的扣 4 分。			

续表

项目	权重值	考核内容和要求	评分标准	加分	扣分	实得分
十	6	1.严格执行计划生育条例，认真做好宣传工作，无违反计划生育条例和有关规定。	①宣传工作做得好。无违反计划生育条例给满分； ②有计划生育一例，或违反计划生育条例者不给分。			

注：每一项扣分均在同一项中扣，扣完为止，不实行例扣。

附件四：

景宁县中小学教导主任考核意见（试行）

项目		考核内容和要求	评分标准	权重	加分	减分	实得分
教育教学管理50分	教育管理	1. 积极协助校长完成上级教育行政部门交给学校的各项教育任务，真正在学校起着调度、参谋服务作用，教书育人，为人师表。	达到该项要求给4分，未完成各项教育任务扣2分。未起到调度、参谋、服务作用扣1分，师德表现不好扣1分。	4			
		2.协助校长做好教职工德、能、勤、绩的考核工作和优秀干部、三好生、先进班级的评选工作。	师德考核、优干、三好生、先进班级、有一项未评选者扣2分。	8			
		3. 能根据教育局的年度工作意见，协助校长组织安排好学校的教育活动，包括制定教育工作计划、方案等。（书面）	未组织全校教育活动扣2分，无学校教育工作计划方案者扣2分。	4			
		4.在校长的领导下，组织班主任制定好班级工作计划，能及时检查计划的执行情况；定期召开班主任会议，指导班主任做好学生的德育工作，（包括学生操行评定）对班主任工作进行定性、定量考核评估。	全校班主任班级工作计划不齐全扣2分，无检查执行情况记录扣2分，每学期班主任会议少于4次扣2分，有班主任不写学生操行评定扣2分，对班主任无考核评估意见扣2分。	10			
		5.指导班主任召开主题班会，提供材料，安排内容，对字生进行理想、纪律、行为规范教育。定期召开家长会，并做好家访工作。	每字期主题班会少于1 2节扣2分，未对学生进行理想、前途纪律教育扣2分，未召开家长会，家访工作极少各扣1分。	6			

续表

项目		考核内容和要求	评分标准	权重	加分	减分	实得分
教育教学管理 50分	教育管理	6. 值周管理学校安全保卫工作、住校生管理制度健全、措施得力，方法得当，管理效果好。	学校无值周管理，住校生管理制度各扣 1 分。学校安全保卫工作制度不健全，造成重大损失扣 2 分。	4			
		7.做好“纪律、卫生、做操”三项优胜竞赛，组织落实和评比工作，《中小学生日常行为规范》贯彻实施好。	未设立“纪律、卫生、做操”三项优胜竞赛，缺一项扣 1 分，未组织实施规范扣 2 分。	4			
		8.严格执行《中华人民共和国国旗法》，坚持国旗下的讲话。	未坚持升，降旗制度和国旗下的讲话扣 3 分。	3			
		9.协同团委、少先队、总务处积极组织学生参加文体活动，公益劳动，清洁卫生劳动，培养学生劳动观点和良好的生活习惯。	文体活动，公益劳动能积极举行，清洁卫生保持好给 3 分。	3			
		10.积极开展“双学”活动，教风、班风、学风好。	“双学活动”开展经常，效果好，给 4 分，从未开展“双学活动”扣 4 分。	4			
教育教学研究 30分	教育管理	1.定期组织教师进行业务学习，如组织学习教学大纲、教材，先进教学经验，注重骨干、年轻教师培养，努力提高教师素质。	每学期组织教师业务学习不少于 4 次。给 3 分，培养年轻教师有措施，且效果好给 1 分。	4			
		2.健全教研组、年级组，定期召开教研组长、年级组长会议，积极开展各项教研活动。建立相应的评比制度。	教研组机构健全给 1 分，教研组长会议每学期不少于 4 次给 1 分，教研活动正常给 1 分，每学年开展先进教研组评选给 1 分。	4			
		3.结合学校实际，积极开展课题研究，并取得研究成果。	能结合实际，开展课题研究，学校每年有研究课题给 3 分。获县级、地级、省级、国家级奖分别奖 5 分、10 分、15 分、20 分。	3			
		4. 鼓励和指导教师开展教学改革和教学研究，积极向先进学校学习先进的教育教学经验。	县属学校每学期地区级 5 篇以上论文获奖得 3 分，镇（乡）学校每学期县级 5 篇以上论文获奖得 3 分。（含省级以上刊物发表）。	3			

续表

项目		考核内容和要求	评分标准	权重	加分	减分	实得分
教育教学研究30分	教育管理	5. 重视课堂总结和教学经验的交流和推广。积极向先进学校学习先进的教育教学经验。	教学经验交流推广形式多样,效果好,并能采取措施积极学习先进教学经验得3分。	3			
		6.有目的有计划地深入课堂听课,认真组织评选,探讨教法、学法。	18个班级以上学校全学期听课评课不少于20节,给5分。12个班级以上学校全学期听课评课不少于12节给5分,12个班级以下学校全学期听课评课不少于10给5分。	5			
		7. 积极组织教研组开展观摩课和研究课教学或教育教学讲座。(有记录)	18个班级以上学校全学期观摩课、研究课和教学讲座不少于6节;12个班级以上学校全学期观摩课、研究课和教学讲座不少于4节;12个班级以上学校全学期观摩课、研究课和教学讲座不少于2节。	4			
		8.积极支持省、地、县教研室工作,出色完成上级教研部门布置的教研任务，积极参加省、地、县教研室活动。	积极配合各级教研室工作,出色完成上级教研部门的教研任务,积极参加各类教研活动得4分，无故不完成或不参加各类教研活动扣4分。	4			
	教学管理	1.教学工作档案(计划、总课表、试卷质量等分析等)健全。	计划、总课表、试卷质量分析缺一项扣1分。	3			
		2.教师业务档案(计划、总结、备课录、论文发表、获奖情况、业务进修、所教班级期中,期末成绩等)健全。	计划、总结、备课录等七项缺一项扣1分。	7			
		3.学生学籍管理档案[学生名册、入学、转学、休学、复学、退学、毕业证书(留底),奖惩材料等]健全。	缺一项扣1分。直至扣完该项分数。	5			
		4. 学生学籍档案(学生学籍卡、毕业生登记卡表、学生体质健康卡，社会实践登记表、体育达标登记表等)健全。	缺一项扣1分。	5			

续表

项目		考核内容和要求	评分标准	权重	加分	减分	实得分
	教学管理	5.文化考核制度(复习、命题、测验、阅卷评分、质量分析、补考、考务工作有关规则)健全。	指导复习、命题、测验工作认真给1分,阅卷、质量分析制度严格给1分。有各级各类考试考务工作制度健全给1分。	3			
		6.协助总务处制订。教学参考资料、图书、仪器、体育器材的添置登记、出借、赔偿等制度等。	有制度,并能认真实施给3分,未制定有关制度不给分。	3			
		7.认真执行教学计划。开齐、开足课程,合理科学安排课表,并督促教师严格执行教学计划(有措施)。	认真执行教学计划、开齐、开足课程给4分,少开、不开一门学科扣4分,课表安排合理给1分,不合理不给分,有执行教学计划检查措施给2分,否则不给分。	7			
		8. 定期检查教师教学常规情况、记录、检查意见全面客观、公正合理(期中、期末各一次)	对教师的备课、上课、辅导、改作、考核等常规能定期检查、做到每学期不少于两次给3次,有检查,并附检查意见给4分,否则扣4分。	7			
		9. 严格执行教育局有关征订学生学习资料的有关规定,无乱定、滥定资料现象、学生负担适度。	有违反教育局有关征订资料规定扣4分。学生负担过重扣1分。	5			
		10.协助校长,严密组织各级各类考试,考风考纪好,成绩统计、上报材料准确、及时。	各级各类考试有严重舞弊行为扣3分,成绩统计,上报材料有误或不按规定时间上报扣2分。	5			
	工作业绩	1.精通业务,工作认真、负责,能起表率作用。	业务熟悉,工作负责,成绩突出,在教师中起表率作用得3分。	2			
		2.有良好的校风,教风、班风和教学秩序。	教学秩序井然、校风、教风、班风良好得3分。	3			
		3.各级各类竞赛成绩优良。	县属学校有获得省级三等奖励。镇级学校有获得地级三等奖以上奖励,乡级学校有获得县级三等以上奖励。	3			

续表

项目		考核内容和要求	评分标准	权重	加分	减分	实得分
	工作业绩	4. 各级各类会考成绩达到县局教学指标。	县级以上会考全部达到县局教学指标得 10 分，各科优秀率，合格率有一项不达标扣 1 分，直至扣完。	10			
		5.重视青年教师的培养，充分发挥教坛新秀的作用。	县属学校被评为地级以上教坛新秀，镇乡级有被评为县级以上教坛新秀，并能充分发挥其作用得 2 分。	2			

关于全县学校布局调整的实施意见

景政办〔1998〕44号

各乡镇人民政府，县政府各部门，各直属单位：

为切实做好我县教育布局调整工作，现根据省、地有关规定、标准，结合我县实际，对全县学校布局调整工作提出如下具体实施意见：

一、指导思想：学校布局调整工作要在保证学龄儿童少年入学的前提下，以提高办学整体综合效益为目的，统一认识，实事求是，以乡镇为单位，有领导、有步骤，一次规划、分步实施、科学合理地进行。

二、基本原则：

1. 根据实际确定教育网点，并确定其规模。乡镇小学平均师生比原则上不低于1:15，城镇小学平均师生比原则上不低于1:20。凡达不到以上标准的乡情，必须通过并改提高师生的比例。

2. 学生数在10人以下的村级小学，一律列为撤并范围；学生数超过10人且周围交通方便的村小也列入就近并校范围。

3. 村级小学的复式班学生数在36人及以上可开设两个教学班；完小开设五个标准班，每班不少于15人；有条件的乡镇应实行一乡一校，走集中办寄宿学校的路子。

4. 今后学校布局调整工作每学年一次，到2000年全部撤并完毕（具体调整方案详见附表）。不另行发文。

三、具体要求：

1. 转换观念，统一认识。各级党政领导要统一认识，树立全局观念，改变过去那种只看数量不求质量的观念。要充分认识到学校布局调整是提高办学效益，巩固“两基”成果的重要措施。要加强领导，广泛宣传，切实做好群众的思想工作，坚持原则，实事求是，认真实施好学校布局调整方案。学校领导和教师要积极配合，做好参谋。

2. 富余代课教师的安置：本次学校布局调整后，富余的代课教师由教委负责分期分批进行辞退，凡 1992 年 1 月 31 日前代课的教师，辞退后按实际代课教学，一次性发给每年辞退费 140 元，凡 1992 年 2 月 1 日后参加代课的教师，应无条件给予辞退，不发辞退费。

3. 教师设施等校产的处理：被撤并学校的课桌凳、教学设施等校产由并入学校接收，村小校舍委托当地政府管理，完小校舍委托当地政府，中心学校管理，用于办成技校教学点、幼儿园等有关教育的公益事业。

4. 在本乡镇范围内，不得以行政村划分学区；各校不得以任何理由拒收被撤学校的学生入学，也不得收取借读费。对办寄宿制的学校，低段（1—3 年级）寄宿生每 15 人左右可配备一名保育员。

5. 上述实施意见自 1998 年 9 月 1 日起实施。由教委负责解释。

景宁畲族自治县人民政府办公室

一九九八年九月二日

主题词：教育　工作　意见

抄送：地区教委，县委各部门，县人大，政协，纪委办，县人武部，县法院，检察院

景宁县学校撤并方案(1998—2000年)

乡镇名称	1998年撤并	1999年撤并	2000年撤并
鹤溪镇	新华 石垟 → 镇小 三枝树 → 东弄 旱岗 → 张春 余山(高段) → 浮丘	粗滩 敉木山 惠明寺 → 张春	余山 → 浮丘 王木坑 三枝树 东弄 → 张春
外舍乡	金村 石龙 汇田 → 乡校	坑山后 石龙 岚头 岭北 白岸(高段) 王金垟(两班) → 乡校	王金垟 → 乡校
大均乡	伏坑 叶坑 新亭 李卜坑 梅山 张辽 派庄 坑头 → 乡校		
澄照乡	朱排 小东岱 → 坦垟 坦垟(高段) → 乡校	仙山 → 际头 朱坑 → 坦垟 际头(高段) → 乡校	金坵 → 乡校
梅岐乡	石闩 张山 古楼 → 乡校	竹山 横坪 → 乡校	李山头 岳崇 → 乡校
东坑镇	大张坑 → 北溪 叶源垟 桃源 北山 杨斜(三四年级) → 镇小	杨斜 罗山 林山 竹埠 何村 徐砻 黄山头 深垟 吴山头 茗源 → 乡校	白鹤 章坑 → 乡校

乡镇名称	1998 年撤并	1999 年撤并	2000 年撤并
大际乡	琴山、林源排、彭村 → 镇小	小佐 → 乡校	
雁溪乡	浮停岗、岙头、石柱改简易小学 → 乡校	黄桐、石梯、东山 → 乡校	梅坞、拓湾、高宅 → 乡校
景南乡	东塘、石立、程田、缪坑 → 乡校	上渔（五年级）→ 乡校 岭头、中屋、上标垟 → 上渔	
沙湾镇	无岗头 → 道化 新庄、路电 → 镇小 东堡、后村 → 东后 大地桥改简易	七里岙 → 镇小 后塘改简易 蔡湖垟改简易 岱头垟改简易 麻竹坪、黄水坑、岱根垟、大地桥 → 莲川 东后、林谢 → 叶桥	鳗段湾 林谢 仙姑 水碓垟简易 后塘（简）→ 坑头 坑头（简）→ 坑头 蔡湖垟（简）→ 蔡湖 岱头垟（简）→ 张庄 炉而口（简）→ 道化 严坑（四年级）→ 七里 徐山 → 水井 古楼 → 季庄 赤岩 → 小地 上处垟 → 旺水 本岱 → 莲川 林坑 流坑 李处、何处 → 叶桥 陈田
标溪乡	丰林口（高段）→ 乡校	东车、若要、叶谢、处基、角坦、黄山头 → 乡校	于童、何庄、丰林口、马山、张山 → 乡校
大地乡	垟头 → 乡校 西坑 → 郑公垟	张坑、木溪、佘公岱、驮垟 → （高段）乡校 黄坑改简易 曲坑改简易	

乡镇名称	1998 年撤并	1999 年撤并	2000 年撤并
家地乡	上际坑 下际坑 → 乡校	梅山头 石碧 芎岱(高段) → 乡校	芎岱 平坑 谢坑 梅山头 → 乡校
秋炉乡	第一坑(五年级) 山头(五年级) 新塘垟 后坑 凤口 坑口 伏岩口 万岱坑 大相际 → 乡校	半山(五年级) 湖后(五年级) 下圩(减一班) 山头(减一班) → 乡校 梅花岗	下圩 → 湖后 第四坑 → 乡校
梧桐乡	东源 → 王山头	山前 马栏坦 → 角耳湾 梧桐湾 → 乡校	金兰 → 乡校 (高段) → 乡校 王山头 → 高演
毛垟乡	上舟坪 半岱 上坑头(五年级) 炉西(五年级) 陈坪(五年级) 燕安(五年级) → 乡校	上坑头 炉西 陈坪 燕安 → (四年级)乡校	库下 → 库头 上沙湾 → 乡校
英川镇	鲍岱 → 黄湖 半岭 → 黄湖 湖平头 → 后坑 梨树突 → 茶园 毛坑头 → 黄万 大湾 → 寨后 梅颂(高段) 底垟(高段) → 镇小 若辽(高段) → 隆川 茶园(高段) 后坑(高段) → 黄湖	柳八际 → 堆 白坦 → 隆川 金林 → 镇小 叶垟头 → 镇小 陈坑 → 黄垟口 凤垟 张川 隆上 黄垟口 → (高段)黄湖 木耳口 黄谢圩 温堆 → (高段)隆川 坑垟(高段) 董川(高段) → 镇小	五架 → 坑 若辽 → 隆上 黄万 → 凤垟 石颂 → 黄谢圩 外处 → 后坑 木岱根 → 茶园 周占 → 洪元 梅颂 → 镇小

乡镇名称	1998 年撤并	1999 年撤并	2000 年撤并
鸬鹚乡	夏山头(高段) → 乡校 温奉 → 仁宇坑 油坑塆 → 吴山 罗坑头 → 茶小	仁宇坑 南坑下 茶亭 山下 黄桑南 吴山 → 安坑下	夏山头改简易
葛山乡	岱头 → 乡校 岗头(高段) → 乡校	岱根、[印章、粗砻、岭头 → (高段)乡校]、西山(四年级) → 乡校	湖处 → 乡校
渤海镇	渤海坑、沈坑、垟团、梅坑(高段)、东畔(高段) → 镇小 湖坑 → 门潭	梅坑、鲍山头、乌坛、石塘口 → 镇小 上寮、梅源 → 安亭	东畔、石塘山、桥头 → 镇小 石砻、东山、驮圩、外湾、门潭 → 大都
陈村乡	李坑、下朱 → 乡校或顺利 金田、黄辽、后坪、景边、塘堡 → (高段)乡校或顺利	罗卜垟、鲍岸 → 顺利 岳口(高段) → 乡校	金田、黄辽、后坪、景边、塘堡、岳口 → 乡校或顺利
郑坑乡	张坑下、柳山 → 乡校	半岭、吴布(五年级) → 乡校	吴布改简易 羊角降 → 乡校
金钟乡	徐山 → 岭根 大畈 → 杨山 古传 → 乡校 大吴山 → 乡校或包山	岭根(高段)、金钟(高段)、包山(高段)、上斜、杨山、李坑、潘坑、甲头降、陶州 → 乡校	岭根、金钟、小粗 → 乡校

乡镇名称	1998 年撤并	1999 年撤并	2000 年撤并
大顺乡	后斜 → 新四	炉西坑、泸西峡 → 乡校 半岭、高岩、高沈 → (四年级)新四	圭根、毛山、田坑 → 乡校 高沈、长汀 → 新四

景宁县区域性推进素质教育实施方案

景教〔1998〕113号

各县属中小学、学区教办、镇乡中小学：

为进一步巩固“两基”成果，提高“两基”水平，促进我县基础教育的改革和发展，加快我县实施“科教兴县”战略步伐，根据省教委浙教基〔1997〕298号《关于全面推进中小学素质教育的若干意见》和县人民政府景政办〔1998〕35号《关于全面推进我县中小学素质教育的通知》精神，结合我县教育的实际，特制订《景宁县区域性推进素质教育实施方案》。

一、背景分析

(一)推进素质教育是时代发展的必然要求

当今世界政治风云变幻，科学技术发展迅速，国际竞争日趋激烈。世界范围的经济竞争、综合国力竞争，实质上是科学技术的竞争和民族素质教育竞争。《中国教育改革和发展纲要》指出：“我国企业经济效益低、产品缺少竞争力的状况之所以长期得不到改变，农业科技之所以得不到推广，宝贵的资源和生态环境之所以不能得到有效的控制，一些不良的社会风气之所以屡禁不止，原因固然很多，但一个重要的原因是劳动者素质低。”从这个意义上说，谁掌握了21世纪的教育，谁就能在21世纪的竞争中处于战略主动地位。

我国要实现科教兴园的战略决策，实现经济体制和经济增长方式的转变，必须使教育得到较快的发展，变人口负担为人才资源优势。而目前的“应试教育”很难适应时代发展的要求，因此，必须从国情出发，借鉴发达国家的成功经验，对基础教育进行改革，努力提高我国经济建设和社会发展所需的亿万劳动者的素质和各级各类人才的质量。

(二)推进素质教育是我县教育事业发展的需要

从1984年建县开始，我县政府就把教育放在优先发展地位。在各级政府的大力支持下，通过扶贫建校、民间集资等途径，办学条件不断改善。经过全县各级领导和广大教师的努力，我县顺利通过了省政府的“两基”评估验收。中小学教师的整体素质逐年提高，初步形成了一支素质较高的教师队伍。教育质量稳步上升，学生学业成绩从分县初期的地区下游水平上升到目前的中等水平。随着人民生活水平的不断提高，广大群众的教育观念也有所转变，他们希望自己的子女接受更好的、更全面的教育，成为能适应现代社会的、有一技之长的人才，而不仅仅是考大学。所有这些都为推进素质教育提供了良好的基础。

但是，我县地处浙西南山区，工业基础薄弱，交通不便，信息不灵，经济滞后，是个经济欠发达的农业县。在教育事业的发展过程中也面临不少困难和问题。

从客观条件上讲，主要有：办学网点分散，学校规模过小，教育资源利用率低下，教学质量难以得到保证。教育经费严重不足，办学条件相对落后，教师福利待遇低下、住房条件困难的现象，没有从根本上得到解决。客观上存在的激烈的升学竞争和社会上人们的传统教育思想观念，对学校教育形成了巨大的压力。

从主观条件上讲，有些学校受“应试教育”的影响，偏离了受教育者和社会发展的根本需要，单纯为应付考试，争取高分数，片面追求升学率。在教育实践中表现为，只重视少数学生，忽视大多数学生的发展。只重视智育，忽视德体美劳等教育，只重视知识的传授，忽视能力和心理素质的培养。以死记硬背和机械重复训练为方法，增加学生课业的负担，妨碍学生生动、活泼、主动地学习，影响学生的全面发展。

要使我县经济快速发展，缩短与发达地区的差距，必须提高全体劳动者素质。学校教育必须把质量和效益问题提到重要的位置上来，逐步实现从以规模扩展为重点向提高质量为重点的转移。中小学教育必须从“应试教育”向全面提高国民素质的教育转变，素质教育是以提高民族素质为宗旨的教育，它是依据国家教育方针，着眼于受教育者及社会长远发展的要求，以面向全体学生，全面提高学生的基本素质为根本宗旨，以注重培养受教育者的态度、能力，促进他们在德、智、体诸方面生动、活泼，主动地发展为基本特征的教育。

目标要求

总体目标

实施素质教育必须以邓小平建设有中国特色社会主义理论和“三个面向”的思想为指导，贯彻和落实“一纲四法”，探索面向21世纪的现代教育模式。其总目标是，坚持“两全”方针，端正办学思想，办好每所学校。教好所有学生，全面提高学生思想品德、文化科学、劳动技能和身体心理素质，使学生得到生动活泼地发展。具体地说，就是要使学生学会做人、学会求知、学会生活、学会健体、学会审美，为培养他们成为有理想、有道德、有文化、有纪律的社会主义公民奠定基础。

具体目标

到2000年底，全县素质教育的目标为：

1.义务教育：小适龄儿童入学率达100%，小学生升入初中的比例达98%以上，小学年巩固率99%以上，初中年巩固率98%以上，义务教育完成率在85%以上。

2.高中教育：初中毕业生升入高一级学校的比例达50%以上，在校生的年巩固98%以上。

3.小学文化课全科合格率90%以上，初中各科平均合格率在80%，普通高中会考的平均合格率95%，高中毕业生升入大学的人数占全县人口数的万分之八以上。

4.中小学生的体育合格率98%以上，年近视眼发病率，小学控制在2%以下，初中控制在5%以下。

5.中心小学以上的学校按省定标准成为县级以上行为规范达标学校。在校生无违法犯罪行为。

6.加强劳动和劳技教育，教育内容切合实际、形成系列，考核评价形成制度。

7.中小学电教仪器、实验器材、音体美劳器材、图书资料基本上按省定标准配齐，开足开好实验课。

8.加强中小学德育、劳动、劳技基地建设，有条件乡镇都要建一个以上德育基地和生产劳动基地。

9.争取一批学校成为县地级合格学校，两所小学成为地区示范小学，一所初中成为省级农村示范初中。

10.制定全县中心小学布局调整规划，并努力实施。力争通过三年的努力使全县学校布局合理化、规范化。

11.提高中小学教师的学历水平和业务能力，95%以上的小学教师，90%以上的初中教师，80%以上的高中教师，达到合格学历。加快音、体、美、劳师资的培训，使中心小学以上的学校都有专职教师。

三、主要措施

（一）树立四个现代教育观

素质教育思想是现代教育观念的体现。实施素质教育的关键就是从现代社会发展的要求出发，逐步确立以主体教育思想为核心的现代教育观，从而实现“学会生存”“学会关心”到“学会发展”的跨世纪超越。

具体地说，一要转变基础教育为高等教育输送人才，为“教育金字塔”服务的价值观，树立以提高全体国民素质，培养合格公民，为社会主义现代化建设服务的价值观。二要转变只有升学才能成材,考上大学才是人才的人才观，树立多层次、多规格人才观。三要转变把学生当成接受知识的“容器”，不尊重学生独立人格和个性的教学观，树立把学生看成主动获取知识的能动主体，让学生积极参与活动，充分发展个性的教学观。四要转变以考试成绩、升学率作为评价好学生、好学校的唯一尺度的质量观，树立以“两全”方针和学生素质提高为评价准则的质量观。

学校、广大教师及社会各界都要深刻认识素质教育与“应试教育”的本质区别。要通过各种宣传媒介，大力宣传现代教育观念以及实施素质教育的典型经验，坚持以正确的舆论引导广大教育工作者和社会各界端正教育思想，积极支持并参与素质教育。

（二）建立四个运行机制

观念是行动的先导，但仅有观念的转变是远远不够的。区域性推进素质教育贵在实践，要积极建立实施素质教育的运行机制。

1.改革招生、考试制度，建立素质教育的导向机制。逐步实行小学升初中的就近入学制度，同时改进和完善小学教学质量检测办法，强化操作技能和思想品德的考核。实行初中升高中名额与学校办学水平挂钩的办法，变升学竞争为学校办学水平竞争。高中招生采用部分初中优秀毕业生保送入学和特长生奖励加分录取政策。平时考核要改变把分数作为唯一标准评价学生的办法，用多种多样的形式，全面考查学生的素质。逐步推行小学生成绩评定等级制和学生素质报告单制度。

2.改进评估办法，建立素质教育的评价机制。要加强对学校的督导评估工作，严格执行《景宁县中小学目标管理评估办法》。增加兼职督导人员，完善督导评估细则和实施办法。要把年终督导和平时专项督导相结合，定性评估和定量评估相结合，增强督导评估的科学性和可操作性。要从不同类型学校的实际出发，分类要求，分层评价，体现督导评估的公平性。

3.改革学校内部体制，建立素质教育的管理机制。继续完善"三制"(校长负责制、教师聘任制、结构工资制)改革，逐步推行教师工资总额包干制，建立合理的教师流动制度。加强学校党支部建设，完善教职工代表大会制度，发挥支部的堡垒作用和教师群众的监督作用。要严格学校常规管理，认真贯彻执行国家教委《关于规范当前义务教育阶段办学行为若干原则意见》和省教委《关于当前加强中小学教育教学管理工作若干问题意见》的精神，并根据学校实际制定具体实施办法，认真做好"四个控制"(控制学生作业量、控制学生在校时间、控制教师加班加点、控制学生资料的制定)。要加强学校的德育工作，逐步形成校长亲自抓德育，党政工团(队)、年级组、班主任分线齐抓共管的学校德育工作机制，使"教书育人、管理育人、服务育人"成为广大教职员工的自觉行为。

4.强化政府统筹力度，建立素质教育的社会参与机制。要逐步形成各级政府负责、部门配合、学校实施、上下一致的素质教育体系。要稳定财政主渠道，依法收足教育费附加，保证教育投入。构建政府统筹、各部门参与的社区教育网络。建立各种青少年德育基地、劳动教育基地、社会实践基地。办好家长学校，提高家长素质，优化社会育人环境，构建学校、社会、家庭三位一体的教育工作新格局。

（三）突破三个薄弱环节

1.加强薄弱学校建设，办好每一所学校。要制定加强基础薄弱学校建设的具体办法，在经费投入、师资配备、干部调配、评定职称等方面给予政策倾斜。从薄弱学校中选定一批有培养前途的教师到示范学校、结对学校学习锻炼，定期选派思想素质好、业务能力强的教师到薄弱学校指导。

2.加强薄弱学科建设，开好每一门课程。各中小学必须按教学计划开齐、开足并上好每一门课程，严格按课程表上课，不得随意增减课时，不得随便更改课程表，不得以语文、数学等学科挤占德、音、体、美、劳等学科的时间。要根据学生的要求和学校的实际，组织好兴趣小组活动和住校生的闲暇活动，发展学生的爱好特长，形成普及加提高的活动课格局。

3.加强后进生转化，教好每一个学生。学校要把后进生的转化当作一项重点工作来抓。对成绩较差的学生采取特殊措施，根据学生的特点实行因材施教，使每一位学生"进得来、学得到、留得住"。学校要把"转化一批后进生"列为教师基本功考核的内容之一。每一位教师必须设立后进生转化名册，随时记载对后进生的教育及其转化情况，保证他们达到本学科教学的最基本要求。

（四）加强三支队伍建设

1.加强校长队伍建设，保证学校管理质量。要坚持校长持证上岗制度，开展以素质教育理论为主要内容的第二轮校长岗位培训。要通过学术讲座、经验交流、外出考察、先进评选等途径，丰富校长的教育思想。提高他们的管理水平。要改进校长的选拔、任用、考核制度，使校长队伍建设逐步走向科学化、制度化和规范化。

2.加强教师队伍建设，保证全面教育质量。要努力培养精于素质教育的师资队伍，大力开展在职教师的继续教育，重点培养青年教师和骨干教师。在继续抓好在职教师学历进修的同时，把工作重点转移到提高教师的实际教学水平上来，使每一位教师都成为"一专多能"的教育能手。继续开展"师德群体创优"活动，鼓励教师岗位成才。要继续改善教师的住房和福利待遇。大力表彰优秀教师的先进典型，促进全社会进一步形成尊师重教的良好风气。

3.加强教研队伍建设，实施"科研兴教"策略。教研员要端正教研指导思想，树立为基层教师服务的意识，变研“考”为研“教”，积极探索教育教学规律。实行教研员定期聘任制度和目标考核制度，选拔全县最优秀的教师担任教研员或兼职教研员。要进一步加强“教科”建设，积极开展教育科研。

（五）推进两项教学改革

1.深化课堂教学改革。全体教研员和广大教师要积极开展以“三法”（教法、学法、考法）改革为主要内容的课堂教学实验，继续推广和研究与素质教育相适应的课堂教学模式，不断探索实现“轻负担、高质景”的有效途径。教研员要根据素质教育要求，结合学科教学特点，修订课堂教学质量的评价标准和各学科质量的检测标准，确保素质教育落到实处。

2.积极推进课程改革。要在严格执行课程计划的基础上，优化学科课程，强化活动课程，开发隐形课程。要切实加强劳动技术教育，因地制宜地开展学校体育和卫生教育。推广我县编制的《小学晨间活动读本》，建立符合我县实际的活动课程体系。发挥必修课、选修课、活动课各自的教育功能，全面提高学生素质，发展学生个性特长。

四、分步推进

在区域性推进素质教育进程中，根据景宁教育实际，在各级各类学校全面推行素质教育的同时，实行“分类指导，分层推进”的原则，对不同类别、不同层次的学校提出不同的要求。在近一两年内，重点抓好一批素质教育示范学校。确定以下六所学校为首批素质教育实验学校:民族中学、英川中学、鹤溪镇小、沙湾镇小、景南乡校、顺利完小。要求实验学校带着课题开展工作，并及时总结经验，逐步在一定的范围内推广。

具体的安排分成三步：

（一）准备阶段（1998.2—1998.8）。开展素质教育大讨论，加深对实施素质教育意义的理解。利用社会传媒，大力宣传正确的人才观、质量观，为实施素质教育营造有利的舆论环境。学习素质教育理论，总结外地和本县实施素质教育的成功能验。制定本县区域性推进素质教育实施方案。

（二）组织实施阶段（1998.8—1999.8）。召开推进素质教育动员大会。出台并实施与素质教育有关的一系列政策措施。落实素质教育实验学校和素质教育课题研究，制定好学校实施素质教育的具体方案，并认真组织实施。

（三）总结提高阶段（1999.9—1999.12）。整理示范学校的实验材料，写成实验报告。汇编景宁县素质教育研究成果，召开现场表彰大会。制定下一阶段素质教育实施方案。

素质教育的最终目的是全面落实党和国家的教育方针，实现完全意义上的、面向全体的国民教育。因此，实施素质教育是一个长期的、历史性的任务。区域性推进素质教育的过程，也就是不断地纠正当前“应试教育”的不良做法，不断用新的教育机制代替旧的教育机制的过程。在贫困山区如何实施素质教育，并没有多少现成的经验。希望广大教育工作者，努力创新，大胆试验，认真总结，走出适合景宁实际的素质教育之路。

景宁畲族自治县教育委员会

一九九八年八月十二日

抄送：丽地教委、县府、县委宣传部、县委办、县人大办、县政协办、乡镇政府、彭岳舜、林美琴、蒋萌同志

景宁畲族自治县中小学普及实验教学实施意见

景政办〔1999〕5号

各乡镇人民政府、县政府各部门、各直属单位：

为进一步推动我县实验中小学实验室建设，加快实验教学及普及工作步伐，提高普及九年义务教育水平，根据《中华人民共和国义务教育法》《浙江省实行九年义务教育条例》和全国中小学实验教学及普及县现场会及实地普及实验教学会议精神，提出我县普及实验教学实施意见。

一、普及实验教学的目的意义

普及实验教学是高标准、高质量普及九年义务教育和推行素质教育的必然要求，是面向21世纪基础教育改革的重要内容，是实现“科教兴县”战略的重要举措，也是落实素质教育的重要途径。普及实验教学对教学仪器设备配备、实验室建设、开展实验教学，保证教育资源充分发挥效益，提高教学质量具有重要意义。

各级政府、教育行政部门和学校必须提高认识，充分肯定普及实验教学的地位和作用。

二、普及实验教学的方针、目标、重点和范围

普及实验教学的目标是：统筹规划、分级负责、分类要求、分步实施、保证质量、讲求实效。要努力做到建设符合标准，装备综合配套，管理科学规范，使用注重实效。

普及实验教学的目标是：根据省、地教委的规划和要求，对照《浙江省中小学普及实验教学基本标准》配齐各类中小学仪器实验装备，完成实验教学任务，确保在1999年完成普及实验教学任务，通过省级普及实验教学验收。

普及实验教学的重点和范围是：中学物理、化学、生物、自然科学和小学自然（常识）实验室建设和教学仪器配备。包括实验用房、仪器设备、配套设施、实

验人员队伍、实验室管理和实验教学效益等方面。

各级政府、教育行政部门和学校要明确职责，认真抓好中小学实验教学的各项工作。

三、普及实验教学的实施

普及实验教学工作，根据基础教育由地方负责、分级管理的体制，教育行政部门负责组织实施，由各乡(镇)政府和学校负责抓好落实。各乡(镇)政府和县属中小学要建立“普实”工作领导小组，切实加强对中小学普及实验教学工作的领导。

普及实验教学工作要纳入各级地方政府普通教育事业发展的整体规划，与当地实施义务教育相适应。

四、普及实验教学的经费筹措办法

普及实验教学的经费筹措办法是：采取专项拨款与多渠道集资相结合。

中小学实验用房、配套设施和仪器设备，按分级办学、分级管理原则，由各级地方政府和教育行政部门负责装备。其经费来源主要是：

(1)各乡(镇)政府必须征收好教育费附加，专款用于教学仪器的添置；

(2)在学校勤工俭学收入和学杂费中安排一定的比例；

(3)争取社会各方面捐资助学。

各乡(镇)政府、教育行政部门和学校应想方设法，多渠道筹集普及实验教学经费，加大对普及实验教学的投入。

五、普及实验教学的方法和步骤

普及实验教学工作，在省、地教委的指导和县政府的领导下，由县普及实验教学工作领导小组统一协调，县教委负责具体组织实施，采取以各乡(镇)政府和学校为主，责任到人，全县上下联动的方法进行。

普及实验教学工作在省级验收之前完成。整个过程主要分为以下几个阶段：摸底调查阶段、宣传发动阶段、组织实施阶段、整改完善阶段、迎接验收阶段、总结提高阶段。

教育行政部门应根据以上实施意见制订切实可行的具体实施工作计划和日程安排。各乡(镇)政府和学校也应制订相应的符合本地、学校情况的实施细则、工作计划和目标安排，保证本实施意见的顺利实施。

本实施意见自公布之日起执行。

景宁畲族自治县人民政府办公室

一九九九年一月二十八日

主题词：教育　实验　意见

抄送：县委各部门，县人大，政协、纪委办、县人武部、县法院、检察院

景宁畲族自治县人民政府办公室　　一九九九年一月二十八日印发

关于实施《景宁县中小学课堂教学改革意见》的通知

景教〔2001〕21号

各县属学校、学区教育办公室、镇乡中小学：

课堂教学是实施素质教育的主阵地，也是切实减轻学生课业负担、提高教育教学质量的关键所在。大量的调查研究以及事实已经证明，我县现存的课堂教学模式与当前提倡的素质教育、创新教育的要求越来越不适应。因此进行课堂教学改革，提高课堂教学效益，真正实现科教兴县战略，已成为我委工作的重中之重。经过近一年的探索实践，现拟发《景宁县中小学课堂教学改革意见》，请各校认真遵照执行。

附：景宁县中小学课堂教学改革意见

景宁县教育委员会

二○○一年二月廿八日

抄送：市教委、县委宣传部、县人大办、政府办、政协办、市教委教研室、彭岳舜、林美琴同志附：

景宁县中小学课堂教学改革意见

课堂教学是实施素质教育的主阵地，也是切实减轻学生过重课业负担，提高教育教学质量的关键。我县的课堂教学，在改革中虽然已取得不少成绩，但由于落后的教育观念、传统的教学手段、师资素质等多种因素的制约，至今基本上还是在以教师的教为中心的模式中打转，严重地束缚了学生创新精神和实践能力的培养。去年5月份以来，我委发出了课堂教学改革意见讨论稿，对实施课堂教学改革进行了大力宣传，并通过一系列活动，营造了课堂教改的良好氛围，应该说，到目前为止，在我县全面实施课堂教学改革的条件已基本具备。现就中小学课堂教学提出如下改革实施意见。请各校根据实际情况遵照执行：

一、指导思想：

课堂教学改革以转变把学生当成接受知识的“容器”，不尊重学生独立人格和个性的教学观，树立把学生看成主动获取知识的能动主体，让学生积极参与活动，充分发展个性的教学观为指导。贯彻“以学生为主体，以教师为主导，以情感为纽带，以训练为主线”的教学思想，构建“以目标为中心，以学生活动为主线”的课堂教学结构，探索“促成学生主动学习”的教学方法，使课堂教学从让学生“学会”“学答”“要我学”转向“会学”“会问”和“我要学”，使学生成为课堂的主体，学习的主人，最终发展学生的能力，提高学生的素质，培养学生的创新意识。

二、教改实施原则：

1.主动性原制：各校必须根据本意见及各科教改方案，

积极主动开展教改，坚决打破原有陈旧的教学模式，探索提高课堂教学效益的有效途径。不得扯皮应付，敷衍塞责。

2.实践性原则：在实施教改过程中，各校要根据实践经验和实际情况，对教改方案提出修改、补充、调整。

3.开放性原则：在实施教改过程中不闭关自守，要加强校际间的相互交流，不断学习别人的先进经验，提高教改水平。

4.循序渐进原则:按教改实施方案和步骤逐步推进。

三、实施意见:

各科教改方案着重在教案编写和课堂教学过程两个方面进行探索和改革。

(一)教案编写:

编写教案,是为了加强教学的目的性和计划性,也是为了积累资料,总结经验,不断改进教学工作,是提高课堂教学效率的关键性工作。在教案设计过程中,要突出如下几点:

1.增强目标意识

每一堂课必须确立教学目标,教学重点和难点。

教学目标应明确、具体、可行,以教学大纲为指导,在钻研教材,研究学生的基础上制订出符合学生实际的明确、具体、可行的课堂教学目标。

教案设计必须突出重点,突破难点。教学重点是为了达到一定的教学目标而必须着重讲解训练的内容,往往也是教材精华所在。难点是学生理解掌握有困难的地方,教学时必须分层分散突破。

2.突出主体意识:教案一般要按教委统一印发的"互动式"教案编写。教师活动部分要突出重点,要言不烦:学生活动部分要精心设计,确保学生主体意识的充分发挥即拟写好"学案",并尽可能预计学生出现的情况,考虑好多个方案。

3.增强学法研究意识:"教"固然重要,"学"更不可缺少,教师的"教"要为学生的"学"服务,课堂的一切活动都应围绕学生如何"学"开展。一堂课是否成功,主要取决于学生学得怎样,而不是教得如何。如何把学生"学会"的观点真正转变到"会学"上来。教师必须加强学法研究,尤其是基础的教法,使学生循序渐进,真正成为学习的主人。

(二)课堂教学:

教学是一个过程,是教师运用一定的教学方法、教学手段,使学生从不会到会,从不能到能的过程。学生的"会"和"能"是整个教学过程的归结点和根本点,学生的能力,素质是练出来的,而不是靠教师教出来的。我们必须彻底摒弃以教师讲解为主,甚至教师一讲到底的陈旧的课堂观念和教学方法,努力构建"以目标为中心,以学生活动为主线"的新的课堂教学模式,突出课堂教学的

“四个意识”。

1.控制敏师讲课时间：

在一堂课中，教师的讲课时间：原则上中学不超过25分钟，小学不超过20分钟，其余为学生活动时间。

控制教师讲解时间的根本目的，在于把课堂还给学生，让学生在大量的课堂活动中培养能力，提高素质。

课堂上师生的活动应该是互动、交错进行的，而不是块状分割，不是先由教师讲25分钟或20分钟，再由学生活动。

2.提高学生课堂活动的质量

控制教师讲课时间，是构建“以目标为中心，以学生活动为主线”的课堂教学模式所必需的形式。提高学生课堂活动质量则是构建“以目标为中心，以学生活动为主线”的课堂教学模式的实质性的内容。

学生课堂活动是多层面的。包括动手、动口、动脑。从活动内容看，有知识性的训练，也有技能性的训练，有语言训练，也有思维训练；从活动形式看，可以是口头的，也可以书面的；可以是个体活动，也可以是群体活动。

教师要根据教材的特点、不同年级的学生特点，精心设计课堂活动的内容和形式，让学生在课堂活动中养成主动学习的习惯，培养学生的创新精神和实践能力。

3.运用“四步教学法”，突出“四个意识”：

运用“明确目标，自学讨论，训练点拨，反馈总结”四步教学法是构建“以目标为中心，以训练为主线”的手段，但它不是固定的课堂教学模式，而仅是提供一个参照，有利于构建新的课堂教学模式。

“明确目标，自学讨论，训练点拨，反馈总结”四步教学法，就是确定明确、具体、可行的教学目标，再把目标分解成具体的问题，让学生带着问题，运用适当的学习方法进行自学讨论并相互解答问题，通过教师的适当点拨，突破重点和难点教师的点拨即精当的“导”，要精练，真正做到有的放矢，使学生顺利掌握学习目标，并通过反馈练习，最后达到巩固掌握的目的。

运用“四步教学法”教学必须强化“ 四个意识”即目标意识、主体意识、反馈与矫正意识、师生情感意识。

目标意识：每堂课都有明确、具体、可操作的教学目标，无论是认知目标，情感目标，还是能力目标，都具有期望、定向，激励和调控的功能。教师在备课、钻研教材过程中既要从整体上把握教材的知识体系，又要具体把握每堂课，每个单元要解决的问题，并在课堂教学中引导学生逐步完成目标。

主体意识：在课堂教学中，学生是学习主体，教师是教学过程的主导。“教学过程的优化程度，取决于学生参与教学的程度”，取决于学生主动性、积极性，即主体精神的发挥程度。教师在整个教学过程中，都必须做好引导、诱导的工作，要采取多种有效方案，激发学生积极参与思维活动，让学生在课堂教学中积极思考，主动探索，敢于提出不同见解，善于开拓学生的求异思维，创新思维。

反馈矫正意识：要有效地控制教学过程，及时消除教学过程中的失误，完成预定的教学目标，就必须在教学中适时地反馈矫正。作为教学的主体，学生在课堂教学中参与的程度、学习的效果、达标的情况只有通过精心设计的练习活动，才能及时地得到反馈，使教师做到心中有数，以便及时采取矫正或调控措施。我委统一配发的《目标训练与检测》主要适用于这一环节。

情感意识：要让学生在课堂上主动地求知、积极地思考，就必须营造一个和谐的人际关系；创设一个良好的情感氛围，这就要求教师树立正确的学生观、人才观，正确看待每一个学生，对不同类型的学生提出不同层次的要求，使他们各得其所，各展其才。课前，教师要精心设计问题情境;课堂上，教师要以饱满的激情，相信和尊重每一个学生，使他们能以良好的心态、健康的情绪，主动积极地投入学习。

四、教改措施：

1.课堂教学改革作为我县教育“三项改革”的重要内容之一，各校领导要予以高度重视，各校必须建立以校长为组长的教改领导小组，从行政组织上保证教改的顺利进行。做好督查落实工作，建立经常性的督查制度，并把教改落实情况与教职工的岗位考核挂起钩来，县教委在适当的时候组织全县性的专项督查。

2.做好总结交流工作。在督查中，要及时发现先进经验，并加以推广交流。

对不足的问题及时予以矫正。县教委将在时机成熟时，组织一次教改经验交流会，推广优秀教改经验。

3.做好教改的指导性工作，县教研室作为教改工作的主要业务指导机构，要加强调研，具体指导各校教改的有序推进。在调研中，发现问题，及时予以矫正。

4.做好教师培训工作：教师素质是实施教改的关键，直接关系到教改的成功与否。为了提高教师素质，促使教改如期完成，县教委将分期、分批、定点、定人对各校教师进行培训。望各校安排好相关工作，积极主动配合教师培训工作。

五、教改步骤：

课堂教学改革作为教学观念和教学思想、教学方法领域一次深刻的革命，必将经历一个相当长的过程。在这个过程当中，也必将经受阻力、阵痛以及各种各样的困难，各领导小组要有充分的思想准备，并下决心做好这项工作，从全县看，从去年五月到现在，已经作了大量的宣传发动工作，从上到下对教改工作已经有了一个较深的认识，形成了较好氛围。下阶段教改工作将分如下步骤逐渐推进。

1. 2001 年上半年，在镇中小学以上推广中学语文、数学、英语、自然、社会（或思想政治）、小学语文、数学、自然常识等八个学科教改实施方案，并开展阶段性督查工作。

2. 2001 年下半年，进行教改经验阶段性总结，并组织推广交流。

3. 2002 年上半年，对教改工作进一步总结，并修正相关实施方案，再进一步推广到完小以上学校。

4. 2002 年下半年，对教改工作进行全面总结。

景宁县教育委员会

二〇〇一年二月

景宁畲族自治县人民政府
关于印发景宁县创建浙江省教育强县实施方案的通知

景政办发〔2007〕15号

各乡镇人民政府，县政府直属单位：

《景宁畲族自治县创建教育强县实施方案》已经县政府研究同意，现予以印发，请认真贯彻执行。

景宁畲族自治县人民政府办公室

二〇〇七年十一月二十八

景宁畲族自治县创建浙江省教育强县实施方案

为进一步加快我县教育事业发展，实现2009年创建“浙江省教育强县”目标，根据《中共浙江省委关于加快建设文化大省的决定》和《浙江省教育强省建设与“十一五”教育发展规划纲要》等文件精神，特制定本实施方案。

一、指导思想

以邓小平理论和“三个代表”重要思想为指导，认真贯彻落实科学发展观，坚持教育优先发展战略，以教育创强为载体，以提高质量为根本，以改革创新为动力，努力实现教育体系完善、教育资源优化、教育特色鲜明、教育质量满意的目标，为我县经济社会发展提供强有力的智力支持和人才保障。

二、工作任务

理清“创强”工作思路，建立“创强”运转机制，攻克“创强”薄弱环节，确保2009年通过省教育强县评估验收。

(一)提高普及程度。义务教育阶段适龄儿童少年入学率达到99.9%以上，学前三年幼儿入园率达到90%以上，初中毕业生升高中比例达到90%以上，高中段招生普高与职高比例争取达到1:1，17周岁义务教育完成率达到98%以上。外来民工子女、移民子女、贫困家庭子女和学习有困难学生能同步接受义务教育。

(二)改善办学条件。实施教育资源优化整合工程，完成民族小学新建，民族中学迁建和城北中学扩建工程，做好新一轮乡镇学校布局调整工作，学生数100人以下的学校根据就近、便捷、安全的原则改设教学点。加快“标准化学校”建设，争取在2008年达到省标准化学校小学15所、初中3所，省示范初中3所、示范小学4所，省示范幼儿园1所。加强中小学实验仪器、音体美劳卫教学器材、教育信息化、教学器材、图书阅览馆(室)的装备，到2008年85%以上的学校基本达到省定标准。农村中小学的办学条件得到较好改善，改水改厕改厨房面达到全省平均水平。

(三)提升教育质量。建立既切合我县实际又符合素质教育实施的导向机制，开展“基础教育质量提升”活动，通过2—3年的努力，争取高中教育质量有新的突破，初中教育质量有较大提升，小学教育质量有新的亮点，幼儿教育形成新的科学管理体系。进一步协调发展成人教育事业，充分利用职业高中、电大、自考、教师进修学校和乡镇成人文化技术学校等教育资源，开展形式多样的成人文化技术教育，争取成人教育入学率有较大提高；加强农民科技培训，成人文化技术培训率达到省定标准。

（四）加强队伍建设。加强师德师风建设，进一步提高广大教师爱岗敬业精神。加快实施“名师工程”和“名校长工程”，建立教师交流制度，继续做好校长外派挂职锻炼和教师外出跟班学习工作，搭建好教师发展平台，建设一支师德优良、业务精湛的教师队伍。努力提高骨干教师和农村教师待遇，做好环境留人、待遇留人、感情留人文章。

（五）加大创强力度。创新教育创强机制，充分调动乡镇积极性，认真实施“创建教育强镇（乡）”工程，通过分期分批，有计划地创建省级教育强乡镇，到2000年，省级教育强镇（乡）比例达到75%左右。

三、工作安排

（一）第一阶段（2007年）

1. 制定《景宁畲族自治县创建浙江省教育强县实施方案》（县府办）。

2. 调整财政支出结构，确保“三个增长”“两个提高”，保障“预算内生均公用经费”和“县财政安排的基本建设经费”达到丽水市平均水平（县财政局）。

3. 新建民族小学、城北中学扩建工程投入使用；启动民族中学迁建工程（发改委、国土资源局、城建局、教育局、公安局、鹤溪镇）。

4. 办理全县中小学校舍土地证、房产证（国土资源局、城建局）。

5. 9—10所学校通过“省标准化学校”评估（教育局、有关乡镇）。

6. 启动城南幼儿园新建工作，学前三年入园率达到86%以上（教育局、各乡镇）。

7. 初升高比例达到88%以上；普职比达到1∶0.85以上（教育局、各乡镇）。

8. 开展第三届“县级名师”评选活动（教育局）。

9. 全县定点学校教学仪器进行一类配置；对未配置音、体、美、劳、卫教学仪器的定点学校进行标准配置（财政局、教育局）。

10. 创建2个省级教育强镇(乡)(郑坑乡、雁溪乡),1个市级教育强乡(大地乡)。

(二)第二阶段(2008年)

1. 召开全县教育工作暨创建教育强县动员大会(县府办)。

2. 调整财政支出结构,确保"三个增长""两个提高",保障"预算内生均公用经费"和"县财政安排的基本建设经费"达到全省平均水平;安排好创建强县工作经费(县财政局)。

3. 完成民族中学迁建;新建江滨幼儿园、城西幼儿园,学前三年入园率争取达到全省平均水平(有关部门、教育局、各乡镇)。

4. 向全县各乡镇提供适龄(0—17周岁)儿童、少年户口册(公安局)。

5. 做好校园周边环境、"三室两吧一厅"整治工作(文化局、公安局、工商局)。

6. 做好学校食堂卫生等级评估、卫生防疫和中小学学生健康检查工作(卫生局)。

7. 8—9所学校通过"省标准化学校"评估(教育局、有关乡镇)

8. 做好两高"普九"复查工作(县府办、教育局、各乡镇)。

9. 初升高比例达到90%以上;普职高招生比达到1:0.9以上(教育局、各乡镇)。

10. 完成全县中小学图书、阅览室装备(财政局、教育局)。

11. 全县中小学教师学历合格率达到全省平均水平,高中段教师学历合格率有较大提高;超学历比例达到全省平均水平(教育局)。

12. 创建4个省级教育强镇(乡)(鹤溪镇、澄照乡、大漈乡、标溪乡),1个市级教育强乡(九龙乡)。

13. 做好教育强县档案资料(教育局、各乡镇)。

(三)第三阶段(2009年)

1. 召开全县创建教育强县迎验动员大会(县府办)。

2. 完成县城幼儿园优化工作,学前三年入园率达到全省平均水平(教育局、各乡镇)。

3. 继续做好校园周边环境、"三室两吧一厅"整治工作(文化局、公安局、工商局)。

4. 创建省级教育强乡镇2个(大地乡、九龙乡)。

5. 开展第四届“县级名师”评选活动(教育局)。

6. 初升高比例和普职高招生比达到全省平均水平(教育局、各乡镇)。

7. 做好教育强县自查自评工作,迎接评估验收(县府办、财政局、教育局、各乡镇、有关部门)。

四、主要措施

(一)统一思想,提高认识

创建“浙江省教育强县”是加快我县教育改革和发展的重要举措,对于进一步提高教育整体水平,促进经济社会又好又快发展,实现全面建成小康社会目标具有十分重要的意义。各乡镇、部门一定要统一思想,提高认识,切实抓好创建工作,努力实现创建工作目标。

(二)加强领导,落实责任

成立由县政府主要领导为组长、分管领导为副组长、相关部门为成员单位的创建省教育强县工作领导小组,下设办公室,总揽全局、协调各方面工作;各相关乡镇要建立相关的组织,认真抓好教育创强的实施工作。同时建立教育强县工作责任制,把教育创强工作指标、任务分解落实到相关责任单位。各乡镇和各有关部门要各司其职,各负其责,把创建工作列入重要议事日程,确保创建工作如期完成。

(三)齐抓共管,合力攻坚

各单位要认真履行职责,积极为创建教育强县献计出力。县政府教育督导室和教育局要抓好教育创强的统筹规划、协调管理、督促指导工作,教育部门要唱好教育创强主角,负责创强工作的牵头、各项指标的落实和基础档案工作。发展和改革部门把创建教育强县规划分解到社会事业发展年度计划中.统筹协调好全县教育强县创建工作,确保教育优先发展的战略地位。财政部门积极调整财政支出结构,确保财政对教育拨款的“三个增长”“两个提高”,保证教育创强经费的落实。建设、国土资源部门要把教育发展纳入城镇建设总体规划和土地利用总体规划,办理好全县中小学土地使用证,做好全县中小学、幼儿园校舍产权证发放工作。公安部门要坚决制止侵犯师生合法权益的行为,整治校园周边环境,及时提供适龄对象名册。交通、公安部要加强交通管理,实施好学生周末班车相关工作，确保学生交通安全。文化、公安、工商部门要加大对“三室两吧一厅”和文化市场管理，确保教育环境健康。卫生部门要做好学校食堂卫生等级评估和卫生防疫工作，做好全县中小学学生健康检查工作。宣传新闻媒体要通过正确的舆论导向，为加快教育强县创建营造良好舆论氛围。乡(镇)人民政府要切实抓好教育创强实施工作，加强流动人口子女入学管理，确保适龄儿童少年依法入学；要发展好幼儿教育，提高学前三年入园率。要积极营造尊师重教氛围，不断改善教师的工作条件和环境，与相关部门共同抓好学校及周边环境的综合治理，维护校园平安。

(四)完善机制，加大投入

进一步落实“以县为主”的管理体制，完善以县级政府投入为主，多渠道筹措教育经费的教育投入机制。县财政在确保教育经费的“三个增长”“两个提高”的基础上，安排专项经费，保障创建工作的有效实施。各乡镇要多渠道筹措，合理安排，加大对当地教育的投入，进一步改善办学条件。建立健全各项教育收费制度，严格执行教育收费政策，加强教育收费管理和督查，提高教育经费使用效益。

(五)加强宣传，营造氛围

广泛利用宣传标语、挂横幅、开座谈会、出动宣传车等多种形式，大造创建教育强县的舆论声势，深入宣传创建教育强县的重大意义、目标任务和工作措施，动员广大干部群众积极主动地参与到创建工作中，形成全县创建教育强县的浓厚氛围。

(六)强化督查，严格考核

县政府组织督查组定期对全县创建工作进行督查，并实行通报制度，对创建工作不力、工作进展缓慢的单位和个人进行通报批评，对问题突出的予以严肃的组织处理。教育行政主管部门要经常深入乡镇、学校，加强检查指导，强化过程管理，及时发现和解决问题。

主题词：教育　方案　通知

抄送：市教育局，市人民政府教育督导室，县委各部门，县人大常委会、县政协办公室、县人武部，县法院，县检察院。

景宁县人民政府办公室　　　　2007年11月28日印发

景宁畲族自治县人民政府关于促进学前教育发展提升学前教育质量的实施意见

景政〔2010〕8号

各乡镇人民政府、管理区，县政府直属各单位：

为深入贯彻落实党的十七大精神，进一步加快我县学前教育事业的改革和发展，根据《浙江省人民政府关于进一步加快学前教育发展全面提升学前教育质量的意见》（浙政发〔2008〕31号）和《丽水市人民政府关于切实加强学前教育全面提升保教质量的若干意见》（丽政发〔2009〕79号）文件精神，结合我县学前教育的工作实际，提出如下实施意见。

一、提高认识。续一思想，切实推进学前教育协调发展

学前教育是国民教育体系的重要组成部分，是国家教育制度的起始阶段，0—6岁是人一生中大脑发育最快的时期，是教育投资效率最高的阶段，良好的学前教育对人的后继学习和终身发展具有重要意义。随着经济社会的发展和人民生活水平的提高，让孩子接受良好的学前教育日益成为广大人民群众的迫切要求。各乡镇人民政府、管理区，各有关部门要进一步提高认识。统一思想，把加快发展学前教育，全面提高教育质量，作为高标准普及15年基础教育的基础性工作，作为改善民生、构建和谐社会的重要举措和紧迫任务，切实抓紧抓好。

二、明确目标，统筹规划，努力实现学前教育优质均衡发展

（一）指导思想

以落实科学发展观为指导，坚持实施“均衡、优质，多元”的发展战略，理顺学前教育管理体制，健全学前教育投入和质量保障机制，切实提高学前教育水平，开创均衡优质、充满活力，群众满意的学前教育新格局。

（二）布局规划

1.科学制定学前教育规划。把学前教育工作纳入本地经济、社会发展的总

体规划，根据我县人口出生状况及外来人口流入情况，进行预测评估与合理规划，基本满足人民群众多样化学前教育需求。

2.在巩固普及学前三年教育的基础上，全面扩大学前教育资源。逐步建立以公办为主体，社会力量办学为补充的学前教育办学体制。县城建成区重点办好2所县属公办幼儿园、2所小学附属幼儿园以及以独立办学形式或以股份制形式逐步整合的省二级以上民办幼儿园；每个乡镇（管理区）办好1所公办中心幼儿园；中心村以整合中小学校布局调整中被撤并的校舍资源和建设多功能村两委办公楼为依托，单独或联合举办规范幼儿园（班）。到2010年，县城建成区要办好1所达到省一级标准、2所达到省二级标准起骨干引领作用的示范性幼儿园。到2012年县城区要办好2所达到省一级标准和若干所二级幼儿园，各乡镇、管理区要办好1所独立中心幼儿园，中心村（行政村）要办好村集体联合幼儿园（班），初步形成县、乡、村三级学前教育网络。

3.在旧城改造、新区建设和实施农居工程时，要根据住建部《城市居住区规划设计规范》的要求，规划建设好与居住人口相适应的公建配套幼儿园，并做到与其他建筑设施同步设计、同步建造、同步验收、同步交付使用。在出让商品房土地和安排经济适用房及农居房土地时，应根据学前教育设施布点规划，以教育用地或作为土地竞拍的前置条件安排好幼儿园的用地。建设规划部门在组织托幼园舍设计方案审查时，应邀请县教育行政部门参加。公建配套幼儿园属公共教育资源，由县教育行政部门负责办理产权登记，不得改变性质和用途。

4.创建早期教育指导网络。到2012年，创建1个县早期教育指导中心，4个早期教育指导站。加强对0—5岁婴幼儿及其家长（看护人）的科学育儿指导。

（三）发展目标

1.到2012年，中心集镇和常住人口达到5000人以上的乡镇、管理区幼儿园达到省三级幼儿园标准，其他乡镇中心幼儿园75%以上要争取达到省三级幼儿园标准。

2.到2012年，县城三级及以上等级幼儿园招生覆盖面达到80%以上，乡镇中心幼儿园达75%以上；幼儿园教师执证上岗率达到60%以上；全县学前三年入园率达到93%以上，至2020年，高标准高质量普及学前三年教育，所有幼儿园均达到三级以上办园标准，使适龄儿童都能接受良好的学前教育。

三、完善体制，强化职责，确保学前教育健康发展，建立县、乡镇（管理区）政府分级管理，各部门分工合作的学前教育管理体制。

（四）县政府负责实施本行政区域学前教育的规划布局、统筹管理、乡镇中心幼儿园以上（含乡镇中心幼儿园）公办幼儿园的建设。乡镇政府协同县教育行政部门负责本乡镇幼儿园定点布局、统筹协调，因地制宜办好村级幼儿园；对乡镇、村两级幼儿园给予一定的经费支持，保障幼儿园的正常运转；在幼儿园的新建、改建过程中，做好征地的政策处理和协调工作：做好幼儿园的安全管理工作，为幼儿园教育教学活动的安全提供保障；发现非法举办的幼儿园，及时向县教育行政部报告，并协同相关部门取缔非法幼儿园，做好入园幼儿的安置工作。

（五）县教育行政部门负责主管全县学前教育，负责制定办园标准，实行分类定级管理，培养和培训各类幼儿园园长、教师，建立园长、教师考核和资格审定制度，制定督导评估办法，定期对幼儿园的教育质量和管理水平进行督导和评估。

（六）县教育行政部门会同发改、建设、规划、国土等部门制定学前教育布局发展规划，并根据各自的职责，做好幼儿园建设的审批、监督、管理等相关工作。财政部门要将学前教育经费纳入财政预算，保障学前教育的正常运转和园舍安全。机构编制、人事劳动部门要会同教育、财政部门核定公办幼儿园教职工编制，切实保障幼儿教师队伍的稳定和幼儿教师的合法权益。发改部门要会同教育、财政等部门，根据生均培养成本、地方经济发展水平、居民承受能力、幼儿园办园等级等情况科学合理地确定公办、民办幼儿园收费标准。卫生部门负责拟订有关幼儿园卫生保健方面的管理制度，监督和指导幼儿园卫生保健业务工作。公安、安监、环保、工商等部门要会同教育部门依法维护幼儿园及其周边环境安全。公安、交通部门要加强对幼儿接送车的规范管理，切实保障幼儿的人身安全。

四、增加投入，加快建设，促进学前教育的快速发展

（七）加大对学前教育的财政投入。从2010年开始，在保障原有财政性教育事业经费水平的基础上，加大对学前教育的财政投入。到2012年，财政性学前教育经费占县财政性基础教育事业经费的比例达5%以上。公办学前教育预算内生均教育经费达到当地公办小学预算内生均教育经费的1/3以上。

（八）设立学前教育发展专项资金，从2010年开始，每年县财政安排学前教育发展专项资金150万元，主要用于：幼儿园升等级奖励，新建、改建民办幼儿园奖励，公办幼儿园自聘教师和上等级民办幼儿园合格教师社会保障，农村幼儿园营养餐补助，家庭经济困难儿童入学经济补助，学前教育发展突出贡献集体和个人奖励等。

（九）建立家庭经济困难儿童入园资助制度。本县户籍城乡低保家庭子女，烈士子女、福利机构监护的儿童、五保供养的儿童入读取得办园许可证的幼儿园享受不低于保育费50%的资助，由县学前教育专项经费中列支。

五、落实政策，提高教师素质

（十）实行幼儿园教师和备案制度，新招聘的幼儿园教师必须具备学前教育专业合格学历和幼儿教师资格证书。民办幼儿园实行自主聘任、合同管理、县教育局注册登记制度。通过建立健全管理制度，依法保障幼儿园教师在继续教育、职称评审、工资福利、社会保障、评优评先等方面的合法权益。对未取得教师资格证或上岗证的教师，必须在2012年前取得任职资格。

（十一）加大对乡镇及以上小学附属中心幼儿园管理和建设，核定乡镇中心幼儿园教职工编制。到2012年，1—2个班的幼儿园每班配备1名学前教育专业教师，3—6个班的幼儿园每班配备1.5名学前教育专业教师。

加大对民办幼儿园的师资支持。对于达到二级以上办园标准的民办幼儿园，教育行政部门委派1名公办编制园长（或业务园长）指导管理。并按每2—3个班安排1名在编公办教师或财政定额补助的编外教师。对达到三级以上办园标准的民办幼儿园，至少配备1名公派教师（或园长）。

推行县城示范公办幼儿园教师和管理人员到乡镇中心幼儿园和民办幼儿园挂职、支教制度，切实有效提高全县学前教育办学水平。

（十二）实行教师最低工资福利保障制度。幼儿园教师工资水平不低于当地最低工资标准的1.5倍，并按规定缴纳养老、医疗、失业、生育、工伤等各类社会保险。对上省等级的民办（含公建民办）幼儿园，在其做好本园教职工各类保险工作的基础上，对符合教育局聘用标准，经教育局审核备案，持有教师资格证的幼儿园非公办教师按规定缴纳的社会保险中幼儿园承担部分，县财政给予不低于30%的补助。

（十三）健全幼儿园教师培养培训体系。把幼儿园教师的培训纳入本县中小学继续教育规划，落实培训经费，开展多形式培训，不断提升幼儿园教师整体素质。城区公办幼儿园要适度承担乡镇、村和民办幼儿园园长及教师培训任务。

（十四）实行幼儿园办园准入制度。举办幼儿园必须达到举办标准，园舍和周边环境经安监、环保、建设、消防、卫生等部门审核后，报县教育局审批，取得办园许可证，并根据办园性质在民政部门等级注册。准办幼儿园应在2—3年内达到最低等级标准，并积极向高一等级努力。对非法举办的幼儿园，要加大执法力度，由幼儿园所在地的乡镇（管理区）政府牵头，教育、公安、司法等部门配合，依法予以取缔。

（十五）规范幼儿园收费管理制度。公办幼儿园实行政府定价管理，发改和财政主管部门要按照规定权限，根据幼儿园的生均教育成本和收费等级，充分考虑群众的承受能力，合理制定收费标准。利用国有资产由社会力量举办的幼儿园，实行政府指导价管理。民办幼儿园根据教育成本自行提出收费标准，报县物价部门备案后执行。同时实行幼儿园等级收费制度，县内同一区域，同一性质，同一等级的幼儿园，实行统一的收费标准。幼儿园不得以开办实验班、特色班和兴趣班等名义另外收取费用，不得收取与幼儿入园挂钩的赞助费。

（十六）加强学前教育工作指导。按照《幼儿园工作规程》和《幼儿园教育指导纲要》，积极推进幼儿园教育改革，全面实施素质教育。各类幼儿园应当遵循儿童身心发展的规律和特点，合理安排幼儿一日活动，防止“应试教育”的消极因素向学前教育渗透，防止将小学的教育内容向幼儿园前移。加强对幼儿园教育实验和科研的管理和指导，建立科学的学前教育质量评价体系，不断提高学前教育质量。要根据学前教育的特点，切实抓好幼儿园的安全工作，确保园舍和教育教学活动安全。

（十七）发挥公办幼儿园的骨干示范作用。努力加大公办幼儿园骨干示范的辐射作用，鼓励公办幼儿园通过承办弱园、举办分园以及园长（教师）培养培训、下乡支教等多种形式扩大优质教育资源，开展多形式的结对帮扶活动，帮助薄弱幼儿园提高办园水平。

（十八）建立学前教育专项督促制度。县政府教育督导室定期对各乡镇、管理区学前教育进行专项督查，并将各乡镇、管理区对学前教育的发展规划、教育质量、经费投入、教师待遇保障等进行专项督查评估，并将学前教育发展目标列入各乡镇、管理区工作实绩考核目标。同时，定期对各类幼儿园的保育、教育质量和管理水平进行督查评估、并根据考核结果进行表彰、奖励。

景宁畲族自治县教育局提升教育质量五年行动计划暨“一二四五”教育发展战略

景教〔2012〕132号

各县属学校、镇乡中小学、幼儿园：

根据县委、县政府《关于进一步提升新时期畲乡教育质量的若干意见》的精神，结合景宁教育实际，特制定《景宁畲族自治县教育局提升教育质量五年行动计划》，本计划的核心是依托“一二四五”教育发展战略，稳步推进畲乡教育和谐发展。

一、“一二四五”教育发展战略基本要义

“一二四五”教育发展战略，是立足于我县教育事业现有基础、立足于教育发展客观规律，着眼于《景宁畲族自治县教育改革与发展“十二五”规划》，审视我县教育现状，把握教育基本情况提出的我县今后五年教育发展总的指导思想。“一”即一个目标，以“办畲乡人民放心的教育”为总目标；“二”即两个任务，围绕“优质、公平”两个核心任务，办好每一所学校、教好每一位学生；“四”即四项工程，通过实施“品行奠基、质量立校、人才兴教、品牌强校”四项工程为载体形成合力确保目标任务落实到位；“五”即五个阶段，从2012年至2017年，分别以“作风建设年、常规管理年、评价深化年、特色发展年、课程效益年”五个主题年为平台有序推进各项教育教学工作。

“一二四五”发展战略具体内涵

（一）一个目标：办畲乡人民放心的教育

“办畲乡人民放心的教育”，是我县今后五年教育工作的总目标，是落实县八次党代会提出“办人民满意教育”的具体措施，是新形势富裕畲乡教育工作者的神圣使命，是我县教育再度发展的必然要求，是维护畲乡群众迫切要求享受优质教育资源的实际，面对部分家长为了孩子而“舍近求远”四处求学的现状，我们必须对学生负责、对群众负责、对畲乡教育发展负责，认真研究，正视问题找原因，针对原因添措施，落实举措抓发展，切实提升畲乡教育教学质量，努力让畲乡孩子在“家门口”享受到优质公平的教育，让学生开心学习成长、教师安心教书育人、社会关心教育事业。

没有信任就没有教育，要办畲乡人民放心的教育，教育首先要赢得人民的信任，要赢得信任，就是提高教育质量。办畲乡人民放心教育的具体要求：幼儿教育：两所公办园办学特色力争全省一流，各附属园办学效益凸显。小学教育：三所县城学校办学效益显著，三个校区成绩稳步提升，农村小学成绩不滑坡；初中教育：城南中学办学效益明显，吸引县内优生就读。城北中学、民族中学办学效益提升，学生健康成长，优生适度增加。沙湾中学，东坑中学成绩不下滑。全县初中教育质量在全市质量检测中理科成绩排名前六，其他学科进前四。中考优生全市前1500名50人以上，前5000名200人以上；高中阶段：景中一本上线人数（本校）稳定在10个以上，2016年达到24人。本科上线率稳定在45%以上，力争55%。职业高中，招生人数每年500人以上，高职上线力争100人以上。

（二）两个任务：优质、公平

我县在“有学上”问题基本解决后，广大群众对优质、公平的教育需求日益强烈，畲乡教育必须从“有书读”向“读好书”的转变，只有加强教师队伍建设，均衡师资配置，不断提高质量才能不断满足广大老百姓“上好学、读好书”的新期盼。教育优质，核心是师资的优质，教育质量的优质。当前我县主要体现在高考、中考成绩，以及小学阶段的整体办学特色上，这是推动教育整体和谐发展的亮点。教育公平包括教育机会公平、教育过程公平和教育质量公平，首先是享受优质教育机会的公平，要办好每一所学校，做到有教无类；其次是教育过程的公平，教好每一个学生，做到因材施教，再是教育质量的公平，主要提高学生的综合能力和整体素质水平。当前我县体现在农村学校的办学效益，职业高中的办学水平和幼儿教育的发展水平，这是推动教育整体和谐发展的重点。

（三）四项工程：品行奠基、质量立校、人才兴教、品牌强校

1. 品行奠基工程。突出学校文化主线，共建优良校风校纪。主要是加强学生思想品德和行为习惯的教育，要积极实施“学生行为示范校工程”，完善行为规范教育管理制度，加强学生行为规范动态管理，加强学生行为规范分析研

究，开展各项寓教于乐的教育活动，促进学生道德品质培养和文明习惯的养成，提高学生自主管理水平，优化班风、学风、校风，形成人人知书达理，事事遵规守矩的良好风气，让学生成为“讲责任、明事理、懂规范、善思考、勤学习、重实践、会合作、有毅力、能创新”和谐发展的人才。小学阶段：开展争章活动、四好少年评选、志愿者行动和书写习惯、阅读习惯培养等活动。初中阶段：开展寝室内务、温馨教室评比和就餐习惯、交友习惯培养等活动。高中阶段：要开展责任教育、公民教育、法律教育和理想教育等。

2. 质量提升工程。教育质量是一切教育工作的核心，抓质量提升工作主要突出“管理质量、德育质量和教学质量”。管理质量指向常规管量要质量，向精心管理要质量，向特色管理要质量。它包括学校行政管理，干部队伍管理、后勤服务管理、资金使用管理、办学特色建设等。体现管理质量的载体是校园文化建设，核心是课程开发质量。德育质量指向德育常规要质量，向学生活动要质量，向德育平台要质量。教育质量的持续优秀必然蕴藏在德育优质之中，有了德育的保证，教学质量才能高效、提高。体现德育质量的载体是学校活动平台的创设，核心是社团建设力度，教学质量是学校的生命线，是学校办学质量最外显的体现，最核心的支撑，提高课堂教学质量，实现师生共同发展。包含了“常规质量、课改质量、小班化质量、测试评价质量、培优辅差质量”等。体现教学质量的载体是评价体系的构建，核心是课堂改革的深度。

3. 人才兴教工程。提高教学质量的前提是加强教师队伍建设，师资优秀是教育优质的保障，要“办畲乡人民放心的教育”首先要有让畲乡人民放心的教师队伍。因此，要进一步实施“人才兴教工程”，通过内培外引，坚持不懈重点抓好“人才智力引进”“学科带头人培养”“各级各类名师培养”“专任教师能力素质建设”“新进教师素质提升”等人才工程，以及“校长队伍建设”“班主任队伍建设”“学校管理后备力量建设”和“师德师风建设”等，逐步培养一批优秀教育人才，打造一支适应教育发展新形势、有影响力和创造力的名师团队和学科带头人梯队。

4. 品牌强校工程。教育已进入品牌竞争的时代，教育更是一种服务行业。学校要引进市场营销的理念和策略，用心策划、精心包装、细心运作，扩大学校知名度和美誉度，向社会展示良好的形象。品牌包含“师生品牌、特色办学、文化名校”等，师生品牌即学校着力把教师做优，监测名牌教师队伍；把学生做优，把团结、向上、乐学的学生面貌展示在公众面前，实现“名校出名生”。特色办学即结合学校实际，创办“一流+特色”学校，培养“合格+特长”人才，走办学特色之路；文化名校，即立足学校实际，在实践中不断探索、挖掘和丰富学校文化内涵、确立学校核心办学理念，注重规划引领，搭建平台，创新载体，让优秀文化熏陶每一位学生的灵魂，做快乐的学生。

（四）五个阶段：作风建设年、常规管理年、评价深化年、特色发展年、课程效益年。

五个阶段主要是指 2012 年至 2017 年这五年教育局重点工作的部署。每年确定一个主题年，分别为“作风建设年、常规管理年、评价深化年、特色发展年、课程效益年”，五个“年”建设分为五个阶段推进，每个阶段各有重点，五年“年”普遍联系，相互依存，相互推进，相互作用，而非孤立存在，绝非抓了作风丢常规，抓了常规丢了特色。同时为了确保每年全面开展各项工作，做到重点突出，难点突破，要点落实，亮点纷呈。每年以实施“1135”举措为载体确保各项工作有序进行，即每年开展一个“主题年”活动，每年确定“十件实事”，每年落实“三十项教育基本任务”，每年开好五个会，即校长务虚（读书）会、德育工作现场会、初中教育大会、初中教育工作会和小学毕业班教育工作会。

1. 作风建设年。重点抓好全县教育系统的作风建设工作。全县中小学要加强师德师风建设，积极开展“做一个怎样的畲乡教师”价值观大讨论活动，综合治理有偿家教；要建立约谈机制，对各类违规现象、违纪个人，通过集体约谈、个别约谈，诫勉警示；要大力提倡“局会校开”“下学校、转作风，听百课”活动，深化教育局机关作风建设；要开展“行百里路，进百家门”的大家访活动，营造良好的家校关系。通过“作风建设年”的开展，与家长、社会一道努力，塑造教育新形象，提升教育新信心。

2. 常规管理年。重点要抓好“教学常规、德育常规、学校管理常规”等常规落实工作，大兴“向常规要质量、向常规要发展”的工作作风。教学常规重点：县城学校继续实践“本真”课堂教学模式，农村学校继续落实“小班化教学常规二十条”,学校教学五常规工作继续深化等。“减负增效”是教学常规落实的关键,“轻负高效”是教学常规落实的根本。德育常规重点:学生体验活动常规化,家访、家校工作常规化,德育课程开展常规化。德育活动体验化,体验效益课程化,课程建设常规化是德育常规的根本。管理常规重点:学校议事规则制度化,教代会制度常态化,学校发展规划科学化。做到制度管人、规则服人是常规管理的目的。

3. 评价深化年。通过评价体系的建设,规范学校的办学行为。首先是抓好教学质量评价体系的建设,改变原先较单一的评价方式,采用多元、灵活、自主的评价方式,包括学习能力达标,学能抽测、学业统测等内容;其次是抓好德育质量评价体系,主要是以学校为主体构建学生品行评价体系、班主任业绩评价体系等;最后抓好学校发展评价体系,主要是学校自主发展评价体系、学校特色发展评价体系、学校常规管理评价体系。评价是一种导向、构建科学、可持续的评价体系是对教育规律的尊重、对学校自主发展的支持。

4. 特色发展年。特色发展是学校的核心竞争力,也是区域教育整体水平提升的主要载体。通过转作风、抓常规、改评价,夯实学校发展基石,在此基础上通过特色教育发展引领学校再上新台阶。最核心的载体是创建浙江省教育现代化县,其次有省市标准化学校、现代化学校、农村学校校园文化建设、农村学校书香校园等创建平台,最基础的载体是县级特色学校的创建平台。通过发展学校特色,打造鲜明的区域教育特色名片,提升畲乡教育事业发展。

5. 课程效益。课程是学校最具有特色的校园文化,也是学校特色发展最重要的载体和外显。做好国家课程二度开发,主要是学科课程校本化;做好地方课程统一开发,主要乡土课程、民族课程、德育课程的开发利用;做好校本课程自主开发,主要是享受素质培养课程,学生特色发展课程,以及社团活动体验课程等内容。学校加大课程的开发,整合、管理力度,通过构建合理的课程体系提升学校办学效益,为下一轮教育事业发展铺垫扎实的基础。

二〇一二年十一月十九日

主题词:教育　提质　五年行动计划

抄送:县委办、县府办、县委宣传部。

景宁畲族自治县教育局办公室　　2012 年 11 月 19 日印发

中共景宁畲族自治县委　景宁畲族自治县人民政府关于进一步提升新时期畲乡教育质量的若干意见

景委〔2012〕38 号

深化教育改革，提升新时期畲乡教育质量是全社会的迫切愿望，是实现“三个走在前列”目标的必然要求。为优化教育结构，提升教育质量，实现畲乡教育的跨越式发展，特提出如下意见（简称“新教育 10 条”）：

第一条　明确教育发展目标。坚持“育人为本、质量第一”的工作方针，推进教育优先发展，创新管理体制机制，加强人才队伍建设，加快基础设施建设，全面提升教育教学质量。到 2016 年，景宁中学（本校）第一批高考上线人数在 2012 年基础上翻两番，初中学业考试和全市小学教学质量监控成绩进入全市前五位，职业高中通过省二级重点职业高中验收，等级幼儿园达到 25 所以上。

第二条　完善教育管理体制。贯彻落实由“地方政府负责、分级管理、以县为主”的教育管理体制，抓好各类学校建设。依法做到财政对教育经费投入的“三个增长”和“两个提高”，确保财政性教育经费支出每年有增长。各乡镇人民政府、街道办事处要依法履行发展幼儿教育和保障适龄儿童少年依法入学的职责。设立县人民政府教育督导室，强化督政和督学。成立幼教管理中心，积极扶持民办教育发展，落实公共财政对民办教育扶持政策。

第三条　完善教师编制管理。县编委牵头根据中小学教职工编制标准和管理规定，结合实际合理确定中小学教职工编制；设置附加教师编制数由教育部门统筹，逐步落实幼儿园公办教师编制，保证教育教学工作的正常运行；盘活职业高中用人机制，实行部分专业教师“编内外聘、财政定补”政策。

第四条　完善教师人事管理。县人力社保部门牵头建立灵活的教师招聘、流动机制，对国家“985 工程、211 工程”和浙江师范大学、杭州师范大学等大学毕业生、紧缺专业课教师的招聘，按相关规定可直接面试招聘录用。规范教师流动秩序，把好教师出口关，确保教师队伍相对稳定。积极探索教师职称评聘分离，稳妥推进教师岗位设置工作。实施教育系统富余非教学人员和学校难以胜任岗位工作的教学人员转岗、待岗、解聘等分流办法，进一步优化教师队伍结构。

第五条　提高教师待遇水平。完善教师绩效工资分配方案，县财政每年安排不少于1000万元用于提高教师待遇和学校运行水平，包括名优教师、学科带头人、名校长、农村教师等津贴，依法保障教师平均工资水平不低于国家公务员的平均工资水平。

第六条　设立教育教学质量奖。县财政每年安排500万元设立提升畲乡教育教学质量成果奖，对提高教育教学质量有突出贡献的中小学、教育教学人员和优秀学生进行奖励。

第七条　加大教育投入力度。继续优化中小学校布局，加大教育建设项目配套资金投入。完成景宁职高改扩建、张春小学建设工程，张春、梧桐、沙湾、东坑、城西等幼儿园建设项目。启动外舍中小学、澄照创业园小学和成人教育中心建设项目。进一步加快标准化学校建设步伐，确保85%以上义务教育学校通过省标准化验收。县财政每年安排400万元用于改善教育装备条件。到“十二五”末计算机生机比达到5:1，专任教师工作电脑人手一台。不断提高信息技术、实验室、图书和体育、艺术设备的装备水平，为基本实现教育现代化县奠定基础。

第八条　加强教师队伍建设。教育部门要扎实开展师德师风教育，加强家校联系工作，提高教师职业道德。深化绩效工资考核办法，切实做好奖励性绩效工资分配与教育教学业绩挂钩。加强教师培训研修体系建设，根据上级文件要求按每年不少于当地教职工工资总额的3%、各中小学校按不少于学校年度日常公用经费总额10%的比例提取专项经费用于教师培训，在此基础上县财政每年再安排100万元用于教师专业发展培训。建立教科研项目经费和各级教研组织活动经费的补助机制。每年在县人才工作专项经费中安排资金用于整合县内外优秀教师资源，柔性引进人才，组建“人才工作室”“高考研究小组”等。

第九条　加强校长队伍建设。教育部门要加强校长队伍建设。实施校长负责制，充分发挥校长办学自主权。完善校长培训机制，有计划组织校长参加高端培训。完善校长奖励机制，加大校长考评力度，对任期满五年且工作业绩突出的校长经组织考察在任期间可享受副科级待遇。

第十条　形成教育发展合力。各乡镇(街道)、各有关部门要进一步明确职责、形成合力，确保教育优先发展。教育、财政、人力社保局等相关部门要结合本意见制定相应的实施方案，切实抓好落实工作。

主送：各乡镇、街道、县直机关各单位

抄送：市教育局

中共景宁畲族自治县委办公室　　　　2012年12月3日印发

二、专　　记

(一)县人民政府关于《景宁畲族自治县八年义务教育实施规划》的说明

——1995 年 4 月在县四届人大三次会议上

根据省人民政府统一部署，我县要在 1997 年底前普及八年义务教育，并接受评估验收。这是一项意义重大、艰苦细致的系统的建设工程，是今后几年内我县教育工作的重中之重，也是事关全县人民的一件大事。县政府组织教育部门认真开展调查论证，广泛听取各方意见，对原有规划进行较大的调整草案。经县人大常委会同意，现将《景宁畲族自治县八年义务教育实施规划(草案)》提交县四届三次人民代表大会，请各位代表审议。

现在，我受县政府委托，就义务教育的普及工作和《景宁畲族自治县八年义务教育实施规划(草案)》的有关问题作如下说明。

一、我县普及八年义务教育的进展情况

依照《中华人民共和国义务教育法》的规定，义务教育就是指适龄儿童和少年都必须接受的，国家、社会、学校和家庭必须予以保证的国民教育，并带有强制性的依法入学。义务教育是教育改革与发展的重要内容，关系到国民教育的普及、国民素质的提高、社会主义“两个文明”社会的进步。义务教育的入学年龄为 6 周岁，条件不具备的地方可推迟到 7 周岁(目前我县为 7 周岁入学，7—14 周岁为义务教育年龄)。义务教育实施分为实施初等教育(小学)和实施初级中等教育(初中)两个阶段。义务教育在国务院领导下，由地方各级人民政府负责，按省、县、乡分级管理。实施义务教育以县为单位组织进行，落实到乡镇。党的十四大及《中国教育改革与发展纲要》提出全国在本世纪末基本普及九年(或八年)义务教育、基本扫除青壮年文盲(简称“两基”)的战略目标。

设县以来,我县克服困难、艰苦办学,积极铺开实施普及初等教育和八年义务教育。从1988年我县顺利通过省人民政府的普及小学初等教育验收后,全县小学学龄儿童的入学率、巩固率、毕业率年年达标。从1990年到1994年短短四年间,我县积极创造条件,如扩大定点初中规模、改建校舍、增加师资、保证小学毕业生全部升入初中、抓好流生工作等,已先后在鹤溪镇、外舍乡、大均乡、澄照乡、梧桐乡、大漈乡、渤海镇、毛垟乡等8个乡镇基本普及八年义务教育,覆盖面达到6.13万人口的地区,累计占全县人口的35.1%。为我县全面普及八年义务教育打下了良好的基础。

二、我县普及八年义务教育的困难和可能性分析

普及义务教育要具备三个基本条件:一是与适龄儿童、少年数量相适应的校舍及基本教学设施;二是具有按编制标准配备的教师和符合《义务教育法》规定要求的师资来源;三是具有一定的经济能力,能够按规定标准逐步配置教学仪器,图书资料和文娱、体育、卫生器材。

在今后三年内,我县在巩固已有成果的同时,要在占全县总人口64.9%的16个教育基础更差的乡镇实施普及八年义务教育,任务重,困难大。概括起来,主要有三个方面的困难与问题:一是经费紧缺,硬件设施跟不上,为保证实施普及义务教育,全县要新扩建校舍,改造旧房和排除危房4.9万平方米,需要投资2000多万元;二是教师数量不足,质量有待提高,目前全县尚有代课老师近300人,专任小学教师学历合格率为72.4%,初中教师为79.3%,离普及义务教育的要求还有一定的差距;三是学校办学效益低,初中学生流失较多,学校布局分散,规模过少,学生数额不足,初中学生辍学情况较为严重,1994年初中学生失学率7.7%。

我县普及八年义务教育整个形式是困难与希望并存,挑战与机遇同在。我们也存在着许多有利的条件和机遇。

首先,普及义务教育得到了全县各级党委、政府的重视。“治穷先治愚、治愚办教学”正逐步成为党委、政府的共识。多渠道措施教育经费,尤其是教育附

加费的征收工作有所进步，为改善办学条件奠定一定的基础。

普及八年义务教育得到上级政府的支持。今年3月省政府号召社会各界开展"扶贫建校"活动，帮助贫困地区建设好100所初中，我县得到了重点扶持，目前许多省级部门，大中型企业和经济发达市县慷慨解囊，对我县教育给予大量资金方面的扶助。

普及八年义务教育需要各级政府的重视，更需要全民的支持和配合。在此呼吁各位人民代表为我县普及八年义务教育献计献策，积极宣传义务教育，发动广大群众参与义务教育的普及实施，督促各级政府切实抓好实施义务教育，形成全社会重视，支持普及义务教育的氛围。只要我们抓住机遇，迎难而上，1997年底前普及八年义务教育的目标是可以实现的。

三、义务教育实施规划和定点初中规划的建设

教育部门通过实地调查和论证，综合当地教育基础、生源情况、经济状况等多方面因素，并在征求县班子领导等各方意见的基础上，三易其稿，制定出我县八年义务教育实施规划草案。具体内容是：

1. 1995年规划要在东坑镇、英川镇、沙湾镇、梅岐乡等三镇一乡的47880人口（占全县比例27.74%）中实施八年义务教育。具体落实是：景南、雁溪两乡由东坑中学承担，根据目前调查测算，1996年东坑片小学毕业生311人，定点初中东坑中学计划招6个班；葛山、鸬鹚两乡由鸬鹚初中承担，1996年两乡小学毕业生为161人，鸬鹚初中计划招3个班；1996年标溪小学毕业生76人，本乡招50人，其余分解到沙湾中学和道化初中；1996年郑坑乡小学毕业生44人，分解到大都农中和渤海中学；1996年大顺乡小学毕业生130人，本乡招50名，其余分解到渤海中学和大都农中。

2. 1997年规划要在金钟乡、陈村乡、秋炉乡、大地乡、家地乡等五个乡29302人口（占全县比例16.97%）中实施义务教育。1997年这五个乡的小学毕业生数分别为102人、148人、133人、121人和44人。全县定点初中必须全部到位，才算保证1997年规划的实施。

定点联办初中主要以行政区域、人口比例以及1995年至2000年生源状况为主要依据规划的，在确保普及八年义务教育任务完成的同时，又能保证学

校的教学质量和办学效益的提高。各片具体作如下分析与规划：

⑴鹤溪片为一镇四乡，人口为39980人，1995至2000年小学毕业生每年徘徊在700名左右，除景宁一中、民族中学承担部分普及任务外，定点创办城北中学6×3（即三个年段，每年段6个班）规模，就可以承担一镇四乡附设初中（外舍初中、澄照初中、张春初中、梅岐初中、大均初中）任务。

⑵渤海片为一镇四乡，人口35700人，1995年至2000年生源在520—600人之间，所以只需要定点渤海中学6×3和大都农中4×3规模。大顺初中作为过渡。

⑶英川片为一镇二乡，人口28950人，1995年至2000年生源在400—450人之间，所以定点英川中学6×3和鸬鹚初中3×3规模。

⑷东坑片为一镇三乡，人口20800人，1995年至2000年生源徘徊在300名左右，所以东坑片只需定点东坑中学6×3的规模。

⑸沙湾片为一镇七乡，人口47200人，是全县人口最多的一个片，1995年至2000年生源在700—900人之间。因此，沙湾中学初中必须扩大到8×3的规模，同时定点毛垟初中4×3和道化初中2×3的规模。梧桐初中过渡到1998年止。

需要指出的是，已经宣布实施义务教育的乡镇要继续做好巩固发展工作，正准备实施的乡镇要狠抓协调落实，确保实施，其他乡镇也一定要积极创造条件，做好实施的准备。当前，尤其要充分重视农村教育附加费征收和控制流生工作，以此作为重视支持普及八年义务教育的实际行动。

各位代表：1997年底前在我县普及八年义务教育是一项艰巨而紧迫的硬任务，必须成为全县各级政府和全体人民的统一行动。我相信，通过大家的努力，集思广益，广泛宣传，八年义务教育实施规划一定会更加完善，一定会更加深入人心。这次全县人民代表大会之后，我县八年义务教育的普及工作一定会迈出新的步伐，国民教育一定会逐步走上依法入学、依法治教的轨道！

景宁畲族自治县人民政府原副县长　林美琴

（二）县人大关于教育"两基"工作的调查报告

——1996年在县四届人大第42次主任会议上的汇报材料

根据省委、省政府的统一部署，我县要在1996年9月份接受基本扫除青壮年文盲评估验收和明年下半年接受基本普及九年义务教育评估验收。对于经济和教育基础薄弱的我县来讲，时间紧、任务重、难度大。为使我县"两基"工作能顺利通过评估验收，县人大常委会把检查督促"两基"工作列为1996年工作要点之一，并由县人大教科文卫工委组织调查，四月下旬至五月中旬，人大"两基"工作的两个调查组分别由县人大常委会副主任蓝新友同志，县人大教科文卫工委主任潘作仁同志带队，对英川、鸬鹚、沙湾、标溪、梧桐、鹤溪、外舍、大均、东坑、景南、渤海、陈村、大顺共13个乡镇开展了调查。参加这次调查的还有人大财经委、人大民华委、县关工委的负责同志及教育局副局长石正林同志等。调查组采取听汇报、查资料、实地察看、个别走访等形式。调查组认为:今年一月份县政府召开扫盲工作会议后，各地积极开展办班结对包教包学，全县掀起了大打扫盲歼灭战的热潮，取得了一定成绩，但对照"两基"评估验收的标准和要求，仍有很大差距，查漏补缺任务繁重。现将调查情况作如下报告。

一、县扫盲工作会议之后，各乡镇主要做了以下工作

（一）统一思想，提高认识。为了加快推进"两基"工作的实施进程，迎接省政府的评估验收，全县各乡镇领导认真组织贯彻实施国务院颁布的《扫盲工作条例》和县扫盲工作会议精神，进一步统一广大干部、教师的思想，提高广大干部、教师对扫盲工作的认识。通过学习，使大家认识到开展扫盲工作是我国的一项大政方针，提高全民族的文化素质是实现社会主义现代化和奔小康目标的重要条件，从这一高度来认识，扫盲工作是我们必须要抓好的一项政治任

务。2000 年前，全国基本扫除青壮年文盲是李鹏总理提出来的，因此，扫盲是党和政府交给我们的一项硬任务。其次，大家认识到扫盲是我县“八七”脱贫攻坚战的重要组成部分。众多文盲人口的存在，使得优生优育问题、社会治安问题、封建迷信问题会越来越突出，直接阻碍广大农民群众脱贫致富的进程。经济发展要上一个新台阶，农村劳动者的素质也应相应上一个台阶。实践表明，如果轻视劳动者素质的提高而又想脱贫致富，无异于求木之长而不固其本，欲流之长而不浚其源泉。同时，乡镇干部还把扫盲工作从执法角度来认识。认真贯彻执行国务院《扫盲工作条例》，也是加强法治建设的一项具体表现。扫除文盲是政府的行为，完成本乡镇的扫盲任务应该成为乡镇政府责无旁贷，不可推卸的责任。

（二）建立组织，齐抓共管。为使我县如期完成“两基”的目标，于 1995 年春以来，各乡镇相继成立了“两基”教育领导小组、成技校班子，乡镇党委、政府的主要领导担任组长和校长。在工作中充分发挥“两基”工作领导小组和成技校委员会的作用，全面负责协调、指导“两基”工作。全县乡镇换届选举后，“两基”教育领导小组，成技校班子都相应作了调整。并要求做到“四抓”，即党政领导一把手亲自抓，各片片长分片抓，驻村干部具体抓，有关部门配合抓，“三负责”，即组织发动由干部负责，开办扫盲班由共青团、妇联负责，教学工作由教师负责，“两清楚”，即半文盲底子要摸清楚，对入学困难者采取何种办法脱盲要搞清楚；“一到位”，即“两基”经费投入要到位，以保证扫盲工作的顺利开展。

（三）开展宣传，大造舆论。各乡镇党委、政府利用大小会议，宣传《扫盲工作条例》，提高干部认识，使之明确扫除文盲，是提高民族素质，实现社会主义现代化奔小康目标的重要条件，从这一高度认识扫盲是一项政治任务。此外，还利用广播、黑板报、张贴标语、组织游行等多种形式开展宣传，通过宣传做到家喻户晓、深入人心，动员全民参与，投入扫盲运动，按照上级要求，按时完成扫盲任务。

（四）结对与办班并举，掀起扫盲热潮。多数乡镇妇联、团委和教育部门紧密配合，采取结对与办班并举，大打扫盲和巩固提高的大决战，据调查，全县已结对 1270 对，举办 93 个脱盲巩固班，在学人数 2017 人。渤海镇的叶处、大都两个点的扫盲班办得比较成功，他们有教学计划、办班计划、点名册等，每三天上一次课，农民反映课上得通俗易懂，能接受。标溪乡的何庄村的扫盲工作抓得有声有色，效果明显，他们主动提出；欢迎到何庄村评估验收。鹤溪镇小少先队大队部李荣老师组织了“红领巾”扫盲队，带领四、五年级学生开展结对扫盲工作，经过队员们的努力，有 9 位半文盲对象脱了盲。

（五）采取奖惩措施，促进达标。全县扫盲工作大会上，县政府颁发了《扫盲奖惩规定》，各乡镇结合当地实际，制订奖惩措施，把扫盲工作列入乡镇干部和村委的目标考核中，纳入教师的年终考核之中，对应脱盲的半文盲对象也采取了相应的奖惩措施，有力地促进了达标工作。

二、存在问题

（一）个别乡镇领导还没有真正认识到扫盲工作是政府行为，在工作中只表示愿意给予支持，缺乏主动性。

（二）“两基”工作经费投入普遍不足，用在扫盲工作的专项经费更是杯水车薪，1995 年全县扫盲经费只安排 3 万元，今年“两基”经费共安排 7.5 万元，各乡镇对扫盲工作经费投入普遍不足，归纳起来有以下三种情况：一是实际投入少而账面数据大，二是有投入而没有建立账册，三是口头上表示要投入而实际上经费不能到位。

（三）户籍管理不规范。调查中发现户籍管理不规范情况比较普遍，尤其是鹤溪镇更为突出，该镇 1990 年以来一直没有填写人员变动情况登记表。也就是说对迁入、迁出、死亡人员没有进行登记。到目前为止尚有 323 人没有填写文化程度，照这种情况看全镇非盲率就不达标，28 个单位中有 18 个不达标。根据现有户籍档案，现任科局长及机关干部中还有数人是半文盲。表册数据不符现象依然存在，其中抽查一个点就发现差错 22 人。

（四）部分扫盲班教学效果令人忧虑。调查组了解到东坑镇的汤北、桃源等地方没有按规定办班，徐砻、白鹤、杨斜等地方今年四月才开办扫盲班，而上课时间每月只安排两次。到今年九月份验收时间仅有 5 个月，总共 10 课时，要通过 10 课时来识 750—150 个字，显然是不可能的。其次，到考半文盲对象中有冒名顶替者出现。

（五）部分半文盲对扫盲工作缺乏责任感。对扫盲无所谓，不配合的现象时有发生，甚至有个别半文盲对象还戏言道：我们抓农忙，你们抓扫盲，弄得我们忙更忙，不知你们搞些啥名堂？上课时要干部、教师去求半文盲上课，把半文盲看作“上帝”，给半文盲发香烟，发误工费等现象屡见不鲜。

（六）中小学流生现象不容忽视。调查发现，全县中小学流生达到近千人，如此下去，旧的文盲未扫清，新的文盲又将产生。

三、几点建议

（一）切实加强领导，真正形成主要领导亲自抓，分管领导具体抓，部门领导配合抓的局面。

（二）各乡镇要采取有力措施，加大“两基”经费的投入，确保“两基”工作顺利开展。

（三）对中小学学生家长和半文盲对象要开展法制教育，使他们增强“两基”工作的责任感和使命思。

（四）县“两基”教育领导小组成员中已有部分同志调离工作岗但，要求抓紧作好调整。

（五）要在查漏补缺的基础上积极做好扫盲验收的最后准备和申报工作。

县人大常委会教科文卫工委原主任　潘作仁

（三）亲身经历的事[1]

跨越“两基”新高峰 谱写教育新篇章

——通过“两基”评估验收工作回忆

1993年，《中国教育改革和发展纲要》提出，到20世纪末，在全国85%人口的地区“基本普及九年义务教育，基本扫除青壮年文盲”（以下简称“两基”）。第二次全国教育工作会议，对“两基”实施规划作出具体部署，提出东部、中部、西部“分三步走”的实施方案。全国各地的“两基”工作由此拉开了“攻坚”序幕。

我省的“两基”评估验收工作，按照省政府的总体部署，于1997年全面实现“两基”；我县作为新设的少数民族自治县，由于基础条件较差，被列为全省最后一批通过“两基”评估验收的县之一。

1993年，是我们年轻的自治县百业待兴的时期，也是我从景宁畲族自治县教育局副局长提任局党委书记、局长之年。面临“两基”评估验收这一历史使命，可谓是一场严峻的考验。

尽洗铅华成过往，今日回首，感慨之余，更多的还是奉献的欣慰。

我县1990年“四普”时全县青壮年非盲率为91.48%；283个行政村中非盲率达95%的只有43个，达标率仅为15.19%。当时，我县的办学格局是“村村有小学，乡乡办初中”“把学校办在家门口”。全县拥有小学556所之多；完中、独立初中、附设初中等共计24所，在校学生3万余人。校网布局散，办学效益低。虽然学校数量很多，但小学校舍大部分是乡村祠堂、庙宇及“文化大革命”时期

① 亲身经历的事，部分文章选自2011年中国文史出版社出版的景宁政协第十四辑文史资料《畲乡景宁实录》，编者在编纂时，少数地方有改动。

建造的简易教室；全县校舍总面积仅为7.67万平方米，生均建筑面积不足2.4平方米；将近30%的校舍是危房，随时威胁着师生的生命安全。图书资料、教学仪器设备也远远不能满足教学的需要。师资队伍（尤其是小学）整体素质较低，小学、初中专任教师学历合格率还不到40%。

身为教育主管部门的决策者，为确保我县在1997年通过省政府对我县“两基”工作的评估验收，我以“无功则过”的标准严格要求自己；制定了“抓‘两基’、创特色、上台阶”九字方针，竭尽全力开展工作。

1996年4月10日晚，教育局四楼会议室灯火通明，40多名人大代表、政协委员与县领导一起认真研究和热烈讨论我县教育的“重中之重”——“两基”工作。会上，大家畅所欲言，对我县“两基”工作的一系列问题提出了许多宝贵意见和建议。时任县长雷文先在听取大家的发言后，激动地说：“今晚，我代表县委、县政府，感谢代表、委员为我县的“两基”事业出谋献策，并感谢全县人民和教育工作者为教育事业所作的努力！今年的教育工作任务很重，在九月份前，各乡镇必须要确保相关指标的达标率，扫盲经费要到位，县里原预算安排3万元，今年再增加3万元，还不够就按需要按实际开支后县里再研究解决。全力推进验收工作，坚决不拖全省全市的后腿……”

会后，我带领县教育局干部先后组织教育系统“两基”工作培训会10余次。并在丽水地区率先编撰了《基本普及九年义务教育、基本扫除青壮年文盲评估验收手册》，力求一本手册在手，全知“两基”工作大事。

我们充分利用《畲乡报》刊登有关“两基”评估验收的宣传文章；利用各种渠道，在全县范围内广泛宣传“两基”工作，形成全县干部群众合力抓“两基”的舆论氛围。

县人大和县政协对“两基”工作开展依法监督和民主监督。组织了3个督查组，历时10天，对全县五个学区片的有关乡镇和县财税局等部门进行了督查，督查内容涉及政府行为、教育投入、动员流生返校工作、依法治教等工作到位情况；对存在的问题提出整改建议并监督实施。

1994—1996年，财政对教育的投入比上一年增长比例分别为13.2%、12.9%、15.5%，财政拨付的生均公用经费逐年增长；教育经费支出年均增长

36.5%，高于财政总收入年均增长比例 6.3%，高于县财政总支出年均增长比例 12.7%；教职工工资按时足额发放到位；财政年终经费追加优先考虑教育项目。各级政府领导秉承着“勒紧裤带办教育”的理念，千方百计逐年增加对教育的投入，基本保证了财政对教育投入的“三个增长”。

这些今天看来不足为奇的数字，在当时真的包含了我这个教育局局长许许多多的“苦口婆心”。

针对省政府提前一年，在 1996 年进行扫除青壮年文盲的评估验收的实际，我们提出了“治穷先治愚，治愚抓‘两基’和‘两基’并重，扫盲为先”的口号和工作方针。

时任县长雷文先多次指出：“扫盲是个大政，要像抓计划生育一样抓好扫盲工作。”时任副县长林美琴逢会就宣传我县实现“两基”的意义并深入基层亲自抓落实工作。在县“两基”工作领导小组的领导下，教育、妇联、共青团、财税、工商、文化，科技等部门发挥各自的优势，参与扫盲工作，形成广大畲汉人民学文化、学科技的热潮。全县从 1994 年起进行了逐村逐校，挨家挨户地调查摸底工作。通过努力，使全县建立起青壮年文化底册，半文盲名册等 21 种基础档案和成技校建设的 11 种基础档案。为了把各乡、镇、村扫盲工作抓紧、抓实，对 24 个乡镇的扫盲工作进行了 6 次全面的督查和评估，从而进一步保证了我县“两基”工作的进度与质量。

1994 年至 1996 年全县扫除文盲 3398 人、半文盲 1555 人，非盲率提高 5.48%。全县开展了各类实用技术培训 1000 多次，产生了巨大的社会和经济效益。1996 年 10 月，我县顺利通过省政府“基本扫除青壮年文盲”评估验收。

上任以来的这千余个日日夜夜，真可谓是竭尽全力、疲惫不堪。当这份答卷交给上级领导的时候，辛劳与疲惫已成往事，心里只想着如何努力实现下一个目标：顺利通过“普九”验收。

1997 年 7 月 16 日下午，在县府五楼会议室组织全县各工委、乡镇主要领导、各部门单位负责人、各中小学校长召开了迎验动员会。丽水地区行政公署副专员施基诚亲自到会并作重要讲话，代县长蓝春土作迎验动员报告，县委书记陈铁雄强调说，“‘普九’是我县人民群众的强烈愿望，是我县脱贫致富的迫切需要，是省政府下达的政治任务，广大干部群众要进一步提高认识，严字当头，狠抓落实，确保我县顺利通过‘两基’评估验收！”

“两基”评估验收工作是政府行为，作为县教委主任义不容辞要当好政府的参谋和一线指挥员。

为了提高办学效益和教育质量，在县政府的重视下，决定对全县学校网点布局进行科学、合理调整，我们采取“一次规划、分步实施”的工作思路，制定较为可行的校网撤并规划。通过县政府下发文件，各乡镇贯彻落实相关文件精神，有序推进学校布局调整工作。两年多来撤、并、改学校320多所，初步形成小学“一乡一校”，初中“一片一校”的格局，为提高教学质量和办学效益奠定良好基础。

全县校舍不足、危房比例高居30%，始终是压在我这个“穷当家”心头的一块石头。1995年，时任浙江省省长万学远发起在全省范围内开展“扶贫建校”活动，扶持贫困地区改善办学条件。我深深明白，这是千载难逢的最好机会。在县委、县政府的重视和支持下，县里迅速成立“扶贫建校”领导小组及办公室，我担任办公室主任。通过千方百计和四处奔波争取，全县得到援建的23个“扶贫建校”项目全部启动并投入施工，惠及11所学校。其中，全新规划建设的城北中学，于1995年12月21日举行奠基，省长万学远亲临奠基仪式。23个项目除县、乡镇财政配套资金外，援建单位共计投资1174万元，全县中小学新增校舍30453平方米，大幅度提高生均校舍建筑面积拥有量和质量。同时，通过“浙江省青少年成才基金会”牵头开展的“希望工程”活动，全县又争取到20个项目，获得建设资金625万元，新建校舍20429平方米，惠及8个乡、2个镇的17所学校。至此，扩建校舍与破旧危房校舍改造圆满结束，并达到了“两基”评估验收标准。

县教委（县教育局更名县教委）班子把动员流生返校，杜绝学龄儿童、少年辍学上升到教育行业的根本职能，教育工作者的根本天职的认识高度，并列入业绩考核；校长、班主任与教师的业绩考核也把这两项指标作为重要依据；发动教师走家串户动员适龄儿童入学。通过有效措施和全面努力，使初等教育阶段适龄儿童入学率上升到99.75%；初级中等教育阶段的适龄少年的入学率达到95.95%。真正达到了国家规定的“普九”要求。

县教委班子在县政府的支持下采取有力措施，切实加强师德师风建设和教师继续教育工作，并引进了一批年富力强的教师，使教师队伍的年龄结构进一步趋于合理。通过努力，使小学和初中专任教师学历合格率与1994年相比分别提高18.5%和20.1%。

通过全县上下、各级各类学校教职工共同努力，初中升高中的比例逐年提高；小学、初中教学质量在全市名列前茅；高中教学质量明显提高，达到全市中等水平，陆续夺魁全地区文、理科高考状元四次，如1995年，全县高中升学率达到60.73%，1999年，景宁中学毕业生吴茁青荣获浙江省理科高考状元，被清华大学录取。学生参加各级各类知识竞赛频频获奖，共获得国家级、省级、地级奖项200多人次。自1991年以来，中学生男子篮球队参加全地区中学生篮球赛荣获四连冠。全县中小学的音、体、美教学走出了自己的特色之路，在全地区每年的音、体、美特招考试中，景宁被录取的学生数在全地区处于领先地位。

1997年10月17日，景宁“基本普及九年义务”教育工作顺利通过省政府评估验收组的评估验收；当年11月又顺利通过了国家教委的抽查，荣获“国家基本普及九年义务教育，基本扫除青壮年文盲先进县”称号。

在这里，我还是援引省政府“普九”验收组《关于对景宁畲族自治县“普九”工作的评估验收报告》中的几段文字吧。

该《报告》讲：“景宁充分动员全社会力量，合理协作推动‘普九’工作的有力开展。公安部门积极加强户籍管理，为‘普九’提供服务、保障。努力净化学校育人环境，维护正常教学秩序；妇联、团委积极开展‘春蕾计划’和‘希望工程’，人事、劳动、工商等部门杜绝童工童商现象的发生；土管、城镇、广电、司法、财政、民政、统计等部门也积极参与‘普九’，从本职出发，执行教育法律法规，使‘普九’顺利开展……”省政府“普九”验收组精准地勾勒出了景宁县全社会积极参与“普九”的氛围和整个蓬勃态势。

《报告》还讲：“教育行政部门和各中小学校充分发挥了智能作用，积极为政府领导当好参谋，埋头苦干，扎实工作，成为‘普九’中主力军……广大干部和教师加班加点……为‘普九’大量基层性工作，付出了辛勤劳动……县委政府采取各种措施，努力抓好教师队伍建设……广大教师敬业爱岗，安贫乐教，为畲乡的‘普九’贡献出了全部力量。”今天，当我再查阅到这段文字的时候，当年那段全县上下发扬“三千精神”并形成合力抓“两基”，教育队伍全员积极奋斗的往事再次呈现在我眼前！

抚今忆昔，真可谓“人生感意念，功名谁复论”。殚精竭虑、负重拼搏的艰辛往事，像静夜里远处飘来的歌声，美好而悠长。

景宁畲族自治县人大常委会原副主任、原教育局局长　陈林生

回顾创建省级教育强县的过程

2010年4月，浙江省二十五个欠发达山区县之一的景宁畲族自治县顺利通过省级“教育强县”评估验收。

回望昨天，一步一个脚印的“教育强县”创建历程，我感慨万端……

在城镇化进程日益加快的大背景下，我县城区小学教育资源匮乏；初中学校规模偏小；职业教育现状滞后；普职比明显失调；普通高中教育总量不足；初中升高中比例偏低，与群众的教育需求矛盾日益突出。

作为县教育局局长，积极面对历史和客观环境留下的种种问题，交给畲乡人民一份满意的答卷，是历史赋予我的使命。

在夜深人静时，回想担任教育局局长以来的近两千个“孜孜莫患劳心力”的日日夜夜，我既满怀感慨，也十分欣慰！

2005年12月份，我调任县教育局局长。尽管前几任老教育局局长为教育工作奠定了扎实基础，但是，新的社会需求又向我们提出了新的标准。上级党政机关和教育主管部门的领导高度重视景宁畲乡的教育发展格局，把优先发展教育提到了前所未有的高度。连续几年大力投入，全力破解教育发展难题，大手笔推出“教育民生”工程——景宁城区教育资源得到优化整合。

2005年5月份，县人大常委会副主任陈林生牵头组织调研组对“县城教育资源配置”情况进行了为期一周的调研，并向县委、县政府提交了调研报告。11月25日，县委书记武昌专题进行教育调研，把教育工作摆上全县工作的重要议事日程，教育被列入全县“十一五”经济社会发展总体规划。

2006年2月8—9日，县委书记武昌带领县四大班子领导及县直部门主要负责人和各乡镇党委书记、乡镇长赴武义、缙云、云和考察。重点任务是学习他们城区教育规划，走访参观了大部分县城学校。在后来的全县工作会议上，武昌书记所作的《解放思想、振奋精神、攻坚克难、操作到位为经济社会发展走在全国少数民族地区前列开好局起好步》的政府工作报告提出了坚持优先发展教育，按照“一年打基础、两年求突破、三年上水平”的总要求，推进教育事业大发展。之后，县委、县政府经过多次研究论证，决心举全县之力实施“城区教育资源优化整合工程”。当时，连老百姓都说：畲乡教育的春天来了。

经过实地察看，全面分析，讨论论证，以“合理布局、适度超前、盘活资源、标准建校、城乡统筹、均衡发展、一次规划、分步实施”的目标定位，编制了《景宁畲族自治县教育事业发展“十一五”规划》。其中，包含了“十一五”学校布局规划。总规划中明确提出了创建省级教育强县目标，并限期在2009年达成这一目标。

2006年春节过后上班的第一周，县委常委会将教育问题作为第一个议题进行研究，我参加会议并作了详细汇报。常委会通过了布局调整规划和城区教育资源优化整合方案：在县城实施“五项工程”，即一扩一建三迁，扩建城北中学、新建民族小学、迁建景宁中学、迁建民族中学、迁建县实验一小。后来，在具体实施过程中，又增加新建省级示范性幼儿园。借助职业高中搬迁景宁中学原址的机遇，城区教育资源优化整合工程全面启动。总投资达2.6亿多元，为设立自治县头20年投入总和的3倍。

城区教育资源优化方案确定后，教育局迅速行动，成立了“城区教育资源优化整合办公室”，抽调精干人员全面展开工作，将每项工程落实到班子具体成员。每个成员联系一个项目具体操作。“实施城区教育资源优化整合工程，再造一个景宁教育，使景宁逐步走上小县大城发展之路；实施城乡统筹、以城带乡发展战略，走出一条城乡教育均衡发展之路，实现省级教育强县”的宏伟战略在景宁畲乡大地拉开帷幕。

按照县委、县政府“教育优先发展”战略，根据教育“十一五”规划，局班子协同作战，统筹推进“城区教育资源优化整合‘一扩两建四迁’工程”。在每个项目实施中，为解决难题，县领导多次现场指导，现场办公，牵头召开协调会，确保了无障碍施工；为了让项目早启动，早竣工，相关部门献计出力。如城建、国土、发改、电力、公安、鹤溪镇政府等部门与教育紧密配合，在选址规划、征用土地、项目立项、资金统筹、开工建设、用电用水等问题上予以鼎力支持。特别是工程建设对于我，对于每个教育工作者都是一件极为生疏的工作。这几年，我们班子成员为加快学校建设没少奔波，放弃了许多双休日和法定节假日。四年来，我们七所学校建设都做到“矛盾问题处理到位，项目前期工作迅速，工程推进极富成效”。每年建成一所新学校，城区高中、初中、小学、幼儿教育资源实现一年一变样，办学条件发生了翻天覆地的变化。工程建设工期之短，项目建设速度之快，被称为“教育速度”。

2006年，完成“景宁中学迁建”，实现全封闭式管理并升格为省一级重点普通高中；完成“职业高中搬迁”；完成“电大搬迁”，并于2008年从电大工作站升格为电大分校。

2007年，完成县民族小学新建并投入使用。

2008年，在基本完成民族中学迁建投入使用的同时全面启动“旧民族中学维修改造”。

2009年，完成“城北中学塑胶运动场扩建”；完成“实验一小搬迁”；全面启动“省级示范幼儿园”即实验幼儿园兴建，并于2010年秋季投入使用。

通过城区教育资源优化整合，县城学校新增建筑面积约11万平方米，总量翻一番，县城建成了一批花园式的学校。教育资源全面优化，办学条件有效改善。全县学生在县城就读率“十五”期末小学39.8%、初中52.9%、高中76.6%。2009年上升到小学75.4%、初中84.2%、高中100%。学生享受到优质的教育资源，提前实现了“十一五”预定的目标。

2008年，省教育厅厅长刘希平对景宁县委、县政府倾注全力发展教育给予了“凝心聚力谋发展，用心用情办教育”的高度评价。这几年，武昌书记、钟昌明县长都把学校建设视为景宁名片，每当上级领导来景，几乎都要带到学校参观。省教育厅原副厅长张绪培看了景宁中学、民族中学、民族小学后说这几所学校五十年都不会落后。

创建教育强县不是我们的根本宗旨，它只是一个载体。城乡教育均衡发展，是我这几年来一直深思的问题。我县农村大部分学校都是建于扶贫建校年代，受许多客观因素制约，办学条件都还处于落后状态。如果要拿下教育强县这块牌子，农村学校必须全面提升办学条件，实现城乡教育均衡发展。为此，我们抓住“十一五”良机，依托全省农村中小学“四项工程”、标准化学校建设契机，为农村教育均衡发展，打响了第二场战役。

县政府在县财政比较困难的情况下，不惜投入巨资，改善农村学校办学条件。武昌书记在教育调研时讲，对教育的投入是要有感情的，有了感情才能理清思路，才能下大决心，才会不惜投入。在我多次向县政府领导汇报工作，要求安排资金时，钟昌明县长曾经对我说，钱花在教育上是值得的，是可见效益的，投在教育上的钱放心。正是这种对孩子的感情，对教育的感情，着眼未来的真知灼见，才会有这样的大手笔，大行动！

几年来，农村学校食宿改造累计总投资 1172 万元，完成了全县 15 所学校 21 个学生食堂、宿舍改造项目。改造食堂面积 3100 平方米，宿舍面积 7547 平方米。2007 年至 2008 年投入 650 多万元，完成 23 所中小学校修建，使标准化学校比例达到 91.6%；中小学校舍维修改造，投入约 620 万元。沙湾中学、英川镇校等 13 所中小学的“校舍、防雷设施、消防设施、校园绿化”等改造修理，维修面积将达 32000 平方米。乡镇幼儿园改造，投入 320 万元，13 个乡镇小学附属幼儿园园舍进行维修，装备“平板电视、多媒体、大中型玩具、桌椅、消毒柜”等幼教设施。使一批幼儿园提升了等级。现如今，农村学校面貌焕然一新，走进乡镇最耀眼的莫过于学校。

2006 年始，还实施了“教学设施装备工程”，为教育内涵发展“添砖加瓦”，在现代信息技术教育装备、音体美器材配备、教学仪器配备等学校内涵发展上，三年累计投入资金 2200 多万元，生均达 1500 元。全部更新义务教育阶段学校课桌椅。全县所有中小学配备计算机教室，生机比为 8.7:1，师机比为 1.4:1；所有学校配备多媒体教室，县城所有中小学多媒体进班级，农村学校多媒体班配率达到 2.2:1。全县共有多媒体 314 套，占班级比例达 83.3%；所有中小学的音体美器材、电教设备按照省一类标准配备；新配学校图书 17 多万册，全县中小学生均图书 26.3 册，26 所中小学中有 13 所中小学图书按照省一类标准配备。

2008 年，还在县民族小学建立了景宁县中小学图书配送中心，新配图书 8 万余册，覆盖全县所有农村中小学，定期为农村孩子提供课外读物，让农村孩子享受到阅读的快乐。

我从普通教师，到中学校长，再到教育局副局长、局长的岗位，多年来一直从事教育管理工作，深知教育质量是教育行业的生命线。在县委、县政府加大投入全面改善优化办学条件，在教育硬件大提升的背景下，如何强化内涵发展，全面推进素质教育，全面提高教育质量是教育发展面临的核心问题，是教育势必解决的关键问题。钟昌明县长曾对我说："现在政府对教育该出的钱出了，教育硬件上去了，接下来是看教育内涵怎么发展，质量怎么提高的时候了。"钟县长的话，既是领导的希望，也是百姓的心愿，更是我肩上沉甸甸的责任。

我县解决了"有书读"的问题后，"读好书"已经上升为人民群众的根本诉求。加快内涵发展，提高教育质量已势在必行，迫在眉睫。在我主持教育局工作以来，一面抓好学校基础设施建设这项工作；一面坚持硬件、软件同步发展的思路。在基础设施建设"补课"的同时，加快了提升质量的"赶趟"步伐。

2007年，制定出台了《景宁畲族自治县基础教育质量提升行动指导意见》，全面实施"人格奠基、教学质量提升、人才强教强校"三大工程。于2007年9月中旬，在影城召开了局干部、校长、教师共计九百余人参加的动员大会。县委副书记郑力平，县委常委、宣传部部长叶金堂，县人大常委会副主任罗德伟，县政府副县长胡晓红，县政协副主席雷香兰等县领导亲临大会。县委副书记郑力平作了题为《坚定信心，提升形象，努力开创我县教育工作新局面》的重要讲话。他代表县委提出五点意见：一是要认清形势，乘势而为，坚定我县教育质量提升的信心和决心；二是要广泛动员、强化责任，营造一个有利于教育发展的良好社会环境；三是要把握重点，突破难点，打赢教育质量提升行动攻坚战；四是要加强领导，狠抓落实，确保"教育质量提升行动"取得实效；五是要多方联动，形成合力，突出抓好2008届高三工作。我代表教育局作了题为《深化改革、真抓实干、全面提升教育质量为办人民满意的教育而不懈努力》的工作报告，回顾了近年我县教育工作取的成绩，分析了我县教育存在的问题，全面部署教育质量提升工作，确定教育质量提升的具体目标；立思想、鼓实劲，出实招，强落实，求实效，全面推进"德育工作、教师队伍建设、教学质量提升"三大子工程；把发展教育的理念转移到科学和谐上来，把教育的工作重心转移到内涵建设上来，把育人模式转换到培养一切孩子和孩子的全面发展上来。

会议后，全县各校再次掀起“抓质量”的高潮。与此同时，教育局也多措并举，推进此项工作。在师资队伍建设上，建立教师培训经费保障新机制；建立骨干教师培养机制；拓展教师培训渠道；建立城乡教师互动机制；加速教师专业成长；建立新教师引进机制；制定教师流动政策；严格控制人才外流；千方百计提高教师工作待遇，想方设法调动工作积极性等手段来提升教师队伍素质，稳定教师队伍。在教育教学改革上，确立办学集团化、教研主题化方向，构筑集团化办学模式；规范课程设置，推进教学改革，开展“农村学校小班化课堂教学策略”课题研究；建立教学质量监控评价体系，并与人事制度改革相挂钩；改革招生制度，控制优质生源外流等一系列做法。在德育工作上，开展星级班主任评比，围绕“丰富学生活动、创建校园文化、打造平安校园”的实践载体，全面推进德育工作。

通过系列化的全方位努力，全县初中升高中比例从2006年的86.11%提高到2008年的95.46%；高考成绩有了新突破；初中小学质量稳步提升。教育的信任指数显著上升，优秀学生保留人数明显增多。从2006年到2009年，全县初中毕业生前100名分别留住5人、51人、62人、76人；外出就读学生也陆续回流，2008年、2009年两年中小学回流人数共324人。

创建省级教育强县，时间短，任务艰巨，并且是浙江省教育强县评估的最后一趟“末班车”，全省从2010年开始，从创建“教育强县”进入创建“现代化教育强县”。为此，我们在全力做好“硬件改善、内涵发展、质量提升”几项重中之重的工作外，成立了“教育强县创建办”，印发了《景宁畲族自治县创建省级教育强县实施意见》，明确各级政府和相关职能部门的职责、任务，并将25项指标细化分解到各相关职能部门、乡镇和学校，成立了以县政府主要领导为组长、分管县长为副组长、各相关职能部门主要负责人为成员的县创强工作领导小组。召开了全县创建省级教育强县工作动员大会、教育创强工作现场培训会，与各乡镇部门签订了《创建省教育强县工作责任书》。县委、县政府督查室强化创强工作过程督查，将教育创强作为一项重要内容纳入全县年度工作目标综合考核，建立督查通报制度。县教育局也建立了“每月一督查”制度；各有关职能部门紧紧围绕教育创强目标，按照县委、县政府的统一部署，各司其职，相互配合、密切协作，汇聚起发展畲乡教育事业的强大合力。同时，加强教育创强宣传，通过固定标语、简报、网站、报纸、创强专题片等多种宣传媒体，广泛开展各类宣传活动。使全县形成了“党以重教为先、政以兴教为本、师以从教为乐、民以助教为荣”的良好氛围。科教兴县，创建“教育强县”成为我县社会发展的主旋律。该项工作得到了上级领导的充分肯定，并且免去了初验环节。

2010 年 4 月 21—22 日，以省督学、浙江教育报刊总社社长、总编董惠铭为组长的省教育强县评估验收组对我县的“创建”工作进行评估验收。评估组对照省教育强县评定操作 25 项指标和相关要求，从教育事业发展水平、教育条件保障实力、教育管理水平、全面推进素质教育四个方面对我县的“创建”工作进行全面评估。我县党政领导围绕“小县大城”战略制定的有效工作措施，以及“创建”工作明显的成效，给评估组专家留下了深刻的印象。董惠铭组长在反馈会上，用“六个最”高度评价了我县的教育事业的快速发展。他说：“景宁最亮丽的风景线是学校；景宁变化最大的是学校；景宁社会事业发展投入中最大的是教育；景宁与发达地区差距最小的是教育硬件；景宁老百姓受惠最大的是教育；景宁党政领导政绩最明显的是教育。”评估组的专家一致认为我县已经达到了省级教育强县标准，顺利通过了评估验收，同意我县报请省委、省政府批准公布。

纵观今日畲乡教育，正以崭新的面貌，朝着教育现代化的目标阔步前进。

千峡湖景宁畲族自治县保护与开发管理中心原主任、教育局原局长 翁建敏

景宁农村自然小班化教育历程回眸

景宁农村自然小班化教育的实践与研究工作，开始在我任教育局副局长之时，延伸至我离任教育局局长之后、期间我到乡镇工作。我正有幸在其如火如荼之时，重回教育担任教育局局长之职，为这个影响深远、受到教育部关注的研究课题添砖加瓦。

20 世纪 90 年代初，景宁小学布局分散，几乎村村有小学。1991 年全县小学有 462 所。随着城镇化建设推进，农村人口向城镇集居，导致乡村小学生源逐年减少，为提高办学效益，县政府几经布局调整，尤其是 1998 年在大均乡率先试行“一乡一校”制后，布局发生了大变化，至 2001 年全县小学只有 75 所。至 2006 学年，全县小学只有 24 所。其中，18 所农村镇乡学校 159 个教学班中有 112 个班学生数在 30 人以下 。且班级学生数还将逐年递减，自然小班教学已成为我县农村乡镇学校的主流格局。为有效解决班级学生数逐年递减所带来的不利影响，让农村学校各种教育要素更加有效整合，支撑起农村教育的这片天空，开展农村自然小班教育研究，已成为我县农村教育发展的迫切需要。为此，县教育局向教研室提出，如何开展农村自然小班教育转型研究，走出一条从农村自然小班到小班化教育内涵发展之路作出规划。

景宁小班化教育研究所经历的全过程，分为三个阶段。

第一个阶段，2006 年 9 月至 2008 年 8 月。这一阶段的主要工作是从课堂入手，开展试点研究工作。我记得，当时县教研室建立研究总课题组，下设六个试点校为子课题组，分别承担六个子课题的研究。开展小班教学“环境优化、分组教学、分层教学、活动教学、互动教学和学习评价”等六项策略的转型研究，建构了“农村小班化课堂教学的模式”。

经过两年研究，摸出了“小”字特点、找到了“化”字目标，形成了《农村小班化课堂教学策略研究》实验报告集。出台了以“三三六三”为架构的《景宁畲族自治县教育局推进农村小班化教学的实施意见》。“三三六三”推进架构：立足三大理念(关爱每一个、发展每一个、优质每一个),凭借三措支撑(课程建构、教研引领、管理推动),实施六小教学(环境、备课、上课、作业、辅导、评价),追求三化目标(精致化、优质化、个性化)。

第二个阶段,2008年9月至2015年8月。这一阶段的主要工作是检验突破、逐步推广、特色打造。从教学走向教育、从共性要求走向个性发展、突出经验交流、形成《小班化教学20条新常规》,2008年10月,在二小报告厅,课题负责人陈延福老师《在小班化教育质量提升行动的路上》的报告,总结了课题成果也提出新的要求。

2009年11月,在东坑镇小举行了农村学校18位教务主任的研究论坛。他们分别从小班环境、小班备课、小班上课、小班作业、小班辅导、小班评价的"六小"中取点,介绍了本校在推进小班化教学中最具特色、最有实效的探索亮点,每位主任的论坛思路清晰、做法务实、精彩纷呈,标志着景宁小班化研究已经走向成熟。

县教育教学研究中心安排教研员开展"教学服务指导周"下校下班指导服务,农村小班化课堂分组学习、分层教学、面批辅导和多元评价已逐步成为教学的主流行为。尤其是农村小班化教学的"优秀课例"不断增多。

2010年11月,根据"教育提升·主题特色"的要求。全县各校均从"德育、教学、活动"等方面规划了主题特色,农村学校的小班教育从原先突出"教学中心"研究,转向了"教育整体"实践研究,形成了《农村小班化教育新模式》。

2012年开始,农村学校学生数进一步递减,农村小班化教育转入"微班"教育教学的研究,重新设计了《农村微班教学15条常规》,确立了《农村微班教学三味四互课堂模式》课题。且每所农村学校都不同程度形成了自己的特色,找到了适合自身发展的校本课程或载体。如东坑镇小提出"让每一朵鲜花都精彩绽放"的教育理念,让每一个孩子争做"花样少年","花文化"成为该校的品牌和特色。大均乡校的葫芦丝、郑坑的剪纸等,都给山里的寄宿制学校的孩子们,丰富了课余生活。标溪乡校的"抖空竹",师生们将其玩出了大名堂:孩子们不但在校内玩"抖空竹",把空竹"抖"出了大山,"抖"到县市举行的很多大型表演舞台上,并获得一系列的荣誉。

这七年间,小班化教育理念在景宁乡村各学校落地生根。农村小班化教育环境得到改善和优化。各校都创新了教室常规设计，创设“一班一品”教育环境，不仅着力体现出区域化、个性化、舒适化的特点，而且注重温馨、开放的心理氛围的营造，让教室成为师生共同学习和生活的温馨家园。

第三个阶段，2015 年 9 月至 2018 年 8 月。这一阶段的主要工作是提炼特色、蜕变升级。2015 年开始，随着景宁“新乡村”建设的推进，开始谋划“小班化教育”向“新乡村教育”升级。记得 2016 年，县教育局根据《教育部关于全面深化课程改革 落实立德树人根本任务的意见》《浙江省教育厅关于深化义务教育课程改革的指导意见》，决定把景宁“农村自然小班化教育”转型升格为“新乡村教育”。

“新乡村教育”从单纯的课堂研究走向多维研究，从基础教育课程到拓展性课程的教学研究。思路上已从农村小班化教育“课堂为点、常规为线、特色为面”进入“发展为体”的新阶段；理念上也相应从农村小班化教育“三个确保、三层递进”进入“三味树人”的新航向；目标上更是从“抓实基础课程全面提质”为主进入“既夯实基础课程全面提质，又做活拓展课程张扬个性”的新体系。

从2006 年至 2017 年，景宁教育同仁们用了十年时间开展农村小班化教育探索，以其独特的“草根研究”撑起了农村教育的一片天空，得到了省、市领导与教育专家高度肯定。2013 年 10 月，承办了丽水市首次小班化教育现场会。2014年 11 月，承办了浙江省小班化教育推广现场会。2017 年 8 月，浙江省副省长成岳冲就推广景宁农村小班化教育经验做法作出了重要批示。2017 年 12 月，景宁农村小规模学校教育研究《十年磨一剑》纪录片在全国统筹县域内城乡义务教育一体化改革发展现场推进会作为全国典型播出，向全国推广。杭州、绍兴、温州、衢州等地 40 多批次 3000 余位教育同仁到景宁学校考察。研究成果在省级刊物上连载，《浙江教育报》《中国教育报》等教育主流媒体进行了采访报道。先后获得了不少荣誉：2008 年 12 月《农村小班化教育教学策略研究》获丽水市重点课题成果一等奖。2011 年 11 月《农村自然小班化教育教学“三步走”的探索与实践》获浙江省教育论文一等奖。2016 年 11 月《农村自然小班化教育模式的探索与实践》获浙江省人民政府基础教育教学成果一等奖，全国基础教育教学成果二等奖。

我有幸见证景宁“小规模学校建设”成为畲乡教育的“金名片”。

景宁畲族自治县人大常委会副主任、原教育局局长 钟利海

争取景宁畲族自治县汉族考生高考录取加分优惠政策琐忆

青春韶华岁月，我走上教育岗位，历时20多年，从一名普通教师到第一任县人民政府教育督导室督学，与教育结下不解之缘。2003年6月调县政协后，仍关注我县教育事业，县教育局和学校编印的《畲乡教育》《景宁一中》《雅峰岁月》等刊物每期必看，闲暇与教育界老友聊天，也不忘谈有关教育的事。

每每谈及县委、县政府重视教育，投入2亿多元，整体搬迁景宁一中和民族中学，新建民族小学和实验幼儿园，办学硬件条件发生巨大变化，甚至比发达地区学校还要好，感到十分高兴。而面对当时由于各种原因造成名师和优生外流现象，如何依托现在一流的办学硬件设施，提高教育质量，振兴畲乡教育事业，更是乐于探究的话题。

正当全县上下重视教育谋发展，齐心协力抓质量的时候，曾经从事教育工作的我，又该为教育提质和振兴畲乡教育事业做点什么？这是一直萦绕在脑海中的问题。

2007年6月，县委书记武昌在全县干部大会上强调，我们要全面研究和充分利用民族政策，发展县域经济和社会事业。我听后豁然开朗——萌动了能否利用新修改的《浙江省景宁畲族自治县自治条例》有关条文，向上争取政策来助力景宁教育提质，振兴畲乡教育事业的念头。

会后，我立即到县人大办拿了一本2007年5月25日浙江省第十届人民代表大会常务委员会第三十二次会议批准，新修订的《浙江省景宁畲族自治县自治条例》仔细阅读起来。读到第三十六条："在各级招生主管部门的监督下，高等院校和中等专业技术学校在招收新生时，自治县考生享有降分录取的照顾。"我眼睛一亮，"自治县考生享有降分录取的照顾"，可理解为：凡是拥有自治县户籍的考生都可享受照顾政策。目前，全县少数民族考生已享受加10分投档照顾政策，依据这条，我县汉族考生同样可以依法争取享受照顾政策。

这是一个政策性很强的命题，要争取，就要有充分依据，这就要做仔细调研。于是，第二天就到县教育局走访相关人员，当我向翁建敏局长说明来意后，他十分赞同。随后又走访县招生办张勇健主任，他马上查阅资料，并告诉我："少数民族高考优惠政策一直都有，2004 年及以前优惠政策是'边疆、山区、牧区、少数民族聚集地区的少数民族考生高考录取中在其统考成绩总分的基础上加 10 分投档'。2005 年以后优惠政策是'少数民族考生高考录取中在其统考成绩总分的基础上加 10 分投档'。至于汉族考生的统一优惠政策没有，但从《景宁畲族自治县自治条例》内容看，汉族考生也可争取照顾政策。"

如果能争取到这条惠及百姓的照顾政策，对留住生源，甚至回流有现实意义，更为重要的是对教育提质，振兴畲乡教育事业，最终促进我县社会、经济事业发展，让景宁百姓感恩党和国家的民族政策有深远历史意义。

由于 2007 年我省高考录取优惠加分政策先于新修订的《浙江省景宁畲族自治县自治条例》出台，故当年不可能争取高考录取优惠加分政策，如果能在 2008 年争取到汉族考生高考录取优惠加分政策，那就是以最快的速度体现民族政策，造福于民。

从县招生办回来后，更坚定了尽快利用社情民意信息向上反映，争取我县汉族考生高考录取加分政策的决心。随后，我把想法向当时县政协主席彭岳舜作了汇报。彭主席认为，这是一件惠及全县人民，与畲乡社会事业，与寻常百姓都十分有利的大好事，给予我充分肯定和热情鼓励。

要撰写这条社情民意信息，法律和政策的依据有了，但可以享受的范围如何表述？第三十六条中"自治县考生享有降分录取的照顾"的"降分"表述与实际优惠政策的"加 10 分投档"的表述不一致如何处理？等问题既是技术问题，也是关键。经过反反复复的思考，反反复复地走访景宁一中、县招生办等，第一稿终于撰写出来摆在案头。

对第一个问题，享受范围界定为"景宁畲族自治县户籍，在本县高中就读（三年学籍）"两个条件。对第二个问题，由于条例中用"降分"表述，具有法律意义，不能随意更改，故撰写的社情民意信息题目仍用《关于落实景宁畲族自治县考生在高考录取中依法享有降分录取照顾政策的建议》，而在建议中则改用可操作的“加10分投档”表述处理。

面对这个初稿，我常常静思，反复斟酌，深深明白，这不是一个简单的社情民意信息，它关系到振兴畲乡教育事业的大事，更关系到千家万户共同关心的子女发展机遇问题。因而，深深地感到责任重大。

为让这条社情民意信息能够客观地反映民情，真实反映民意，表述到位，我将初稿送分管教育的副县长胡晓红和县教育局征求意见。胡晓红副县长看后，给予充分肯定，也给我很大鼓励和支持。

为让这条社情民意信息能够有足够的“分量”，征得彭主席同意，用我们两人名义向省、市政协报送这条社情民意信息，同时报送省政协民情热线办公室。

社情民意信息向上级政协报送后，县委、县政府和县教育局高度重视，利用一切机会，各种场合，全力向省委、省政府和省教育厅领导沟通协调，争取重视和支持。

省政协民情热线办公室主任李孟亭，非常重视这条社情民意信息，把它作为扶持和促进民族地区教育发展契机的一件大事来对待。2007年12月26日，将社情民意信息及时转送省教育厅办理，并且多次向分管教育的省领导和省教育厅汇报、说明、协调，积极争取，做了大量工作。

通过多方共同努力，省委、省政府和省教育厅领导的重视，这条社情民意信息最终进入省委、省政府决策程序，得到落实。2008年4月18日，浙江省高招委、省教育厅出台《2008年浙江省普通高校招生工作实施意见》，在第50条中作出明确规定。

2008年4月23日，《浙江省教育厅关于对景宁畲族自治县高考考生有关录取政策的复函》送达省政协民情热线办公室。函复如下：“根据省人大审议批准的《浙江省景宁畲族自治县条例》，经我厅和省人大常委会法制工作委员会共同商议，决定对户籍在景宁畲族自治县，且在当地完整完成高中阶段教育的考生，从今年开始，在其高考统考成绩总分基础上加5分投档，由高校审查决定是否录取。少数民族考生，仍在其高考统考成绩总分基础上加10分投档，由高校审查决定是否录取。”

这个饱含对民族地区特殊关爱的优惠政策，像一阵春风吹拂着畲乡山山水水，惠及千家万户，在三个月后高考录取中，传出激动人心的喜讯。

2008年高考，我县有578名汉族考生享受5分优惠加分政策，有23名汉族考生分数批次分别上移，应届毕业生上第一批分数的人数提高了11.76%（2010年提高到29.41%），有103名考生被同批次但投档分数线更高、更理想的专业和高等院校录取，其他考生也提高了上线率和录取率。这对畲乡考生、家长、教育和社会都是一个鼓舞人心极大的福音。

对来自英川镇农村的张荣剑同学来说，更是改变人生契机和终生难忘的日子。他通过努力，取得664分的优秀成绩，名列全省第143名。而当年清华大学的投档分数线是667分，张荣剑同学获得5分优惠加分后，成绩变成669分，超过清华大学投档分数线2分，名次也上升到全省第121名，十分荣幸地被清华大学录取，成为当年丽水市唯一被清华大学录取的学生。

当景宁电视台记者踏进张荣剑同学临时租住房，采访他父母时候，朴实的一对农家夫妻，除了感激就是满眼热泪。这一场景，感动在场所有人，感谢党和国家民族政策对畲乡百姓最贴心的关爱。

县人民政府特意送锦旗给省政协民情热线办公室，感谢为汉族考生争取高考录取加分优惠政策所做的努力。

景宁汉族考生高考录取加分，这一能让景宁百姓享受，关乎畲乡发展与百姓切身利益的优惠政策，不但有助当时扼制学生外流势头并回落，而且吸引在外地就读学生回流，更助力提高教育质量，振兴畲乡教育事业，给我们带来无限欣喜，成为街头巷尾热议的话题。

政协景宁畲族自治县委员会原秘书长　吴建强

我与景宁中学生物馆的故事

1990年的9月我来到景宁中学读高一，从乡下初中上来的我，对景中充满着敬仰，也对其神秘倍感向往。来到校园时，我就发现在教学楼的对面，行政综合楼的侧面有一幢低矮的四合院建筑，红墙黑瓦，古色古香。经同学的介绍，我知道那是景宁中学的生物馆，就这样，我与生物馆的故事从此徐徐展开，它们见证了我的成长，也见证了景宁中学的发展。

景宁中学地处浙南山区，动植物资源丰富。在20世纪60年代，学校师生充分利用景宁山区资源优势，制作药材标本200余种、动物标本300余种。其中，珍贵动物标本有金钱豹、猕猴、黄麂、黑麂、大鲵等，这些标本先后在温州、杭州等地交流展示，深受观众和同行赞誉。只可惜这些标本后因故于1967年3月毁于一旦。

到了80年代，景宁中学教育教学各项工作进入正轨，学校办学质量日益提升。这时张彦老师创办生物馆的故事成为景中的传奇。张老师在恢复工作后，因学校的需要从任教物理转教生物，对于张老师来讲，无疑白手起家。本着对学生负责，对学校负责的态度，张老师想就从动植物标本制作入手来提升学生对生物课的兴趣，同时也提升自己的专业能力。就这样他除了根据教科书认真备课教好每一堂课外，还想尽办法让学生们学到更多的书本上没有的知识。景宁中学生物馆，就是在这样的初衷下应运而生，并且不断发展壮大的。

为了让学生对学科有更直观的认识，更深入的了解，他利用课余时间采集各种动植物制作标本。最先从采集昆虫、蝴蝶等小型动物做起。没有场地，所有的标本就都放在家里；上课的时候又搬到教室，就这样不厌其烦地搬来运去。家长们还有热心的村民，听说景中有一个老师在收集各种动物，就会把他们遇到的一些动物也送到学校来给他，比如各种鸟类，于是渐渐地标本越集越多。张老师一边在采集制作各类标本，一边探索开展“生物教学改革”，带领青少年开展科技活动，使景宁中学在生物教学改革创新上，走出了一条属于自己的路，得到了社会广泛认可并一时成为美传。1984年，在学校领导、师生的共同支持与努力下，景中生物馆的前身——“动物苑舍”创建了。

景宁中学有间“动物苑舍”的消息越传越广，社会群众也常常会带着孩子来校看动物，把这里当成了小小动物园。渐渐的，一些受伤的、误捕的小动物、也被送到这里，苑舍里的动物品种越来越多，小小的空间已经完全挤不下了。1987年，浙江省直机关团委得知这一情况后，组织募捐。两万多名共青团员慷慨解囊，县财政、学校也大力支持。于是，一座古色古香、建筑面积达183平方米、具备多种功能的生物馆在景中的校园里建起来了，浙江省人大常委会原主任李丰平为景宁生物馆亲笔题字。之后，景中生物馆被命名为“浙江省科普教育、浙江省生态道德教育基地”，成为丽水市生物物种多样性最为集中的学校展示场所，也是国内中学里规模最大的自制和展示乡土动物物种标本场馆。

如果时光可以倒流，我还可以通过记忆带领大家前去参观生物馆。生物馆分为两进，首先进入圆形的拱门，门上写着“生物馆”的题名，字体古朴典雅，遒劲有力。门进去后是一个天井，两边的走廊构成动物饲养区，内有凶猛的秃鹫，有龇牙咧嘴的猕猴，有温顺的大鲵等。天井中间有一小水池，分两部分，中间水道相通，水池中还树立几根石笋，池内养有红鲤鱼，还有睡莲，仔细看去，倒有几分“游鱼碎石，历历可见”的闲情逸致。穿过走廊来到里间的展示区，共设有四个房间，房间分类展示，如昆虫标本区、鱼类标本区、鸟类展示区，其中一间是张老师办公室。中堂也是展示区，一般在这展示最珍贵的或者体量大的动物标本。记得1993年的春夏之际，云豹标本落成展示在中堂显要位置，云豹气势凶猛，豹纹白褐相间，一时间观者如云。那时又逢毕业季，很多同学都是以云豹为背景合影拍照，留存一段独特的母校记忆。

那时的生物馆场地处于学校中心位置，离教学区、运动区、生活区都仅仅几步之遥，生物馆也就成为景中学子课后休闲的最佳去处，也成为那个年代景中学子对母校记忆最深厚的场所，可以毫不夸张说，那时的每一个景中学子都能讲出自己与生物馆独一无二的青春故事。

2006年，景宁中学整体搬迁。2008年11月，新校区生物馆相继落成并投入使用。新馆三层，建筑面积1450平方米，一楼陈列爬行类动物标本，二楼陈列禽类和哺乳类动物标本，另在新馆北侧附建了动物救助饲养区。新馆陈列各种乡土脊椎动物标本、部分昆虫标本3000余件。其中，有国家I级重点保护动物云豹、白颈长尾雉、巨蜥等珍稀标本6种，国家II级重点保护动物大鲵、蛇雕、鬣羚等标本40多种。动物救助饲养区饲养着孔雀、秃鹫、猕猴、中华秋沙鸭、刺猬、鸿雁等动物。

新校区的生物馆功能已由学生实践活动基地向野生动物救助、生态科普、青少年科技教育和引导公众践行生态文明基地等方向发展。经由生物馆救助后被放回大自然的野生动物有500多头（只）。其中，有黄腹角雉、金雕等珍贵禽类。学校利用生物馆的活体动物、标本积极向学生和社会公众讲解动物的形态、行为、生态等相关科普知识；每年结合“爱鸟周”“全国科普日”等节日，通过报纸、电视等媒体开展生态科普和大型的生态保护宣传活动；以兴趣小组的形式组织学生开展标本采集、动植物资源调查及动物救助等专项研究工作，并获得省市级科普制作、科技小发明等诸多奖项，培养了一大批爱好生物学研究的优秀毕业生。生物馆也因其独特的宣教功能，先后被授予“浙江省青少年科普实践基地”“浙江省生态道德教育基地”“全国青少年科普教育基地”“斯巴鲁生态文明学校”等荣誉称号。

2012年12月，我回到景宁中学工作，时逢学校在积极申报“浙江省一级特色示范学校”。学校的办学特色该如何提炼？又要如何在激烈的竞争中胜出？我们再一次把目光投向了生物馆，“生态教育”的办学理念由此而生，“惠风和畅”的特色课程群也孕育而生，生态课堂、生态德育、生态评价等活动模块开始在学校大力推行。省评估组来学校评审听到我们生物馆的故事时，纷纷赞叹说，这才是真正的办学特色。

2020年5月21日，在生物馆生活了31年的秃鹫因年迈而离世。这只原来生活在山海关外不幸受伤的秃鹫，在1989年被一位景中家长所救，后辗转送至生物馆被张彦老师“收养”，从此江南的春雨秋月代替了塞北的寒风冰雪，它与景宁中学相依相靠，一晃就是三十余载。

秃鹫的离世让在校的景中师生心痛不已，也引发了很多景中老校友无尽的思念，因为这只秃鹫也伴随着一代景中学子的青春年华。秃鹫离世那天，学校决定要为它留下铜像，并建一个亭子，取名“翼然”。与秃鹫情缘深厚的景中校友徐冠华得知消息后立即对母校要为秃鹫建“翼然”亭的决定表示支持，并出资捐建。徐冠华校友说：“秃鹫是属于我青春的个人记忆”，但今后，因为我们的努力，它也将成为我们岁月的共同记忆。生命终将逝去，但记忆和文化不会。我想，秃鹫就是文化的象征，是景中的一部分，也是流淌在你我生命里的一部分。

2021 年 5 月 21 日，翼然亭落成仪式如约而至，秃鹫英姿再入眼帘，这是景中人对秃鹫的最好纪念，师生校友临亭纵目，“犹记山海关外振雄翼，且从乌铁崖下思超然”——亭柱楹联让人浮想联翩。同时，景宁中学还郑重决定，将每年的 5 月 21 日设立为“生态文明教育日”。今后每逢“生态文明教育日”，学校将组织生态环境保护和宣传系列活动，使之成为继生物馆之后又一个传递“生态教育”理念、动员全校师生积极参与生态文明建设的重要平台和载体。

景宁隶属秀山丽水，而丽水是长三角生态最高地、全国“两山”理念的重要萌发地和先行实践地，创建国家公园是丽水对习近平生态文明思想的有力践行，也是实质性推动生态文明建设的重要举措。2017 年，丽水按照省委、省政府部署，积极谋划创建百山祖国家公园。百山祖国家公园位于丽水市南部，瓯江源头，龙泉、庆元、景宁三县（市）交界地区。景宁县委、县政府积极响应创建活动，景宁中学生物馆又一次迎来发展机遇。2020 年 9 月 8 日，作为百山祖国家公园景宁分园自然教育服务中心的生物馆，迎来国家评估验收组的检查。专家组一行实地察看中心的生物标本展示、科普教育活动开展等情况，了解景宁分区丰富的生物多样性、中心通过长期坚持自然教育活动开展取得的成效等。景宁中学生物馆再一次被专家组认可。

2021 年，县林业局出资 50 万元扩建生物馆动物救助中心，原饲养区改为救治区，在“翼然”亭侧向阳处新建饲养区，新饲养区与原先相比，面积更大、阳光更充裕、空气也更流动，更重要的是它正处在通往操场的道路旁，便于同学们留步观赏，近距离感受生物与生态的魅力。同时，百山祖国家公园景宁分园管理中心出资70万元用于改善生物馆的内部设置，如添置标本、更换展板等，生物馆建设因此进一步完善。

生态教育，景宁中学的教育理念；生物馆，景宁中学的金名片；景中生态文明教育日，对秃鹫的永恒纪念。天地与我并生，而万物与我为一，这样的文化熏陶也催生出景中师生致力于弘扬“人与自然和谐相处”理念源源不竭的动力。

2021年10月，我因工作调动离开景宁中学，为纪念张彦老师而设立的校园景观“彦园”门楼项目也正在紧锣密鼓地谋划中。我期待着，在“彦园”门楼落成的那一天，我一定会回来看一看，回到生物馆，回到景中，回到这记录了我青春时代和奋斗年华的土地。

丽水中学校长、原景宁中学校长　陈战耕

（四）文教钩沉[1]

景宁的办学历史，既有民间的私塾，也有官办的书院。近代以来，还创办过“景宁县立简易师范学校”“浙江省少数民族师范学校”“云和县林业学校”等。抗战时期迁往景宁办学的“浙江省立临时联合初级中学”“湘湖师范”“稽山中学”等。现从2010年3月中国文史出版社出版的景宁政协第13集文史资料《鹤溪古城》，2008年2月中国文史出版社出版的丽水市政协第4集文史资料《大迁移》，选取曾就读上述学校的校友回忆文章，以作介绍。

雅峰书院、湘湖师范、稽山中学在《景宁畲族自治县教育志（1109—1991）》中已做介绍，本志不再赘述。

桐琴小学

桐琴小学，位于下牌坊后，背靠水井弄（现为百岁门55号）。由叶桐先生于民国37年（1948）2月筹建，桐（即叶桐）、琴（即其妻潘福琴），此校为国培养人才，为国效力。后改称县立简师附小。1949年9月，与鹤溪小学合并，称“鹤溪小学”并迁址于张家祠堂。

作者简介：陈舒 景宁畲族自治县渤海镇卫生院退休医生

① 文教钩沉部分文章选自2010年中国文史出版社的景宁政协第十二、十三辑文史资料和文史资料编委编纂的2008年中国文史出版社出版的丽水市政协文史资料第四辑《大迁移》，编者在编纂时少数地方有改动

忆浙江省立临时联合初级中学

浙江省立临时联合初级中学，简称“联初”。联初是以现杭四中前身为主体，包括杭三中、杭七中部分组成的联合办学实体。因日军侵华，山河沦陷，浙江告急，1939年，联初从杭州迁丽水县碧湖镇办学。由于时局进一步恶化，1942年，联初再从碧湖迁景宁县鹤溪镇敬山宫办学。抗战胜利后，1945年10月，联初迁回杭州。

联初在景宁办学，是历史的产物，日军侵华的又一佐证。联初迁回杭州已60余年，曾是联初一名学子的我，60余年来，虽经历了数不清的世间风雨、人生悲欢，许多往事随着时光的流逝都已渐渐淡出记忆，唯独在联初不足2年的学习历程，对联初校园、师长的教诲、各种活动及同学之间的嬉戏，永铭心间，如今还不断在我脑海中萦回，每每忆起，犹如昨天。

联初从碧湖迁景宁时，初三和高三年级学生均已在碧湖毕业，迁景宁建校时仅有初中和高中的一、二年级各4个班共16个班级约500名学生。第二年在景宁招的第一届学生为六年制（初高中连读）初一1个班，三年制初一2个班，我是三年制“劳峰级”（班级名称）的新生。

敬山宫是庙宇，办学条件较差，而且这么多的学生根本就容纳不下。当时，不得不在敬山宫旁的大垟山搭建平房教室。设备简陋，勉强安置。音乐课安排在民房里上。大垟山一个由学生自己开辟的小操场，是我们升国旗、晨操、上体育课、球类活动的好场所。

当时，校长是章湘伯，次年调任钟伯庸，训育主任（教导主任）是胡克铎。如今回忆，学校大部分教师均系反蒋抗日的进步青年，政治文化修养高，对学生要求严格。教师中印象深刻的有：训育主任胡克铎，对学生的要求严格是出了名的，学生都敬畏他，视其如虎；我们“劳峰级”的级任导师（班主任）李晓瑜，思想进步，来景前，国民党特务已注意她。因此，她来联初任教时，将原名李小玉改名为李晓瑜，避开了特务的视线；我们的国文（语文）教师叶介受，是景宁县鹤溪镇人，日本留学回国，有很大名声，原在丽师任教。他对古文、诗歌等讲解精练、生动、易懂，学生听后无不拍手称好；还有教英语的陶老师，他在上第一节课快下课时，发给我们每人1张白纸，要我们写写对老师的各方面要求。当时，我们被弄得丈二和尚摸不着头脑。其严谨敬业、虚怀若谷的精神，令人感佩！抗战胜利后，我们才知道他是共产党员。

联初的教育是全方位的。除狠抓文化课的学习外，特别注重野外训练和开展丰富多彩的文娱体育活动。印象深刻的是开展童子军野练。1943年夏，我们在童子军教官的带领下，背着帐篷，打起洋鼓，吹着童子军军号出发，到溪口的溪滩(现在的竹园)上野练。大家分组在溪滩上整好地，搭好帐篷住下，夜里开展捉特务、暗送情报信等活动。大家玩得十分开心，体验着野外训练的乐趣，留恋野外，不想回校。现在记忆犹新的是1945年夏，学校开展以班级为单位的球类比赛。我当时是“劳峰级”排球队队员，我们打了半个多月的比赛，队员们齐心协力，在同学们的助威声中，克服困难，敢打敢拼，先后战胜了初中段6个队和高中段4个乙级队，获得了冠军，学校专门为我们合影留念。每每提及此事，我还是心潮澎湃，不能自已。

离开母校的心情是沉重的，难舍的。1945年8月，抗战胜利了，大家兴奋异常。但10月联初决定迁回杭州办学，同学们的心情是流连的。就要离开母校，许多同学也将各奔东西，为了留住大家的记忆，定格历史瞬间，在级任导师李晓瑜的带领下，“劳峰级”同学22人在校门口(当时庙门口)合影留念。现在，每当我再次凝视这张具有历史意义的珍贵照片时，思绪一下子拉回到60年前在联初就学时的情景，真是浮想联翩，感慨万千啊！

作者简介：吴堤　云和县石塘镇景宁籍离休干部

忆景宁县立简易师范学校

景宁县立简易师范学校，简称“景师”。前身为师范讲习所，创办于1938年2月，师范讲习所无固定校舍，先后借用城郊学田洪家祠堂和城内孔庙上课，设备十分简陋。1940 年春,因“经费无着”停办。1944 年复办,定名县立简易师范学校,借址梁家祠堂。1945 年秋,迁至敬山宫,原联初校舍旧址。建国初,改为景宁中学。

景师十余年里办学历程,培养了众多的人才,遍布全国各地及海外。韶光流逝,如今景师的学子们都已两鬓飞霜,但是他们为家乡的教育事业所作出的贡献定当为后人感佩并铭记。

往事历历记忆犹新

1947 年春天,我考入景师“春一班”,班名定为“春涛”并制作了“班徽”。教室、办公室,全是用竹片、稻草、泥浆打成的草房。操场建在荒坡上,校舍离宿舍约 200 米,道路坎坷不平,每天来回走路,晴天一身灰,雨天一身泥。宿舍安置在敬山宫佛殿里,楼下为老师和女生宿舍;戏台后楼、两厢房楼、正殿楼为男生宿舍,条件十分简陋。床位分上、下铺,用竹片当床板。夜间上铺人只要一转身,就吱吱作响,粉末灰尘就会掉到下铺人身上,苦不堪言。学生自带粮食、干菜,饭由学校代蒸,每月都要回家一次取粮取菜,生活十分艰苦。

组织机构状况

师范讲习所,设所长 1 人,主持全校事务,下设教导、事务、训导 3 个处,各设主任 1 人。下属各班级,均设导师 1 人。前两任所长由教育科科长兼任,分别是戴甄陶、张振镛。刘 勃、齐毓照也曾担任过所长职务。

简易师范首任校长由县长侯轩明兼任。1943 年下半年,柳泽萃以国民党部书记的名义兼校长。此后,校长由叶葆中、叶葆禔继任,直至中华人民共和国成立前夕。

学生自治会组织

全校建立一个学生会,主席和委员多数由班长兼任,每个班级的班长和委员,由本班学生选举产生。学校定期考评学生,规定“德、智、体”三育并重,强调全面发展,各门学科考评都非常严格。

学校很重视学生的文娱活动。定期或不定期组织球赛、露营、编演话剧、歌咏、舞蹈、编刊壁报等丰富多彩的活动。

学制与学科设置

师范讲习所学制两年。招收一个班,班额为 44 人。课程设置以实用为主,教材沿用初中课本和老师自编的教材，又增设多门专业课，并定期军训。简易师范学制为三年，春、秋两季招生，春季为“春一”，秋季为“秋一”，招公费生，后因经费困难改为自费。

景师设置的课程有：国语、数学、化学、历史、博物、地理、美术、音乐、公民、生理卫生、体育、教育行政、教材教法、教育心理与实习等。

办学至中华人民共和国成立初，共招生 6 届，培养学生 269 人。1945 年，还办过一期一年制国民教育师资培训班，学员有 50 人。1947 年和 1948 年，又连续招收附设初中三班，学生 125 人。1949 年 7 月 11 日，县政府发文，将原景宁县立简易师范改名为景宁县立初级中学。解放前夕，草房校舍被国民党政府付之一炬。景宁初中（简师）迁至旧时的雅峰书院，原鹤溪小学旧址。

反战学潮风起云涌

《景师校歌》写于抗日烽火纷飞年代，由讲习所王豁（后改名殷铁飞，中共党员；中华人民共和国成立后，曾任衢州地区专员）老师作曲，陈怀白老师作词。歌词朝气蓬勃，热情向上；旋律高亢激昂，催人奋进，激励了当时学子们的民族自尊心和责任感。

“山一山，又一山，敕木山直上云霄……”

“我们是青年，我们有力量，我们要掀起抗日救亡的巨浪;胜利的曙光，我们要让它照遍寂寞的山乡……”

抗战期间，一批进步师生目击时艰，以救亡为己任，组织文宣队，经常上街下乡宣传抗日。叶老师（名不详）还带领文宣队去大均、梧桐、标溪、外舍等地演出，很受群众欢迎。正当政暗于上、吏腐于下、民不聊生之际，1946 年 8 月，中共处属特委先后派湘湖师范的地下党员陈波、李绍棠、王玉亮等到景宁简师任教，建立党支部，开展学生运动。1947 年 5 月，学生自治会响应全国学联号召，声援浙江大学生于子三被害事件。

1947 年 6 月 2 日，在景宁县城掀起了“反饥饿、反内战、反迫害”高潮，群众上街示威游行，老师、学生罢课，工人罢工。在此期间，音乐老师周耀奎，选教了《古怪歌》《跌倒算什么》《朱大嫂送鸡蛋》《沙里红巴哀》《山那边好地方》等教材，还在大街上，举办抗日宣传文艺晚会，高唱抗日爱国歌曲，惊动了国民党县政府，正当准备抓捕时，地下党获悉情报，这批党员与进步老师周耀奎、周开章、李汉松、陈声录、张云英于1947年6月先后撤离景宁。

他们走了，景师学子心中的革命种子也发芽了，有一部分师生，参加了地下革命组织和游击队，与国民党反动派开展秘密的或者公开的斗争。在这期间，曾有一些师生被捕入狱或开除出校。

景师为当时全县最高学府，培养人才的摇篮，更是一座革命的大熔炉。中华人民共和国成立前后，历届学生中有参军、从政、执教、行医等。有担任过师团级、县科级与校长、教导主任等职务的；也有中、高级技术职称的。而今健在的已是年届古稀，在不同工作岗位上相继离休、退休了，许多老人仍然退而不休，热心公益事业，发挥余热奉献社会。

作者简介：陈舒　景宁畲族自治县渤海镇卫生院退休医生

忆浙江省少数民族师范学校

1952年10月，浙江省少数民族师范学校创办，原址在云和县瓦窑村。1960年9月，因景宁撤并于丽水县，学校从云和迁至景宁鹤溪镇，利用原景宁县政府公房办学(原纺织器材厂)。全校设10个教学班，师生500人。其中，景宁籍的畲族学生78人。1963年1月，因景宁地处偏僻山区，交通闭塞，办学困难，经省政府和温州专署会同丽水县政府决定，迁址于丽水县三岩寺。该校在景宁鹤溪镇办学两年半时间。

1958年10月，创办景宁县初级师范，学制3年，当年招生42人，教职工2人。1959年招生142人，教职工3人。1960年开7个教学班，在校生328人，教职工11人。1961年裁撤。景宁县初级师范首届毕业班，原来有31人，于1960年9月并入浙江省少数民族师范学校，除了升学、参军、自动退学等，获得国家正式列入分配共19人，全部分配乡村学校担任教师。浙江省少数民族师范学校，最早一届普师生，1962年7月毕业于景宁。少师最后一届初师学生，1960年9月招于景宁，后来各级政府的民族干部多数也曾就读于景宁，鹤溪镇给他们留下了深刻的印象。少师的历届毕业生中，有一批由于成绩突出，曾走上领导岗位。例如,李绍瑛曾任浙江省民宗委副主任,雷松庭曾任丽水地委统战部副部长,钟金莲曾任文成县政协副主席,雷顺明曾任苍南县委统战部部长,兰梅英曾任景宁畲族自治县委常委、统战部部长,钟琳花曾任景宁畲族自治县委常委、统战部部长,县政协副主席。

浙江省少数民族师范学校,在景宁办学期间,领导班子工作务实,作风严谨,因此学校成绩显著。当时学校的主要领导人相继由蓝劳东、雷新荣、王孝才担任。不仅教风好,学风优良,师生关系融洽,而且热爱劳动,思想进步。用自己的双手解决了物质上的短缺,度过了三年困难时期,培养了学生艰苦奋斗的精神。浙江省少数民族师范学校在景宁的时期是艰苦的,但也是锻炼人的。浙江省少数民族师范学校,在景宁教育史上写下了不平凡的一页。

作者简介:毛荣耀 中国人民银行景宁畲族自治支行原行长

忆云和县林业学校

1964 年秋,在景宁、云和并县期间,县委、县府决定创办一所云和县林业学校,地点初设鹤溪镇内原景宁县政府公房(原纺织器材厂)。

云和县林业学校实行半工半读,招高中班学生 50 人、初中班学生 100 人,到 1966 年 12 月,学校迁移到草鱼塘新校舍。

云和县林业学校有教职员工 12 人。校长由县政府分管林业的副县长金少海兼任,并派周玉城任副校长,主持日常工作;县人武部政委卓毅奋兼任学校书记,徐志程任教导主任。

学校开设政治、语文、数学、林业知识等课程。劳动内容有育苗、到荒田湖搭棚造林半个月,还有在敕木山、草鱼塘山上造林等,并在水果队种一片蔬菜供师生食用。

“文化大革命”期间,学校逐渐停课。1970 年秋,副校长周玉城调回林业局,其他教职员工分别归原单位,云和县林业学校自然解体。

作者简介:徐志程 鹤溪教育辅导区原校长

民国年间景宁教育情况琐忆

我是小教队伍的一名老兵，在本县从教四十多年，现在年逾花甲，高兴之余，愿将所知所闻的本县教育史料，琐忆如下：

清末景宁新教育的兴起

清朝沿袭封建科举制度，是中国远远落后于资本主义国家而长期处于挨打地位的一大祸害。鸦片战争以后，帝国列强相继蚕食国土，甲午之战，丧师辱国。有志之士，莫不深感灾难深重，民族存亡，迫在眉睫。于是在清末，出现了“教育救国”的思潮。

光绪二十九年（1903年）我县前辈叶仰高、柳景元、李瑞阳、柳桥鸿、夏兆梅、潘松龄、洪子生等七人（时称“景宁七子”）怀着爱国之心，弃科举，远渡重洋，留学日本，攻读师范，寻求教育救国，开发民智的道路，这可说是我县新教育的发端。这七位留日学生中，除叶仰高等二人攻读军事之外，柳景元、李瑞阳等五人均攻读师范。柳景元官费考入早稻田大学师范科，李瑞阳等入宏文师范学院，专攻教育。他们认为“留学开风气之先，远适异国，以其所印象者，贡献祖国，效用尤大”，在日本期间，又逢孙中山先生由美度日，宣传革命，中国留学生均参加了富士见楼之会见、《民报》周年纪念会等活动，亲聆孙中山先生的教诲，受到革命思想的启迪，景宁留学生在老光复会员魏兰先生的引导下，先后加入了光复会。

1905年，柳景元、李瑞阳、柳桥鸿毕业归国回到家乡，一面宣传孙中山的革命思想，一面展开教育改革活动，先在县城的“官立务本学堂”任教，借以培养壮大新教育的基本力量。李瑞阳、柳景元还先后担任“务本学堂”堂长。

他们深入山村，发动民众，兴办学校，得到进步士绅和民众的欢迎和支持。

“务本学堂”是光绪二十八年（1902年）由“鸦峰书院”改建而成，招收青少年入学，分班级讲课，可说是我县第 一所实行新教育制度的学校。在李瑞阳、柳最元的竭力主张下，课程除增设算术、常识、图画、唱歌等课外，还开设了前所未有的体育课。李瑞阳亲任体育老师，教体操，习哑铃，开展拍球、跳绳、抢旗等活动，打破了寒窗禁锢，使青少年学生活跃起来。这些改革措施学生普遍拥护，但社会上却舆论哗然，压力很重。

民国初期，景宁新教育出现过蓬勃发展的可喜阶段

辛亥革命胜利，推翻了封建帝制，科举制度随之彻底摧毁，这就为兴办学校创造了有利条件。李瑞阳、柳景元先后被提升为教育科科长，教育局局长。"务本学堂"于民国元年（1912 年）改称县立高等小学校，1914 年又改为县立第一高等小学校，1923 年改县立第一小学，这就是现今鹤溪小学的前身。

沙湾小学是光绪三十四年（1908 年）由柳景元、柳景庭、柳景陶、柳荫风等人创办的，在筹建校舍资金时，当时沙湾是水运码头，上山的竹木都在沙湾装排放运温州出售，学校创办人经呈报县署批准，征收"毛竹捐"为建校经费，而遭到一些地主、竹木商人的反对，宣统二年（1910 年）他们纠集一伙不明事理的人，捣毁了新校舍，围攻创办人，学校被迫停办。历数年艰苦奋斗，沙湾村民齐心团结，终于民国 2 年（1913 年）恢复开学。1914 年，由创办人呈请改为县立第二高等小学，创办人柳景元还为学校撰写校牌，题谱校歌，这就是现在沙湾小学的前身。民国 9 年（1920 年）柳景元任浙江省议会议员时，曾为添设省立甲种第二森林学校于丽水、各府属设立省立女子中学，女子师范和改私立行素女子学校为省立女子学校等教育问题提出专案。

县立第一、二两所高等小学建立后，办学校的风气席卷全县，一批原在"务本学堂"毕业的学生，奋起发动民众，团结开明人士，筹资金，劝学田，利用祠堂庙宇，因陋就简，积极开办学校。数年间，初等小学如雨后春笋，遍布各乡。至民国 20 年（1932 年）全县已有高等小学二所，初等小学计：第一区（今城郊区范围）计八所；第二区（今渤海区范围）十四所；第三区（今沙湾、英川区部分范围）八所；第四区（今沙湾区范围）七所；第五区（今东坑区范围）+三所；共计六十所，教师约一百四十余人，学生约一千九百余人，全县高小毕业生一百五十余人，初中毕业学生约七十余人，高中毕业生一人，专科学校毕业生二十三人，大学毕业生七人。

民国 3 年（1914 年）本县曾设"城立第一女子初等小学"，五年停办。1923

年由县议会决议恢复，添设高级，改称县立女子小学校。直至1929年又告停办。

这一阶段，学校的课程设置，常有变动。初时，设国文课，不教四书五经，设修身课，不讲孔孟之道，后来又把国文课改称语文课，修身课改三民主义课。高等（五、六年级）设历史，地理、自然、卫生课。后又改三民主义课为公民课，增童子军和劳作课。这里要特别提一下体育课。

为富国强邦，洗雪“东亚病夫”的耻辱，改变文弱书生终日伏案“死”读书的现象，“务本学堂”开创，就增设了体育课，开展学校体育活动。至1933年景宁隆重举行首届全县运动会，运动健儿争相竞技，增强了学生体质，给全县人民大开眼界。

在这阶段，当局对教学质量比较注意，一年一度搞会考，全县高小毕业班学生，都要集中到县城鹤溪，由县教育局命题考试，成绩及格的才准毕业。并发给由县政府验印的文凭，学校号房还为学生亲属、祠堂发送“报单”，一个小学毕业生就如此隆重对待，在当时倒起了鼓励读书的作用。学校教师为争取会考成绩深感工作压力重，但竞争心也很强，教育质量确有较大提高。

在这个时期内，我县农村私塾制仍然存在。因为那些受科举影响很深的人，还幻想有朝一日再开科取士，让自己的孩子“一举成名”，新学派则认为“皮之不存，毛将焉附”，而且穷秀才别无出路，让他们混碗饭吃也好，相信随着社会的发展，是迟早会给他们彻底淘汰的，故也没有强制取消。因此，私塾制仍延续了十多年，最后以无人上学，“寿终正寝”了！

抗日战争时期的景宁教育

抗日战争时期，景宁教育出现了波浪式的跃进局面。

1938年上半年，景宁县县长李桂庭先生创办“景宁师范讲习所”，借用孔庙为校舍，校长由教育科科长戴甄陶兼任，教师有七八个，其中有共产党员。招收一班约五十名学生毕业，后因经费无着而停办。

景宁师范讲习所的开办，也推动了景宁县小学教育向前发展。1939年，大漈高等小学成立，40年代初，又相继开办了渤海、大均、东坑、澄照、梅歧等高等小学。此时，初级小学改为保国民学校，全县共有100多所。教师增至250多人，在校学生有3000多人。

在此期间，侵华日军向我省疯狂进攻，一批爱国青年在中国共产党的领导下，投入抗日救亡运动，他们组成抗日政治工作队，深入后方宣传抗日救国。我县各校群起响应，一方面让儿童接受爱国思想教育；另一方面向广大群众开展抗日宣传，树立抗战必胜的信心，抗日歌声、漫画、大幅标语等遍及全县每个角落，“有钱出钱，有力出力”团结一致、坚决抗日的思想，家喻户晓。

1943年，浙江大部分土地沦陷，省属机关单位迁入浙南山区，许多学校也随着内迁。浙江省立联合中学，迁至景宁鹤溪镇；湘湖师范由校长金海观先生率领迁到最宁沙湾乡道化村；绍兴稽山中学，突围后由校长邵鸿书率领迁到景宁标溪乡预章村。三所外地中学迁至景宁后，都立即利用破烂的祠堂庙宇或搭建茅棚为校舍，在极其困难的条件下，继续开学上课，景宁山区一时书声琅琅、弦歌不断。学校内迁，为山区青少年升学，创造了前所未有的条件。许多小学应届毕业生和社会青年，就近考进这些学校，使景宁这个原来没有中学的偏僻小县，中学生骤增一千余人，这不仅为景宁县培养出一批知识青年，推动了全县乡村学校的发展，而且也为景宁县党的地下工作输送了一批干部、战士。

这些内迁学校，教师缺少就在景宁县聘请。这时柳景元虽已花甲之年，但他仍应聘到稽山中学任教国文、历史，他扶着手杖，步行十五里外的预章村去上课。柳泽萃毕业于上海暨南大学，也应聘到湘湖师范任教，同时兼教稽山中学历史课。

抗战胜利后，这些学校仍迁回原地，景宁由于山区贫困，依然没有中等学校。教育又急转直下，一筹莫展。

解放战争时期，景宁教育再现生机

解放战争时期，景宁教育在革命的征途上，又迈出了新的步伐，呈现一派生机，在这里介绍我所了解的两所学校：

1. 创建景宁简师，培植景宁人才，发展了一支革命力量。

内迁学校“复员”后，景宁仍然“一空二白”，没有中学，这时，县内上下，迫切要求兴办中等学校。县长候轩明，在群众的推动下，于1945年筹建景宁简易师范，当年暑假招收新生一百名，利用敬山宫(现在的农机厂)为校舍，9 月间开学上课。

1946 年下半年，以国民党景宁县党部书记长名义出面的本地大学生柳泽萃，兼任景宁简师校长驻校主持工作。他聘请了一批湘湖师范毕业的思想进步的学生(内有共产党员)任教。此时，景宁简师还建立了中共党支部，书记陈波，(现在丽水师专任教)，这是景宁第一个学校党支部。

这一时期党的青景丽县委在景宁开展地下工作。柳泽萃根据地下党负责人刘斌发的指示，大力支持和掩护学校地下党支部，开展校内外的革命活动。1947 年 6 月 26 日，在地下党组织领导下，开展罢教、罢课，掀起了全校师生参加的"反饥饿、反内战、反迫害"大游行，这就是名闻全县的"六二六"景师学潮。国民党政府对游行师生进行迫害，柳泽萃校长又以国民党县党部书记长的身份出面,为师生辩护，在危急情况下，他又私通抓捕对象逃跑，保护了革命师生，掩护了共产党员和地下党支部，但自己却被特务告密，下令通缉。幸得当时景宁县县长洪炽昌思想进步，压住通缉令，私通潜逃，幸免于难。

柳景元也于 1946 年在景宁简师任教，后受浙江省通志馆余绍宋之聘，去浙江省通志馆担任编辑而离开了景师。

1947 年下半年，叶葆钧继任景师校长，搞了个教师大换班。这时景宁的国民党政府好像也宽了宽心，以为这就能扑灭革命烈火，殊不知此时景宁广大农村，基本上已在党的浙南游击队开拓下，播下了革命种子。1948 年景宁简师又告停办，直至 1949 年解放初，景宁县人民政府县长刘斌发又邀请已在绍兴稽山中学任教的柳泽萃回景宁，恢复景宁简师。柳泽萃奉命回景，行至云和石塘，不幸被陈迪化股匪伏击而牺牲。

2. 沙湾小学是我县解放凯歌中诞生的第一所小学。

从 1948 年冬起，沙湾区基本上为党的游击队所控制，与景宁县城的交通基本切断，沙湾区的学校都在党的领导下开展工作，学校和教师一般都成了党的地下工作联系点，教师们也利用课堂对学生讲革命道理，有的还配合工作人员下乡组织民兵和农会，但也有害怕游击队而关门停学的。

1949 年初，沙湾区委调来包玉甫当书记，他以沙湾小学为"家"和教师一起吃住。副书记夏立中原是教师出身，爱好音乐，还常教学生唱歌。为了加强党对学校的领导，沙湾区委指定柳意城兼任沙湾小学校长，李丁怡为教导主任，柳言城和朱学勋为教师。其时，柳意城、柳言城二人已经加入共产党，他们经常要下乡工作，学校四个班级六个程度，一百多个学生基本上是两个教师顶着干。

党接办沙湾小学后，沙湾小学成了我县党接管的第一所学校，此时，学校课程作了改革：废除了国民党政府规定的公民课和童子军课，改教政治时事常识，有时读游击队油印的《浙南周报》；语文课删除了含有反动毒素的内容，增选一些课外读物；音乐课唱解放区歌曲和抗日歌曲。他们坚持白天上课，晚上经常外出宣传。学校没有经费，教师就和地下党工作人员、游击队员一起，过了一段供给制生活。

作者简介：李丁怡　英川区小原校长

景宁教育之现状

编者按：《景宁教育之观状》原刊于1947年浙江《正报》。

最宁这个极偏僻的小县，自从民国31年（1942年）间，敌人流窜金华、丽水一带后，省会各机关纷纷内迁，这一段时间，却为景宁县的教育事业，打下良好的基石。然而，这种“好景”并不长久，随着抗日胜利，又从景宁带去了湘湖师范、战时省立临时联合初中、嵇山中学等内迁学校。这些学校，在景三年期间，确实替景宁培植了不少青年，开辟了景宁这块久经荒芜的知识园地，对景宁文化事业的发展，有很大的功劳。可是，在胜利复员后，失学的青年，却随着增多起来。因为，这个贫瘠的地方，人民至今多数困于饥饿之间，哪里能拿出很多的钱，送他们的子女到老远的地方读书求学呢？也正为了这一点，在向来没有中等学校的景宁县，就在这时候逼着要筹建县师，以收容这批失学的青年。

在当时景宁县长候轩明的倡导之下，经过一段时间的筹备，一所简易师范便在民国33年(1944年)诞生了。这是一所被称为景宁“最高学府”的县立简师,照理应该有相当的设备和校产,要比邻县设有高级中学的办得更完整。然而,她的命运多舛,民国34年(1945年)的秋季,因为当任校长怠于校务,教师程度参差,以致造成学生们的不满,加上校款亏欠,开办仅一年时间,几乎又要“关门大吉”了。

在这段时间里,该校董事们,均感失望。既没有人愿意去上学,学校操场居然长出了嫩绿青菲似的小草了。

可是,现在是她的黄金时代了:

自从洪炽昌县长接事后,因为他是一位教育界的人士,曾任教育厅科长多年,所以很重视教育,他力主兴革奄奄一息的县师,聘请当地青年学者柳泽萃为校长,柳也抱着唯一的决心,担负了校长的责任,还自己出马,四乡劝勉青年入学,同时更着重于教师的资历和环境的革新,学校的经费虽处于极度困难之中,他还是艰苦创业,坚强不息地支持着。这一点,实在是柳校长难能可贵的成绩。

说到景宁的社会教育,也是难以令人置信的:全县只有一所因陋就简的民众教育馆,馆内仅有几百本破旧的书籍,不适合学生们的胃口,因此只好束之高阁。考其原因,当然又是一个“经费问题”吧!此外,如国民教育普及率不高,全县二十四个乡镇,只有十六所完全的国民小学,一百二十八所保国民学校,从数目上说,或许可与邻县比较,但是,师资缺乏,无数“不知何许人”亦居然当起校长或教员,他们视学校为凉亭,上课与否,要看校长开心与否,否则,随时都可以来个“关门大吉”。仅由这一点看,岂不足以说明景宁乡村教育不景气情形的严重性吗?

在最近,县参议会决定,为响应元首六秩寿庆献校祝寿,拟设立县中一所,这是“邯郸学步”吧?日来已组好筹备委员会,四出宣传劝募,看目前的势头,似乎真有设立的希望呢?

在这春到人间,万物均在振作的时候,盼望着景宁的教育事业,亦将与春的来临而发达、振作起来!

作者简介:柳意城　政协景宁畲族自治县委员会原秘书长

三、中小学校(园)长和“省绿叶奖”名单

(一)1992—2012年景宁中小学校(园)长(含主持)一览表

校名	姓名	性别	籍贯	任职时间	备注
景宁中学	梅荣健	男	景宁	1992年1月—1993年8月	—
	郑忠伟	男	景宁	1993年8月—2000年8月	—
	孙俐华	男	景宁	2000年8月—2002年8月	—
	梅荣健	男	景宁	2002年8月—2009年8月	—
	范光明	男	缙云	2009年8月—2012年12月	—
	陈战耕	男	景宁	2012年12月—	—
沙湾中学	潘作仁	男	景宁	1992年1月—1992年8月	—
	翁建敏	男	景宁	1992年8月—1995年8月	—
	陈 蛟	男	景宁	1995年8月—1996年3月	副校长(主持)
	陈 蛟	男	景宁	1996年3月—2000年8月	—
	潘晓明	男	景宁	2000年8月—2003年8月	—
	王敏健	男	景宁	2003年8月—2005年8月	—
	陈战耕	男	景宁	2005年8月—2008年1月	—
	金益华	男	景宁	2008年1月—2012年8月	—
	吴启贤	男	景宁	2012年8月—	—
职业高中	潘德元	男	景宁	1992年1月—1993年8月	—
	谢朝鸥	男	文成	1993年8月—1995年8月	—
	沈林峰	男	景宁	1995年8月—2000年12月	副校长(主持)
	任传顶	男	景宁	2000年12月—2004年8月	—
	徐柏林	男	景宁	2004年8月—2010年8月	—
	王敏健	男	景宁	2010年8月—	—

续表

校名	姓名	性别	籍贯	任职时间	备注
民族中学	叶之舟	男	景宁	1992年1月—1998年8月	—
	叶光发	男	景宁	1998年8月—2000年8月	—
	钟利海	男	青田	2000年8月—2003年8月	—
	吴　健	男	景宁	2003年8月—2004年12月	—
	蓝延中	男	景宁	2004年12月—2009年8月	—
	陈战耕	男	景宁	2009年8月—2010年11月	—
	夏卫锋	男	景宁	2010年11月—2011年8月	副校长(主持)
	梅建平	男	景宁	2011年8月—	—
城北中学	翁建敏	男	景宁	1997年8月—1999年12月	—
	范光明	男	缙云	1999年12月—2000年8月	副校长(主持)
	潘正亮	男	景宁	2000年8月—2004年8月	
	叶有东	男	景宁	2004年8月—2005年8月	副校长(主持)
	王敏健	男	景宁	2005年8月—2006年8月	—
	毛玉伟	男	景宁	2006年8月—2012年8月	—
	严卫华	男	景宁	2012年8月—	—
渤海中学	陈大林	男	景宁	1992年1月—1992年8月	—
	张勇健	男	浦江	1992年8月—1993年8月	副校长(主持)
	张勇健	男	浦江	1993年8月—2000年8月	—
	徐柏林	男	景宁	2000年8月—2002年8月	—
	叶长众	男	景宁	2002年8月—2004年8月	—
	陈学敏	男	景宁	2004年8月—2006年8月	—
	周新平	男	景宁	2006年8月—2007年8月	负责人
英川中学	张世民	男	景宁	1992年1月—2001年8月	—
	童小平	男	景宁	2001年8月—2003年8月	—
	毛根强	男	景宁	2003年8月—2005年8月	—
	许祖平	男	景宁	2005年8月—2007年2月	—
	吴建雄	男	景宁	2007年2月—2008年8月	副校长(主持)
	何盛旺	男	景宁	2008年8月—2009年8月	—

续表

校名	姓名	性别	籍贯	任职时间	备注
东坑中学	林少华	男	景宁	1992 年 1 月—1994 年 8 月	—
	贾金标	男	缙云	1994 年 8 月—1996 年 8 月	—
	翁建敏	男	景宁	1996 年 8 月—1997 年 8 月	—
	韦朝辉	男	景宁	1997 年 8 月—1999 年 8 月	—
	毛玉伟	男	景宁	1999 年 8 月—2002 年 8 月	—
	梅日华	男	景宁	2002 年 8 月—2005 年 8 月	—
	梅伟斌	男	景宁	2005 年 8 月—2007 年 8 月	—
	王　波	男	景宁	2007 年 8 月—2009 年 8 月	—
	徐　璟	男	景宁	2009 年 8 月—2011 年 8 月	—
	吴启贤	男	景宁	2011 年 8 月—2012 年 8 月	—
	曹长勇	男	缙云	2012 年 8 月—	—
大都中学	徐宝芝	男	景宁	1992 年 1 月—1994 年 8 月	—
	夏培妙	男	景宁	1994 年 8 月—1995 年 8 月	副校长(主持)
	夏培妙	男	景宁	1995 年 8 月—1998 年 8 月	—
道化中学	潘德成	男	景宁	1993 年 8 月—2000 年 8 月	—
	项大海	男	景宁	2000 年 8 月—2002 年 8 月	—
	林青海	男	景宁	2002 年 8 月—2003 年 8 月	—
毛垟中学	鲍福和	男	景宁	1992 年 1 月—1995 年 8 月	—
	吴永礼	男	景宁	1995 年 8 月—1996 年 8 月	—
	任传顶	男	景宁	1996 年 8 月—1999 年 8 月	—
	陈　峰	男	景宁	1999 年 8 月—2002 年 8 月	—
	项大海	男	景宁	2002 年 8 月—2003 年 8 月	—
	叶琪慧	男	景宁	2003 年 8 月—2004 年 8 月	—
	范　斌	男	景宁	2004 年 8 月—2005 年 8 月	—
中心幼儿园	梁月舫	女	宁波	1992 年 1 月—1992 年 8 月	—
	雷可花	女	景宁	1992 年 8 月—1993 年 8 月	—
	朱云燕	女	景宁	1993 年 8 月—2002 年 8 月	—
	张淑慧	女	景宁	2002 年 8 月—2010 年 8 月	—
	蒋美岳	女	景宁	2010 年 8 月—	—

续表

校名	姓名	性别	籍贯	任职时间	备注
实验幼儿园	张淑慧	女	景宁	2010 年 8 月—2012 年 4 月	—
	陈海燕	女	景宁	2012 年 4 月—	—
实验一小	徐丽春	女	丽水	1992 年 1 月—1994 年 8 月	—
	周光平	男	景宁	1994 年 8 月—2000 年 3 月	—
	季正贤	男	景宁	2000 年 3 月—2000 年 8 月	—
	季正贤	男	景宁	2000 年 8 月—2003 年 8 月	—
	张怀海	男	景宁	2003 年 8 月—2007 年 8 月	—
	季正贤	男	景宁	2007 年 8 月—2008 年 2 月	支部书记(主持)
	林兴国	男	景宁	2008 年 2 月—2011 年 8 月	—
	彭　林	男	景宁	2011 年 8 月—	—
实验二小	吴万英	女	景宁	1992 年 1 月—1993 年 8 月	—
	李人慧	男	景宁	1993 年 8 月—2002 年 3 月	—
	吴聪慧	女	景宁	2002 年 3 月—2004 年 8 月	—
	林兴国	男	景宁	2004 年 8 月—2008 年 2 月	—
	马庆强	男	景宁	2008 年 2 月—	—
民族小学	吴光亮	男	景宁	2007 年 8 月—2010 年 8 月	—
	柳敏敏	女	景宁	2010 年 8 月—	—
沙湾镇小	高岳松	男	景宁	1992 年 1 月—2001 年 8 月	—
	张怀海	男	景宁	2001 年 8 月—2003 年 8 月	—
	吴光亮	男	景宁	2003 年 8 月—2006 年 2 月	—
	张日赢	男	景宁	2006 年 2 月—2008 年 3 月	—
	徐　军	男	景宁	2008 年 3 月—2009 年 8 月	—
	严家来	男	景宁	2009 年 8 月—2011 年 8 月	—
	刘利春	男	景宁	2011 年 8 月—	—
渤海镇小	陈崇敬	男	景宁	1992 年 1 月—1992 年 8 月	—
	叶世忠	男	景宁	1992 年 8 月—1994 年 8 月	—
	张锡光	男	青田	1994 年 8 月—2000 年 8 月	—
	李卫东	男	景宁	2000 年 8 月—2007 年 8 月	—

续表

校名	姓名	性别	籍贯	任职时间	备注
英川镇小	吴大俭	男	景宁	1992年1月—1995年8月	—
	林兴国	男	景宁	1995年8月—1996年8月	副校长(主持)
	林兴国	男	景宁	1996年8月—2001年8月	—
	童小平	男	景宁	2001年8月—2003年8月	—
	毛根强	男	景宁	2003年8月—2005年8月	—
	许祖平	男	景宁	2005年8月—2007年2月	—
	吴建雄	男	景宁	2007年2月—2008年8月	副校长(主持)
	何盛旺	男	景宁	2008年8月—2011年8月	—
	周红金	男	景宁	2011年8月—	—
东坑镇小	程道贵	男	景宁	1992年1月—1992年8月	—
	张克进	男	景宁	1992年8月—1996年8月	—
	程道遗	男	景宁	1996年8月—2001年8月	—
	刘建雄	男	景宁	2001年8月—2003年8月	—
	马庆强	男	景宁	2003年8月—2008年3月	—
	刘建华	男	景宁	2008年3月—2012年8月	—
	刘 杰	男	景宁	2012年8月—	—
浮丘小学	雷朝文	男	景宁	1992年1月—1994年8月	—
	龚建林	男	景宁	1994年8月—2001年8月	—
大均乡校	吴端地	男	景宁	1992年1月—1994年8月	—
	雷利森	男	景宁	1994年8月—1995年8月	副校长(主持)
	雷利森	男	景宁	1995年8月—2000年8月	—
	陈积远	男	景宁	2000年8月—2003年8月	—
	彭 林	男	景宁	2003年8月—2005年8月	—
	毛根强	男	景宁	2005年8月—2007年8月	—
	吴耀松	男	景宁	2007年8月—2011年8月	—
	梅小方	男	景宁	2011年8月—	—

续表

校名	姓名	性别	籍贯	任职时间	备注
澄照乡校	陆杭元	男	东阳	1992年1月—1992年8月	—
	朱玉康	男	青田	1992年8月—1993年8月	—
	俞晓锋	男	缙云	1993年8月—1995年8月	—
	蒋孔元	男	景宁	1995年8月—1996年8月	副校长(主持)
	蒋孔元	男	景宁	1996年8月—1998年8月	—
	刘雪峰	男	景宁	1998年8月—2002年8月	—
	王昌友	男	云和	2002年8月—2010年8月	—
民族小学澄照校区	姜早飞	男	景宁	2010年8月—2011年8月	负责人
	杨含贵	男	景宁	2011年8月—	负责人
梅歧乡校	蒋孔元	男	景宁	1992年1月—1994年8月	—
	夏惠霖	男	景宁	1994年8月—1995年8月	副校长(主持)
	夏惠霖	男	景宁	1995年8月—2001年8月	—
	叶昌发	男	景宁	2001年8月—2002年8月	—
	张日赢	男	景宁	2002年8月—2005年1月	—
	刘传龙	男	景宁	2005年1月—2008年8月	—
外舍乡校	刘俊波	男	景宁	1992年1月—1992年8月	—
	王树明	男	景宁	1992年8月—1994年8月	—
	童小平	男	景宁	1994年8月—1995年8月	副校长(主持)
	童小平	男	景宁	1995年8月—2001年8月	—
	林兴国	男	景宁	2001年8月—2004年8月	—
	练晓伟	男	景宁	2004年8月—2007年8月	—
张村小学	严振来	男	景宁	1992年1月—2001年8月	—
	翁志方	男	景宁	2001年8月—2008年8月	—
	陈海平	男	景宁	2008年8月—2010年8月	—
实验一小张春校区	王昌友	男	景宁	2010年8月—2012年8月	负责人
白岸小学	雷关贵	男	景宁	1992年1月—1993年8月	—
	陈国波	男	景宁	1994年8月—2000年8月	—
际头小学	雷土宝	男	景宁	1992年1月—2000年8月	—

续表

校名	姓名	性别	籍贯	任职时间	备注
梧桐乡校	张立王	男	景宁	1992年1月—1994年8月	—
	朱小平	男	景宁	1994年8月—1997年8月	—
	梁景清	男	丽水	1997年8月—2001年8月	—
	雷祖华	男	景宁	2001年8月—2007年8月	—
	梅小方	男	景宁	2007年8月—2011年10月	—
	范　斌	男	景宁	2011年10月—	—
标溪乡校	林旭瑜	男	景宁	1992年1月—1992年8月	—
	潘德成	男	景宁	1992年8月—1993年8月	—
	周乃胜	男	景宁	1993年8月—2000年8月	—
	吴光亮	男	景宁	2000年8月—2003年8月	—
	吴耀松	男	景宁	2003年8月—2004年8月	副校长(主持)
	吴耀松	男	景宁	2004年8月—2007年8月	—
	吴晓华	男	景宁	2007年8月—2010年8月	—
	周大兄	男	景宁	2010年8月—	—
雁溪乡校	梅帮树	男	景宁	1992年1月—1994年2月	—
	周　敏	男	景宁	1994年2月—1995年8月	副校长(主持)
	周　敏	男	景宁	1995年8月—2001年8月	—
	季存苍	男	景宁	2001年8月—2006年8月	—
	夏晓伟	男	景宁	2006年8月—2007年8月	负责人
	夏晓伟	男	景宁	2007年8月—2009年8月	—
	陈小林	男	景宁	2009年8月—	—
大地乡校	张守家	男	景宁	1992年1月—2002年8月	—
	叶发先	男	景宁	2002年8月—2008年8月	—
	叶　锋	男	景宁	2008年8月—2011年8月	—
	汤国栋	男	景宁	2011年8月—	—
毛垟乡校	徐善平	男	景宁	1992年1月—1992年8月	—
	陈华敏	男	景宁	1992年8月—1994年8月	—
	陈积远	男	景宁	1994年8月—1995年8月	副校长(主持)

续表

校名	姓名	性别	籍贯	任职时间	备注
毛垟乡校	陈积远	男	景宁	1995年8月—2000年8月	—
	马庆强	男	景宁	2000年8月—2003年8月	—
	叶小忠	男	景宁	2003年8月—2004年8月	—
	范　斌	男	景宁	2004年8月—2011年8月	—
	钟欣洪	男	景宁	2011年8月—	—
秋炉乡校	陈华敏	男	景宁	1992年1月—1992年8月	—
	林旭瑜	男	景宁	1992年8月—1996年8月	—
	翁志方	男	景宁	1996年8月—2001年8月	—
	范　斌	男	景宁	2001年8月—2004年8月	—
	周大兄	男	景宁	2004年8月—2010年8月	—
	钟欣洪	男	景宁	2010年8月—2011年8月	—
	陈一成	男	景宁	2011年8月—	—
叶桥小学	周乃胜	男	景宁	1992年1月—1993年8月	—
	张成就	男	景宁	1993年9月—2002年8月	—
	周大兄	男	景宁	2002年9月—2004年8月	—
	毛大现	男	景宁	2004年9月—2007年8月	负责人
莲川小学	夏远仁	男	景宁	1992年1月—1992年8月	—
	黄端聪	男	景宁	1992年8月—1995年8月	—
	翁志方	男	景宁	1995年8月—1996年8月	—
	魏仕俊	男	景宁	1996年8月—2003年8月	—
	叶世云	男	景宁	2003年8月—2005年2月	负责人
大漈乡校	梅爱梅	女	景宁	1992年1月—1992年8月	—
	徐隆金	男	景宁	1992年8月—1994年8月	—
	彭正庭	男	景宁	1994年8月—1995年8月	副校长(主持)
	彭正庭	男	景宁	1995年8月—1997年8月	—
	王昌友	男	云和	1997年8月—2002年8月	—
	梅丛平	男	景宁	2002年8月—	—
景南乡校	何关云	男	景宁	1992年1月—1995年8月	—

续表

校名	姓名	性别	籍贯	任职时间	备注
景南乡校	陈世东	男	景宁	1995年8月—2002年8月	—
	刘建华	男	景宁	2002年8月—2008年2月	—
	蓝徐婷	男	景宁	2008年2月—2008年8月	—
	蓝旭忠	男	景宁	2008年8月—	—
家地乡校	梅振兄	男	景宁	1992年8月—1998年8月	—
	赵海明	男	景宁	1998年8月—2001年8月	—
	叶　锋	男	景宁	2001年8月—2002年8月	—
	梅小方	男	景宁	2002年8月—2007年8月	—
	陈小林	男	景宁	2007年8月—2009年8月	—
北溪完小	张克进	男	景宁	1992年1月—1992年8月	—
	彭显琪	男	景宁	1992年8月—1993年8月	—
	潘松英	男	景宁	1993年8月—1994年8月	—
	陈自发	男	景宁	1994年8月—1998年8月	—
	蓝伟标	男	景宁	1998年8月—2002年8月	—
白鹤小学	徐隆金	男	景宁	1992年1月—1992年8月	—
	蓝仁培	男	丽水	1992年8月—1994年8月	—
	雷少华	男	景宁	1994年8月—1995年8月	—
	傅小清	男	景宁	1995年8月—1997年8月	—
	胡伟军	男	景宁	1997年8月—2000年8月	—
上渔小学	蓝柏成	男	丽水	1992年1月—1993年8月	—
	陈世东	男	景宁	1993年8月—1995年8月	—
	季存苍	男	景宁	1995年8月—2001年8月	—
	何伟忠	男	景宁	2001年8月—2005年8月	—
章坑小学	俞晓青	男	景宁	1992年1月—1997年8月	—
	钟维华	男	景宁	1997年8月—2000年8月	—
鸬鹚乡校	王树明	男	景宁	1992年1月—1992年8月	—
	张昌寿	男	景宁	1992年8月—1993年8月	副校长(主持)
	张昌寿	男	景宁	1993年8月—1996年8月	—

续表

校名	姓名	性别	籍贯	任职时间	备注
鸬鹚乡校	练晓伟	男	景宁	1996年8月—2004年8月	—
	何明良	男	景宁	2004年8月—2011年8月	—
	练　达	男	景宁	2011年10月—	—
葛山乡校	梁景清	男	丽水	1992年1月—1997年8月	—
	刘奕全	男	景宁	1997年8月—2001年8月	—
	刘建平	男	景宁	2001年8月—2007年2月	—
	刘卫美	女	景宁	2007年3月—2007年8月	负责人
	毛红兰	女	景宁	2007年8月—2008年8月	负责人
	刘世明	男	景宁	2008年8月—2009年8月	负责人
隆川小学	吴昌明	男	景宁	1992年1月—1992年8月	副校长(主持)
	吴昌明	男	景宁	1992年8月—2000年8月	—
	刘　斌	男	景宁	2000年8月—2003年8月	—
	吴文龙	男	景宁	2003年8月—2004年8月	—
	刘火林	男	景宁	2004年8月—2005年8月	负责人
黄湖小学	张启锐	男	景宁	1992年1月—1994年8月	—
	吴马成	男	景宁	1994年8月—1999年8月	—
	叶　锋	男	景宁	1999年8月—2001年8月	—
九龙乡校	叶　锋	男	景宁	2006年8月—2008年8月	—
	刘世和	男	景宁	2008年8月—2009年8月	—
	夏晓伟	男	景宁	2009年8月—	—
郑坑乡校	雷余玉	男	丽水	1992年1月—1992年8月	—
	刘化有	男	景宁	1992年8月—1998年8月	—
	张玉弟	男	景宁	1998年8月—2000年8月	—
	蓝炎雄	男	景宁	2000年8月—2007年8月	—
	刘建平	男	景宁	2007年8月—2010年8月	负责人
	刘建平	男	景宁	2010年8月—	—
金钟乡校	张锡光	男	景宁	1992年1月—1994年8月	—
	潘昌余	男	景宁	1994年8月—1995年8月	副校长(主持)

续表

校名	姓名	性别	籍贯	任职时间	备注
金钟乡校	潘昌余	男	景宁	1995年8月—2000年8月	—
	张玉弟	男	景宁	2000年8月—2007年8月	—
大顺乡校	徐隆富	男	景宁	1992年1月—1992年8月	—
	吴龙胜	男	金华	1992年8月—1994年2月	—
	王岩火	男	景宁	1994年2月—1995年8月	—
	陈　健	男	景宁	1995年8月—1996年8月	—
	蓝友军	男	丽水	1996年8月—2000年8月	—
	潘昌余	男	景宁	2000年8月—2003年8月	—
	叶　锋	男	景宁	2003年8月—2006年8月	—
陈村乡校	吴俊仁	男	景宁	1992年1月—1995年8月	—
	李卫东	男	景宁	1995年8月—2000年8月	—
	陈秀仁	男	景宁	2000年8月—2006年8月	—
顺利小学	瞿线花	女	景宁	1992年1月—1998年12月	—
	陈景松	男	景宁	1998年12月—1999年8月	副校长(主持)
	陈景松	男	景宁	1999年8月—2006年8月	—
新四小学	叶永堂	男	景宁	1992年1月—1992年8月	—
	李卫东	男	景宁	1992年8月—1995年8月	—
	蓝友军	男	丽水	1995年8月—1997年8月	—
	陈开贵	男	景宁	1997年8月—2001年8月	—
	叶长伟	男	景宁	2001年8月—2003年8月	—
大都小学	叶世忠	男	景宁	1992年1月—1992年8月	—
	雷余玉	男	丽水	1992年8月—1993年8月	—
	应红光	男	缙云	1993年8月—2001年8月	—
	朱忠伟	男	景宁	2001年8月—2004年8月	负责人
实验二小城北校区	高岳松	男	景宁	2006年8月—2008年8月	负责人
	翁志方	男	景宁	2008年8月—2009年8月	负责人
	刘利春	男	景宁	2010年8月—2011年8月	负责人
	周伟琳	男	景宁	2011年11月—2012年8月	负责人
	刘建华	男	景宁	2012年8月—	副校长(主持)

注：

1. 1997 年 3 月 12 日任命省派挂职干部（任职两年）情况：

柯孔标任教研室副主任

朱新根任沙湾中学副校长

郁君平任职业高中副校长

戴东胜任渤海中学副校长

张国良任英川中学副校长

彭松波任东坑中学副校长

周黎旭任东坑中学副校长

张　勇任毛垟中学副校长

2. 2002 年景宁畲族自治县中小学校兼职法制副校长：

汤忠伟任景宁一中、县中心幼儿园兼职法制副校长

姜佰林任　沙湾中学兼职法制副校长

雷素菊任民族中学兼职法制副校长

陈　彬任城北中学兼职法制副校长

罗美娟任职业高中兼职法制副校长

柳建军任县中心小学兼职法制副校长

朱上春任鹤溪镇小兼职法制副校长

陈　军任梅歧乡校兼职法制副校长

沈玉成任外舍乡校兼职法制副校长

严高云任大均乡校兼职法制副校长

徐晓东任澄照乡校兼职法制副校长

郑　种任育才学校 兼职法制副校长

周乃强任英川学校兼职法制副校长

陈剑东任葛山乡校兼职法制副校长

陶幸圣任鸬鹏乡校兼职法制副校长

张锦玲任毛洋中学兼职法制副校长

陈先旺任沙清镇小、道化中学兼职法制副校长

陈妙根任梧桐乡校兼职法制副校长

陶再星任毛洋乡校兼职法制副校长

毛颖波任秋炉乡校兼职法制副校长

鲍海俊任标溪乡校兼职法制副校长

陈孟礼任大地乡校兼职法制副校长

陈振平任家地乡校兼职法制副校长

叶雁飞任东坑中学兼职法制副校长

夏清鸿任东坑镇小兼职法制副校长

李　敏任雁溪乡校兼职法制副校长

刘　健任大际乡校兼职法制副校长

周加林任景南乡校兼职法制副校长

汪银炼任渤海中学兼职法制副校长

梁春海任渤海镇小，渤海民办初中兼职法制副校长

程忠清任郑坑乡校兼职法制副校长

赵勇蓉任金钟乡校兼职法制副校长

魏仕明任大顺乡校兼职法制副校长

曹华忠任陈村乡校兼职法制副校长

以上同志聘任时间为 2002 年 8 月至 2003 年 8 月。

（二）1992—2012 年景宁获省“绿叶奖”人员一览表

序号	姓名	性别	任职单位	获奖时间	授予单位
1	张少荣	男	英川镇政府	1992 年	省人民教育基金会
2	何悌炳	男	沙湾镇叶桥村（个体户）	1992 年	省人民教育基金会
3	张木兴	男	梅岐乡政府	1993 年	省人民教育基金会
4	潘文彪	男	雁溪乡政府	1993 年	省人民教育基金会
5	吴根洪	男	标溪乡政府	1994 年	省人民教育基金会
6	梅　慧	男	县财政局	1995 年	省人民教育基金会
7	陈阳南	男	渤海镇政府	1996 年	省人民教育基金会
8	陈肖里	男	县土管局	1997 年	省人民教育基金会
9	叶忠良	男	东坑镇政府	1998 年	省人民教育基金会
10	吴洵麒	男	县建设局	1999 年	省人民教育基金会
11	张燕坤	男	东坑镇政府	2000 年	省人民教育基金会
12	叶常萌	男	渤海镇政府	2001 年	省人民教育基金会
13	汤忠伟	男	县公安局	2002 年	省人民教育基金会
14	刘德旺	男	县政法委	2003 年	省人民教育基金会
15	梁一春	男	郑坑乡政府	2004 年	省人民教育基金会
16	陈华星	男	县财政局	2005 年	省人民教育基金会
17	陈晓敏	男	鹤溪镇政府	2006 年	省人民教育基金会
18	沈永明	男	县国土资源局	2007 年	省人民教育基金会
19	季晓伟	男	县财政局	2008 年	省人民教育基金会
20	江建平	男	县电力局	2009 年	省人民教育基金会
21	吴剑锋	男	县建设局	2010 年	省人民教育基金会
22	陈海锋	男	鹤溪镇政府	2012 年	省人民教育基金会

后　　记

《景宁畲族自治县教育志(1992—2012)》在县教育局的领导下,经教育局行政和事业科室、各类学校和幼儿园相关人员及修志人员前后历经九年努力,最终问世。

2013 年 2 月底,县教育局成立《景宁畲族自治县教育志(1992—2012)》编纂委员会,抽调 6 名编写人员,落实办公场所与设施。3 月初,召开首次编写人员会议,并组织全体编写人员到松阳县、莲都区教育志办取经学习,向县志办人士请教,组织学习教育志的体例、结构和篇目设计理论,制定《景宁畲族自治县教育志(1992—2012)》编纂方案、篇目大纲、大事记标准,并在全县校长会议上布置落实。5 月初,拉开修编序幕。

《景宁畲族自治县教育志(1992—2012)》修编工作历经三个阶段。

收集整理阶段。2013 年 5 月上旬,编辑室向各单位印发"征集资料清单",征集个人文档及专题材料,编写人员分头到县档案馆、县教育局档案室、县妇联档案室、有关学校资料室查阅资料。至 2013 年 11 月,收集档案复印件 2183 份、学校专题材料 388 份、县教育局年终总结 21 份、年报统计册 19 本。至 2014 年年底,将收集到的资料,按章节要求,整理了约 38 万字的草稿文字。

编写阶段。2015 年 3 月,新成立四人编写组。学习《丽水市教育志(1992—2012)》《松阳县教育志》,到云和县教育志办取经学习的基础上,完善《景宁畲族自治县教育志(1992—2012)》目录。5 月 19 日,在东坑中学召开的全县校长会议上将目录提请讨论、审议。8 月底,请县志办潘作仁对部分章节进行点评。编写组采纳各方意见,对志书修改完善,形成初稿。2017 年 8 月底,组织专业人士进行一稿评审,提出修改意见。根据专业人士提出的意见,编写组再次对志书修改、补充和完善。2018 年 2 月初，完成二审稿。

修改阶段。2021 年 2 月底，新成立三人修改组。3 月 20 日，请县档案馆史志办和县志办专业人士、教育界代表 17 人对二审稿进行复审。相关领导、专业人士和教育界代表仁者见仁、智者见智，从不同的层次、角度提出宝贵意见和建议 400 多条。根据专业人士提出的意见，修改组逐条采纳，对二审稿进行大幅度调整、修改、完善。在结构上重新编排章、节、目、子目布局，新增了 3 章、10 节、82 目、专记 13 篇、图片 99 张。在内容上对志书层次、排列和规范上作了统一。形成约 31 万字的三审稿。2021 年 12 月中旬，将三审稿再次发到有关专业人士、学校、科室审定，根据各方意见，再次进行修改完善，12 月底形成终稿。

《景宁畲族自治县教育志(1992—2012)》采用小编体结构，主志采用章、节体，全志共设 14 章、52 节、184 目、124 子目四个层次，全志横排纵述，内容厚实，特色明显。

修志是一项浩大而繁杂的工程，《景宁畲族自治县教育志(1992—2012)》的成功出版，幸于县教育局领导的重视、关心，县教育局行政和事业科室人员、各学校校长和幼儿园园长及有关单位的大力支持，市、县专业人士的悉心指导，编辑人员的敬业奉献，同行老同志的帮助与多方配合。借此，向所有关心、支持、帮助、配合和从事教育志编修工作的同志，表示崇高的敬意与衷心的感谢！

《景宁畲族自治县教育志(1992—2012)》修编，前后历时九年，我们深感修志之难，志书虽已出版，但因编写组人员三次调整，加之资料与水平局限，遗漏和舛误之处在所难免，敬请专家和读者匡正。

编　者

2022 年 10 月